ACRO
POLIS
衛城
出版

ACRO
POLIS
衛城
出版

基本
收入

建設自由社會與
健全經濟的基進方案

Philippe Van Parijs
菲利普・范・帕雷斯
Yannick Vanderborght
楊尼克・范德波特 ——著
許瑞宋 ——譯

Basic Income

A Radical Proposal for a Free Society and a Sane Economy

獻給 Sue 和 Greet

目次

推薦序

談「全民基本收入」國際運動：在臺灣「年金改革年」

黃文雄

什麼是「全民基本收入」（Universal Basic Income）？一個由各國推動全民基本收入的人士共同組成、名為「基本收入全球網絡」（Basic Income Earth Network）的組織，是如此定義的：

全民基本收入是一種定期（例如每月）、定額的現金給付，以個人而非家庭為對象，無條件地發給一國所有的合法居民，無需審查有多少資產，亦不強制工作。

聽起來非常的烏托邦，不是嗎？可是，讀者或許聽過，去年（二〇一六）瑞士有一場人類歷史上首次針對全民基本收入的修憲公投。這場公投失敗了。詳細的結構性原因，在此無法多做分析，但有一點值得一提：公投後的瑞士民調，有三分之二的受訪者認為這是全民對話的開始，未來還會繼續下去。由於國際媒體大幅報導，全民基本收入因此在許多人的腦中留下印象，甚至引發好奇。根據歐洲民調結果，贊成全民基本收入的人從二〇一六年的六四％上升到二〇一七年的六八％。

未如瑞士境內外不少反對者所預期，這場失敗的公投並沒有重挫全民基本收入的國際發展。相關實驗於全球各地方興未艾地萌發，今年（二〇一七）更成為全民基本收入的「領航實驗年」（the year of pilot studies）。發動者包括加拿大的安大略省（其他數省也計劃跟進）、還有歐洲的芬蘭和荷蘭。推動者亦不限於政府；美國加州的Y-Combinator在該州的奧克蘭市就有一個為期三年的實驗。但相關實驗並不限於美國的陽光加州，遠在非洲的肯亞也有一項預計將歷時十二年的實驗，其中臉書的共同創辦者之一，達斯汀．莫斯科維茲（Dustin Moskovitz）及其夫人贊助的組織「直接給付」（GiveDirectly），是推動肯亞計畫的核心組織。

針對全民基本收入公開表態或擬議中的政府、政黨、議會、公民社會組織更是不勝枚舉。歐洲如法國參議院，在我們亞洲，則如印度：印度在二〇〇九年至二〇一三年辦過三個領航實驗。印度政府在公布今年年度預算書的同時，在其國家經濟報告中特地將全民基本收入列為專章。國際組織方面，經濟合作組織（OECD）於今年六月發布關於「工作的未來」（The Future of Work）系列的第一份全民基本收入成本分析報告。也是今年六月，聯合國的赤貧及人權問題特別報告員向人權理事會呈遞了首份全民基本收入的報告，世界經濟論壇也把全民基本收入列為討論議題。

光是如此簡略地、匆匆一瞥自瑞士公投以來世界各地有關全民基本收入之推動與發展，就不難看出超越口水與紙張的全球辯論正在不斷進行當中，焦點是二十一世紀分配與再分配制度的重新思考。參與者的政治光譜涵蓋左派、右派及中間派（是的，有不少右派人士想趁著這個浪頭讓全民基本收入不只是「新分配系統的壓艙石」；而是一個取代而非改革傳統福利制度的工具）。這段時間正是我國的年金改革年，但這股熱潮流到南韓、流到日本、流到澳洲……但除了UBI Taiwan的一群年輕人以外，主流社會似乎全然無覺；儘管從許多面向來看，臺灣在國際上受到孤立，但是，總不至於連國際辯論都可以不思瞭解、不去參與吧？（更何況，在中國亦有人想把既有的「最低生活保障」朝基本收入的方向推行。有興趣的讀者可以上基本收入全球網絡的網站看看深圳關於基本收入的相關報導）。如果我們並不是被人孤立，那是否其實是在自我封鎖？

公益信託雷震民主人權基金一向關心的，不只是人權議題，亦關注「權利所值幾何」（Worth of Rights）的問題。（有一餐沒一餐、工作時有時無的人真能有意義地行使其各種權利嗎？）與上述國際及他國國內辯論的情況相對照，我國這個年金改革年益發顯現出國內相關討論視野之狹窄與論述之瑣碎；因此，基金會決定於今年十二月，邀請基本收入全球網絡創立者之一的菲利普・范・帕雷斯（Philippe Van Parijs）擔任「第六屆雷震紀念講座」的講者，來臺灣發表四場系列演講。同時商請衛城出版付梓、今年三月由范・帕雷斯與楊尼克・范德波特（Yannick Vanderborght）合著的新書《基本收入：建設自由社會和健全經濟的基進方案》（*Basic Income: A Radical Proposal for a Free Society and a Sane Economy*）的中譯本，亦即讀者手上的這本書。

范．帕雷斯的深思廣慮橫跨哲學、法學、政治經濟學和社會學等諸多領域，是當今全球全民基本收入運動最著名的理論家，也是奔走於全球，不斷接受挑戰的行動者。在本書首章開頭，作者們說：

> 我們活在一個新的世界，塑造它的是許多種力量，包括電腦和網際網路造就的翻天覆地技術革命；貿易、移民和通訊的全球化；世界各地的需求快速成長，卻又受限於天然資源萎縮和大氣中溫室氣體濃度過高的問題；起保護作用的傳統制度（從家庭、工會，乃至國營獨占事業和社會福利體系）的崩解；以及這些趨勢交互作用下的激烈效果。

這正是前文所指出的全民基本收入國際熱潮之所以如此加速升溫的大背景，而兩位作者正是以這樣宏觀的角度，在書中反覆檢視全民基本收入的正反論證及各種方案。臺灣沒有任何理由自外於這些力量的糾結，以及由此衍生的相關衝擊。不管您是贊成還是反對全民基本收入，我們都歡迎您一起參與這場精采、嚴謹的知識論辯。

本文作者為公益信託雷震民主人權基金諮詢委員會成員

前言

錢在手裡可以換取自由；如果必須非常費勁才能得到，錢就是奴役人的工具。

——盧梭，《懺悔錄》，一七七八年

為了對社會的前途和世界的未來恢復信心和希望，我們必須顛覆既定的觀念，擺脫自己的偏見，學會欣然接受一些基進的（radical）構想。其中有一個構想雖然簡單卻又至關緊要，那就是無條件基本收入：所有人定期獲得一筆完全個人的現金收入，不必審查經濟狀況，也沒有要求必須工作。

這個構想並不新鮮。自十八世紀末以來，許多無懼於思索的人都曾想過這項主意。不過，現在因為不平等程度愈來愈嚴重、新一波自動化浪潮的衝擊，加上大家更敏銳意識到經濟成長的生態極限，使得無條件基本收入在世界各地受到空前熱烈的關注。任何人若深入研究已開發國家的福利制度前景，或研究如何替開發程度較低的國家設計基本經濟保障制度，都無法避開此一構想。如果你希望未來的世界是一個自由的世界（真正的自由而非只是形式上的自由，所有人都自由而非只有幸福的少數人自由），無條件基本收入的構想勢必會激起你的興趣，更可能令你興奮不已。

本書第一章提出支持無條件基本收入的核心理由，說明它如何處理貧窮、失業、糟糕的工作和瘋狂成長的問題，以及為什麼可以說它提供了一種獲得自由的工具，是能長久存續的解放性制度框架的必要成分。第二章討論若干可代替基本收入的構想；覺得基本收入概念很有吸引力的人（包括我們）往往覺得這些替代方案有可取之處，而我們將說明為什麼基本收入是更好的方案。第三章概括敘述兩種行之有年的社會保障方式（公共援助和社會保險）自十六世紀以來在學術上和制度上的際遇。第四章回到截然不同的第三種社會保障方式，也就是基本收入，追溯該構想自十八世紀末以來迷人的歷史。第五章先提出反對基本收入的道德理由，然後說明我們認為支持這項構想最重要的道德論據（第一章僅略為提到），並討論其他幾個不同的支持論點。第六章對於我們是否能夠負擔金額可觀的基本收入提出疑問，然後討論已經有人提過的許多取得財源的方式。在此背景下，第七章檢視世界各地的政治和社會勢力對於實行基本收入制度的態度，並探索如何避免引起反彈，由此評估這項構想的政治前景。最後，第八章討論基本收入方案在全球化的脈絡中面臨的具體挑戰。整本書主要討論在富裕社會實施基本收入制度的問題，但在許多地方也討論到這種方案對於發展程度較低的國家具有愈來愈大的實際意義。

在細察無條件基本收入的構想後，我們可以選擇支持它或抵制它。本書將說明為什麼我們認為應該支持它。但本書不是某個黨派的宣傳材料。它基本上是全面且批判性地綜合這項主題正迅速增加的跨學科多語文獻。因此，我們希望本書能提供許多可靠的資料和富啟發性的見解，對支持或反對基本收入的人都有用，有助於糾正正反雙方常見的事實錯誤和概念混淆。本書也致力正面處理最重要的反對論點，這些論點認為基本收入既不可取也不可行。迴避這些反對理由或許能讓支持者在公開辯論中勝出，但無法確保這個公正的方案取得持久的勝利（事實上剛好相反）。沒錯，我們**確實有可能**建立一個比較美好的世界，但為此我們必須發揮自己的想像力並熱情投入。除此之外，知性上誠實的討論，不迴避令人尷尬的事實和難題，同樣不可或缺。這正是本書希望讀者能一起投入的集體努力。

基本收入不只是一種或許有助於舒緩迫切問題的巧妙措施。它是自由社會的關鍵支柱之一；在這種社會裡，工作和非工作活動產生的真正自由將會大幅增加並且公平分配。它是取代舊社會主義和新自由主義的基進方案的必要元素，是實際可行的烏托邦的必要元素；這種烏托邦可以提供的，遠非只是保衛以往的成就或者抵制全球市場的規則。我們需要一種能將威脅轉化為機會、屈從轉化為決心、痛苦轉化為希望的願景，而無條件基本收入正是這種願景至為重要的一部分。

1 實踐自由的工具

我們活在一個新的世界，塑造它的是許多種力量，包括電腦和網際網路造就的翻天覆地技術革命；貿易、移民和通訊的全球化；世界各地的需求快速成長，卻又受限於天然資源萎縮和大氣中溫室氣體濃度過高的問題；起保護作用的傳統制度（從家庭、工會，乃至國營獨占事業和社會福利體系）的崩解；以及這些趨勢交互作用下的激烈效果。

這造成空前的威脅，但也帶來空前的機會。為了評斷這些威脅和機會，我們必須有一種規範性的標準。在這整本書中，我們的標準將是自由——更準確來說，是所有人的真正自由，而非只是有錢人的自由。我們將在第五章闡述這個規範性標準，此處簡略說明即可。正是因為決心實踐這個規範性標準，我們強烈渴望防止上述各項發展引起激烈衝突並衍生新的奴役型態。我們希望利用這些趨勢做為解放的工具。為此我們迫切需要在許多方面採取行動，包括大幅改善城市的公共空間、將教育轉化為終身活動，以及重新界定智慧財產權等等。但我們最迫切需要的，是根本改變世界上各個社會追求經濟保障的方式。在每一個社會和更廣大的世界裡，都需要可靠的基礎讓身為個人與社群的我們可以立足其上。我們若想遏止焦慮和增強希望，就必須敢於引進如今普遍稱為**基本收入**的政策，也就是定期支付一筆現金給社會中的每一名成員，無論他們是否有其他收入來源，也不附加任何條件。

新的世界

如此基進的改革，今日為何變得比過往更具實際意義也更加迫切？現在公開支持基本收入政策的人是歷來最多的，其中許多人提出的支持理由，是已經展開且未來預料將持續壯大的自動化新浪潮：機器人普及應用，交通工具不再需要人駕駛，電腦大量取代腦力工作者。[1]有些人（就是那些設計和控制，具有最佳條件能夠利用新技術的人）的財富和收入能力將因此創新高，但更多人的收入能力卻將大跌。但是，最近和未來料將發生的技術變遷，只是預期中會導致各國內部收入能力兩極化的眾多因素之一。[2]技術因素在不同時間和不同地點與其他因素有不同程度的相互作用，情況相當複雜，因此我們無法斷定任何一個因素實際上有多大的影響。全球化放大了這種兩極化的現象，因為它將全球市場提供給那些掌握罕見技能和寶貴資產的人，而那些資歷普通的人則因國際貿易和移民，被迫與全世界資歷相似的人競爭。公營和私營獨占事業的萎縮、弱化或瓦解，降低了低生產力勞工的收入能力可以靠隱含的公司內部補貼提升的程度。在此同時，公司中最重要的員工忠誠感減弱，迫使企業設定薪資時，更緊密地反映生產力差異。所得不平等因為儲蓄能力和遺產繼承方面的差異而擴大，再因為資本報酬而進一步擴大。[3]

這些趨勢的影響，在所得分布上已經可以看見。如果我們以身高代表收入，安排一群人從矮到高依序列隊出場，藉此反映所得分布，那麼每隔十年，最後出場的那些巨人愈來愈高，身高剛好是平均值的人愈來愈晚才出場，而侏儒（所得未達到一般認為體面的水準，或是有跌破體面水準的危險）則愈來愈多。[4]這種收入能力兩極化的現象會以不同方式顯現，視制度環境而定。如果收入水準因最低工資法規、集體協商和慷慨的失業保險給付而獲得可靠的保護，結果往往是流失大量工作職位。如果這些保護機制相當脆弱，往往導致工作不穩定、薪資低得可憐、勉強度日的人口大增。[5]這些趨勢如今已明顯可見，但如果自動化新浪潮產生預期中的影響，情況將會嚴重惡化。

有些人認為這些影響只會造成短暫的問題。畢竟這不是第一次有人表示，因為自動化技術的普及應用迫在眉睫，所以我們迫切需要引進某種保證收入的政策。[6]以前某些工作職位消失的同時，會有新的職位產生。生產商品需要的勞動力減少，但因為商品產量增加而抵銷了它的影響：汽車廠商製造一輛汽車需要的勞動力，可能僅為以前的四分之一，但產量可能是以前的四倍。理論上，如果較高的生產力能促進經濟成長，那麼節省勞動力的技術變遷並不是禍害，而是好事。我們可以指望產出成長持續提供良好的工作，為多數人口提供體面的收入——無論是直接透過不錯的薪資，還是透過這種薪資所支撐的社會福利制度。左派和右派以前均普遍認為，持續的經濟成長可以防止失業和工作不穩定的問題失控。如今較富裕的國家對基本收入政策的興趣空前熱烈，由此可見上述的廣泛共識已不復存在。

以前很多人相信經濟成長可以解決所有問題，但這種信念因三方面的理由而受到打擊。首先，經濟進一步成長是否可取，是有疑問的。自一九七〇年代以來，一直有人關注經濟成長的生態極限。如今許多人意識到經濟成長對氣候造成不可逆轉且難以預料的影響，因此也就更關注生態極限的問題。第二，即使你不質疑經濟持續成長是否可取，也有理由懷疑經濟能否持續成長。尤其是針對歐洲和北美，不少人預期經濟將受桑默斯（Larry Summers）指出的「長期停滯」所困擾。第三，即使你相信經濟持續成長既可取又可行，也有理由質疑經濟成長能否從結構上解決失業和工作不穩定的問題。沒錯，經濟成長與失業率之間確實是負相關的。但是，自從我們進入黃金的一九六〇年代以來，經濟大幅成長，人均國內生產毛額（GDP）增加到原本的兩倍或三倍，我們卻至今未能終結失業和工作缺乏保障的問題。[7]這些對經濟成長能否解決失業和工作不穩定問題的質疑，每一項都能以多種方式反駁。但整體而言，它們足以說明為什麼愈來愈多人呼籲以更可靠的方法處理這些難題，也足以證明這種呼籲是合理的。連揭露美國國家安全局弊端的史諾登（Edward Snowden）也得出這種結論。他二〇一四年對《國家》雜誌（*The Nation*）表示：「我是技術人員，我有看到一些趨勢，我認為自動化技術將會奪取人類愈來愈多工作。如果我們不設法為失業或工作缺乏意義的人提供基本收入，我們將會面臨社會動盪，可能有人因此遇害。」[8]

基本收入

因此，如果你認為有意義的工作未來將嚴重不足，你很容易深信一件事：我們必須為愈來愈多的失業人口提供某種生計。但是，這件事有兩種非常不同的做法，其中一種幾乎毫無吸引力。這種方法基本上就是擴大行之已久的公共救助模式；這種模式始於十六世紀，現今的例子是各種有條件的最低收入保障方案。這種方案幫助貧窮家庭，確保他們的收入——勞動所得（如果有的話）加上當局的補助——達到社會認為可接受的最低標準。

無論是全面實施或僅限於救助部分貧窮人口，這些方案對消除赤貧有重大貢獻。但是，因為這種方案是有條件的，它們本質上傾向使受助者變成永遠仰賴福利救助的人。持續接受救助的條件，是受助者保持貧困，而且能夠證明這是非自願的。此外，受助者或多或少必須忍受一些侵擾和羞辱性的程序。在那些與工作相關的社會保險制度發達的國家（在這種制度下，領取退休金或其他定期給付的資格，主要在於曾受雇或自營作業一段時間），必須承受這些影響的僅限於相對少數的人。但是，隨著上述趨勢持續下去，受影響的人口比例將愈來愈大。事實上，生計不穩的人口將進一步增加，因為很多基於個人關係的非正式保障將繼續減弱：家庭破裂的比例愈來愈高，核心家庭愈來愈小，工作流動使大家庭的成員分散到相距遙遠的地區，在地社群因此受到侵蝕。因此，倘若未來缺乏有意義的工作這個問題只能以有條件的最低收入保障方案處理，理應解放人類的技術進步看來反而將奴役愈來愈大比例的人口。

有其他選擇嗎？對決心為所有人爭取自由的人來說，處理今日空前難題和利用今日空前機會的恰當方法，確實需要某種最低收入方案，但它必須是無條件的。在巴西倡導基本收入政策的從政者蘇普利希（Eduardo Suplicy）說：「想出去就要從門走。」他這句讓人耳熟能詳的說法是想指出，助人脫貧最顯而易見、最好的方法就是提供基本收入，正如離開房子最顯而易見、最好的方法就是從門走出去。但有一點至關緊要：基本收入方案必須符合嚴格的無條件標準。[9] 如果我們採用某些寬鬆的標準，既有的一些方案已經可以說是「無條件的」。基本收入因為是一種公共救助而非社會保險，它們並非只服務那些付了足夠保費、符合領取社會保險給付資格的人；它們通常也並非只服務所在國的公民，而是也保障其他合法居民，而且是支付**現金**，並非提供實物商品或服務。但是，基本收入的無條件特質還有額外的涵義：它是絕對**個人**的權利，與家庭狀況完全無關；它提供給**所有人**，領取者不必通過收入或經濟狀況審查；它**不要求領取者承擔任何義務**，例如不要求領取者工作或證明自己願意工作。在這整本書中，我們提到「基本收入」時，是指在上述三方面不設條件的基本收入方案。

早在我們之前，已經有人使用這種意義上的「基本收入」。首先是牛津政治經濟學家柯爾（George D. H. Cole）在一九五三年的一本書中複述彌爾（John Stuart Mill）有關社會主義的議論時，提到了這種意義上的「基本收入」；然後是荷蘭經濟學家丁伯根（Jan Tinbergen）在一九五六年一本有關經濟政策的教科書中提到這個詞。一九八六年，新成立的基本收入歐洲網絡（Basic Income European Network，簡稱ＢＩＥＮ）在荷蘭和英國的影響下採用了類似的基本收入定義；二〇〇四年ＢＩＥＮ變更為基本收入全球網絡（Basic Income Earth Network）時，同樣維持這個定義。[10]若干國家的網絡，包括美國基本收入保障網絡（United States Basic Income Guarantee Network）此後也採用類似的字眼命名，因此讓這個詞受到普及使用。在美國，有很長一段時間最常用的稱呼是「全民式補助」（demogrant），但一九六〇年代末偶爾也會使用「基本收入」一詞。[11]英文中用來指稱同一概念的詞彙還包括state bonus（國家紅利）、social dividend（社會紅利）、universal dividend（普遍紅利）、universal grant（普遍補助）、universal income（普遍收入）、citizen's income（公民收入）、citizenship income（公民收入）、citizen's wage（公民薪資）和existence income（生存收入）；其他語言中也有相應的詞彙。

為免誤會，我們必須指出，基本收入雖然在上述各種意義上是無條件的（稍後將再闡述），但它仍有一個重要的條件：領取者必須是特定疆界內某個社群的成員。我們認為這個條件必須以財政居所（fiscal residence）為標準，而不是永久居所或公民身分。這個條件排除了遊客和其他旅客、無證移民，以及外交人員和超國家組織的員工（他們的收入不必繳納所在地的個人所得稅）。被排除在外的還包括服刑的犯人（囚禁他們的成本超過基本收入），但他們一旦出獄便有權領取基本收入。

基本收入的金額必須完全一致嗎？未必。首先，金額可以因年齡而異。有些基本收入方案明確地僅限成年人，並以普遍的兒童福利方案做為合理的配套措施。不過，倡導者通常認為領取基本收入應該是一出生便享有的權利。在這種情況下，未成年人的基本收入通常會設在某個較低的水準（但並非必然如此）。[12]第二，基本收入的金額可以因地區而異。倡導者通常認為一國之內的基本收入應該是劃一的，即使各地區的生活成本有顯著的差別（最明顯的是居住成本）。在此情況下，基本收入將是一種有力的重分配工具，有利於「邊陲地區」。不過，基本收入是可以根據生活成本差異加以調整的，尤其是如果在超國家層面運作的話（第八章將討論這種可能性）。這種調整會削弱（但不是完全消除）基本收入政策嘉惠貧窮地區的重分配作用。

第三，即使各地區的基本收入一致，其金額仍可以隨著時間的推移而改變。若要產生它理應產生的作用，基本收入無疑必須定期支付，而不是只付一次或不知相隔多久支付。如第四章將指出的，最早的基本收入方案（史賓斯〔Thomas Spence〕一七九七年和沙利耶〔Joseph Charlier〕一八四八年的方案）認為應該每季支付。米爾納夫婦（Mabel and Dennis Milner）一九一八年提出的國家紅利方案，則是每週支付。另一方面，阿拉斯加分紅方案是每年支付一次。不過，自從沙利耶提出其最終版本之後，多數基本收入提案指明每月支付。[13]

基本收入不但必須定期支付，其金額還必須夠穩定，尤其是不能突然縮減。這並不是說基本收入的金額必須固定不變。政策上路之後，基本收入可以有意義地與物價指數掛鉤，甚至是更有意義地與人均GDP掛鉤。後面一種構想早在一九二〇年，米爾納（Dennis Milner）提出英國首個完整的基本收入計畫時，便已獲得支持；而最近勞工領袖史登（Andy Stern）也支持這項構想，因為他認為，「這意味著社會進步的成果將更廣泛地為全體美國公民所共享，而非由少數人壟斷。」[14]不過，為了防止基本收入驟然萎縮，將其金額與某個指標數年來的平均值掛鉤，比僅與最近一年的指標數值掛鉤來得明智。

最後，我們還必須考慮以下問題：基本收入可以拿來當抵押品嗎？應該對基本收入課稅嗎？最合理的規則，是禁止受益人以他未來的基本收入做為貸款的抵押品。這種規則，是抱持以下觀念的自然結果：基本收入不是替個人的其他所得錦上添花，而是個人所得最基本的部分，而現行法規通常不容許別人奪走個人所得最基本的部分。至於基本收入最好豁免所得稅，理由則沒那麼顯而易見。在某些稅制下，基本收入是否免稅會有實質影響。例如倘若個人所得稅是以家庭為納稅單位，而且採用累進稅率，將所有家庭成員的基本收入納入應稅所得中，形同削減大家庭成員的基本收入。相對之下，如果個人所得稅是採用單一稅率或嚴格針對個人徵收，對基本收入課徵所得稅，等同削減基本收入某個固定金額——在此情況下，將基本收入設在某個較低的水準並豁免所得稅，可以省卻行政上的麻煩。

以上澄清應該已經清楚說明一點：基本收入之所以「基本」，在於它是無條件的，因此為所有人提供了立足的基礎。人們可以在基本收入的基礎上，建立各種生活方式，包括靠其他收入來源獲得更多收入。注意，我們的定義不涉及具體的金額。例如在我們的定義下，基本收入並非必須足以支應基本的生活需求。當然，討論具體的方案時，基本收入的水準有非常重要的實際意義，而各界人士也已經指出，方案提供的收入必須達到某個最低標準，才稱得上是「基本收入」。我們採用的定義遵循「基本收入」一詞的普遍用法，其好處在於它方便我們區分兩大問題：這個方案的無條件程度是否符合基本收入方案的標準？它設定的基本收入水準恰當嗎？因此，我們將堅持採用這個定義，同時也瞭解：在某些情況下，偏離該定義可能有策略上的意義。

不過，我們在研擬支持特定國家的基本收入政策的論據時，假定某個適當水準是有用的；這個水準必須夠低，我們才有辦法假定它是可以長久持續的，但它也必須夠高，我們才能夠假定它可以產生顯著的作用。無論是討論哪一個國家，我們建議以該國現行人均GDP的四分之一為參考標準。如果基本收入的金額因年齡或地區而異，那麼這個標準代表的是平均值而非劃一的金額。如果將金額換算為等值美元（這是本書的標準做法），那麼在二〇一五年，美國的基本收入應該是每月一一六三美元，瑞士一六七〇美元，英國九一〇美元，巴西一八〇美元，印度三十三美元，剛果民主共和國為九．五〇美元。以購買力平價指數校正後，相關數字應該是瑞士一二六〇美元，英國八六〇美元，巴西三二〇美元，印度一三〇美元，剛果十六美元。如果以全球GDP的四分之一為標準，則全球基本收入應該是每月二一〇美元左右，也就是每天約七美元（名目金額）。[15]這些數字提供了一種方便參考的基準，有助我們在本書中評估具體的基本收入方案和提案。[16]

在這裡，我們完全沒有宣稱，為每個人提供相當於人均GDP四分之一的基本收入，足以使每一個家庭脫貧。是否能夠如此，取決於這個國家設定的貧窮標準、具體的家庭組成狀況，以及家庭的地區分布。例如在美國，相當於人均GDP四分之一的基本收入（一一六三美元），超過該國二〇一五年的官方貧窮線（單身人士為月收入一〇二八美元，同居成年人為每人月入六六一美元）。[17]在多數但並非所有國家，人均GDP四分之一的個人所得，超過世界銀行的絕對貧窮線（月收入三十八美元，或每天一．二五美元），但至少就單身人士而言，低於歐盟的「貧窮風險」標準（所在國可支配所得中位數的六〇％）。[18]

因此，選擇以人均GDP的四分之一為參考標準，完全沒有深刻的意義，更談不上有何神聖之處。若要為這個標準辯解，我們或許可以說它是處於基本收入「微薄」與「慷慨」版本的界線上。不過，在此階段，我們不應太重視具體的金額。如前所述，稍後（第四章）也會再提到，基本收入的倡導者提出了各種非常不同的金額。我們將指出，較高的基本收入水準在道德上是有道理的（見第五章），而較低的水準則有利於政治上的實行（見第七章）。在福利制度成熟的國家，較低的基本收入水準將低於許多家庭在現行公共救助和社會保險制度下可以得到的給付。記住以下這一點非常重要：基本收入僅應替代低於基本收入的現行福利給付。如果個人正領取高於基本收入的福利給付，我們最好將基本收入想作是一種無條件的經濟基礎，必須靠有條件的給付加以補充，而既有的條件要求將繼續維持，稅後給付水準則往下調降，但不至於降低貧窮家庭的可支配所得總額。我們不應該將基本收入想成是必然將完全取代現行所有的移轉支付，遑論取代政府對優質教育、醫療和其他服務的財務承擔；這與某些人描述的基本收入截然不同，而那些宣傳基本收入可大大簡化一切的倡導者，將對此感到懊惱。[19]

我們認為在二十一世紀的環境下，我們所描述的無條件基本收入，與公共救助（現行的有條件最低收入保障方案是主要例子）有根本的不同。兩者對減輕貧困均有實際意義，但無條件基本收入具有的意義要大上許多。它並非在社會的邊緣運作，而是影響社會的核心權力關係。基本收入的宗旨並非只是要減輕痛苦，它更是要解放所有的人。它並非只是讓窮人可以勉強生活下去的一種方法，而是我們可以期望的蛻變後的社會與世界的一項關鍵要素。為了說明此中原因，我們將逐一闡釋前面提到的基本收入三項無條件特質：完全個人，人人有份，義務全免；基本收入正是因為這三項特質而不同於現行的最低收入保障方案。但在此之前，我們將簡短討論基本收入與許多最低收入方案的一個共同特徵；這項特徵雖然普遍，但仍有爭議。

現金收入

基本收入的一個基本特徵，是它以現金支付，而不是為受助者提供食物、居所、衣物和其他消費品。這與歐洲最早期的最低收入保障方案（十六世紀起），以及發展程度較低國家較近期的食物救濟方案截然不同。支持實物救濟的主要理由，在於它比較有機會確保受助家庭的所有成員能獲得基本必需品，而非容許資源浪費在奢侈品或更糟的用途上。最低收入方案利用特別形式的貨幣，例如食物券和其他指定用途的憑證，也是基於同樣的理由。[20]相對於提供可自由使用的現金，公眾更支持實物濟貧方式（以提供醫療和生活必需品為主）；這反映了人們普遍擔心受助者不會以負責任的方式運用救濟金。

但另一方面，相較於公平而有效率地提供食物或居所，想要公平而有效率地發放現金，尤其是在電子支付的年代，涉及的官僚程序會少得多。發放現金也比較不容易受人情壓力和各種遊說影響，而且比較不會因為資源配置不當而造成浪費。[21]此外，發放現金而非提供食物，可以在窮人居住的地區創造出購買力，有助提振當地經濟；相對之下，為窮人免費提供進口的食物，則傾向打擊當地經濟。[22]而且在實物救濟方案下，救濟物資可能很快就出現次級市場，這種方案因此未必能確保受助家庭獲得基本必需品；在此情況下，現金方案的優勢也就更加顯著。在最根本的意義上，如果我們最重視的是替所有人爭取更大的自由，我們原則上應該支持現金方案，不限制受益人如何用錢或何時用錢。如此一來，受益人可以自由決定如何使用其基本收入，即使預算有限，也可以按照個人喜好決定用錢的方式。[23]最明確和普遍以實物形式給付的最低所得出現在監獄裡，絕非巧合。

但是，我們不能以自由為根據，頑固地假定現金方案必然較佳。首先，現金方案要發揮其優勢，必須有足夠開放和透明的市場：基本收入的受益人若是受到歧視，現金給付本應賦予他的購買力可能顯著受損，甚至完全毀掉。第二，在緊急或臨時情況下，我們可能沒有時間等待市場形成：為免有人餓死，唯一的辦法是直接提供食物和居所。[24]第三，如前所述，基本收入並不是要取代由國家提供或資助的所有服務。就某些具體的項目如基本的健康保險、學前和中小學教育而言，政府採取的溫和家長作風、對正面和負面外部效應的瞭解，加上重視稱職公民（competent citizenship）要具備的條件，可能輕易壓倒支持現金方案的論點。國家提供這些服務的理由，包括照顧受益人的長遠利益，以及藉由維持健康和受過良好教育的勞動力和公民，支持經濟和民主體制的健康運作，來維護社會的整體利益。國家提供安全和令人愉快的公共空間，以及其他一些公共財和服務，也可用類似的理由辯護。[25]因為上述原因，提出有力的理由支持現金給付的基本收入，與支持國家實際提供各種服務並無矛盾。

個人收入

一如多數有條件的最低收入方案，基本收入採現金支付方式。但基本收入特別之處，在於它具有一項無條件特質：它是一種完全個人的收入。「完全個人」包括兩個特點，它們邏輯上相互獨立：基本收入是個別支付給每一個人，而且其金額高低與個人的家庭狀況無關。[26]以下逐一檢視這兩個特點。

基本收入並不是支付給「一家之長」，由他一個人照顧家庭裡所有成員的利益。基本收入是個別支付給家庭裡的每一個成年人。如果基本收入也照顧未成年人（金額可能低一些），則他們的基本收入必須由家庭裡某個成年人代收，照理說應該是他們的母親。[27]反對個別支付、支持由戶主代收全家基本收入的主要理由，是這種做法比較簡單。如果基本收入是採用稅額抵扣的形式，也就是一家的應納稅額可以扣除該家庭享有的基本收入總額，則由戶主代收的好處就特別明確。如果家裡只有一人擔起生計，基本收入可能完全不涉及款項的移轉：養家者的應納稅額扣除該家庭的基本收入總額，其淨收入便相應增加。但是，就決心替所有人爭取自由的人來說，直接且個別支付基本收入有其重大意義，因為它對家庭中的權力分配有顯著影響。低收入或零收入的婦女若能定期直接獲得她與孩子的基本收入，相較於其伴侶可以因她們的存在而增加淨收入的情況，這名婦女通常可以享有對家庭支出的較大控制權，而如果她想離開這個家庭，情況相對來說也沒那麼可怕。

基本收入的「完全個人」特質，還有一個較富爭議的意思。[28]在現行的有條件最低收入方案下，個人可以得到多少補助，取決於其家庭組成狀況。獨居的成年人可以得到的補助，通常顯著高於與一名或多名成年人共住的成年人。[29]這種普遍的特徵背後的理由很簡單：處理貧窮問題時，必須注意消費的規模經濟。在人均基礎上，獨居者滿足基本需求的成本高於非獨居者，因為獨居者沒有人可以分擔居住成本（以及相關成本如暖氣、家具、廚具和洗衣設備方面的支出）。因此，獨居者需要更多補助才能脫貧，而根據家庭組成狀況設定補助金額是有道理的。

儘管存在這種規模經濟，基本收入具有第二種意義下的「完全個人」特質，仍是大有道理的。基於兩個理由，個人享有的基本收入金額不應與當事人所屬家庭的人數掛鉤。首先，同居關係難以確定。曾有一段時間，同居幾乎等同於結婚，當時要查核兩個人是否同居相當容易，因為兩個人是否結了婚很容易查到——也就是說，當年實際上可以不必去查兩個人是否組成了一個家庭。但現在婚姻往往持續沒那麼久，家庭早在正式離婚前就已破裂是常有的事。更重要的是，未登記的同居關係如今遠比以前普遍。因為這些變遷，查核同居關係比以前來得麻煩，也會造成較大的侵擾。相對於查核市政當局的資料，去看某個住所的洗臉盆是否有人共用、監測用水用電的情況，成本高得多，而且也會明顯威脅個人隱私。[30]非正式同居關係愈是普遍，家庭的組成、分裂和重組愈是無常，政府當局就愈是面對一種兩難，必須選擇傾向任意和不公平的做法，或不惜侵犯個人隱私和承擔高昂的監控成本，而我們也就愈有理由支持第二種意義下的基本收入「完全個人」特質。

第二個理由有更重要的意義：根據家庭組成狀況降低人均基本收入，會打擊人們同居共住的意願。雖然這看似弔詭，但傾向完全個人的課稅或福利方案，對維持良好的社群其實比較有利。以家庭為基礎、家庭人數增加導致人均福利遞減的方案，會製造出一種孤獨陷阱：決定住在一起的人，會受到福利減少的懲罰。[31]此外還會造成其他負面影響。一起生活造就的互助、資訊分享和人際網絡，會因此減弱。珍貴的物質資源——空間和能源、冰箱和洗衣機之類——因此未能獲得充分利用。獨居者增加，同樣規模的人口將需要更多居住單位，人口因此變得較為分散，移動的困難也隨之增加。隨著我們愈來愈希望增強社會聯繫和節約物質資源，反對根據家庭組成狀況降低同住者福利的理由也就愈來愈強。為了追求所有人可長久持續的自由，同居共住應受鼓勵而非懲罰。

因此，基本收入因為以個人為支付單位而不同於有條件最低收入方案。基本收入特別之處，還在於它在另外兩種意義上是無條件的，而這兩種意義對說明基本收入的迫切性更重要。首先，基本收入**人人有份**，不審查經濟狀況。有錢人領取基本收入的權利，與窮人完全相同。此外，基本收入**義務全免**，不要求受益人證明自己願意工作。自願失業者領取基本收入的權利，與就業者和非自願失業者完全相同。如同我們將證明的，結合這兩個無條件特質非常重要。前者使人免於墜入失業陷阱，後者使人免於墜入就業陷阱。前者助人投入工作，後者助人拒絕不想做的工作。前者創造出各種可能性，後者免除義務，因此加強了這些可能性。如果沒有前者，後者可能輕易助長排除現象。如果沒有後者，前者可能輕易助長剝削行為。基本收入能成為實踐自由最重要的工具，是拜這兩個特質的共同作用所賜。

人人有份的收入

現行的最低收入方案全都需要審查經濟狀況。受益家庭領取的補助，通常等於該家庭其他來源的總收入（薪資、儲蓄利息、提撥式退休金計畫的給付等等）與法規當中此類家庭應有的最低收入之差額。因此，其他來源的收入為零時，可領取的補助最多，而其他來源的收入每增加一元，補助便少一元。有些最低收入方案經過調整，容許受益家庭在某個收入範圍內或有限的時間內增加其他收入，但補助金不必減少同等金額。然而，即使在這種情況下，受益家庭往往仍因為失去某些必須審查經濟狀況的優惠減免，使得實際結果和增加一元其他收入、補助便減少一元一樣。（實際上結果甚至更糟，或至少在那些沒有條件蒐集和處理分散而變動的複雜資訊的人看來，結果更糟。）除了審查收入外，有些最低收入方案也考慮申請人的其他「財力」，例如他們擁有的房產之價值，或是家庭以外近親的資源。無論經濟狀況審查是否考慮受益人收入以外的因素，這種方案必然是在**事後**的（ex post）基礎上運作的，也就是必須先評估受益人的物質資源，無論這種評估是否可靠。

相對之下，基本收入則是在**事前**的（ex ante）基礎上運作，不需要審查經濟狀況。有錢人和窮人同樣事先領到基本收入，無論他們從其他來源獲得多少收入、擁有多少財產，或親人收入多少。因此，如果基本收入的財源是外在的（例如財源為公有天然資源產生的收入，或是另一個地區提供的撥款），那麼它會為每個人的收入增加同樣的金額。如果基本收入的財源是受益人口繳納的所得稅或消費稅，那麼高所得和高消費者貢獻的稅金將足以支付他們自身的基本收入有餘。因此，基本收入與必須審查收入的補助方案的關鍵差異，不在於基本收入使所有人變得比較富有，更不是它有利於有錢人。弔詭的是，關鍵差異在於基本收入有利於窮人。

我們該如何理解這個反直覺的說法？如果我們的目的是消滅貧窮，則基本收入人人有份和完全個人的特質，可能使它乍看像是一種浪費資源的可悲設計。為瞭解浪費資源這個反對理由是否足夠有力，我們將「貧窮缺口」界定為提升貧窮家庭的收入至貧窮線所需要的移轉支付。扶貧方案的「目標效率」，通常是以方案的支出用在縮小貧窮缺口上的比例為標準。有條件最低收入方案如果嚴格地以最窮的家庭為目標，致力縮小這些家庭的收入與貧窮線的差距，則其效率必然高於基本收入，因為後者向貧窮線之上的無數家庭支付基本收入，看來浪費了寶貴的資源。但是，我們有三個明確的理由支持人人有份的基本收入。[32]

第一個理由與人人有份這個特質有關：基本收入是支付給所有人的，並非僅限於確認為窮人的人。許多研究比較人人有份的方案與針對性救助方案，發現前者較能有效觸及社會中最窮的人。[33]為了領取針對窮人的社會救助，符合資格的人必須完成一些程序，而他們可能因為無知、羞怯或感到羞辱，因此未能完成必要的手續。需要審查經濟狀況的方案若想在淨受益人當中達到人人有份方案可達到的請領率，其宣傳活動必須耗費可觀的人力和行政成本。即使是以收入做為唯一的審查標準，決策官員仍有很大的斟酌和人情交換的空間。但如果是自動支付給所有合法居民的基本收入，取得福利並不需要特別的行政步驟。社會也不再能夠明顯地區分窮人與非窮人，需要協助的人與可以自力更生的人。領取人人有份的基本收入，一點也不丟臉。這不但對當事人的尊嚴有重要意義，還能增強扶助貧困的效果。[34]藉由避免複雜化和汙名化，人人有份的方案以相當低的宣傳成本，便能達到很高的請領率。

或許會有人提出這樣的反對理由：基本收入方案雖然可以降低宣傳、監督與審核方面的行政成本，它在籌措財源和支付方面的行政成本將高得多。因為基本收入是支付給所有人而非僅限於窮人，移轉支付總額無疑將大上許多。但是，現在已經不是郵差每月挨家挨戶送錢上門的年代。現在是隨收隨付課稅和自動電子轉帳的年代，相對於執行經濟狀況審查的成本，籌措財源和支付方面的行政成本其實低得多。至少在正規程度夠高、稅制運作良好的經濟體，人人有份的方案在淨受益人當中達到某個請領率所涉及的總行政成本，應該低於必須審查經濟狀況的方案。就此而言，利用基本收入實踐免於匱乏自由的成本，低於有條件的方案。

第二，人人有份，無論從其他方面賺得多少收入仍有權領取基本收入，是很重要的，因為這不但可使人免於缺錢，還能使人免於無法投入工作。在需要審查經濟狀況的方案下，即使是不穩定的收入，也會導致當事人失去部分或全部救濟。許多福利領取人長期失業的原因之一，是他們理性地選擇規避不確定性。社會上最弱勢的人可以做的工作多數並不穩定，雇主不擇手段，收入非常不確定，他們面對的風險因此特別大。如果他們不確定自己投入工作後可以賺多少錢、自己是否有能力做下去，或是不確定自己可能多快失去工作，然後又必須面對多少有些複雜的行政程序以恢復領取社會救助，他們會比較不願意放棄需要審查經濟狀況的移轉支付。皮凱提（Thomas Piketty）便指出，一個人通過經濟狀況審查、確定領取福利的資格可能需要幾個月的時間，而「對這些經濟狀況一直非常脆弱的家庭來說，這幾個月可能特別難熬」。他接著提出這個顯而易見的問題：「既然工作幾個月可能導致我在結束工作後失去幾個月的最低收入福利，我何苦冒這種風險呢？」[35]即使發生問題的機率較低，對那些缺乏條件知道、瞭解和利用社會救助規則（這些規則可能不時改變，而且相當費解）的人來說，陷入債務愈欠愈多困境的風險，很可能是一種重大威脅。相對之下，在人人有份的基本收入方案下，人們要接受或創造自己的工作，就不必擔心那麼多。

人人有份這種有助於鼓勵就業的優勢，因為一種密切相關的作用而大大增強，因此提供了支持人人有份的第三個理由：在基本收入方案下，人們從其他方面賺取的收入，可以提高他們的淨收入。人人有份並非邏輯上必然會產生這種作用，因為理論上政府可以對收入課徵一〇〇%的稅，但我們可視其為人人有份自然產生的作用，因為在實務上我們很難想像政府以一〇〇%的稅率公然沒收這種不高的收入。（注意：如同第二章將說明的，這種作用也不必然需要人人有份這項特質；所謂的負所得稅方案也能產生這種作用，而負所得稅方案並不涉及人人有份的支付。）這種作用為何重要？想想典型的公共救助方案。為了以最高的效率救助目標受益人，這種方案動用資金，使貧窮家庭從其他來源獲得的收入加上公共救助之後，達到政府認為這種家庭應享有的最低收入水準。如前所述，貧窮家庭靠自身力量賺取一元的收入，政府便減少一元的救助。因此，政府力求避免浪費金錢在非貧窮家庭上的結果，形同對貧窮家庭的勞動收入課稅，而且隱含的邊際稅率高達一〇〇%。這種情況通常稱為貧窮陷阱或失業陷阱：窮人從事低薪工作賺到一些錢，但因為需要審查經濟狀況的救助金相應減少（或被取消），窮人的淨收入並無增加，甚至因為投入工作時必須承擔的支出，淨收入反而減少了。[36]在溫和假定明確的稅率不可能高達一〇〇%的情況下，基本收入因為人人有份，不會製造出這種陷阱。受益人從其他方面賺得不多的收入，其基本收入不會被撤銷或削減，而是完全不變。注意，如果一個地方有最低工資法規，基本收入方案仍會產生促進低薪就業的作用；這不僅是因為就業可以是自營作業的形式或在合作社工作，也因為受薪勞動可以是兼職或斷斷續續的形態，還可以是通常不適用於最低工資法規的學徒或實習工作。這些比較非正式的工作如果所占比重愈來愈高，經濟狀況審查製造出來的陷阱也將愈來愈嚴重，即使這個地方有嚴格的最低工資法規。[37]

上述三點應該已清楚顯示，需要審查經濟狀況的最低收入方案與基本收入有重大差異。前者提供一種安全網，卻未能接住它應該要接住的許多人，而且還導致另外很多人困在貧窮或失業陷阱中；後者則提供一種立足基礎，所有人都可以安心立足其上。如果失業陷阱只是困住受各種障礙困擾的極少數人，上述差異或許不是很重要。但如果因為前述原因，很大比例的人口有墜入這種陷阱的危險，而且這種弱勢者還愈來愈多，上述差異便至關緊要。有些人反對提高需要審查經濟狀況的社會救助金，而他們常提出的一個理由，正是這麼做會導致更多人墜入失業陷阱。

沒錯，人人有份的方案需要的公共支出大上許多，這是不言而喻的。向所有人支付某水準的基本收入，需要的錢遠多於僅支付給窮人。但凡事總有代價，而成本各有不同。如果基本收入是以稅收為財源，成本主要在於左手課稅，右手將錢交給同一批家庭，此外它只是不同類別人口間的私人支出重分配。這與財政預算中需要耗費實質資源的支出大不相同，後者的例子包括興建基礎設施和雇用公務員，**本身**涉及機會成本（因為政府動用公帑耗費的這些物質和人力資源，可以有其他用途）。撇除潛在的行政損益和正反兩面的行為反應，從需要審查經濟狀況的方案轉向人人有份的方案，不會使所有人整體而言變得更富有或更貧窮一些。就此而言，這件事可以說並沒有代價。

這項結論顯然僅在靜態的觀點下成立，也就是必須假定經濟行為者的行為保持不變。但我們不能做此假設。事實上，改變行為正是基本收入方案的關鍵意義：我們才剛指出，拜基本收入人人有份的特質所賜，原本困在失業陷阱中的人會有較大的誘因投入工作，而雇主也將有較大的誘因雇用他們。但我們不能只看基本收入如何影響收入較低者的行為。檢視引進人人有份方案如何影響收入較高者的誘因，將會發現真實的代價問題；我們闡述基本收入最富爭議的第三個特質之後，將回來討論這個代價問題。

義務全免的收入

如前所述，基本收入是一種完全個人、人人有份、定期支付的現金收入。基本收入與有條件最低收入方案還有一個不同之處：它沒有附帶條件，完全不要求受益人工作或願意工作。在這個確切意義上，我們說基本收入是**義務全免**的。[38]在現行的有條件方案下，當局對受益人願意工作的確切要求，各國顯著有別——事實上，即使在同一個國家，各地的要求也可能顯著有別。[39]被視為不符合條件的人通常包括主動放棄工作的人、無法證明自己正積極求職的人，以及不願接受當地公共救助部門認為合適的工作（考慮工作內容、地點和時間）或其他附帶條件的人。有關這種制度可以造成什麼後果，社會學家喬丹（Bill Jordan）在其著作《窮人：製造新請領階級》

（*Paupers: The Making of the New Claiming Class*）中有生動的描述。他敘述了一種背景狀況，一群請領福利的人因為這種狀況而提出支持無條件基本收入的理由：「那種有條件制度的基礎是一些法規，官員據此決定國家是否救濟某些人。正是這些法規賦予雇主權勢，因為法規容許官員強迫窮人投入工作，無論那些工作有多惡劣或薪水有多低。」這些法規「確保最卑劣的雇主，即使付最差的薪水請人做最骯髒的工作，也不怕找不到人，只要社會上仍有身體健全的失業者」。[40] 相對之下，基本收入不含任何附帶條件。家庭主婦、學生和流浪者領取基本收入的權利，與受薪勞工和自營作業者完全相同，主動辭職者的權利與被解雇者完全相同。沒有人必須查核受益人是真的在找工作還是在逃避。

因此，人人有份的特質可助人免受失業陷阱所困，義務全免的特質則使人免於墜入就業陷阱。若無人人有份的特質，義務全免可以輕易成為一種排除手段：義務全免但需要審查經濟狀況的救助方案，形同付給無望脫離失業陷阱的人封口費。但如果不是義務全免，人人有份的特質將成為一種剝削手段：人人有份但受益人必須願意工作的方案，形同補貼雇主。為了保住自己的福利，有些人將被迫接受或繼續做某些工作，雇主可以利用這一點，支付較低的工資。相對之下，基本收入人人有份的特質，確實可能構成對生產力低下（在直接的經濟意義上）的工作之補貼，但義務全免的特質使基本收入免於補貼那些非常惡劣或有辱人格的工作。這兩種無條件特質結合起來，使我們看到為什麼基本收入既可能壓低工資，也可能推高工資。

人人有份的特質有助受益人接受薪資很低的工作，甚至是因為薪資太低或太不穩定而尚未出現的工作。需要審查經濟狀況的最低收入方案所設定的下限不再適用。當前賺錢能力很低的人，不再因為工資水準問題而被排除在就業市場之外。因為這個原因，平均收入可能會下跌。[41]但是，因為基本收入義務全免，工作必須夠有吸引力，才會有人願意接受，無論是因為工作本身夠吸引人，還是因為它能提供有用的訓練、令人滿意的人際聯繫或升遷機會（無論薪資多低）。義務全免的收入，有助受益人拒絕工資太低和欠缺吸引力的工作。如果因為這種拒絕的自由，爛工作無法吸引或留住足夠的人，雇主可能會選擇將這些工作自動化。如果自動化無法做到或成本太高，雇主將必須設法提升這些工作的吸引力。如果這也辦不到或成本太高，工資就必須提高。沒錯，那些你不會想做的低薪爛工作將必須提高工資，甚至可能提升到高於你我的工資，而這是好事。[42]因此，平均收入大有可能上升。

這些相反的力量對勞工平均薪資和總體就業率的淨影響，是無法預料的。[43]結果如何，將會受市場力量和社會規範的影響，也將會受制度因素的影響，例如政府對兼職和自營作業工作的規範，以及最低工資安排之存在和適用範圍（無論是正式的法律還是社會夥伴協議的結果）。但有一件事是肯定的：人人有份和義務全免這兩個無條件特質結合起來，使原本選擇最少的人得到更多選擇。對那些擁有寶貴的才能、教育和經驗，具有重要的局內人地位、有力的人脈或工會支持，或家累不重的人來說，基本收入可能無法顯著增強他們的議價能力。但是，對那些不具這些優勢、選擇工作時無法太挑剔的人來說，基本收入將賦予他們可觀的力量。只有勞工本身才能好好比較不同工作的內在特質，因為只有他們才能充分考慮自己的意願、必須學習什麼、希望和什麼人共事，以及希望住在哪裡；對此，勞工自己的評估遠優於任何專家、立法者或官僚。[44]這種作用實際有多大，顯然取決於基本收入有多高。但是，基本收入不必設在完全不用工作就能過不錯生活的水準，也能使弱勢勞工得以暫時或永久地選擇比較吸引人的工作（進而推高爛工作留住勞工所需的工資）。我們可以期望工作的素質大幅提升，因為既有的工作改善了，而許多現在還沒有的工作將變得可行。尤其值得注意的是，最弱勢者所做的工作，平均素質應可提升。[45]這正是決心為所有人爭取自由的許多人，喜歡人人有份和義務全免這兩個無條件特質結合起來的原因。這正是他們希望引進基本收入的原因。

一種積極的福利制度

基於上述理由，我們似乎很難否定這一點：基本收入因為它多種意義上的無條件特質，是實踐自由的有力工具。但基本收入可以永續嗎？借用阿特金森（Anthony Atkinson）和史迪格里茲（Joseph Stiglitz）使用的術語，我們可以說基本收入預期而且有意產生的作用之一，是以「家庭中的生產」（就是家裡和社群裡的無薪生產活動）和「組織中的消費」（意味著較高的工作素質）替代「組織中的生產」。[46]但是，只有組織中的生產（國家的GDP會記錄的、私營和公共部門中有酬勞的活動）才能提供基本收入所需要的稅基。我們將在第六章詳細討論可以替基本收入籌措財源的各種方法，以及它們預料將如何影響經濟行為者的行為，進而影響基本收入方案的永續性。我們也將檢視若干實驗和計量經濟分析，它們的目的是幫助我們回答這些問題。在此我們只是希望指出人們討論基本收入的經濟影響和經濟永續性時，太常忽略的若干因素。

許多人擔心，提供義務全免的基本收入，並且針對生產活動提高稅負做為其財源，將嚴重影響勞動力的供給。值得提出的一個初步論點是：提供基本收入的一個重要功能，是賦予受益人投入工作的能力。如納米比亞主教和基本收入倡導者卡米塔（Zephania Kameeta）所言：「以色列人在逃離奴役的漫長旅程中，上帝賜予他們嗎哪（manna）這種神奇食物。他們並未因此變得懶惰，反而獲得前進的力量。」[47]這道理在相對落後的國家也完全成立：在不曾有過最低收入保障的情況下，基本收入將為許多人提供維生方法。不過，即使已有需要審查經濟狀況的方案，這道理還是成立的：基本收入可以提高窮人獲得救助的百分比，進而減少赤貧的情況。

至於對物質誘因的影響，首先值得注意的是，即使許多勞工的邊際稅率大幅提高，工作的邊際報酬仍將顯著高於數十年前（儘管當年的邊際稅率低得多），因為實質工資大幅成長了。[48]第二，因為社會地位高低和產生威望的消費機會取決於酬勞的相對水準，所以工作邊際報酬的絕對水準縮減，可能不會顯著降低勞工追求經濟進步的動力。最初倡導基本收入的學者之一的柯爾指出：「生產的誘因主要並非取決於報酬的絕對值，而是取決於報酬與其他報酬的相對關係。」因此，「一個社群愈是接近社會平等的狀態，足以提供有力誘因的所得差異便愈小。」[49]第三，除了絕對或相對酬勞外，人們投入工作並追求好表現還有許多不同的動機，而這些動機全都可以在基本收入的制度下發揮更大作用。湯森（Peter Townsend）討論收入保障建議時，便這麼說：「一個人工作，是為了維持妻兒、朋友和鄰居對他的尊敬，為了滿足習俗和人生期望衍生的心理需求，以及……補充他的資訊、警世故事和趣聞逸事存量，以便他繼續參與社會關係網絡中的活動。」[50]

但是，將基本收入的經濟影響簡化為它對勞動市場供給面的直接影響，則是錯誤的。基本收入為所有人提供一種無條件的立足基礎，我們因此可以期望它提供自營作業者、工人合作社和勞資合夥事業（capital-labor partnerships）更好的支援，來應付收入不確定和不穩定的風險，從而協助解放創業精神。[51]更重要的是它對人力資本的長期影響。有時會有人表達這種憂慮：邊際稅率上升將削弱人們進一步接受教育和訓練的誘因，而年輕人享受基本收入賦予他們的生活，將忽略自己的教育需求，導致將來可能難以養家。[52]我們無法否認基本收入可能產生這種影響，但基本收入對社會的人力資本還有若干其他影響，應該大致足以抵銷上述的負面影響。

首先，藉由提供可靠的立足基礎而非安全網來消滅失業陷阱，作用並非僅限於將當前生產力很低的人納入就業市場。它還有助防止失業勞工因為技能過時和逐漸喪失職業抱負（兩種作用互相增強），變得無法雇用。

第二，人人有份和義務全免這兩個無條件特質造就一種系統性的傾向，有利於創造和保留需要大量培訓的工作。其中一個面向，是基本收入使所有年輕人都有機會從事無薪或非常低薪的實習工作；在沒有基本收入的情況下，這種工作由少數幸運的年輕人壟斷，他們的父母有能力而且也願意在經濟上援助他們，形同提供私人出資的基本收入。在某些國家，學徒或實習工作並未獲得政府大幅補貼，也未因為工會與雇主聯盟之間的協議而得到大幅補貼，個別雇主因此非常厭倦投資在人力資本上，因為員工一旦完成培訓便可能離開公司；在這種國家裡面，基本收入的上述作用的力道有望特別強勁。

第三，基本收入予人方便，所有人都會比較容易選擇兼職工作，或完全暫停工作，以便進修掌握新技能、尋找更適合自己的工作、參與義務活動，又或者只是休一個自己迫切需要的假。這可以降低技術勞工身心耗竭、無法復原，或是在未到退休年齡便遭市場淘汰的風險。加上教育體系轉向鼓勵終身學習，這種比較放鬆和有彈性的勞動市場，應該遠比嚴格區分年輕學生與成熟勞工的市場，更符合二十一世紀的人力資本發展需求。

最後，這種正面作用不但關乎現行勞動人口的人力資本，也攸關下一代。一如能使家庭收入變得比較安穩的其他方法，基本收入應該可以對兒童的健康和教育產生有益的作用。[53] 因為基本收入有助減輕失業陷阱的問題，它可以減少那些因為成長過程中家裡無人受雇而使得他們的工作積極性受到負面影響的兒童數量。最重要的是，因為基本收入有助人們選擇兼職工作，以及協調工作與家庭生活，它使父母得以在孩子最需要照顧的時候投入更多心力照顧他們。

我們想提出的一個基本、一般的論點是：經濟體有效率地運作，並不需要以短視的方式推高就業率和追求勞動力供給最大化。用可長久持續的方式提高一個經濟體的生產力（假設我們以合理的方式來解釋），最好的方法並不是執迷於提高勞動參與率，並將許多人綁在他們厭惡和學不到任何東西的工作上。如詩人紀伯倫（Kahlil Gibran）在一九二三年所言：「如果你工作時無法有愛，只能滿心厭惡，你最好不要做那工作……因為你如果冷漠地烤麵包，你將烤出苦麵包，只能使人半飽。」相信這種事的並非只有詩人。維爾納（Götz Werner）創辦的公司雇用超過兩萬人（第七章將再談到他），他也抱持類似想法：他表示，如果無條件基本收入使他所有的員工真的可以選擇不工作，他的公司將會有更好的表現。

基於這些原因，賦予所有人（而非只是具優勢條件者）更大的自由，使他們能輕鬆地遊移於受薪工作、受教育、照顧家人和志願工作之間，不但比較公平，在經濟上也是明智的。基本收入為所有人提供比較有力的保障，這與擴大一種可取的彈性密切相關，基本收入因此是一種投資而非費用。[54]這也解釋了為什麼基本收入可視為一種明智而解放的「積極福利制度」（active welfare state）的形式。積極福利制度最常被用來指涉所謂「積極的勞動市場政策」，以及該標籤通常隱含的、或多或少具干涉性的促進參與的制度。從這個壓抑性的方式理解，積極（或促進參與）的福利制度追蹤現行方案的受益人，查核他們是否真的不適合工作或是否真的在找工作。順著這樣的方案，國家縮減了福利給付，緊縮了請領福利的資格，同時更嚴格執行相關規定。在布萊爾（Tony Blair）和施洛德（Gerhard Schröder）的領導下，英國和德國於新世紀初推動的相關改革，以及他們的保守派繼承者所執行的改革，說明了這實際上可以導致什麼後果。北美的「工作福利」（workfare）方案則提供了其他例子。

但是，積極福利制度並非只能透過壓抑性的方式理解，還能以解放性的方式理解。在這種理解觀點下，促進參與主要在於移除障礙（例如失業和孤立陷阱），以及藉由提供接受教育和培訓的機會，賦予人們力量，讓他們在受薪工作或無酬活動方面享有比較多樣的選擇。這種做法解放人們的工作自由，而非強迫人們工作。它構成解放型積極福利制度的核心，與需要審查經濟狀況的最低收入方案形成鮮明對比，後者是「消極」福利制度的典型政策，專門補助不參與勞動或其他活動的人，也因此使他們一直保持在不活躍的狀態。沒錯，基本收入方案因為提供一種義務全免的收入，可以視為是將受薪工作非神聖化：它使所有人都可以正當地不勞而獲；從此不必工作就能獲得收入的人，不再僅限於殘障者或是靠房產、證券產生的收益就能生活的食租者。但是，基本收入因為提供一種人人有份的立足基礎，並容許受益人靠其他收入來源增加所得，我們也可以視它為一種促進參與的手段，有助增強其他手段（例如再培訓或社會工作）的效力。因為義務全免，基本收入有助人類勞動力的「非商品化」；但因為人人有份，它也有助將原本一直遭排斥者的勞動力「商品化」。[55] 因此，基本收入的支持者不必基於原則，否定積極福利制度名下的所有辭令和政策。訴諸以下理由推銷基本收入方案，就更沒必要了：由於所謂受薪工作減少所以消極福利制度是必要的。

值得注意的是，基本收入與以下觀點完全相容：自我放縱不能贏得讚賞和尊敬，服務他人才可以。基本收入有助我們所有人去尋找自己想做和做得好的事，無論那是否為受薪工作。許多人在人生的某些階段，造福親人或整個人類社會的最好方式可能是投入某些無酬的活動，例如從事照顧兒童的志願工作或為維基百科貢獻自己的專長。但是，多數人在「勞動年齡」階段，貢獻社會的最好方式是從事某種受薪工作，無論是否在某家公司，無論是否為全職工作。珍視這種工作倫理的社會規範與基本收入的理念是一致的，事實上對基本收入的長久持續不但有幫助，而且不會抵消這種社會規範的實踐方法多元化所衍生的解放作用。[56]

一種健全的經濟

上述評論應足以安撫那些懷疑金額可觀的基本收入將引發致命崩潰的人。但它們足以說明經濟成長最大化需要基本收入嗎？當然不能。幸好是如此。非自願失業是決心為所有人爭取自由的人必須處理的一大問題。許多人通常會表示，經濟成長是解決失業問題不言而喻的方法。但如前所述，富有國家經濟持續成長的可能性和可取性，以及經濟成長能否解決失業問題，如今都已受到有力的質疑。基本收入提供另一種方案，使我們不必再瘋狂追趕生產力的成長。凱因斯曾寫道，終有一天，「我們節省勞動力的發明」，「速度將超過我們替勞動力找到新用途的能力」，屆時追求經濟成長將不再是我們要走的路，而「我們將致力把還需要做的工作，盡可能廣泛分給眾人，就像把有限的麵包盡可能均分給大量的奶油」。[57]

基本收入是朝這方向前進的一種平穩而明智的方法。它並未強迫所有人接受某種工作時間的上限，但使人們可以比較輕鬆地縮減工作時間，因為它降低了人們縮減工作時間必須承受的損失，而且授予他們一筆可以倚賴的可靠收入。基本收入因此是一種治本的方法，可以同時處理因為工作過勞或長期失業而致病的問題。[58]這不代表我們放棄合理解釋的充分就業目標。充分就業可以有兩種意思：身體健全的勞動年齡人口都能找到全職受薪工作，又或者所有想找到有意義受薪工作的人都真的有機會如願以償。基本收入這種策略否定前者，但欣然以後者做為目標。[59]基本收入追求達成這項目標的方法，是補貼當前生產力偏低的低薪工作，同時使人們能比較輕鬆地在人生中任何一個階段，選擇減少工作。這是否必須以減少物質消費為代價？在已開發國家，肯定是的。而且這是刻意的選擇——因為我們的經濟體不但必須有效率地運作，還必須是健全的。[60]為了經濟能健全地運作，我們不但必須找到一種不會令人生病的方法來組織我們的經濟，還必須找到一種可以持續普及的生活方式。無條件基本收入正是這兩者的先決條件。

2 基本收入及其替代方案

對我們的許多讀者來說，本章是不必要的。但對某些讀者來說，本章至少有一節是絕對必要的。這些讀者覺得上一章的診斷有足夠的說服力，但他們可以輕易想到遠優於我們建議的方案，甚至不止一個，而且閱讀時會一直想到這些方案。本章將簡單介紹和討論無條件基本收入的主要替代方案。我們對多數替代方案頗有好感。其中有些方案可以有效地與基本收入結合，但只在頗為有限的程度上。而如果無法引入基本收入政策，我們樂於承認，在許多情況下，執行那些替代方案將會大大改善現狀。但我們無疑相信，連同超出本書範圍的其他領域的改革，最有能力替自由社會和健全經濟創造出制度條件的是無條件基本收入，而非那些替代方案。[1]我們將簡單說明此中原因。

基本收入 vs 基本賦予

基本收入是一種定期收入，隔多久支付一次視具體方案而定。為什麼不改用基本賦予（basic endowment），也就是在每個人成年時賦予他們一筆錢呢？基本賦予這個構想早就有人提出，例如一七九六年的潘恩（Thomas Paine）、一八二九年的史基摩（Thomas Skidmore）和一八五三年的余悅（François Huet）。[2] 此後有人以其他名稱提出同一構想的多種版本，包括一九六八年托賓（James Tobin）倡導的「國家青年賦予」（national youth endowment），一九七七年克萊恩（William Klein）和一九八八年哈夫曼（Robert Haveman）的「全民個人資本帳戶」（universal personal capital account），一九九九年艾克曼（Bruce Ackerman）與艾斯托特（Anne Alstott）最具系統性也最有抱負的「利害關係人贈予」（stakeholder grant）。

基本收入與基本賦予有很多共同點。兩者都是支付現金，以個人為基礎，不需審查經濟狀況，也不要求當事人工作。此外，基本賦予不難轉換為一種基本收入：只需以某種方式投資，產生相當於經過精算的年金，便可使受益人定期獲得收入，直到去世。相反，如果基本收入可以抵押（站在支持自由的立場，似乎應該容許受益人抵押基本收入），它也可以轉換為一種基本賦予。[3] 如此說來，基本收入與基本賦予似乎沒有顯著的差別。但兩者其實有一個重要的差別，而在我們看來，這個差別足以支持我們堅決偏向無條件基本收入。

為了說明這一點，我們必須明確指出這兩種構想可以公平比較的版本。若干國家已實行或曾實行支付現金的全民基本賦予，但金額相對於定期的移轉支付非常小。[4]艾克曼與艾斯托特的提案則慷慨得多：八萬美元的贈予，可能分四次、每次二萬美元支付，而且六十五歲起可獲得無條件的養老金。如果這筆贈予在受益人二十一至六十五歲期間平均分成五百二十八份，每月支付，將相當於每月約一五〇美元（不考慮通膨問題）。但我們顯然必須顧及兩項事實：有些人不到六十五歲就死了，而且這筆資金畢竟是可以產生利息的。艾克曼與艾斯托特估計，在二十一歲時贈予八萬美元，約等同二十一至六十五歲期間提供每月四〇〇美元的基本收入。但因為他們假定的實質利率可達五%，實在太樂觀了，我們且以每月三〇〇美元做比較實際的估計。[5]

但是，我們其實完全不必爭論這種估計所涉及的細節。為了說明這問題涉及的金額，我們且以每月基本收入一千美元為基準——相當於在一個比美國稍窮一點的國家，人均GDP的二五%。這樣的話，「等值」的基本賦予約為每人二十五萬美元。若要公平地比較，我們必須考慮更多的因素，尤其是方案自然涉及的財政節約（是方案的一種財源）。[6]但我們在這裡可以不考慮這些額外因素便比較兩個大致等值、以大致相同方式籌措資金的方案：二十一至六十五歲提供每月一千美元的基本收入，以及在二十一歲時提供二十五萬美元的基本賦予。我們可以不考慮二十一歲以下的人（艾克曼與艾斯托特的提案完全沒提到他們），也可以不考慮六十五歲以上的人（艾克曼與艾斯托特的提案等同提供一種僅限於老年人的基本收入）。

雖然有種種相似之處，基本賦予與基本收入看來是基於截然不同的規範觀點（normative perspective）。基本賦予主要追求在每個人成年時賦予他們較為平等的機會，而基本收入則是追求提供終身的經濟保障。如果你決心替所有人爭取自由，你該支持哪一個？[7] 乍看之下，答案顯而易見。基本賦予可提供基本收入提供的所有可能性，因為它可以轉換為一種年金。但基本收入因為不可抵押（基本收入的倡導者多數堅持這一點），所以不可轉換為基本賦予。但是，基本賦予也可能出現受益人很快毀掉這筆資金的情況：可能是故意揮霍在消費上，也可能是因為不當的投資（例如買錯房子）、選擇了錯誤的課程或是創業失敗，不情願地失去這筆錢。如艾克曼與艾斯托特指出，年輕人一旦收到這筆錢，「就完全可以決定如何花用或投資：當事人可能上大學，也可能不上；可能存起來以備購屋或不時之需，也可能去拉斯維加斯揮霍掉。」[8] 畢竟自由也包括犯錯的自由。

不過，我們堅信，如果我們關心所有人的自由，關心賦予所有人真實的機會，我們應選擇提供每月一千美元的基本收入，而非「等值」的一次賦予二十五萬美元。為什麼呢？一個人的人生機會，僅在非常有限的程度上取決於他二十一歲時得到的基本賦予。人生機會很大程度上取決於當事人的智力、父母的照顧、所受教育的素質、社會網絡，以及其他許多因素。平均而言，在這些方面本已占優勢的年輕人，恰恰是最可能善用這筆基本賦予的人。相對之下，許多年輕人的智力、可得到的指導、所受的教育和可用的人脈，均不足以使他們在剛成年時，經深思熟慮後，以對自己最有利的方式利用相同金額的基本賦予；他們因為這筆錢而可享有的真實可能性，因此明顯較少。[9]

無條件的終身基本保障，不但保護我們所有人的自由不受年少時的犯錯自由所危害，還能以授予真實可能性（包括在整個人生中投資和承擔風險的可能性）的方式，遠比基本賦予方案更廣泛地普及自由。因此，如果我們有機會選擇金額可觀的基本收入方案或「等值」的基本賦予方案，決心為所有人爭取自由的人理應果斷選擇前者。但是，這種抉擇並非容不下一種輔助性的「資本賦予」，只要後者需要的資源不至於危害基本收入財源的永續性。[10]

基本收入vs負所得稅

在基本收入的「競爭對手」中，通常稱為「負所得稅」的這種方案在許多方面與基本收入最相似，雖然它在概念上不如基本賦予那麼接近基本收入。負所得稅的概念可以追溯至古諾（Augustin Cournot），他是數理經濟學的創始人之一。他寫道：「紅利是現代的發明，是所得稅的對立物；借用代數的說法，它是一種負所得稅。」[11] 勒納（Abba Lerner）和史蒂格勒（George Stigler）均曾在著作中提到這種構想。[12] 負所得稅的概念得以廣為人知，是拜傅利曼（Milton Friedman）的著作《資本主義與自由》（*Capitalism and Freedom*）、他的若干其他文章和訪問所賜。[13]

包括傅利曼在內，常有人表示，以個人所得稅為財源的基本收入，等同負所得稅。[14]此外，許多用來支持基本收入（相對於需要審查經濟狀況的最低收入方案而言）的論點，也被用來支持負所得稅提案。但是，基本收入與負所得稅有一個關鍵差異，而對決心為所有人爭取自由的人來說，這個差異至關緊要。

為了說明這些方案有多相似，我們可以畫一些精簡的示意圖，說明在假定沒有其他公共支出的情況下，需要審查經濟狀況的最低收入方案（圖二．一）、基本收入方案（圖二．二）和負所得稅方案（圖二．三）。有些人會覺得快速瀏覽這些示意圖便已足夠，有些人則可能覺得舉簡單的例子，以具體的數字說明比較好懂。假設國家向每名成年人支付每月一千美元的基本收入，以稅率二五％的所得稅為財源，基本收入以外的所得從第一元起便須納稅，而國家並無任何其他公共支出。假設政府採用淨額支付的方式，也就是向那些基本收入超過應納稅額的人支付差額，而應納稅額超過基本收入的人則必須向政府支付差額。這種做法等同將一千美元的基本收入，改造為金額劃一的一千美元個人可退款稅額抵減。如此一來，兩種方案下的有效邊際稅率和計入移轉支付的稅後所得均相同。例如：

- 沒有收入的人，在兩種方案下均獲得每月一千美元的補助。
- 賺二千美元的人，可以享有二千五百美元的收入：在前一種情況下是一千美元的基本收入加上其他淨收入一千五百美元（二千美元的七五%），在後一種情況下是自己賺的二千美元加上五百美元的負所得稅（一千美元的稅額抵減與五百美元所得稅（二千美元的二五%）的差額）。

- 賺四千美元的人，可以享有四千美元的收入（這是所謂的平衡點）：在前一種情況下是一千美元的基本收入加上其他淨收入三千美元（四千美元的七五%），在後一種情況下就是自己賺的四千美元，因為一千美元的稅額抵減與一千美元所得稅（四千美元的二五%）剛好相抵。
- 賺八千美元的人，可以享有七千美元的收入：在前一種情況下是一千美元的基本收入加上其他淨收入六千美元（八千美元的七五%），在後一種情況下是自己賺的八千美元減去一千美元的正所得稅（兩千美元的所得稅（八千美元的二五%）減去一千美元的稅額抵減）。[15]

以上說明了基本收入與負所得稅據稱效果相等是怎麼一回事，現在我們必須說明這種等同的限定條件。首先，在上例中，稅是線性的：無論收入多少，邊際稅率均相同。與基本收入不同的是，負所得稅有時專指這種特殊情況，而這也是傅利曼喜歡的版本。但負所得稅不難設計成累進或累退的稅制。不過，它確實假定移轉支付是以個人所得稅為財源，而基本收入原則上可以仰賴

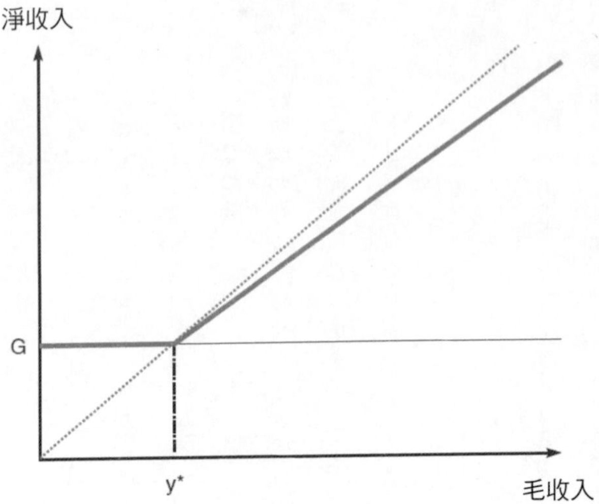

圖二・一　最低收入方案（需要審查經濟狀況）下的淨收入

橫軸代表毛收入，也就是未計入移轉支付的稅前收入。縱軸代表淨收入，也就是計入移轉支付的稅後所得。四十五度斜線代表完全免稅、亦無最低收入保障方案下的淨收入：毛收入與淨收入相同。G代表最低收入的水準。

在需要審查經濟狀況的標準最低收入方案下，政府不容許家庭淨收入低於最低收入（G），毛收入低於G的家庭收取政府的移轉支付，確保淨收入達到G。圖中實線代表淨收入，已計入移轉支付和為這些支付提供資金的賦稅，此處假定它們是線性的。毛收入超過y*的人是最低收入方案財源的淨貢獻者，毛收入低於y*的人是最低收入方案的淨受益者。

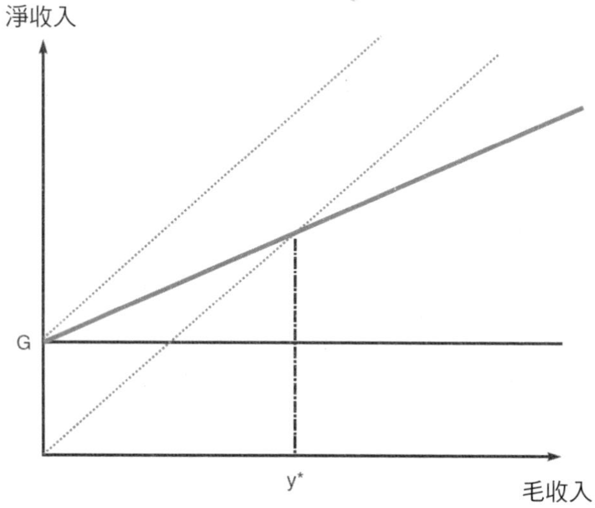

圖二・二　基本收入方案下的淨收入

政府向每一位公民支付免稅的基本收入G，無論他們的毛收入是多少。始於G的第二條虛線與四十五度斜線平行，代表毛收入加基本收入。實線代表淨收入，已計入賦稅和基本收入。平衡點y*為代表淨收入的實線與代表毛收入的四十五度線的交點。毛收入超過y*的人是基本收入方案財源的淨貢獻者，毛收入低於y*的人是基本收入方案的淨受益者。

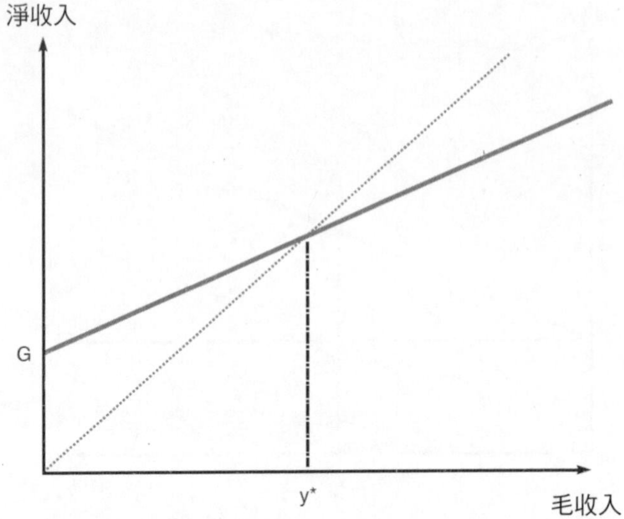

圖二·三　負所得稅方案下的淨收入

實線代表淨收入，已計入稅率相同的正所得稅和負所得稅。在這種線性版本下，平衡點y*之下的補助（也就是負所得稅）縮減的速度，與平衡點之上的稅金增加的速度相同，均為毛收入增加的每一元的某個百分比。收入低於平衡點的家庭得到的補助（也就是負所得稅）隨著收入增加而減少，收入增至平衡點y*時補助為零。毛收入超過平衡點，負所得稅即變成正所得稅，納稅的家庭成為這種方案的貢獻者。這個平衡點與基本收入方案下的平衡點相同。

其他許多財源（見第六章的討論）。

第二，在上例中，補助和納稅是以個人為單位。基本收入原則上必須如此，但負所得稅則不是。事實上，一如普遍的財政實務，多數負所得稅提案和所有負所得稅實驗，均以家庭為正負移轉支付的單位；這會衍生各種難題，而這些問題構成支持負所得稅個人化的理由。但是，負所得稅原則上可以個人做為補助和課稅的單位，唯有如此，我們才能說基本收入等同負所得稅。

第三，在上例中，用來評估正、負所得稅的收入基礎是一樣的。但是，負所得稅的一些倡導者認為，這種方案的好處之一，是可以擴大用來評估負所得稅的收入基礎，辦法是納入非家庭成員的親屬之收入。例如德國經濟學家彼得森（Hans-Georg Petersen）便認為，這種做法或許可使「家族自我負責的重要作用」成為負所得稅相對於基本收入的一個重要優勢。[16]很明顯，評估正、負所得稅使用的收入基礎必須相同（多數負所得稅提案正是如此），負所得稅才有可能等同基本收入。

第四，在上例中，我們假定領取負所得稅補助的權利，不必以受益人必須願意工作為前提，一如領取基本收入的權利。負所得稅提案（包括傅利曼的提案）通常是這樣，但並非全都如此。例如美國尼克森總統的「家庭救助計畫」（第四章將談到），在被視為負所得稅的方案中是最著名的，但身體健全的成年人必須願意工作才能領取補助。如果可退款的稅額抵減並非義務全免，負所得稅方案顯然就不能說是等同於基本收入。

澄清了這些限定條件之後，我們現在可以拿最有利於基本收入等同負所得稅的例子，集中檢視兩者的根本差異。在這個例子中，補助和納稅皆以個人為單位，受益人不必願意工作，財源為相同的線性個人所得稅。這迫使我們檢視第一章「人人有份」一節中所講的兩個特質：一個是基本收入和負所得稅共有的，另一個則是兩者的關鍵差異所在。

基本收入和負所得稅共有的特質，使兩者均有別於需要審查經濟狀況的標準補助方案：它們廢除了針對極低收入者的一〇〇%有效稅率。[17]基本收入和負所得稅均能保證相同水準的最低收入和同一套邊際稅率。預算限制因此可視為完全相同。勞工在兩種方案下可以選擇的各種消費和休閒組合是一樣的，他們做為理性的經濟行為者料將選擇的行為，因此應該也相同。

但是，我們必須注意人人有份的第二個特質：基本收入是預付相同的金額給每一個人，不考慮受益人的其他收入來源。乍看之下，這不過是一種次要的行政差異，理應有利於負所得稅方案：負所得稅不必浪費資源在納稅人與政府之間累贅的來回支付上，就能達到相同的最終結果。但是，窮人無法等到納稅年度結束後才領取使他們免於挨餓的補助，負所得稅方案因此顯然必須設有預付程序。收入預料會低於平衡點的人，都必須能受惠於預付程序（而非僅限於毛收入預料將低於政府保證的最低收入的那些人）。[18]在電子支付和隨收隨付課稅（pay-as-you-go taxation）的年代，負所得稅方案預付程序涉及的資訊和控管方面的行政費用，隨時可能超過基本收入方案下來回支付所涉及的行政費用。在此同時，因為常見的複雜化和汙名化原因，負所得稅的受益人請領率將遠低於基本收入這種人人有份的方案。因此，做為一種扶貧手段，負所得稅理論上雖然等同基本收入，但因預付和請領率的問題，扶貧作用不如基本收入；需要審查經濟狀況的標準補助方案，也有非常類似的問題。

預付此一特質對基本收入成為扶貧和促進就業的有效手段，有重要的意義。這是因為失業陷阱的問題，不但在於就業與失業狀態下的收入差異（此處我們假定基本收入與負所得稅在這方面是一樣的），還在於人們希望規避工作不穩定和行政程序造成的風險。在這方面，負所得稅的一些倡導者認為他們的方案可以改善現行福利制度的運作。[19]但因為受益人的就業狀態一旦改變，就必須完成相關申報手續，負所得稅方案與需要審查經濟狀況的標準補助方案本質上具有同樣的缺點。只有預付的基本收入能徹底解決這個問題。[20]

因此，即使是以個人為基礎，而且理論上可以產生完全一樣的淨收入，負所得稅方案絕非等同最相似的基本收入方案，而且在扶貧和促進就業方面也不具有相同的優點。哲學家傅柯（Michel Foucault）討論負所得稅（第四章將再談到）時強調的基本理由是：這仍是一種針對窮人的政策。十九世紀結束後歐洲發展出來的福利制度，全都「希望確保經濟干預不會導致國民被分為窮人和較不窮的人」。傅柯指出，負所得稅則如同另一個時代的《濟貧法》（*Poor Laws*），「區分窮人與不窮的人，領取救助與並未領取救助的人。」[21]若想使所有人免於貧窮和失業，我們社會需要的是一種人人有份的立足基礎（這是決心為所有人爭取自由的人應該爭取的），而非只是另一種較精細的針對窮人的政策。

人人有份的基本收入此一原則上的優勢雖然應該很清楚，但它能產生多大的作用，確實也受經濟狀況和行政實務左右。首先，基本收入的預付安排可以設定為預設選項，而非人人適用的強制安排。這其實正是托賓提出其「全民式補助」計畫時設想的最佳執行方式。[22]工作穩定的人可以要求以稅額抵減的方式領取他們的基本收入，而如果人人都有條件這麼做，基本收入與負所得稅的差異將消失。想像一下：在某個社會裡，每一名成年人都有一個雇主，也只有一個雇主。在此情況下，所有雇主每個月將向政府支付員工薪資的某個百分比（替政府預扣員工的所得稅），同時每個月也將獲得政府支付員工的基本收入。所有員工每個月將收到的薪資淨額，已經扣稅並計入基本收入（包括員工負責撫養的孩子所享有的基本收入）。休無薪假的員工，也可以經由其雇主領取基本收入。在我們想像的這種情況下，劃一的可退款稅額抵減（構成一種負所得稅）可以提供的立足基礎，一如預付的基本收入那麼牢靠。現實情況當然比較複雜：有些成年人是學生或失業了，有些人有顧客但沒有雇主，有些人有超過一名雇主——而且這些個人狀態可能不時改變。在這種較為現實的情況下，每月申報收入（如果行政上能負擔的話）仍有可能藉由加快稅額抵減的退款速度，來減輕負所得稅的缺點。但是，預付基本收入給所有人的雙重好處，仍將顯而易見，雖然收入不錯且穩定的人得到的好處不如其他許多人（包括他們自己的家人）。

但是，說句公道話，我們應該承認，負所得稅方案在政治可行性方面可能占據顯著優勢。首先，即使各類家庭的邊際稅率和稅款淨額完全相同，相對於等效的基本收入方案，負所得稅方案涉及的稅款和支出總額低得多。在易受假象蒙蔽的輿論界，這一點使負所得稅的成本看起來低得多，因此也就比較容易被接受。[23]第二，與基本收入不同的是，金額相同、提高勞工薪資淨額的稅額抵減可以維持如下印象：這種收入補助源自勞動。負所得稅因此比較容易獲得勞工組織支持；這些組織的權力基礎是在（支付工資的）公司，而非（支付補助的）政府。第三，從有條件的標準補助方案改為奉行負所得稅方案，行政上的過渡可以順利一些：既有的社會保險給付可以全部保留，然後在決定是否可以領取負所得稅補助時納入考量，而如果引進基本收入，其他所有的福利給付都必須有所縮減。這些政治上的優勢，可能是在某些情況下接受負所得稅為最佳可行方案（或是以負所得稅做為改革路上的階段目標）的好理由。（第六和第七章將再討論過渡路徑。）但是，決心為所有人爭取自由的人原則上對無條件基本收入的偏好，完全不受上述因素所影響。

基本收入 vs 勞動所得稅額抵減

負所得稅可視為一種劃一的可退款稅額抵減。其他形式的可退款稅額抵減也有人提出，或已經實行，而有些人會說，這些方案相對於負所得稅有決定性的優勢。這種方案當中最有名的是勞動所得稅額抵減（Earned Income Tax Credit，簡稱EITC），是一種僅限於低薪勞工的可退款稅額抵減，也是美國現正執行的一種政策。參議員朗恩（Russell B. Long；代表路易斯安那州的保守民主黨人，一如其父休伊・郎恩〔Huey Long〕，後者為一九三〇年代「分享財富」運動的領袖；第四章將談到這場運動）一九七〇年代初率先提出勞動所得稅額抵減的構想，做為尼克森「家庭救助計畫」的替代方案，一九七五年福特總統任內完成立法。[24]勞動所得稅額抵減於一九九三年在柯林頓總統任內大幅擴大，成為美國的主要扶貧方案，二〇一三年有接近二千七百萬名受益人。自一九九〇年代起，經濟合作暨發展組織（OECD）多數成員國引進了類似的勞動所得稅額抵減方案。

一如負所得稅，勞動所得稅額抵減的形式是由稅務機關替某些人減稅，同時向某些人支付補助。但稅額抵減不是劃一的，而是取決於勞動所得（而非總收入）。勞動所得稅額抵減補助隨勞動所得增加而增加，然後在某個勞動所得區間內持平，隨後逐漸降至零。[25]在負所得稅方案下（見圖二・三），收入極低者的勞動所得增加將導致他們領取的補助減少，在需要審查經濟狀況的最低收入方案下（見圖二・一）甚至會減少更多，但在勞動所得稅額抵減下，補助反而會增加（見圖二・四）。

一如多數負所得稅提案，在美國現行的勞動所得稅額抵減方案下，計算補助金額是以家庭為單位。例如納稅人若是已婚，則評估是否符合資格獲得可退款稅額抵減時，是考慮夫妻兩人的勞動所得，而這會降低夫妻中收入較低者的工作意願。雖然其他國家的類似方案，例如英國的勞動稅額抵減（Working Tax Credit）和法國的就業補助（Prime d'Activité）也是如此，但這不是勞動所

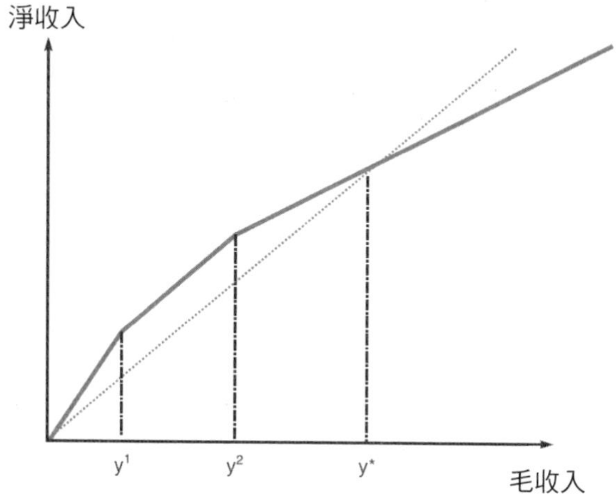

圖二・四　勞動所得稅額抵減（EITC）方案下的淨收入

四十五度虛線代表完全免稅、也無任何移轉支付下的淨收入。實線顯示淨收入如何受勞動所得稅額抵減方案影響。勞工享有的補助先是增加（漸增期），直到勞動所得達到 y^1；然後保持不變（高原期），直到勞動所得達到 y^2；最後減少（漸減期），直到勞動所得達到平衡點 y^*——勞動所得一旦超過平衡點，當事人便從享有補助變成必須納稅。

得稅額抵減的必要特徵；理論上勞動所得稅額抵減可以根據個人勞動所得評估每一個人是否符合資格領取補助。

勞動所得稅額抵減據稱具有的一個優勢，是它約八〇%的請領率高於需要審查經濟狀況的現行方案，例如貧困家庭暫時救助計畫（TANF）和食物券（第三章將討論這兩個方案）。但是，請領率之所以這麼高，不過是因為許多受益人仰賴費用高昂的報稅服務，而且屬於漸增期的貧窮勞工和某些族群的請領率並沒有那麼高。此外，勞動所得稅額抵減補助往往是在受益人賺取相關薪資後多個月才支付。一如負所得稅，勞動所得稅額抵減和負所得稅是在「事後」基礎上運作，而如一項研究指出，這個關鍵特徵「無疑大大限制了該方案協助貧窮家庭抵禦收入波動衝擊的能力」。[26]同樣一如負所得稅，顯而易見的一個解決方案是納入預付補助的設計。一九七九至二〇一〇年間，美國政府設有機制，容許勞動所得稅額抵減受益人經由他們定期領取的工資，預先支取部分補助，但這項機制因為使用率非常低而遭到取消。許多受益人不想冒財政年度結束時必須還錢給政府的風險。[27]在這方面，人人有份的方案相對於需要審查經濟狀況的收入保障方案而言有明顯優勢，相對於勞動所得稅額抵減自然也是如此。

但是，基本收入（或負所得稅）與勞動所得稅額抵減的主要差別，顯然在於後者完全針對投入工作的窮人。也正是拜此所賜，勞動所得稅額抵減得到的支持，比需要審查經濟狀況的公共救助方案來得廣泛。如賽克斯（Jennifer Sykes）及其同事所言，這種方案的運作「證明政府援助家

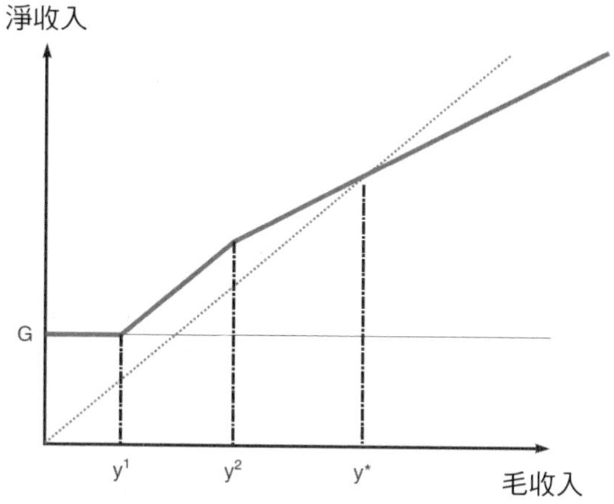

圖二・五　勞動所得稅額抵減方案結合需要審查經濟狀況的最低收入方案下的淨收入

四十五度虛線代表完全免稅、也無任何移轉支付下的淨收入。實線顯示淨收入如何受勞動所得稅額抵減方案（見圖二・四）結合需要審查經濟狀況的最低收入方案（見圖二・一）影響。在這個例子中，勞動所得若介於零至y^1，淨收入將因補助而提升至最低收入水準G。勞動所得稅額抵減的漸增期因此消失了。但是，拜EITC補助所賜，勞動所得毛額低於G的人，也有可能享有高於G的勞動所得淨額。而在勞動所得稅額抵減補助的整個高原期（至y^2），因為邊際稅率等於零，增加勞動的誘因很強。在補助的漸減期（至y^*），增加勞動的誘因則減弱。

庭的方案並非必須人人有份才能避免汙名，只要它們與美國人所接受的行為（例如工作）掛鉤便可以」。[28]此一關鍵差異解釋了勞動所得稅額抵減為什麼能在美國得到兩大黨的支持，而且看來仍是美國福利制度中最沒有爭議的一部分。

但是，相對於基本收入或負所得稅，勞動所得稅額抵減有一個明顯的缺點：它對失業者毫無幫助。勞工領袖史登指出，勞動所得稅額抵減因此「造福低薪勞工的雇主；如果沒有勞動所得稅額抵減，理論上人們會比較不願意接受低薪工作」。[29]對我們這些決心為所有人爭取自由的人來說，這是致命的缺點。但是，如果在需要審查經濟狀況的最低收入方案的基礎上，引進類似勞動所得稅額抵減的方案，則可以使淨收入分配情況向負所得稅或基本收入方案下的情況靠攏（見圖二·五）。因此，引進勞動所得稅額抵減來補充（而非替代）需要審查經濟狀況的最低收入方案，可視為往基本收入的方向邁進。[30]但這麼做的缺點是導致兩個有條件的補助方案並列，而這難免會使窮人較難搞清楚狀況（相對於只有一個綜合方案而言）。而人的自由其實並非取決於他們享有哪些選擇，而是取決於他們知道自己享有哪些選擇。因此，站在我們的立場，我們絕不會喜歡這種混合方案甚於負所得稅，更不會喜歡這種混合方案甚於基本收入。

基本收入vs工資補助

基本收入、負所得稅和勞動所得稅額抵減，全都可視為補貼低薪工作，無論低薪的原因在於那是兼職工作，還是那些工作當前的生產力相當低。這些方案正是因此得以處理失業陷阱的問題，使更多人有機會投入工作。但如果我們的真正目標是確保工作的人得到合理的報酬，為什麼不選擇一種看似比較直接的方法呢？針對低薪勞工的工資補助，是政府直接提供補助，可以提高勞工的勞動所得或降低其雇主的人力成本（或兼具這兩種作用）。

這種方案，無論是暫時還是永久的、針對性還是普遍的，已有人提出許多具體的構想，而許多構想也已付諸實行，例如降低低薪勞工必須承擔的社會保險提撥金額。榮獲諾貝爾經濟學獎的菲爾普斯（Edmund Phelps）便提出一個抱負相當大的工資補助方案。他呼籲政府提供無限期的雇用補助，直接付給雇主，針對最低時薪勞工補貼四分之三的雇用成本，補助隨時薪增加而逐漸減少，最終降至零，這限民間部門的全職勞工。[31]

為什麼不倡導有限期的補助呢？主要是因為這會導致雇主與勞工減少投資在他們之間的關係上，因為補助足以支付員工流動的成本（有餘），而這將嚴重損害生產力。為什麼不倡導劃一的雇用補助，不理會工資水準呢？因為這意味著稅率必須顯著提高，而這會影響本方案在政治上的可行性和經濟上的可取性。為什麼菲爾普斯的方案僅限全職勞工？最重要的原因，在於他希望他的方案能幫助失業者「投入全職工作、建立事業，成為足以自主的人，有更好的機會發揮自己的能力。」那為什麼僅限民間部門？因為「這種補助旨在使弱勢勞工得以盡可能融入社會的事務中，而那正是民間部門的活動」。[32]

上一節討論的勞動所得稅額抵減又如何？菲爾普斯表示，這種方案最根本的缺點，在於它集中關注低年薪家庭，而非低時薪勞工。它因此會誘使某些勞工縮減工作時間。[33]至於「國內每一名成年人和兒童，無論目前的工作狀態為何、過去的工作紀錄如何，都享有金額劃一的補助」，例如採用傅利曼的「負所得稅」或麥高文「全民式補助」方案，菲爾普斯的評價就更負面，而這並不令人意外。菲爾普斯記得自己「曾是羅伯・甘迺迪（Robert Kennedy）參議員的顧問團隊成員，而所有人，從詹姆斯・托賓到年輕的馬丁・費德斯坦，都支持那個方案。我們當中沒有人看到將那種補助與工作掛鉤的重要性」。但他最終確信，如果補助不與工作掛鉤，「太多年輕人將欠缺必要的洞察力與意志力，導致無法抗拒誘惑，一年又一年地逃避面對人生的困難與風險。」菲爾普斯承認，相對於標準的公共救助，負所得稅可以「減輕福利使人持續不工作的傾向」，但他也堅稱，負所得稅「對於恢復有工可做的關鍵功能，亦即支持經濟自立，還促進個人成長，賦予個人歸屬感和有人需要自己的感覺這件事毫無作用」。[34]

有人擔心他的方案會「導致弱勢者永遠做一些沒有前途的工作」，菲爾普斯回應時承認，他的方案會降低教育的報酬。但他關注的主要是提供誘因，使弱勢者投入工作並持續下去：「中產的飲食一旦變得誘人也更普遍可得，將有更多人展現出中產的行為。」[35]菲爾普斯也承認，他的方案付諸實行，估計只能非常小幅度地減少不平等：「在致力追求普及人類解放與發展機會的社會，平等往往只能居次要地位。」這太可惜了。[36]

但是，我們可以思考這個問題：「普及人類解放與發展的機會」，真的是菲爾普斯的雇用補助提案所追求和有望實現的目標嗎？在其著作《有益的工作》（*Rewarding Work*）第一章，他一開始便引用美國總統柯立芝（Calvin Coolidge）的名言：「美國的事務就是商務（the business of America is business）。」在該書的結語中，他呼應這個說法：「我們必須回歸開國先賢的思想。政府的事務就是商務——這其實就是亞當斯密和柯立芝的意思。」[37]菲爾普斯強烈暗示，社會與經濟政策的最終目標不應是自由，而應該是人人有事可做；也就是說，我們應該追求忙碌的人生，而不是自由。他對事實的診斷和我們並沒有很大的不同，但他對這種分析的反應是受某些規範性考量的引導。如果我們將這些考量歸納為剛剛所講的，並不公道。[38]但這些考量和我們的考量有關鍵的差異。如果最重要的是人人有事可做，工資補助無疑優於無條件基本收入。但對致力為所有人爭取自由的人來說，顯然是反過來才對。

基本收入 vs 保證就業

有時候也會有人提議以政府保證就業替代無條件基本收入；也就是說，工作成為一種法定權利，政府保證民眾有工作而非保證有收入，民眾享有投入工作、賺取收入的權利，而非享有領取收入但不工作的權利。自十六世紀起，許多早年的公共救助方案可視為是這種措施，因為在這些方案下，救助僅限於貧民習藝所（workhouse）收容的人，或至少願意接受市政當局分配工作的人（這是就身體健全的人而言）。現今仍有人倡導保證就業做為保證願意工作者收入的替代方案，他們認為政府應該發揮終極雇主（employer of last resort）的功能，而不是向在職或失業的人發放福利。在美國，羅格斯大學（Rutgers University）法學教授哈維（Philip Harvey）詳細闡述並大力倡導這樣一個方案。方案的基本理念是每個居民都應該享有工作的權利。這種權利的實踐方式，是由聯邦、州或地方層級的公權力機關執行創造就業的計畫。當局提供的工作必須與失業者的資歷和志向相符，支付的薪資應與民間和公共部門類似的工作相若。創造出來的工作主要是在社區服務方面，例如照顧兒童或改善公共空間之類的工作。需要審查經濟狀況的援助，將僅限於那些被視為沒有能力工作的人。[39]

支持這種方案的一個誘人理由，是其淨成本低於效果相當的收入保障方案，因為受益人理應是靠工作賺取收入。但如果身體健全的失業者沒有其他方法得到收入，這種方案形同結合強制雇用和強制勞動。因為設備、培訓、監督和訴訟方面的成本，徵召技能與工作積極性最差的一批人投入工作，反而大有可能拉低生產力。喬丹便指出：「有關強制勞動方案，我們可以確定的是它們的效率極低：蘇聯的古拉格勞改營是如此，兩次大戰間的集中營是如此，柴契爾夫人執政期間英國流行的『無謂工作方案』（make-work schemes）和監獄裡的勞動也都是如此。這種方案的執行成本（檢驗和監督的人事費用）極高，而勞動者的積極性則極低。」[40] 這種「工作福利」制度的淨成本大有可能接近囚禁真正罪犯的成本，具體情況取決於政府對於貫徹以下原則有多認真：政府希望為所有人提供收入，但不會為身體健全卻不想工作的人提供任何收入。一如這種「工作福利」制度的許多批評者，保證就業方案較為清醒的倡導者非常明白這一點：方案一旦普及到很適合的雇用者以外的人，強迫人們藉由勞動賺取收入是成本高昂的事。[41] 如果要求受益人工作是合理的，這無疑不是為了壓低成本——除非當局提供的工作非常令人厭惡，使得某些人寧願挨餓或乞討也不接受那些工作，結果參與率偏低使當局得以撙節成本。

我們姑且假定被視為有能力工作的人另有可接受的退路，保證就業方案因此不至於成為一種強制勞動制度。在此情況下，決心為所有人爭取自由的人，不是應該歡迎政府成為終極雇主嗎？我們不應因為納粹集中營入口處「勞動使人自由」的口號，就輕易地否定這種可能。保證所有人有真實的機會從事有償工作，是重要的目標——事實上，這是我們呼籲實行無條件基本收入的一個關鍵因素。但即使如此，因為兩個因素，不能對保證就業方案寄予厚望。

勞工領袖史登清楚說明了其中一個因素。因為認為工作對賦予我們生活目標非常重要，他寫道：「我起初很自然地認為，面對技術進步造成的大失業潮，解決方法是保證想工作的每個美國人都有工作。」但是，他進一步思考之後改變了想法：「某份工作或某類工作有多大的價值，最終難免要由政府機構中的少數人替整個國家做決定，而這難免要犧牲個體差異和選擇。此外，保證就業方案將需要龐大的政府官僚機構負責運作。」史登因此得出結論：「改為發放現金會更容易，也更有效率。」[42]

至於第二個因素，哲學家埃爾斯特（Jon Elster）說得很好。能夠做有償工作之所以重要，除了可以賺取收入外，一大原因（往往是主要原因）在於當事人因此得到賞識：這證明當事人的時間、努力和技能對社會是有價值的。[43]但是，如果在保證就業方案下，人是因為享有工作的法定權利而得到工作，工作便喪失了上述功能。因此，政府成為終極雇主這項構想，含有自我挫敗的矛盾。如果提供人人有份、不會因為投入工作而失去的補助，使民眾可以彈性設定自身勞動力的價格，投入自己覺得有足夠意義的工作，則完全不會有類似的自我挫敗矛盾。提供無條件基本收入，方便人們自願縮減工作時間，進而鼓勵人們分攤工作，也不會有類似的自我挫敗矛盾。

因此，一如菲爾普斯的工資補助提案，我們必須假定「有事可做」之類的東西（也就是有償工作）有重要的內在價值，才能確定保證就業方案優於無條件基本收入。決心為所有人爭取自由（全方位的自由）的人，會明智地堅持支持基本收入。但是，如果保證就業和保證培訓方案只是適度輔助無條件基本收入，而非取而代之，我們就不必排除這種方案。[44]

基本收入vs縮減工作時間

假設工作遠不足以分配給所有希望工作的人，而大家也不再寄望經濟成長能解決這個問題（無論是出於什麼原因）。這種情況會誘使某些人呼籲大幅縮減全職（或超全職）工作者的工作時數，然後將這些工時分配給失業者。多年來有人提出了許多這種建議，例如名為Adret的法國集體農場一九七七年呼籲每天只工作兩小時，英國智庫新經濟基金會（New Economics Foundation）二〇一〇年則提出每週工時二十一小時的構想。[45]值得注意的是，這些提案背後的理念，迥異於以前爭取縮短每日和每週工時的抗爭；後者的理念見諸一些人的雄辯，包括馬克思。[46]現在爭取縮減工時的人，主要動機已不再是減輕勞動負擔，而是希望更多人能分享工作這種特殊權利。但是，無論是出於多大的好意、表面看來多麼可行，當代的縮減工時提案必然面臨三大困難，導致方案令人無法接受，又或者會產生反效果。

首先，如果縮減工時會導致工資相應減少，最低薪的勞工很可能因此淪為貧窮人口（收入跌至貧窮線下方）——這顯然不是我們想看到的結果，事實上也是不可接受的。如果工時減少但月薪維持不變，則每小時勞動成本會顯著上升。如果生產力相應提高，這當然是好事，但果真如此，將不會有額外的工時可以分配給失業者；如果生產力並未相應提高，則單位勞動成本顯著上升料將壓低市場對勞動力的需求。在此情況下，失業人口很可能不減反增。[47]

第二，如果我們僅針對勞動力供給過剩的工作縮減工時，有些人將能維持工時不變，形同享有特權，而這種不公平是不可接受的。但如果全面實施縮減工時，我們將製造出非常麻煩的瓶頸，願意工作的寶貴人才未能被充分利用，同時浪費資源在成本高昂的培訓上。這同樣可能損害整體就業情況。

第三，如果強制縮減工時是針對所有勞工執行（無論他們是一般受薪勞工還是自營作業者），我們將必須建立成本極度高昂且極富侵擾性的官僚體制，才能相對公平地執行這項政策。如果政策僅針對一般受薪勞工，則自營作業者將大增（不論是真是假）。與其聘請工時嚴格受限的一般員工，雇主寧願雇用工時不受限的自營作業者（無論他們是否具備高超的技能）。結果將出現不健康的泡沫現象：假自營作業者、工作不穩定的勞工將大量湧現，縮減工時、分攤工作的預期作用則未能實現。

這三個難題加起來，賦予我們有力（甚至是決定性）的理由反對以由上而下的方式，大幅縮減每週工時。[48]但我們不應因此完全放棄縮減每週平均工時的想法。我們應該尋求以一種較溫和、靈活、高效、有利於自由和由下而上的方式，來達成此一目標——這種方式比較能迎合日益多元化和快速轉變的勞動市場，比較尊重人們在人生不同階段的多元偏好，比較不受所有男性和女性終身全職工作的理想束縛。這種方式就是無條件基本收入。

因為領取基本收入的權利並非以受益人非自願性失業為前提，勞工可以放棄自己的工作並繼續領取基本收入。此外，因為一個家庭中若有成員決定縮減工時，該家庭收入中的基本收入那一部分將不受影響，他們縮減工時的代價得以降低，這麼做的傾向因此隨之相應增強。現行在職者因此釋放出來的就業機會，可以由目前失業的人來填補，尤其是因為基本收入人人有份的特質使失業者得以從兼職工作做起，或是接受低薪但有可觀學習機會的工作。如第一章指出，基本收入是一種分攤工作的手段，便於同時處理因工作過勞或長期失業而致病的問題。基本收入方便所有勞工以最適合自己的方式，安排自己成年之後漫長生涯中的工作。

強制縮減工時藉由收緊對每週工時或工作年齡的限制，來強迫某些人非自願地休閒；基本收入則是方便人們自願休閒，尤其是那些最需要休閒的人，而選擇投入較多時間工作的人則成為基本收入財源的貢獻者，使其他人得以減少工作。[49]對決心為所有人爭取自由的人來說，基本收入無疑是更好的方案，就算我們不考慮那三個會降低縮減工時方案效力的難題也是如此（任何可接受的、由上而下大幅降低每週工時上限的方案，其效力都會因為那三個難題而受損）。

3 歷史背景：公共救助與社會保險

無條件基本收入的構想，要到十八世紀末才在歐洲開始偷偷出現。第一次世界大戰後不久，英國公眾曾短暫討論基本收入，北美則曾在一九六〇年代末和一九七〇年代初公開討論這個題目。一九八〇年代初，這項話題在歐洲各國浮現，此後聲勢逐漸壯大，終於成為國際辯論和世界各地行動主義的主題。本書第四章將敘述這個迷人的故事。但我們必須先說明社會保障的另外兩種模式——公共救助與社會保險，才能正確理解這個故事。這兩種社會保障模式逐步實行，深刻塑造了人們對基本收入興趣日濃的社會背景，而基本收入方案將必須適時融入這種社會背景。

公共救助的最初構想：威夫斯的《論濟貧》

在湯瑪斯・摩爾（Thomas More）一五一六年的著作《烏托邦》（*Utopia*）中，虛構的角色葡萄牙旅行家希斯拉德（Raphael Hythlodaeus）據稱曾到訪烏托邦島，他轉述自己在英格蘭與坎特伯里大主教的一次談話。「小竊盜沒有嚴重到應判死刑，」他對大主教說：「而如果有人不偷東西就必須挨餓，那麼世上沒有刑罰能阻止人偷竊。」他提出取代絞刑的方法：「與其執行這種可怕的刑罰，更恰當的做法是為每個人提供某種生計，以免有人必須走上這種可怕的路：先是成為竊賊，然後變成一具屍體。」[1] 談話忽然被打斷時，他才剛開始說明如何實現他的理想：「復興農業和羊毛業，以便為失業大軍提供足夠的踏實有用的工作。」[2]

產業復興或許確實可以達成目標，但摩爾大有可能想到更直接的方法來「為每個人提供某種生計」。數年後，摩爾親近的朋友、另一位人文主義者首次明確提出這種構想。一五一七年，也就是《烏托邦》於魯汶大學城出版一年後，伊拉斯謨（Desiderius Erasmus）在魯汶創立三語學院（Collegium Trilingue），並借助他的人脈，聘請了名為威夫斯（Juan Luis Vives）的年輕學者。威夫斯生於西班牙巴倫西亞一個改信基督教的猶太人家庭，曾就讀巴黎的索邦學院，當時住在興旺的港口城市布魯日。在寫給摩爾的一封信中，伊拉斯謨說威夫斯「雖然年輕，但在哲學各領域的知識遠遠超過多數學者」。一五二五年春，威夫斯完成他在牛津的一段教學工作，回鄉途中曾到摩爾位於倫敦的住處作客。當時他正在寫一本他認為會使自己惹上麻煩的書，連書名和大綱都必須保密。一五二五年十月，威夫斯在寫給朋友克恩韋特（Francis Craneveldt）的信中表示：「我不敢在信中談這本書，即使是寫信給最親近的朋友也不敢，因為我擔心它落在不適當的人手上。」[3]這本書第二年在安特衛普出版，書名為《論濟貧》（*De Subventione Pauperum*）。

威夫斯這本書有何新意？又哪裡顛覆？《論濟貧》標誌著首次有人具體呼籲建立公共救助制度，而這是我們如今稱為福利制度首次出現的形式。該書上半部分是對支撐基督教行善責任的神學討論。救濟窮人的責任是基督教傳統中的一個古老主題，有時表達得很有力。威夫斯引用米蘭主教聖安博（Saint Ambrose）的名言，表達有錢人拒絕救濟窮人形同偷竊之意：「你扣住的是饑餓者的食糧，藏起的是裸身者的衣物，而你埋在地下的金錢則是以窮人的自由為代價。」[4]威夫斯同意這項看法：「如果拿走有錢人的一些東西是罪，拿走窮人東西這種罪會重上多少？你從有錢人那裡拿走的不過是金錢，但你從窮人那裡拿走的卻是生命本身。」[5]

《論濟貧》的新意出現在該書第二部分。威夫斯在這裡主張民政機關直接介入濟貧事務，而他所用的理由令人想起摩爾筆下的希斯拉德：「當人的慷慨已無法更進一步時，窮人將沒有東西可吃。當中有些人將發現，自己實際上只能成為城中或路上的竊賊。」一旦他的構想付諸實行，「偷竊、罪惡、搶劫、謀殺和可判死的罪行將會減少。」[6]威夫斯不但替公共救助的原則辯護，還具體說明公共救助應採用的形式；他構想的方案有嚴格的條件要求：只救濟窮人，會考慮他們的家庭狀況，受益人必須願意工作，而且偏向實物救濟而非給予現金。「最重要的是，我們必須認清上帝加諸所有人類的律法：每個人的糧食，都必須靠他自身的勞動取得。使用『吃』、『食糧』或『維生物資』等詞時，我知道它們所指的不僅是食物，還包括人類維持生命所需要的衣物、住所、燃料、光源和其他所有必需品。只要不是因為太老或身體太差而無法工作，所有窮人都應該投入工作。」[7]

威夫斯尤其大力強調受益人必須工作。每一名窮人都將有事情做：

> 例如，不能縫衣服的人可以縫襪子。如果他比較老，或頭腦比較遲鈍，他應該被安排去做一些幾天就能學會的事，例如挖土、取水、背重物和推貨車之類。甚至盲人也不應無所事事。有很多事情是他們能做的……患病和年老的人應該安排做一些輕鬆的工作，視他們的年紀和健康狀況而定。沒有人會病到沒有力氣做任何事。如此一來，因為有事要忙而且必須專心工作，他們無所事事時會出現的不好想法和行為將受到約束。[8]

威夫斯的方案希望照顧所有窮人，無論他們為什麼成為窮人，但工作安排可以因貧窮的根源而異：「有些人原本有錢，但因為某些惡習或愚行，例如賭博、嫖妓、奢侈浪費或暴食，浪費了自己的財富。我們還是必須為這些人提供食物，因為我們不能坐視人類挨餓。但是，最令人厭惡的工作應該留給這些人……我們不能讓他們餓死，但應該以節制的飲食和費力的工作約束他們。」[9]

威夫斯方案的目標是照顧所有窮人，但也只照顧窮人。因為一些受過「體面教育」的人可能不願意暴露自己的貧窮狀態，當局「必須小心找出這些人，並以低調的方式救濟他們。」另一方面，當局也必須「特別提防懶惰和裝病的人騙取救濟，杜絕他們作弊的機會。」窮人得到的救濟也必須保持在非常節制的水準：「絕不能給他們奢侈品，因為他們很容易因此養成壞習慣。」不過，窮人除了勞動所得外，有時也可能必須得到額外的救助：「住在自己家裡的窮人，必須設法找到公共工程方面的工作；其他公民有足夠的工作可以提供給他們。如果他們的勞動所得不足以支應生活所需，可視情況提供額外援助。」[10]

那麼，這個方案以什麼為財源呢？方案徵召的人所生產的勞動成果是部分財源，但更重要的是有錢人的自願捐獻。「我們不能強迫人們行善，因為強迫會扼殺慈善和福利事業的根本意義。」但人們如果知道捐款得到善用，他們將會慷慨解囊。事實上，「我們希望其他城鎮的許多有錢人捐款給我們，因為他們知道這些錢將會妥善用來幫助最需要幫助的人；其他城鎮不像這裡那麼照顧窮人。」[11]採用今天的說法，或許會稱之為出於慈善目的的群眾集資（crowd-funding）。

公共救助付諸實踐：濟貧法，從伊普爾到洛克

威夫斯描述和倡導的公共救助方案並非全新的構想。十六世紀初，歐洲的城鎮開始引來愈來愈多的乞丐。隨著個別慈善組織（無論其工作是否由教區和宗教團體協調）愈來愈沒有能力妥善處理問題，若干地方的市政當局覺得有必要介入。一五二〇年代起，歐洲幾個城鎮的市政當局建立了他們的濟貧方案。[12]威夫斯的《論濟貧》可視為有系統地替這種由公共部門組織的救助方案提供論據，也是他心目中最佳方案的詳細闡述。

但是，當中若干方案是受新教教義啟發，最直接的一個是德國小鎮萊斯尼希（Leisnig）的方案。一五二〇年，也就是在維滕貝格（Wittenberg）發表《九十五條論綱》之後僅三年，馬丁・路德（Martin Luther）在「致德意志基督教貴族公開信」（open letter to the Christian nobility of the German nation）中寫道：「我們最需做的事情之一，是在所有基督教國家取締一切乞討行為。基督徒當中，不應該有人必須乞討！只要我們有勇氣和決心，也不難立法規定每一個城市必須救濟本地的窮人，同時禁止外來乞丐進入，無論他們以什麼名義，無論他們是朝聖者還是托缽修士。」[13]教會權力體制不喜歡這種情況，原因有二：市政機關介入侵犯了教會在濟貧方面的壟斷權；禁止乞討則威脅到方濟會和道明會修士的生計。（那時候，這些三個世紀前創立的托缽教團已建立起強大的勢力。）威夫斯擔心他的著作被指控具有危險的異端傾向，因此也就不足為奇。[14]

法蘭德斯城鎮伊普爾（Ypres）地方行政官於一五二五年採行的濟貧方案非常接近威夫斯的構想，恰恰就被指控具有危險的異端傾向。托缽教團指控該方案抵觸教會的教義。伊普爾行政官被要求向巴黎的索邦神學院解釋他們的方案。一五三一年，他們交出《濟貧形式》（*Forma Subventionis Pauperum*）這份縝密的文件替自己辯護；該文件並未明確引用威夫斯的文字，但很可能受到他的《論濟貧》啟發。[15]一如威夫斯，該文件的作者堅稱：「不想工作謀生的健壯乞丐將被安排投入工作，因為若非如此，他們將罪惡地依靠好人的善行來支持自己懶散的生活，占用其他人的勞動成果，而這對他們自身和社會都是有害的。」這種解釋使伊普爾的方案在加入若干附帶條件後得到核准。[16]

伊普爾的報告表示：「我們在這裡更廣泛地展現了這種政策的好處，好讓它們能更廣為人知。好東西愈是廣為傳播，愈能造福大眾。」[17]事實上，這種方案很快便傳播出去。一五三一年，在索邦神學院核准伊普爾的政策後，神聖羅馬帝國皇帝查理五世發布法令，規範帝國中的乞討行為，並將濟貧工作置於市政當局的職權下，而更多城市也陸續引進類似方案。[18]威夫斯的《論濟貧》一五三一年出版西班牙譯本，一五三三年出版荷蘭文和德文譯本，一五四五年出版義大利文譯本，一五八三年出版法文譯本。[19]在西班牙和低地國家，它都引起激烈爭議。[20]但是，此時大勢已定：市政當局普遍以公共方案救助窮人，證實是不可逆轉的趨勢。

英格蘭的情況尤其如此。威夫斯定期直接接觸亨利八世的朝廷，直至亨利八世與亞拉岡的凱薩琳離婚。英格蘭首次嘗試規範乞討，是利用一五三一年的一條法令，做法與威夫斯的建議有相似之處。伊普爾報告一五三五年出版英文譯本，其譯者據稱參與草擬了克倫威爾（Thomas Cromwell）一五三六年進一步發展公共救助的法律。[21]這開啟了英國公共救助制度的發展過程，隨後亨利八世解散修道院為此提供了顯著助力，最後促成伊莉莎白一世一五九七至一六〇一年的《濟貧法》（*Poor Laws*）。這些法律涵蓋的範圍空前廣泛，強制要求整個王國的市政當局以實物救濟貧民，同時要求所有身體健全者投入工作，必要時會安排他們在為此設立的貧民習藝所工作。[22]這種救助的財源為「濟貧稅」，是針對財富超過某個門檻的教區居民課徵的一種稅，而這是從中世紀的慈善捐獻（教區居民在宗教和社會壓力下「自願」捐款支持慈善事業）不知不覺發展出來的。[23]隨後兩個世紀，這種模式在英格蘭未受挑戰地實行，並被複製到其他地方。自十七世紀末起，它跨越大西洋，先是傳到新英格蘭，然後是其他北美殖民地；這些地方設立市政當局的濟貧方案，並以英格蘭的《濟貧法》為模範，制定自身的濟貧法律。[24]

相關批評出現時，主要是不滿執法太鬆懈，例如洛克（John Locke）一六九七年的《論濟貧法與勞動學校》（*On the Poor Laws and Working Schools*）便是如此。洛克指出：「人人都需要飲食、衣物和燃料。無論人們是否工作，他們都將耗費王國一定的資源。」事實上，洛克建議：「任何人若因未能得到必要的救濟而死亡，應根據具體情況和罪惡的嚴重程度，對負有救濟責任的地方行政區處以罰金。」但他也指出：「濟貧真正恰當的做法……是替窮人找到工作，小心防止他們像寄生蟲那樣蠶食其他人的勞動成果。我們制定濟貧法律，也是基於這種宗旨；然而，因為對法律原意的無知或未能適當執法，這些濟貧法只是使窮人繼續無所事事，完全沒有檢視尋求救助者的生活、能力或勤勉程度。」

在洛克的構想中，無所事事的流浪者若超過十四歲，將被強迫勞動三年：可以送去當船員，或是送進矯正所。十四歲或以下者則送進「勞動學校」，這麼做有一個很大的好處：「算一算一名兒童三歲至十四歲期間的勞動成果，在這整段時間教養這名兒童，地方行政區其實不費分文。」額外的好處是：「可以規定他們每個禮拜天由教師帶到教會去，這樣或能使他們培養出某程度的宗教感。」為確保法律得以執行，洛克建議任命「乞丐督察」，而如果這些督察一再「怠忽職守，以致街上常有流浪漢或其他乞丐徘徊，督察本身必須被送進矯正所或送到船上勞動三年」。

一七二三年，《貧民習藝所檢驗法》(*Workhouse Test Act*)將「院內救濟」(也就是貧民習藝所制度內的救濟)普及至身體健全的所有窮人，「院外救濟」則僅限於沒有工作能力的人。在威夫斯提出其構想的兩個世紀後，英國的濟貧制度只與威夫斯所倡導的略有不同。但也正是在英格蘭，十八世紀末出現了真正的創新，乍看像是邁向真正最低收入制度的一大步。

公共救助受到威脅：史賓漢蘭及其反彈

從制定最初的《濟貧法》起，英格蘭偶有提供現金救助，尤其是在糧價異常高昂的年頭。現金救助有多種形式，包括對失業農業工人的現金支付，對大家庭的補助，甚至是工資補助。一七九五年五月，英格蘭南部史賓漢蘭（Speenhamland）的地方行政官通過一項決議，形同將這些非經常性措施系統化。這項決議要求各地方行政區支付現金，補助貧窮勞工的勞動所得；補助金額與家庭人數和小麥價格掛鉤，使每一個家庭的收入都能達到某個最低水準。該方案很快便被稱為「史賓漢蘭制度」（Speenhamland system），它賦予正式居住於自治市範圍內的窮人一筆現金補助，同時仍要求他們負責自身生計。一七九六年，英國首相皮特（William Pitt）試圖將這個制度普及至整個英格蘭，但失敗了。該方案對實施地的貧窮、失業和經濟成長情況影響如何，很快成為人們激烈爭論的主題。[25]

不令人意外的是，此舉引來保守派的咒罵。柏克（Edmund Burke）在一七九五年十一月寫給首相皮特的備忘錄中講得很直率：「為民眾提供生活所需不在政府的能力範圍內。」因此，一個人若是找不到可以滿足生活所需的工作，「他的問題即落入慈善事業的領域。這個領域完全沒有地方行政官的事：他如果介入，將會侵犯他有責任保護的財產。毫無疑問，濟貧是所有基督徒不可推辭的直接義務，次序上僅次於償還債務，但同樣重要；而拜自然所賜，履行這項義務是愉快得多的事。」柏克因此呼籲政府，「果斷杜絕理論或實務上的妄想，絕不以為政府乃至有錢人有能力滿足窮人的基本生活需求，因為上天不認為暫時扣住窮人的生活必需品有任何問題。」他的結論是：「我反對政府在任何事情上做得過分，尤其反對這件至為嚴重的事：政府濫用職權，干預民眾的生計。」[26]

針對政府濟貧最具體和影響力最大的批判，顯然是馬爾薩斯（Thomas Malthus）一七九八年出版的《人口論》（*Essay on the Principle of Population*），距離皮特試圖普及史賓漢蘭制度不過兩年。《人口論》的實證基礎主要引用伊登（Frederic Morton Eden）一七九七年的著作《貧窮狀況》（*State of the Poor*），後者詳述《濟貧法》的歷史並提出具體的批判，結論是立法保障窮人的基本生活需求「會抑制努力上進的競爭精神（這種精神源自缺乏生活必需品，或是效力同樣強勁的對奢侈品的需求），因為這種做法保證所有人都能滿足基本生活需求，即使當事人懶惰、短視、揮霍或墮落也不例外」。[27] 馬爾薩斯的《人口論》進一步發揮這種分析，認為普及對窮人的公共援助導致他們減少工作和儲蓄，鼓勵他們較早結婚和生更多孩子，推高他們消費的商品之價格，因此降低了他們的實質工資。他因此建議徹底摒棄公共救助。他寫道，皮特的《濟貧法案》將「傾向增加人口但不增加產出」，「窮人因此將普遍更痛苦。」[28]

《人口論》隨後的版本加入了一個「逐漸廢除《濟貧法》的計畫」。我們必須承認，馬爾薩斯寫道，「為了公義和榮譽，我們必須正式否定窮人獲得公共援助的權利」，而這一點必須清楚告知即將成年的那一代人。[29]因此，如果一個人看來不可能有養家的能力，但仍結婚：

他不應得到地方行政區的任何援助，這樣他將只能仰賴民間慈善事業不確定的援助。他必須得到教訓，認識到自然法則（也就是上帝的法則）注定了他一家人必須因為違背上天一再的勸告而受苦；認識到他除了靠勞動所得換取合理的物資外，沒有權利要求社會提供哪怕一丁點糧食；認識到如果他一家人免於承受他的魯莽行為導致的自然後果，那是拜一些善心人的救濟所賜，而他因此必須對他的恩人抱持最強烈的感激之情。[30]

英格蘭的《濟貧法》是當年最有系統的公共救助形式，而當時英國以至其他地方的重要思想家普遍認為這是一大錯誤。[31]現代經濟學的其中一位祖師李嘉圖（David Ricardo）在他一八一七年的著作《政治經濟學及賦稅原理》（*Principles of Political Economy and Taxation*）中，便直指《濟貧法》的「有害傾向不再神祕，因為能幹的馬爾薩斯先生已充分闡明問題；所有窮人之友都必須熱切期望廢除《濟貧法》」。這些法律有何傾向？

《濟貧法》不會像立法機關好心期望的那樣改善窮人的境況，反而會使窮人和有錢人的境況都惡化；它不會使窮人變得富有，反而將使有錢人變窮。在現行法律繼續生效的情況下，濟貧經費很可能將逐漸增加，直到它占用國家的所有淨稅收，或至少是國家在滿足它從不減少的公共支出需求後還剩下來的經費。[32]

黑格爾（Georg W. F. Hegel）可能是德意志影響力最大的哲學家，他在一八二〇年的著作《法哲學原理》（*Elements of Philosophy of Right*）中也討論了英格蘭的《濟貧法》，並提出類似看法。他寫道，在不要求工作的情況下保障窮人的生計，「違背文明社會的原則，也違背文明社會個別成員的自足感和榮譽感。」黑格爾檢視《濟貧法》，得出以下結論：「處理貧窮問題最直接的方法，是讓窮人聽天由命，並引導他們向公眾乞求救濟；在摒棄以恥辱和榮譽做為社會的主觀基礎，而怠惰和揮霍則產生暴民的情況下，特別是如此。」[33]

托克維爾（Alexis de Tocqueville）的看法也沒有比較寬容。他一八三三年曾到訪英格蘭，在旅行紀錄中引述名為拉德諾（Radnor）的貴族抱怨「公共救助已失去令受益人覺得丟臉的特質」，並記下《濟貧法》遭濫用的零星事例：某個老人隱瞞了他的一些財產，某個年輕女子本來可以由她的繼父救濟，一些年輕人將收入浪費在酒吧。[34] 兩年後，他在《濟貧法報告》（*Memoir on Pauperism*）中以一句長句概括了他對《濟貧法》的評價：

我深信旨在滿足窮人需求的常設正規行政制度莫不適得其反：它造成的苦難超過它所消除

的；它會腐化它想幫助和撫慰的人；假以時日它會使有錢人淪為窮人的佃農；它會耗盡儲蓄的源頭；它會扼止資本積累；它會阻礙商業發展；它會抑制人類的奮發精神和行動力；它最終將使國家爆發暴力革命，屆時接受救濟者的人數已不少於提供救濟者，而因為窮人不再能靠變窮的有錢人滿足自身需求，發現一舉掠奪他們的全部財產比請求他們救濟來得容易。[35]

公共救助因此「是一種非常危險的權宜之計，只能虛假地短暫止住個人的痛苦，而且無論如何運用，都會加劇社會的苦難」。那麼，替代方案是什麼？個體的善舉。「它只會產生有益的結果，其缺點恰恰能杜絕危險的後果。它能減輕許多苦難，而且絕不會造成新的苦難。」[36]

社會改革家、效益主義哲學祖師邊沁（Jeremy Bentham）則提出一種較為溫和的觀點。在一七九六年的《再論濟貧法》（*Second Essay on the Poor Laws*）中，他支持救助窮人（主要是考慮到擁有財產者的安全），但也強烈反對放寬強制要求工作的規定：

> 沒有財產的人將不斷退出靠自身勞動維生的階級，加入靠他人勞動維生的階級；因此，目前大致上僅限於財產足以自立者的那種賦閒狀態，遲早將普及至所有勞動生產者（我們不斷消耗的維生物資要持續再生產出來，有賴這些人的勞動），直到最後完全不再有人替其他人勞動。[37]

因此，「對具有足夠能力的人，不應施以任何救濟，除非他願意投入適當的勞動力——這種勞動力正常運用，產生的報酬足以支付救濟成本。」[38]邊沁主張建立「勞動所」（Industry Houses），滿足窮人的基本生活需求，但強迫窮人和他們的孩子投入工作做為交換。在他的構想中，政府將委託一家私人的「國家慈善公司」（National Charity Company）管理英格蘭各地由政府補助的貧民習藝所。[39]

一八三二年，英國設立一個皇家委員會研究《濟貧法》，而邊沁的前祕書查德威克（Edwin Chadwick）和牛津經濟學家西尼爾（Nassau Senior）是該委員會影響力最大的成員。委員會的最終報告於一八三四年公布並廣為流傳，報告認同馬爾薩斯的多數悲觀判斷：史賓漢蘭制度和其他形式的公共救助造成惡劣影響，「損害（甚至可說是毀滅）勞工的所有良好素質。一個人如果知道他的收入會因為家庭人數增加而增加，會因為家庭人數減少而減少，完全與他的技能、誠實或勤奮無關，他還會有什麼動機呢？他怎麼會有動機去養成或維持這些優點呢？遺憾的是，證據顯示，勞工的這些優點不但快速受損，還養成了相反的缺點。」[40]

但是，這份報告並未斷定所有形式的公共救濟都必須廢止。它只是再次斷定所有形式的「院外救濟」應僅限於生病和年老的人，而身體健全者只能仰賴「院內救濟」，也就是受規範的貧民習藝所之內的救濟，而這種救濟的條件相當苛刻，以致窮人會希望完全擺脫救濟。英國國會通過的一八三四年《濟貧法修正案》（*The 1834 Poor Law Amendment Act*；人稱《新濟貧法》〔*New Poor*

Law」），採納了上述報告的意見，終止貧民習藝所以外的所有濟貧措施，儘管院內救濟的成本證實遠高於它取代的院外救濟，而且當時新生的勞動階級運動也反對此舉。[41]皮特試圖推廣史賓漢蘭制度，結果引起重大反彈。英格蘭並未倒退至仰賴民間慈善事業的狀態，雖然那是柏克、馬爾薩斯、李嘉圖、黑格爾和托克維爾支持的方案。但英格蘭回到了威夫斯倡導的模式。

大膽的宣言：啟蒙與革命

那段時期真的完全沒有更有希望的發展嗎——完全沒有指向真正收入保障，而且不會淪為強制勞動的發展嗎？我們或許可以說，少數啟蒙時代思想家在其著作中，曾簡短地首次提出這種觀念：政府有責任保障所有公民的基本生活需求，而且這是完全在基督徒的行善責任之外。[42]例如孟德斯鳩在他一七四八年出版的著作《論法的精神》（*Esprit des Lois*）中便指出，濟貧還不夠，國家「有責任使所有公民得到安全的生計、食物、合適的衣物，以及一種不損害健康的生活方式」。但是，孟德斯鳩也曾表示，亨利八世摧毀製造懶人的宗教慈善機構，因此促進英格蘭的工業發展，是可喜可賀的事；他也暗示，與特定事故掛鉤的短暫救助遠優於「常設的制度」。[43]

盧梭沒有孟德斯鳩那麼矛盾，但他說得相當簡略。他在《論人類不平等的起源》（*Discourse on Inequality*）最後這麼說：「少數人可以享用大量奢侈品，而挨餓的大眾則無法滿足基本需求，這顯然違反自然法則。」但他沒有說明這種狀況該如何糾正。[44]在《社會契約論》（*The Social Contract*）中，他寫道，「人人都自然有權利得到他需要的一切」，而「絕不應該有公民有錢到足以買下其他公民，也絕不應該有公民窮到要被迫賣掉自己」，但他看來不大可能會支持不要求受益人工作的收入保障：「在真正自由的國度，公民親手做所有事，不需要用錢做任何事；因此，他們非但不會花錢免除自己的義務，反而會花錢以享有親身履行義務的權利。我非常不同意多數人的看法：我認為相對於賦稅，勞役比較不妨礙自由。」[45]在後來的著作《懺悔錄》（*Confessions*）中，他寫道：「錢在手裡可以換取自由；如果必須非常費勁才能得到，錢就是奴役人的工具。」[46]但這本書不適合他探討這對國家的制度有何涵義。

無論表達得多麼含糊，這些新觀念很快便在法國大革命爆發後，在政治上得到呼應。當時，法國仍和多數歐洲天主教國家一樣，仰賴教會和民間慈善事業（出於基督徒的行善義務）濟貧的程度遠高於英國。但教會的勢力當時也正在萎縮，尤其是在城市，教會處理貧窮問題的方式受到愈來愈多的批評，而自一七六七年起，法國設立了一些貧民習藝所。[47]一七九〇年，法國設立「乞丐事務委員會」。在一七九〇年七月提交國民議會的報告中，該委員會主席拉霍什富科（François de Larochefoucault-Liancourt）表示，杜絕乞討是「明智和開明的國家之義務」。該報告還表示：「人們總是思考如何救濟窮人，但從不曾考慮確立窮人在社會所享有的權利和社會對窮人的權利：這是法國憲法必須履行的一大責任，因為迄今沒有其他憲法承認和尊重人的權利。」[48]

一七九二年九月，法國制憲議會選出一個委員會，負責起草新憲法，由制憲議會成員、哲學家、數學家和政治活動家孔多塞侯爵（Antoine Caritat, Marquis de Condorcet）領導。該委員會在混亂局勢下工作（法王路易十六於一七九三年一月被送上斷頭臺），當時屬少數派的雅各賓派左翼展開遊說，希望新憲法保障公民的社會權利。在一七九二年十二月的一場演講中，該派領袖羅伯斯比（Maximilien de Robespierre）有力地宣稱：「首要人權是生存權。因此，社會的第一法則是保障社會所有成員的生存方法。」[49]一七九三年四月，他在一份新人權宣言的草稿中闡明了這種想法：「社會有義務保障其所有成員之生存，辦法是為人們提供工作，又或者保障無法工作者的基本生活需求。缺乏必需品的人必須得到的救助，是資源過剩者的責任。」[50]制憲議會一七九三年六月採納的文本是妥協的結果，介於孔多塞侯爵委員會提出的較溫和版本與雅各賓派的版本之間（後者要求將羅伯斯比起草的版本納入新憲法）。在一七九三年七至八月舉行的公投中，新憲法獲得顯著的多數支持。新憲法第二十一條十分接近羅伯斯比的版本，開創了憲法確立社會權利的先河：「公共救助是一項莊嚴的義務。社會有義務保障不幸公民的生存，辦法是為他們提供工作，又或者保障無法工作者的基本生活需求。」[51]

這在理論上是重要的創舉，但這些大膽的宣言實際上毫無成果。雅各賓派短暫得勢，但很快便被踢出權力圈。羅伯斯比一七九四年七月被送上斷頭臺；一七九三年憲法從未實行，而其第二十一條在後來的法國憲法中也並未再度出現。但這段插曲並非沒有留下持久的遺跡，例如非常密切和熱情關注巴黎事態的兩位德意志哲學家，便在其著作中提到相關構想。康德（Immanuel Kant）在一七九七年的著作《道德底形上學》（*Metaphysics of Morals*）中替以下觀點辯護：「政府有權強制要求有錢人為那些無法滿足自身最基本自然需求的人提供基本必需品。」[52]費希特（Johann Gottlieb Fichte）在一八〇〇年的著作《商業國》（*Commercial State*）中則表示，「理性的國度不應該有窮人。」[53]

但是，一件意義更重大的事發生了，而在革命的亂局中幾乎沒人注意到。這件事將造就社會保障有力的新發展，先是在歐洲大陸，然後擴展至全世界。

社會保險：從孔多塞到俾斯麥

一七九三年七月，法國憲法公投進行期間，在雅各賓派的運作下，當局對憲法委員會前主席孔多塞侯爵發出逮捕令。為免遭監禁和被判死刑，孔多塞在巴黎躲了起來。一七九四年三月，他離開藏身處，很快就遭到逮捕，隨後神祕地死於囚室。在躲起來的九個月期間，他寫出了他最著名的著作。《人類精神進步史表綱要》（*Esquisse d'un Tableau Historique des Progrès de l'Esprit Humain*）一年後出版，而史賓漢蘭制度同年面世。在該書最後一章，孔多塞首次以簡短的段落提出社會保險的一般構想，而這種構想後來大有發展：

因此，這當中有不平等、依賴以至不幸的一種必然原因，它持續威脅我們社會中人數最多和最活躍的那個階級。我們將證明，我們可以在很大程度上消除這種必然原因；為此我們不能指望運氣，而是應設法使活到老年的人生活有保障——這種保障源自他們的儲蓄，加上另一些人的儲蓄，後者做了同樣的犧牲，但在他們有需要享用儲蓄果實之前已經去世……這種方法有賴估算生存機率和投資結果。後者已有人成功運用，但其規模和形式多樣性不曾達到真正有用的水準（不能只對少數個體有用，而是必須對所有大眾有用）。這種方法將使社會大眾免受大量家庭不時破產之苦，那是腐敗和苦難持續不斷的根源。[54]

為所有勞工及其家人而設的提撥型（contribution-based）社會保險，概念上與公共救助有根本的差異。關鍵差異在於防止「大量家庭不時破產」不再是靠有錢人幫助窮人，而是靠勞工互助。[55]孔多塞的構想並未立即產生作用，但在十九世紀找到迅速發展的沃土。[56]工業革命加上傳統的團結制度（solidarity system）迅速瓦解，使社會愈來愈迫切需要找到公共救助狹窄框架以外的社會保障形式。歐洲許多城市出現旨在互助的志願組織，而這往往與勞工運動的興起有關。一些社會主義運動的領袖也開始呼籲建立國家組織的社會保險制度，以此做為馬克思社會主義革命和蒲魯東非國家互助以外的出路。[57]在德意志地區，克魯格（Leopold Krug）一八一〇年率先提出建立由公共部門組織的強制性社會保險制度，隨後研發該制度的是一群稱為「講壇社會主義者」（Kathedersozialisten）的社會主義學者，其領導者為華格納（Adolf Wagner；一八八一年）和施莫勒（Gustav von Schmoller；一八九〇年），他們對現代社會保險制度之誕生產生了關鍵作用。一八八三至一八八九年間，德國首相俾斯麥為了抗衡社會主義運動之興起和鞏固德國統一，建立了首個全面的強制性勞工保險制度，保障勞工生病、失能和老年時的生活，由雇主和工會積極參與該制度的管理。[58]

俾斯麥開創性的方案，歐洲其他國家並未立即仿效。在左派陣營中，這種方案不但受革命派反對（他們認為這是企圖使無產階級安於資本主義制度），也受一些改革派抵制（他們將全部希望寄託於一種較為慷慨和全面的公共救助制度）。但是，社會保險最終仍流行起來。法國社會主義領袖饒勒斯（Jean Jaurès）一九〇五年便批評需要審查經濟狀況的公共救助制度賦予行政當局太大的裁量權：「你一旦談到『資源不足』，便引進了評估、商討和不確定的元素。」他指出，相形之下，獲得社會保險給付的資格是看保費繳納紀錄，因此可視為一種真正的應得福利，而這是「實質的重大差別」。社會保險參與者到了退休年齡就能領到養老金，「完全不必商討，絕對領得到。」饒勒斯因此「確信終有一天，涵蓋所有風險的普遍和有系統的保險，將取代公共救助」。[59]

法國一八九八年推行工作意外強制險，一九一〇年建立公共養老金制度。[60]歐洲以至其他地區的許多國家差不多同時間引進類似模式。在這種模式下，勞工與（或）其雇主承擔強制提撥，通常是薪資毛額的某個固定百分比，以便勞工生病、失業、失能、年老或死亡時，勞工或其家人能保有勞工某個程度的收入。自俾斯麥年代起，社會保障不再是現代政府一項相對次要的活動，而是逐漸被視為政府的核心任務之一，往往在所謂「社會夥伴」（也就是雇主與勞工的代表）的合作下執行。這標誌著現代福利制度之誕生，而社會保險是其核心部分。社會保險方案如今在所有福利制度中扮演重要角色，在歐洲大陸「俾斯麥型」的福利制度更發揮極重要的功能。在美國，此類方案包括失業保險、醫療保險（Medicare）和「社會保險」（Social Security，包含老年、遺屬和失能保險）。

雖然這些方案並非針對窮人，而是涉及對非窮人的大規模移轉支付，它們很快便對貧窮狀況產生巨大的作用。部分作用是這些方案承擔了可保風險的直接結果。但愈來愈大的另一部分作用，則是保險方案或多或少以非刻意和不透明的方式，納入一種愈來愈重要的預期重分配或真正團結（genuine solidarity）的成分——也就是從優勢群體流向相對弱勢群體、規模日增的一種重分配，因為是大致可預期的，不能光以保險動機替它辯解。[61]其形式可能是均一的健康保障、家庭補助，以及最低和最高水準的養老金，全都以按比例的社會保險提撥為財源。在社會保險的偽裝下，這種高薪與低薪、低風險與高風險勞工之間的真正團結，可以替代以前民間慈善事業和公共救助方案發揮的大部分功能。

社會保險方案以這種方式發展的結果，是其重要性迅速超過公共救助方案，使後者在對抗貧窮的戰鬥中淪為次要角色。因為其包容、「普遍」的性質，社會保險方案也普遍被視為優於公共救助。相對於針對窮人的方案，涵蓋所有勞工（無論貧富）的方案比較尊重窮人的尊嚴。這種說法在以下情況下是成立的：社會中多數人是勞工或勞工扶養的家屬，而勞工或其雇主承擔社會保險提撥，使勞工及其家屬有權得到完整的社會福利。在其他情況下，上述說法並不成立。許多年輕人可能無法進入勞動市場。許多勞工在失業保險給付期滿之前，可能無法找到新工作。家庭破裂可能製造出大量不曾工作過的單親家長。此外，在世界各地許多地方，多數工作甚至不是正規的。在這些情況下，公共救助的意義絕不小於威夫斯和史賓漢蘭制度的年代。但如今許多國家已經建立相當全面的社會保險制度，公共救助只能發揮或大或小的輔助作用。

社會保險盛行之後的公共救助：從羅斯福到魯拉

在那些已牢牢確立社會保險制度的國家，現代化的公共救助制度出現了。它們發揮邊緣但是重要的作用，為那些在社會保險制度下得不到保障（或得不到足夠保障）的人提供最終的安全網。在美國，小羅斯福總統一九三五年簽署《社會保障法》（*Social Security Act*），普遍被視為美國現代福利制度誕生的時刻；該法律除了重要的社會保險部分（由老年保險和失業保險構成）外，還有一個非提撥型公共救助方案，名為撫養兒童援助（Aid to Dependent Children），一九六二年更名為撫養兒童家庭援助（Aid to Families with Dependent Children），一九九六年改造為貧困家庭暫時救助計畫（Temporary Assistance to Needy Families）。這個救助方案僅限於有小孩的家庭，由聯邦政府提供經費，在州的層級執行，各州在執行上享有某種程度的自主權（自主程度一九九六年顯著提高）。[62]除了這個家庭最低收入保障方案外，美國政府於一九六四年在詹森總統的「抗貧戰爭」框架下發起一個食物券方案（如今稱為「營養補給協助計畫」）。該方案為可投入工作但未能找到工作的低收入成年人提供食物券，以便他們在當局認可的商店購買食物。[63]

羅斯福立法逾十年後，英國一九四八年通過較為全面的《國民救助法》（*National Assistance Act*）。該法以貝弗里奇爵士（Sir William Beveridge）戰時的報告《社會保險與相關服務》（*Social Insurance and Allied Services*）為基礎，為所有貧窮家庭提供可以現金支付的無限期救助，救助水準應足以「滿足他們的需求」，條件是身體健全者「按照委員會可能指定的方式登記求職」。這種方案如今仍在運作，輔助英國經過強化和整合的國民社會保險制度。這明確標誌著英國廢止《濟貧法》系統。

二十世紀下半葉，歐洲其他國家引進類似英國公共救助計畫的方案，往往以既有的地方方案為基礎，希望藉此有系統地處理社會保險制度的漏洞。瑞典一九五七年率先制定公共救助法，目的是將以前的濟貧方式改造為一種真正的全民最低收入保障方案。丹麥和德國一九六一年跟隨這種做法，然後是荷蘭一九六三年，挪威一九六四年，比利時一九七四年，以及愛爾蘭一九七五年。法國要到一九八八年才有自己的方案，當時羅卡（Michel Rocard）領導的政府推出最低收入補助

（revenu minimum d'insertion），二〇〇九年經改造後更名為「積極互助收入」。如今歐盟多數成員國已實施某種形式的國民最低收入保障，往往仰賴中央政府以下層級的機關執行和管理。義大利和希臘是主要的例外。在歐洲和北美以外，其他經濟合作暨發展組織（OECD）國家在二十世紀下半葉也引進類似方案。例如日本便於一九五〇年訂立《生計保護法》。根據該法律（至今仍有效），所有窮人都有權利得到公共救助，條件是他們通過非常嚴格的經濟狀況審查和滿足嚴格的工作意願要求。[64]

雖然這些方案的慷慨程度、集權程度和具體狀況各國有顯著差異（有時甚至一國之內也有顯著差異），它們的目的都是為收入（源自工作、儲蓄或社會保險）不足的家庭提供一種安全網，有條件地保障這些家庭的收入達到某種最低水準（往往設定在貧窮線以下）。公共救助是窮人的最終安全網：它需要審查經濟狀況，要求身體健全者願意工作，而且是在整個家庭的層面運作。在社會保險制度發達、能照顧多數人口（往往是拜暗地裡大幅偏離嚴格的保險原則所賜）的國家，這種最低收入保障方案的作用相對次要。

相對之下，它們在發展程度較低、非正式經濟部門相當大的國家所發揮的作用重要得多。早年的一個例子是南非的「老年補助」：這是該國一九二〇年代創立的一種非提撥型養老金，僅限於白人，在種族隔離時期結束後擴展至所有人。[65]所謂的開發中國家近年對類似的有條件現金移轉方案愈來愈有興趣。巴西的「家庭援助計畫」（Bolsa Familia）是最大規模的例子。該方案二

○○三年創立，是魯拉總統（Luiz Inácio Lula da Silva）杜絕飢餓計畫的一部分，由需要審查經濟狀況的兒童福利制度「就學援助」（Bolsa Escola，卡多索總統〔Fernando Enrique Cardoso〕二○○一年在聯邦層次引進）和其他多種同樣需要審查經濟狀況的方案合併而成。家庭援助計畫支援收入低於某門檻（因家庭組成狀況而異）的家庭，條件是幼兒必須接受健康檢查，而適齡兒童則必須上學。截至二○一四年，該方案照顧約一千四百萬個家庭，超過巴西四分之一的人口。其他著名的類似方案包括墨西哥的「進步」（Progresa），一九九七年創立，後來更名為「機會」（Oportunidades）；以及智利二○○二年創立的「智利團結」（Chile Solidario）。[66]在國際組織和許多研究計畫支持下，此類方案已傳至拉丁美洲以外的廣大地區。國家組織的有條件最低收入保障方案因此正成為一種全球現象，包括在一些社會保險制度相對有限的國家（這種最低收入方案在這些國家對所得分配的影響相當重要）。這與無條件基本收入仍有很大的距離，但到這裡，我們已完整概述了基本收入這個構想面世的歷史脈絡，而基本收入若要實現，將必須符合這種脈絡。

4 歷史：從烏托邦夢想到全球運動

一七九五年，英國史賓漢蘭的地方行政官設立一種需要審查經濟狀況的現金福利制度，看起來像真正最低收入保障方案的制度終於面世，但很快便引起反彈。同一年，法國孔多塞侯爵的著作出版，書中首度提出社會保險的一般構想，頗長時間之後成為現代福利制度的主要原則。也就在這一年，孔多塞一名非常親近的朋友開始寫一部短篇著作，面世後幾乎被漠視，也很快遭遺忘，但兩個世紀後有人重新發現它，視之為第一個相當接近真正無條件基本收入的提案。[1]

構思基本收入：史賓斯 vs 潘恩

潘恩（Thomas Paine）一七九六年出版一本「致法蘭西共和國立法與行政部門」的小書，書名為《土地正義》(*Agrarian Justice*),當時他已經是美國和法國革命運動的重要人物。他在書中提出一種完全不同於公共救助和社會保險的方案[2],建議「創立一個國民基金,以此為財源,向年滿二十一歲的每一個人支付十五英鎊,做為他們因為國家奉行地產(landed property)制度而失去可繼承財富的部分賠償,以及向年滿五十歲的每一個人每年支付十英鎊。」[3]

這種金額在當年可以買些什麼?當年一個年輕人拿到十五英鎊,「可以買一頭牛和一些農具,去耕種數英畝的土地。」[4]但是,即使當年的人預期壽命較短,國民基金很大一部分(潘恩估算高達八〇%)將用於向年滿五十歲的人(無論男女)支付一種完全個人、人人有份的無條件基本收入。[5]

潘恩方案的道德理據,令人想起基督教的一種傳統觀念:地球是人類共有的財產。聖安博西元四世紀便曾這麼表達這種觀念:「地球是為無論貧富的所有人共同創造的:你為什麼主張自己有權擁有土地呢?」[6]威夫斯的《論濟貧》呼應了這種說法:「上帝將祂創造的一切置於廣大的世界裡,不設障礙也不上鎖,以便它們能為祂所創造的一切所共有。」[7]洛克在一六八九年的著作《政府論》(*Treatises of Government*)中對此觀念的重新闡述十分有名。但即使是洛克,也仍認為這種共同所有權與基督徒的行善責任明確相關。洛克表示:「一個有財產的人因為不願動用他充裕的財產,任由他亟需救濟的弟兄死去,這終究是一種罪。正義原則賦予每一個人享有自身努力成果和公平取得祖先遺產之權利,慈善原則賦予每一個人獲得富裕者救濟、以免陷入赤貧困境而無法維生之權利。」[8]此外，土地的恩賜與強制勞動有關：「上帝將世界給予全人類所共有時，也命令人類勞動，而人類因為自身的貧乏處境，也必須勞動，」上帝將世界給予「勤勞和理性的人利用（而勞動賦予人這種權利），不是給予喜歡吵鬧和爭鬥的人巧取豪奪。」[9]

潘恩的想法則截然不同，他堅稱：「我不是請求施捨或賞賜，我是主張權利和正義。」他基於「一種無可爭論的立場，也就是大地在它未有人耕種的自然狀態下是人類的共同財產，而且將永遠如此」，得出一種基進的新結論：土地有人耕種之後，「屬於個人財產的僅為土地因有人耕種而增加的價值，而不是土地本身。因此，耕地的主人欠社會一種地租（我想不到更好的名詞），而我建議設立的基金正是以這種地租為財源。」潘恩方案人人有份的性質直接源自此一理由：「我主張前述的補助金人人可得，無論貧富。這是最好的做法，可以防止不公平的區別待遇。這也是正當的做法，因為這種補助是替代每一個人在他自己創造的財產（或繼承他人創造的財產）之外享有的自然遺產，是每一個人應有的權利。選擇不領取補助金的人，可以將這些補助金投回共有的基金中。」[10]

因此，潘恩倡導的是一種人人有份、義務全免的個人現金給付，但並不是成年之後便能一直享有。不過，用不了多久，就有人提出比較基進、真正的終身基本收入方案。英國教師暨政治行動者史賓斯（Thomas Spence）一七九七年於倫敦出版《嬰兒的權利》（*The Rights of Infants*）這本小書，一開頭便抨擊潘恩的《土地正義》，指它在一個「偉大基本真理」的基礎上，僅建立了「一種可憎的妥協權宜結構」。[11]然後他提出自己的方案，聲稱是他青年時期起便孜孜不倦捍衛的構想。[12]他認為每個自治市的所有土地和房屋都應該託付給一個女性委員會，以拍賣方式決定它們的用途，而部分所得將用來支付公共支出，包括建築物之建造和維修，以及積欠政府的稅金。「支付所有公共支出之後剩下的部分，將公正平等地分給行政區內所有在世的人，無論男女、是否已婚、是否婚生、年紀多大（從剛出生到極老都包含在內），也不考慮貧富（當事人來自富農或富商家庭，又或者貧窮的體力或技術勞工家庭均無差別）。」[13]

史賓斯替其基本收入方案辯護的論證，與潘恩基本相同：「分享這種剩餘租金，是文明社會中每一個人的絕對權利，因為社會共同財產中的自然資源人人有份，而這些財產因為出租以供耕種或改善環境，他們被剝奪了那些資源。」但史賓斯表示，執行潘恩方案的結果將是「許多人淪為可鄙的窮人，沒有能力購買他們的需求和愛好促使他們渴望擁有的無數實用品和奢侈品」，而他自己的方案則可以為所有人提供「足以支持舒適生活、永不耗竭的財源」。他的方案因為能提供較豐厚的給付，將能支撐較活躍的經濟活動：「本地商業活動將會驚人活絡，因為社會上將沒有窮人；所有人都將穿得好、住得好和吃得好：庫房收到的巨額租金除了少量上繳政府外，將在本地、每一個地方行政區和每一個社區流通，因此造就普遍的繁榮，使每一個人不但有能力購買生活必需品，還能購買許多精緻品和奢侈品。」[14]

兩者差異的根源應該是潘恩方案的財源僅限於土地在其自然狀態的價值，而史賓斯的方案則以所有不動產和建築物為財源，包括人為努力提高土地價值的部分。但值得注意的是，潘恩也曾暗示其方案的另一種倫理基礎（比較接近我們將在第五章提出的自身立場），理論上可支持遠比史賓斯方案豐厚的給付：

> 個人財產是社會的產物；沒有社會的幫助，個人不可能取得個人財產，正如個人不可能創造出新的土地。將一個人與社會隔離，給他一個島或一片陸地，他將無法取得個人財產。他將無法致富……因此，除了個人親手創造的東西之外，個人累積的所有財產都源自他生活在社會裡；無論是基於正義、感恩還是文明的原則，他都應該將他的部分財產回饋社會，因為是社會造就了這一切。[15]

無論史賓斯認為他比潘恩慷慨是否正確，一八二〇年代英國一些基進改革者曾討論他的方案，但這個方案隨後便與潘恩方案一道為世人遺忘。

全國規模的基本收入：沙利耶

一八四八年二月二十一日，共產主義者同盟（Communist League）於倫敦出版《共產黨宣言》

這本小書；該書是年輕的德意志人馬克思是年一月於布魯塞爾匆促寫成。三天之後的二月二十四日，法國國王路易・腓力（Louis Philippe）在巴黎發生革命事件後被迫退位。三月四日，馬克思在布魯塞爾遭逮捕，被逐出比利時。三月二十八日，警方在約瑟夫・卡茨（Joseph Kats）家裡搜出一份文件，他是雅各布・卡茨（Jacob Katso）的兄弟；雅各布是作家，也是布魯塞爾民主協會（Association Démocratique）的重要成員，而馬克思是該組織的副主席。這份文件以法蘭德斯文寫成，標題為「新社會憲法計畫」，宣稱「土地是人民共同繼承的財產」、「其果實必須平等分配給所有人」（第四條）；「所有的不動產個人所有權皆廢除」（第五條）；所有土地，無論是否已經有建設，將由國家出租，其收入「視為自然的果實，將平均分給社會所有成員，不排除任何一個人」（第六條）。這顯然是一種無條件基本收入，而其倡導者不自覺地訴諸半個世紀前潘恩和史賓斯替自己的方案辯解的理由。不過，這份篇幅不長的文件並未提出更具體的說法，也不知是誰寫的。[16] 是年稍後，一本闡述同一構想的書在布魯塞爾出版，該書與上述文件有何關係也不清楚。

相對於馬克思的《共產黨宣言》，同年代的《社會問題的解決方案》（*Solution du Problème Social*）同樣抱負不凡，原創性也並不遜色，但它的文字沒有那麼動人，作者沙利耶（Joseph Charlier）也沒沒無聞。《社會問題的解決方案》一書當時並未產生顯著影響，之後也沒有。潘恩之前倡導為年輕人提供一筆基本賦予，為年長者提供一種基本養老金。史賓斯主張在自治市層面實行真正的基本收入制度。沙利耶的書則是首次具體呼籲在全國層面推行真正的基本收入：每季支付劃一的「土地紅利」（territorial dividend）給國家之中每一名「本地」居民，無論男女老少，以出租所有房地產（無論土地是否已經有建設）的租金收入為財源。[17]沒有任何證據顯示沙利耶看過潘恩的《土地正義》或史賓斯的《嬰兒的權利》；他甚至可能不曾看過《新社會憲法計畫》，那份文件在他撰寫《社會問題的解決方案》期間，在距離其住家不到一英里處遭當局搜出。但是，沙利耶的出發點和他們一樣：自然是創造出來滿足所有人需求的。[18]他因此認為私人擁有土地與正義不相容，國家最終必須成為所有土地和土地上所有建築物的唯一擁有者。他基於改革者的立場，提出一種充公土地的過渡制度，同時為既有地主提供終身的年金，並在每一棟新大樓每次繼承時充公部分價值。國家出租房地產的收入，可為所有家庭提供足以滿足「絕對需求」的收入，因此也就替國家解決了貧窮這種禍害。[19]

在這本書和他生前同系列的其他著作中，沙利耶致力改善其方案，同時駁斥所有反對觀點。[20]他主張土地紅利應該設在「國家保證人人有麵包吃，但不為任何人提供松露」的水準。「對懶人來說，這太糟了；他們將必須靠最低限度的補助勉強生活。社會的責任僅限於確保人人能公平享用自然提供的資源，不包括為了使某些人享有過分的利益而損害其他人。」但即使如此，議價能力的分配也將深刻改變：「情況將不再是勞工必須屈服於資本，而是資本因為地位降低，變成真正的協作中間人，將必須在平等的基礎上與勞工協商。」因此，令人厭惡的工作將較難找到人。「執行保證最低收入的政策將提升和改善大眾的物質條件，大眾選擇自身職業時無疑將因此變得比較挑剔；但因為這種選擇通常取決於人力的價格，相關產業將必須提供夠高的工資，補償勞工承受各種麻煩。」因此，沙利耶建議的方案「將能立即為那些目前受苦的底層勞工提供合理的工資，補償他們付出有用的勞力，承擔令人厭惡的工作」。[21]

長壽的沙利耶晚年寫了一封信給布魯塞爾大學校長，並附上他的最後一本著作；他在這本較簡短的書中重申其主張，希望利用該書廣泛傳播其構想。他在信中重申自身信念，表示他的提案「是解決社會問題唯一理性和公正的方案，這麼說無意冒犯我那些多少有些自私的反對者。世上有些事實是人不想也不敢面對的。」[22]他這封信很可能一如他以前寫過的信，得不到任何實質回應。那個年代的人還未準備好傾聽他熱情的呼籲。他一八四八年那本書在當年似乎沒什麼人看，而他隨後的著作也都很快被遺忘。[23]

認真考慮基本收入：彌爾的傅立葉主義

但差不多同一時期，還有一位聲望高出許多的作家加入早期孤立的基本收入倡導者陣營，其著作備受重視。一八四八這一年，除了馬克思出版《共產黨宣言》和沙利耶出版《社會問題的解決方案》外，彌爾（John Stuart Mill）也出版了《政治經濟學原理》（*Principles of Political Economy*）初版，這是現代經濟學的創始經典之一。不令人意外的是，這本書有顯著的篇幅討論《濟貧法》。[24]

一如我們在第三章提到的《濟貧法》著名批評者，彌爾看到並承認公共濟貧制度固有的結構問題。他寫道，雖然公共救助本身的結果是有益的，但倚賴公共救助的結果「大部分是有害的」。但他沒有因此就像李嘉圖、黑格爾或托克維爾那樣，倡導回歸民間慈善事業。他寫道，在某些條件下，「我認為法律保證照顧身體健全的窮人之基本生活需求，而不是任由他們必須指望民間自願提供的救濟，是非常有益的。」[25]

那麼，是在什麼條件下呢？最重要的是人們必須有工作的動機——也就是說，不能使受助者的境況一如「靠自身努力維持生活的勞工那麼好」。這樣的話，政府將不必設立針對不配受助的窮人之強制勞動制度——也就是不必設立「一種有組織的強制系統，規範那些不受常人動機影響的人，使他們像牲口那樣投入勞動」。此外，「國家必須按照一般規則行事。國家不能試圖區分值得幫助和不配受幫助的窮人……負責發放公共救濟的人不應該做審查工作。」我們需要的因此既非民間慈善事業，也不是貧民習藝所，而是以法律保障所有窮人的基本生活需求，無論他們身體是否健全，是否「值得幫助」。[26]

彌爾有說得更具體嗎？在《政治經濟學原理》初版中並沒有，但翌年推出、有重要新增內容的第二版則可說有：「自本書寫成之後，有關社會主義的爭議已變得更重要，擴充本書議論社會主義的一章因此是有益的；尤其是因為書中對某些社會主義者提出的具體方案表達了一些反對意見，這些意見被誤解為一概否定社會主義名義下的一切方案，我補充自己的說法也就更有必要。」[27]那麼彌爾認為什麼「具體方案」值得認真看待？無疑是傅立葉主義（Fourierism），他將之描述為「社會主義所有形式中最巧妙組合、對反對意見最有先見之明的一種。」[28]

特立獨行、創造力豐富的傅立葉（Charles Fourier）連同歐文（Robert Owen）和聖西門（Saint-Simon），被稱為三大理想主義者，恩格斯批評他們視社會主義為一種道德理想之實現，而不是歷史力量的產物。[29]在《虛偽的工業》（*La Fausse Industrie*）中，傅立葉表達了一種相當接近潘恩、史賓斯和沙利耶所訴諸的正義概念：「狩獵、捕魚、採摘和放牧是人類的四種自然生計，是人類的第一權利；如果文明秩序剝奪了人類的這些生計，奪走土地的階級便有義務滿足受挫階級過充裕生活的基本需求。」他非常重視這種義務全免的基本生活保障對工作素質的影響：「大眾得到基本生活保障之後，會希望盡可能減少工作或甚至完全不工作。因此，我們將必須設法建構一種誘人的產業體制，確保人們雖然生活無憂但仍將繼續工作。」[30]

但是，儘管傅立葉在《虛偽的工業》中構想的方案顯然不要求受益人工作，它也同樣顯然需要審查經濟狀況，是一種針對窮人的方案：義務全免，但並非人人有份。[31]

康士勒蘭（Victor Considéranto）是傅立葉的主要弟子，也是傅立葉學派的創始人。一如傅立葉，康士勒蘭主張人有權利得到一種義務全免的最低收入，這不但需要大幅提升工作的吸引力，同時也會促成工作吸引力的大幅提升。但從康士勒蘭的措辭看來，他心裡所想的是一種人人有份的真正基本收入：「提供最低收入保障是自由的基礎，也是無產階級解放的保證。沒有最低收入保障就沒有自由。沒有產業吸引力就沒有最低收入保障。這是解放大眾的關鍵所在。」[32]

在《政治經濟學原理》第二版中，彌爾以同情的態度陳述傅立葉主義，完全消除了潛在的曖昧含糊：「傅立葉主義不打算廢除私有產權，甚至不打算取消繼承權；相反的，它明確表示要將資本和勞動做為產出分配的要素來考慮……在分配上，首先要分配產出給社群的每一名成員，滿足他們的基本生活需求，無論他們是否有勞動能力。餘下的產出則按事先確定的比例，分給勞動、資本和才能這三個要素。」[33]

難怪彌爾認為這種方案很吸引人。如他在討論《濟貧法》時指出，傅立葉方案保證滿足所有人的基本生活需求，無論受益人身體是否健全。不會有人負責審查工作，區分值得幫助和不值得幫助的人。同時，該方案為貢獻勞動力、資本和才能的人提供基本生活需求以外的額外報酬，藉此維持工作的動機。彌爾想必認為這是處理他在《自傳》中所稱的「未來社會問題」的一種好方法，那問題是「如何將最大的個人行動自由、共同擁有全球原料，以及所有人平等分享共同的勞動成果，相互結合起來」。[34]

還有一些十九世紀思想家支持針對土地的全部價值課稅的構想，包括英國社會哲學家史賓塞（Herbert Spencer）、法國經濟學家華拉（Leon Walras），以及亨利．喬治（Henry George）。但是，他們並未像史賓斯、沙利耶或彌爾（在他解釋傅立葉主義時）那樣明確指出，這種稅收應該用來向所有人支付一種現金收入，而不是用在其他公共支出上。[35]

辯論基本收入：一戰之後的英國

第一次世界大戰結束後不久，基本收入這個議題在英國出現了比較認真的公開辯論。率先開火的是數學家、哲學家、不順從傳統的政治思想家、激進的和平主義者，以及諾貝爾文學獎得主羅素（Bertrand Russell）。在一九一八年出版、鞭辟入裡的小書《自由之路》（*Roads to Freedom*）中，他認為我們可以建立一種兼具社會主義和無政府主義優點的社會模式：

> 無政府主義在維護自由方面有其優點，社會主義在引導人投入工作方面有其優點。我們可以找到一種方法結合這兩種優點嗎？我認為可以。……說得易懂一點，我們倡導的方案實質上是這樣：每一個人無論是否工作，都一定能得到足以滿足基本生活需求的小額收入，而那些願意從事社會認為有用的工作的人，則可以額外得到一筆較高的收入，能有多高則取決於社會總共可以生產出多少商品。[36]

羅素特別指出，這種方案對藝術家別有意義：「我們嚴厲認真的文明傾向扼殺藝術家迫切需要的輕鬆愉快心情」，藝術家要保護維持這種心情所需要的自由有兩種方法，而這種方案提供了其中一種。方法之一是，「每天只做數小時的工作，按比例支取較低的工資（相當於全職工作者工資的某個百分比）。」另一種方法是，「所有人無論是否工作，都可以平等地免費取得生活必需品，一如無政府主義者渴望的那樣。在這種方案下，人人都可以不工作但維持生活，因為人人都將獲得足以滿足基本生活需求，但負擔不起奢侈品的『懶人工資』。藝術家如果希望將所有時間用在藝術和享受上，可以靠『懶人工資』過活：如果想去外地觀光，他可以安步當車，像鳥兒一樣自由地享用空氣和陽光，而且幸福感可能完全不會減少。」[37]

一如傅立葉和沙利耶，羅素也警告，提供「足以滿足基本生活需求的小額收入」將影響人們的工作意願。但羅素也一如他們，認為這對他建議的方案是好事而非壞事：「使人普遍負擔得起賦閒的一大好處，在於這提供了一種強烈的動機，促使人們去消除工作令人厭惡的特性。一個社會如果多數工作令人厭惡，就絕不能說它已經找到解決經濟問題的方法。」[38]在稍後所寫的文章〈賦閒禮讚〉（In Praise of Idleness）中，羅素再談到這主題：「拜現代技術所賜，一定限度內的休閒已經可以不必僅限於少數特權階級，而是可以成為社會大眾平均共享的一種權利。工作的倫理是奴隸的倫理，而現代社會完全不必再奴役人。」[39]不過，他也暗示，反對行使賦閒權利的社會壓力必須夠大，這樣一來賦予所有人賦閒權利或許才可行：「接受完教育之後的人，都不應該被迫工作；選擇不工作的人應得到足以勉強維生的資助，而且可保持完全自由。不過，我們很可能需要支持工作的強大輿論，以便只有少數人選擇賦閒。」[40]

在羅素出版《自由之路》的同一年，年輕的工程師、基督教貴格會（Quakers）成員、英國工黨成員米爾納（Dennis Milner）與他的第一任太太瑪貝爾（Mabel）聯名出版一本名為《國家紅利方案》（*Scheme for a State Bonus*）的小冊子。米爾納夫婦提出多方面的理由，呼籲引進一種收入，每週無條件支付給英國所有公民。這種「國家紅利」設為人均GDP的二〇%，財源為「有任何收入」的所有公民之貢獻，應有可能解決一戰之後英國特別嚴重的貧窮問題。因為國家紅利方案是以人類生存的道德權利為基礎，它絕不考慮藉由威脅撤銷紅利來強迫受益人工作。米爾納夫婦寫道：「說服人們工作是教育的問題。我們不能以饑餓做為一種教育力量，因為這只會製造出無效率的勞工。」因為確定可以得到「生活必需品」，勞工在工資方面將處於「比較公平的談判地位」。勞工得到較好的工資，「對生活必需品的需求將增加，所有的民生物資產業將因此進入較穩定的狀態。」[41]

米爾納隨後在他一九二〇年出版的書中詳述其方案，該書名為《以國民產出紅利提高生產：隨國民生產力調整的全民最低收入方案》（*Higher Production by a Bonus on National Output: A Proposal for a Minimum Income for All Varying with National Productivity*）。後來呼籲引進基本收入的人所倚重的許多論點，可在這本書中找到——從失業陷阱到勞動市場彈性，從低請領率到利潤分享的理想輔助方案皆包含在內。米爾納的提議在基督教貴格會重要成員、聯合國官員皮卡德（Bertram Pickard）的若干出版物中得到熱烈支持。[42]這項方案也獲得短命的國家紅利同盟（State Bonus League；米爾納曾代表該組織參加英國大選）支持，而英國工黨在一九二〇年的大會上曾討論該方案。但在一九二一年，工黨明確否定這項方案。一九二七年，米爾納與精神分析師布雷克特（Marion Blackett）結婚。他在美國住了一段時間，一九五四年去世，生前似乎不曾再談他的國家紅利方案。[43]

但不久之後，另一名英國工程師便再度提出這種構想，並產生了顯著較大的作用。道格拉斯（Clifford H. "Major" Douglas）驚嘆於一戰之後英國工業旺盛的生產力，開始擔心過度生產的風險。英國人因為四年的戰爭而變窮，購買力成長速度非常緩慢，銀行也不太願意為民眾提供信貸；在這種情況下，非常充裕的商品如何能避免供過於求？為解決這個問題，道格拉斯在一系列的書籍、公開講座和文章中建議引進「社會信用」（social credit）機制，方法之一是每個月支付「國民紅利」（national dividend）給所有家庭。[44]社會信用運動的成效不一，在英國並不成功，但在加拿大數個地方吸引到許多支持者。[45]

在社會信用運動激起英國各階層短暫熱情之際，基本收入本身在與英國工黨相熟的知識分子小圈子中得到支持。這些人當中非常重要的一位是經濟學家柯爾（George D. H. Cole），他是牛津大學首位社會與政治理論齊契利講座教授（Chichele Chair）。柯爾完全瞭解國家紅利同盟和社會信用運動之前的呼籲。[46]在數本著作中，他一再替「社會紅利」（social dividend）和「基本收入」辯護，而他看來是第一個使用這兩個名詞的人。[47]他在一九三五年表示，收入應該「有一部分是工作的報酬，另有一部分是國家直接付給每一位公民的『社會紅利』——這是承認每一位公民做為消費者在社會共同繼承的生產力中占有一份……我們應設法盡快使社會紅利足以滿足每一位公民的基本生活需求。」[48]柯爾認為勞動所得最終應降至零用錢的水準，而這是可以避免扼殺工作誘因的：

如果一個人可以賺到的錢，最多不超過他的社會紅利，則在一個各人生活水準非常接近的社會裡，他賺這些錢的動機將一如他在現今階級分明的社會裡賺取數倍收入的動機那麼強。這是因為人類極度渴望能享受一點奢侈品，以及較為充裕的可替代必需品……在這種制度下，勞動所得本質上將愈來愈像「零用錢」，而人們將完全不會失去賺錢的動機（收入絕對平等則會使人失去努力的誘因）。工作將能提供充分的報酬，但國民所得的主要部分將不再是以產業副產品的形式分配出去。[49]

牛津的另一位經濟學家米德（James Meade）政治上不如柯爾那麼活躍，但國際聲譽更高，他替「社會紅利」辯護的韌性也比柯爾強。這個構想一九三〇年代起出現在米德的著作中，是他設想的公正高效經濟體的核心要素。[50]在米德晚年非常熱情倡導的「良好國度」（Agathotopia）計畫中，社會紅利仍是核心要素；該計畫倡導資本與勞工合作，並以公共資產為財源支付社會紅利，做為失業與貧窮問題的解決方案。[51]

因為兩次世界大戰之間出現了這種熱烈的討論，一般人可能會以為英國出現政治突破的條件已經成熟。但這種突破並未發生。如第三章提到，由貝弗里奇爵士主導、一九四二年公布的報告建議結合社會保險和輔助性的公共救助方案，完全排除引進無條件基本收入的可能。里斯威廉斯夫人（Lady Juliet Rhys-Williams）與貝弗里奇同為自由派從政者，一九四三年做了最後努力，提出她的「新社會契約」，內容包括為所有成年人提供一筆個別給付，條件是他們願意投入「適當的工作」。[52]但貝弗里奇的方案勝出，此後數十年英國基本上沒有人討論基本收入，雖然米德一九七〇年代獲任命為委員會主席，研究英國「直接稅制度結構與改革」時，曾嘗試重新提出基本收入構想。[53]

這段期間，歐洲大陸也沒什麼動靜。最接近基本收入的構想出現在一九一二年的德文著作《一般營養要求》（*Die Allgemeine Nährpflicht*）中，作者為維也納社會哲學家和改革家波普林庫（Josef Popper-Lynkeus），他的朋友愛因斯坦說他是「先知先覺、道德崇高的人」，而「因為是極端的個人主義者，他認為人的最高目的，是免受貧困和不必要的約束之苦」。波普林庫表示：「每一個人的基本生活需求應視為一種權利加以保障，以維護個人的身體和道德健全性；這種保障應該毫無例外，也就是不考慮年齡、性別、宗教、信仰（無信仰也沒關係），不考慮政治主張和政黨傾向（不支持任何政黨也沒關係），不考慮體能和智力，不考慮道德或精神資格。」不過，這種「普遍的照顧責任」應採用提供基本物資和必要服務的形式：「不但包括最低限度的食物、基本的房屋和家具、衣物、醫療服務、暖氣、照明、教育、住院治療，以及惡運降臨時的殯葬服務，還有最低限度的娛樂，也就是觀賞音樂會和戲劇演出。」但是，「所有身體健全的人，無論男女，都必須參與強制的勞動。」[54]

後來「法國追求豐盛運動」（French movement for Abundance）提出類似建議，但其經濟原理接近社會信用運動。法國的運動由迪布安（Jacques Duboin）創立，他是信奉社會主義的國民議會議員。迪布安倡導一種全民「社會收入」（social income），以不可積存的貨幣支付，藉此處理「機器大量取代人力」的問題，而受益人必須從事長時間的「社會服務」。[55]雖然有些人視其為倡導無條件基本收入的當代先驅，這些提案其實是建議引進劃一的基本工資，分散在受益人的整段勞動年齡支付，換取受益人響應徵召勞動數年。

一九六〇年代初的保證收入提案：狄奧巴vs傅利曼

美國方面，社會主義者貝拉米（Edward Bellamy）在一八八八年的科幻小說《回顧》（*Looking Backward*）中生動地描述和倡導一種類似方案，將全民收入（universal income）與「產業軍」（industrial army）中的全民社會服務聯繫起來。保羅．古德曼（Paul Goodman）與普西沃．古德曼（Percival Goodman）合著的《理想社會的生活方式與經濟來源》（*Communitas*）也倡導類似構想：人人可以免費獲得物資滿足基本生活需求，但必須在國民經濟中服務六或七年，「視需要隔開服務期，而當事人某程度上也可以選擇何時提供服務。」[56]不過，二十世紀上半葉最相關的發展，是「分享財富」（Share Our Wealth）運動，由代表路易斯安那州的參議員休伊・朗恩（Huey P. Long）於一九三〇年代初發起，以「人人是王」（Every Man a King）為口號。朗恩一九三四年在一次電臺演講中公布他的計畫。他希望限制財富集中在社會頂層的程度，並推動全民所得重分配，藉此終止經濟蕭條。他的建議包括授予每個家庭約五千美元的一次性「家園補助」（homestead allowance），以及保證「沒有一個家庭的年收入低於二千至二千五百美元」。[57]一九三五年二月，朗恩宣稱，已有超過七百萬名美國人加入美國各地二萬七千個分享財富社團。他被批評者斥為煽動家，一九三五年九月遭刺殺（此前不久他宣布將競選總統），而他發起的運動也失去動能。[58]美國後來又再興起有關基本收入的實質辯論，但僅限於動盪的一九六〇年代、民權運動達到高潮的時期；這些辯論有三種不同源頭，可貼上「後工業」、「新自由主義」和（美國人語境下的）「自由主義」的標籤。

首先，自一九六〇年代初起，狄奧巴（Robert Theobald）開始倡導一種「保證收入」，理由是自動化技術正同時使商品充裕和勞工過剩。[59]他表示：「無論基於短期還是長期原因，保證收入都是必要的。短期而言，這是因為愈來愈多人，包括藍領、白領、中層管理人員和專業人士，無法與機器競爭；如果沒有保證收入，陷入絕望赤貧境況的人將會增加。長期而言，我們將需要一種並不基於是否有工作來替資源分配辯護的理由。」[60]如狄奧巴一九六三年著作《自由的人與自由市場》（*Free Men and Free Markets*）的書名所暗示，資源分配最終應該以促進所有人的自由為原則：「個人的收入得到保證，他便有能力去做自己覺得重要的事……保證收入提案是基於美國人的根本信念：我們認為個人應該有權利和能力去決定自己想做什麼和應該做什麼。」[61]

狄奧巴建議保證成年人每年收入為一千美元，兒童則是六百美元，而這將逐漸取代「現行的多種措施」，例如養老保險、失業給付、公共救助、食物券，以及房屋補助。他從不曾非常明確地解釋這種「基本經濟保障」該如何實踐。許多人無疑認為他是倡導一種方案，可以剛好填補家庭收入與貧窮線之間的缺口。[62]但從他的一些說法看來，他可能曾構想一種人人有份的給付：「這種需求很明確：我們必須確立人人得到經濟保障的原則。這原則將平等適用於社會每一名成員，而且完全不帶下列意味：受益人個人無能，或受益人從過度慷慨的政府得到他不配領取的收入。」[63]

狄奧巴連同其他行動者和學者，一九六四年五月向詹森總統提交一份報告（他是主要作者之一），敦促美國政府保證全民獲得足夠的收入，以此處理「自動控制革命」（cybernation revolution）造成的問題：「因此，我們敦促社會藉由合適的法律和政府制度，承擔一種無條件的義務，為每個人和每個家庭提供足夠的收入，視公民享有足夠的收入為他們的一種權利……這種無條件享有足夠收入的權利，將取代從失業保險到公共救濟的各種福利措施；這些措施的目的是確保不會有美國公民或居民真的挨餓。」[64]

美國基本收入辯論的第二個主要源頭，是一九六二年出版、讀者眾多的《資本主義與自由》

（*Capitalism and Freedom*）倒數第二章數頁的內容，該書作者為芝加哥學派經濟學家、諾貝爾經濟學獎得主傅利曼（Milton Friedman）。傅利曼不曾倡導基本收入，但他確實使負所得稅這種構想（見第二章）廣為人知，而負所得稅雖然不同於基本收入，但可以採用一些相同的理由替它辯護。[65] 傅利曼表示，如果我們想減輕貧窮問題，「而純粹考慮執行上的理由，負所得稅是理想方案。」[66] 負所得稅等同劃一的可退款稅額抵減。即使是最接近真正基本收入的負所得稅，也欠缺基本收入的一個關鍵特徵：事先付給所有人。但因為這兩種構想相同的地方夠多，討論其中一種對另一種來說也有意義。

傅利曼在那本書中的說法不是很具體。不過，他在後來的文章和訪問中，詳細說明了他的建議和當中涉及的長遠觀點。在他看來，負所得稅應取代美國的大部分福利方案。

> 我們有許多錯綜複雜的政府方案，當局以福利的理由替它們辯護，但它們實際上往往造成禍害；這些政府方案包括公共房屋、都市更新、養老和失業保險、職業培訓、「抗貧戰爭」這個錯誤標籤下的各種措施、支撐農產品價格的措施，以及名目多得驚人的其他方案……負所得稅遠優於這些福利措施。它將集中利用公帑補充窮人的收入，而不是胡亂花錢，然後期望有些錢會下滲到窮人手上。[67]

不過，傅利曼並非任何一種負所得稅都支持。他支持的方案「提供的補助必須低到公眾願意替它埋單」，而且「必須低到使受益人有強烈、一致的誘因努力賺錢，以求擺脫領取補助的狀態。」他認為負所得稅方案可以非常可取也可以相當不負責任，一切取決於收入保證的水準和稅率。「這就是為什麼政治觀點差異很大的人都可以支持某種形式的負所得稅。」[68]

此外，即使是非常節制的負所得稅，傅利曼仍認為不如民間慈善事業：「如果在某個假想的世界裡，完全沒有政府福利方案，濟貧完全仰賴民間慈善事業，則引進負所得稅將遠不如以負所得稅取代現行方案那麼有道理……在這樣的世界裡，我不知道自己是否支持負所得稅——答案取決於民間慈善事業的濟貧工作實際上多有效。」[69]

但在現實中，拜乖張的現行做法所賜，公共部門對福利措施的受益人已有必須兌現的義務：

（在人人都可以不受限制地參與勞動市場之後，）我認為對於殘留的貧困問題，雖然必須承認它不完美，但最好的解決方法將是我們以自願的行動，幫助我們那些運氣較差的同胞。但我們的問題嚴重得多。參與勞動市場仍受各種限制（牌照、最低工資之類），加上計劃不周的福利措施，已經導致數以百萬計的人必須仰賴政府滿足自身最基本的需求……我支持負所得稅，不是因為我認為任何人都有「權利」靠其他人出錢滿足他吃、穿、住的需求，而是因為我希望和其他納稅人一起減輕窮人的困苦，而且覺得我們特別需要這麼做，因為政府的政策導致許多人民陷入現在這種有損人格的境況。[70]

他也說：「我認為在迄今所有的提案中，負所得稅是唯一能使我們擺脫現行福利亂局，同時履行我們對福利措施受害者責任的方案。」[71]

因此，對傅利曼來說，保證收入之所以有道理，不過是因為它能有效地控制損害。值得注意的是，「新自由主義」另一位祖師海耶克（Friedrich Hayek）則不是這麼想；他是傅利曼在芝加哥大學的同事，同樣榮獲諾貝爾經濟學獎。從一九四四年的《通往奴役之路》（*The Road to Serfdom*）到一九七九年的《法律、立法與自由》（*Law, Legislation and Liberty*），海耶克明確地支持最低收入保障方案做為自由社會的一種恆久措施。他確實認為不應該「保障一個人據稱應得的特定收入」，因為「這種保障只能提供給一部分人，而且只能靠控制或取消市場達成」。相反的，「最低收入保障」則「可以在市場體系以外，以輔助市場體系的方式提供給所有人」，是「真正的自由不可或缺的條件」：「一個社會的普遍富裕程度如果像我們的社會已經達成的這樣，則它沒有理由不能為全民提供最低收入保障，同時避免危害普遍的自由。至於收入保障確切應該設在什麼水準，確實涉及一些難題……但毫無疑問的是，我們可以保證滿足每個人最低限度的食住衣需求，足夠他們保持健康和維持工作能力。」[72]他甚至以更堅定的語氣說：「保證每一個人都能得到某水準的最低收入，或者說確保沒有人會因為無法自謀生計以致生活水準跌破某種最低標準，看來不但是應對一種人人面臨的風險、完全正當的保護措施，還是『大社會』必要的一種措施；在這種社會裡，個人不再能夠向他出生於其間的特定小群體提出具體的要求。」[73]海耶克認為政府在道德上沒有理由強制決定人們的相對收入，政府只能「在市場以外提供劃一的最低收入保障，確保因某些原因而無法在市場中賺到最低收入的人都可以享有最低收入」，藉此減輕人們面臨的風險。[74]但與傅利曼不同的是，海耶克不曾具體說明這種「劃一的最低收入保障」適合以怎樣的制度提供。[75]

美國自由派的基本收入方案：托賓與高伯瑞

美國基本收入辯論的第三個源頭（顯然也是最強的一個）比較沒有矛盾情緒，較為靠近美國政治光譜的另一端。自一九六五年起，耶魯經濟學家、諾貝爾經濟學獎得主托賓（James Tobin）發表一系列文章，替他起初稱為「信用所得稅」（credit income tax）的方案辯護。[76]該方案並非希望取代整個公共救助和保險制度，更不是要協助消滅整個福利體系，而是希望調整其底層部分，使它成為一種較有效率和有助促進勞動的手段，以便改善「黑人的經濟地位」或「提高窮人的收入」——這是托賓兩篇文章的標題提到的。[77]一九六七年，托賓與同事佩奇曼（Joseph Pechman）和米斯科夫斯基（Peter Mieszkowski）發表了堪稱負所得稅方案的第一篇技術論文，將預付的基本收入方案也納入其中。在他們提出和分析的方案中，每一個家庭將獲得一筆「基本信用」（basic credit），金額視家庭組成狀況而定；在此之外，每個家庭的勞動所得和其他收入將以劃一的稅率課稅。他們認為這個「信用所得稅」方案的最佳執行方式，是「對所有家庭自動支付全額基本補助，除非有人因為希望避免其他收入被預扣所得稅而申請不接受自動支付」。該方案因此可視為一種家庭層面的「全民式補助」：人人有份而且義務全免，但並不是完全個人的。[78]

在同一時期，另一位富影響力的自由派經濟學家經歷了非常值得注意的觀念轉變。在他的一九五八年暢銷著作《富裕社會》（*The Affluent Society*）初版中，哈佛經濟學家高伯瑞（John Kenneth Galbraith）強烈質疑最低收入保障方案的可行性：「富裕的社會同時也是富同情心和理性的，它無疑將確保人人都能得到過體面和舒適生活不可或缺的最低收入……它可以採用直接的手段，滿足貧困者的需求。它不必富同情心，但它絕對沒有崇高的理由可以麻木不仁。但是，這種直接的濟貧方法都沒有能夠成功的合理希望。」[79]他認為減少貧困最大的希望「在於比較間接但可以想見幾乎是同樣有效的方法」，例如教育和清理貧民窟。

但在一九六六年發表的一篇文章中，高伯瑞針對我們可以合理期望什麼提出截然不同的看法；他否定此前他支持的「非常傳統」的濟貧方式（「我們應幫助他們幫助自己」），並主張：

> 我們必須考慮一種迅速有效的的濟貧方法，也就是為所有人提供最低限度的收入。反對這個方案的理由非常多，但它們多數不過是不去思考解決方案的藉口，即使有一種方案看來非

常可行。有人說這會摧毀人們努力的誘因。但是，如果我們真想摧毀人們努力的誘因，我們現在的福利制度已經堪稱無出其右。我們給貧困者一些收入，而受助者即使只是找到最差的工作，我們就收回對他們的救助。在這種情況下，這些福利受惠者承受的邊際所得稅率高達一〇〇％或甚至更高。有人說最低收入將導致許多人一直不投入勞動市場，但我們其實不希望收入偏低的人全都工作……講到解決貧困問題，沒有什麼措施是比為貧困者提供收入那麼確定有效的。[80]

一九六九年的《富裕社會》第二版反映了這種根本的觀念轉變。在前面引述的那段文字中，「但是，這種直接濟貧方法都沒有能夠成功的合理希望」之前的句子沒有改變，但作者接著這麼說：

過去十年間，做為廣泛的社會政策，為窮人提供一種經常收入來源看來是愈來愈可行。藉由提供收入幫助窮人，有一定的直接吸引力。如其他章節指出，這也可以藉由降低對生產做為一種收入來源的倚賴，減輕經濟管理問題。提供這種基本收入來源，今後必須成為抗貧作戰的第一步，也是策略性的一步。[81]

「其他章節」是指「生產與保障分離」那一章，高伯瑞為《富裕社會》第二版徹底重寫了這一章，以便支持以下立場：

> 就那些不可雇用、很難雇用或不應工作的人而言，直接的解決方案是為他們提供一種與生產無關的收入來源。近年來，人們在各種保證收入或負所得稅提案下，廣泛討論了這種解決方案。這些提案的共同原則，是提供一種基本收入，金額視家庭人數而定，但除此之外不考慮受益人的其他需求，視獲得這種基本收入為一種一般權利。如果有人無法找到工作或不想找工作，他可以仰賴這種收入生活。[82]

高伯瑞餘生一直堅持此一立場。一九九九年六月，他在倫敦政經學院演講，談論「世紀未竟之事」時這麼說：「我們應保證人人都得到像樣的基本收入。像美國這樣的富有國家，大有能力使所有人免於貧困。有人會說，有些人會賴著這筆收入，然後就不去工作。但目前在較為有限的福利制度下，就已經有這種事情了。我們就接受有些窮人也能像有錢人那樣賦閒吧。」[83]

一九六八年，高伯瑞根據他調整過的信念，連同托賓、薩繆爾森（Paul Samuelson）和蘭普曼（Robert J. Lampman），支持一項超過一千名經濟學家聯署的請願，呼籲美國國會採行「一種收入保證和補助制度」。[84]在此同時，這些學者也得到美國公民社會的其他力量支持。國民福利權利組織（National Welfare Rights Organization）在一九六七年八月的首次大會上，便定出以下首要目標：「足夠的收入：建立一種制度，保證所有美國人都有足夠的金錢，在貧窮線以上過有尊嚴的生活。」[85]在他一九六七年出版的最後一本書《我們往何處去？》（*Where Do We Go From Here?*）中，馬丁·路德·金恩（Martin Luther King, Jr.）寫道：「我如今確信最簡單的方法將證明是最有效的：解決貧窮問題有一種直接的方法，也就是如今已經過廣泛討論的收入保證措施……一個人若能控制有關自身生活的決定、確信自己的收入是穩定和可靠的，而且知道自己有辦法尋求自我改善，個人尊嚴將得以壯大。」[86]

短暫的高潮：麥高文的全民式補助

這一切有助創造出一種風氣，使政府當局覺得自己必須有所作為。一九六八年一月，美國總統詹森設立「收入維持計畫委員會」，成員除了數名商人之外，還有經濟學家梭羅（Robert Solow）和艾克斯坦（Otto Eckstein）。詹森強調：「我們必須檢視所有可能的方案，無論是多麼不尋常的方案。」[87]一九六九年十一月發表的最終報告建議推行一個「基本收入支援方案」，以「直接的聯邦現金轉移，為所有人提供與需要相稱的支付」，做為現行福利制度的替代選擇。這等同一種以家庭為基礎、不設任何工作要求的負所得稅；報告寫道：「因為個人是否應該工作可以交由個人抉擇和市場誘因決定，我們不認為授權政府機關去決定個人是否應該工作是可取的做法。」在這個方案下，沒有其他收入的成年人每年可得到七五〇美元（約為當時美國人均GDP的一五％），而兒童最多則可以得到四五〇美元。[88]

但是，在這份報告發表之前，共和黨人尼克森已於一九六九年一月就任總統，他在之前的大選中擊敗民主黨人韓福瑞（Hubert Humphrey）。尼克森立即準備推出「家庭救助計畫」；這是一個抱負很大的公共救助方案，將取代針對貧窮家庭的「撫養兒童家庭援助」，納入保證收入和補助勞工的措施。該方案接近是以家庭為基礎的負所得稅，但有一個重要差別：根據法案，「如果受助人拒絕接受適當的工作或登記接受職業訓練」，政府可縮減救助金。[89]事實上，尼克森總統在一九六九年八月八日向國民報告該方案的演講中，創造了「工作福利」（workfare）一詞：「歸根結柢，我們不能靠一張嘴解決貧窮問題；我們不能靠立法解決貧窮問題；但這個國家可以靠工作解決貧窮問題。美國現在需要的不是更多福利，而是更多『工作福利』。」[90]

一九七〇年四月，這個方案在美國眾議院獲得明顯多數支持，但同年十一月遭參議院財務委員會否定。修訂版的方案引進新的方式區分可雇用與不可雇用的受益人，一九七二年十月遭最終否決。政治立場不一的各方均強烈反對家庭救助計畫：有些團體覺得它太謹小慎微（救助金太少、工作要求太嚴格），例如國民福利權利組織便是如此；有些則認為它太冒進，擔心保證收入方案會扼殺人們從事低薪工作的動機，例如美國商會便是如此。[91]

但是，一九七二年一月起，在有關家庭救助計畫的爭議達到高峰之際，一個更有抱負的保證收入方案吸引到很多人注意。爭取民主黨總統提名的參議員麥高文（George McGovern）決定將基本收入方案納入政綱，托賓和高伯瑞都是他的競選團隊成員。該方案稱為「最低收入補助」（minimum income grant）、「國民收入補助」（national income grant）或「全民式補助」（demogrant），計劃每年支付每名美國人一千美元。「我提議每一個人，無論男女老少，每年獲聯邦政府支付一筆款項，金額不會因受益人的財富而異。對那些接受公共救助的人來說，這筆收入補助將取代福利給付。」[92]

麥高文解釋其提案時強調，可以考慮各種執行方法，而這些方法「需要最佳的經濟學人才來充分檢視」，他的方案因此「並非供立即的立法行動之用」。但他矢言如果當選總統，「將擬定具體方案並提交給國會。」他提到的最具體方案是托賓設計的，該方案「要求對所有美國人支付同一金額」：「款項是支付給個人，因此不會鼓勵家庭為了得到較高的補助總額而分裂。」托賓的方案建議每人每年可得到一千美元（約為一九七二年美國人均GDP的一六％，在一九六六年則約為一八％）：「若以一九六六年為基礎，托賓教授建議支付每人七五〇美元。目前則必須支付每人近一千美元。這樣的話，四人家庭每年可以得到四千美元，僅與官方貧窮線相若。」

這議題在民主黨初選中備受關注，尤其是在加州，麥高文的主要對手韓福瑞挖苦麥高文的方案是給所有人一大筆錢，無論貧富。麥高文一九七二年七月贏得民主黨提名後，尼克森政府的官員抨擊他的提案，手段包括利用攻擊性十足的廣告。[93]在當月發表的一篇文章中，高伯瑞出手救援麥高文，強調基本收入對工作動機的正面作用。[94]但到了一九七二年八月底，麥高文收回這個富爭議的方案，代之以一個僅為無法工作的窮人提供收入保證的方案。麥高文在自傳中回憶這個一千美元方案受到的攻擊：

> 雖然我的方案與尼克森自己的家庭救助計畫差別不大，但他的宣傳廣告將它說成是強迫勞動的少數美國人去供養懶得工作、領取福利的多數人的一種方案。廣告看起來很可笑，但我們必須設法減輕它激起的焦慮……隨著一千美元方案的爭議愈演愈烈，我要求若干頂尖經濟學家以及國內一些賦稅與福利專家重新檢視整個議題，提出一個賦稅與福利改革的綜合方案……我們決定捨棄一千美元方案，改為僅對貧窮線以下的人提供直接補助，至少最初是這樣。[95]

麥高文承認，他修改這份基本收入方案「令一些支持者感到失望」。[96]在一九七二年十一月的總統選舉中，尼克森以壓倒性的優勢勝出，此時距離他自己的家庭救助計畫遭最終否決僅僅數週。美國社會熱烈議論基本收入類型構想的短暫時光，至此告一段落。

隨後各屆美國政府執行了一些溫和的改革，提高領取福利者的工作誘因，尤其值得注意的是推出勞動所得稅額抵減（見第二章）。[97]不過，相關討論以較學術的方式延續下去，以美國一九六八至一九八〇年間的四個大型實驗為基礎。這些空前的實驗是聯邦政府為尼克森的家庭救助計畫做準備而發起的，是社會科學研究的里程碑。在此之前不曾有規模如此巨大、出於科學動機的社會實驗。這些實驗將一些家庭隨機分配到可以享受負所得稅補助若干年的群組，以及繼續活在現行制度下的對照組。實驗的主要目的，是釐清保證收入方案對各項指標的影響，包括嬰兒出生時的體重、就學表現、離婚率，以及最重要的勞動力供給。我們稍後（在第六章）將討論這些實驗對於在現行狀況下引進基本收入有何啟示。在此我們只需要知道，最多人討論的影響是家庭中次要賺錢者的勞動力供給確實減少（但減幅相對溫和），以及其中一個實驗據稱離婚率上升。[98]受這些結果影響，基本收入類型的方案在美國喪失政治吸引力多年，甚至連這種方案最熱心的一些支持者也失去信心，例如啟發尼克森家庭救助計畫的其中一人、參議員莫尼漢（Daniel Patrick Moynihan）便是如此。在美國參議院一九七八年檢視實驗結果的一個聽證會上，莫尼漢大聲表示：「我們在保證收入這個問題上搞錯了！這種方案看來會造成災難。它會使家庭破裂的情況增加七〇%，減少勞動，諸如此類。這是目前科學研究的結果，在我看來，如果我們有廉恥心的話，我們現在必須尊重這些研究結果。」[99]

獨特成就：阿拉斯加分紅方案

受美國的辯論影響，加拿大一九七〇年代初發表了幾份討論「保證年度收入」的官方報告。[100]這些報告促使加拿大曼尼托巴省溫尼伯市（Winnipeg）和小鎮多芬（Dauphin）應聯邦政府的要求，於一九七五至七八年間執行所謂的最低收入（Mincome）負所得稅實驗。實驗展開兩年後，當局停止蒐集數據，結果也不曾正式公布。多年之後，相關數據才有人分析（見第六章）。加拿大政府在實驗離完成還很久時便失去興趣，證實了一件事：在一九七〇年代，北美向類似無條件基本收入的制度邁出一大步的時機尚未成熟。[101]但是，短短數年後，正是北美向真正基本收入邁出了關鍵的一步。這與美國一九六〇年代末和一九七〇年代初的大辯論幾乎毫無關係。故事是這樣的。[102]

一九七〇年代中，一九七四至一九八二年間擔任阿拉斯加州長的共和黨人哈蒙德（Jay Hammond）替阿拉斯加人爭取到普拉德霍灣（Prudhoe Bay）油田的所有權，使這個北美最大的油田並非由所有美國公民共有。不過，哈蒙德擔心開採石油產生的巨大財富僅將造福當代阿拉斯加人。他因此提議設立一個基金，保留部分石油收入做投資之用，確保未來的世代也能分享這些財富。一九七六年，阿拉斯加修訂州憲法，設立了阿拉斯加永久基金。為了吸引當代阿拉斯加人支持基金的繼續運作和成長，哈蒙德州長想出一個分紅方案：所有阿拉斯加居民每年均可獲得該基金的分紅，金額並非人人相同，而是與居民在該州居住的年數成比例。哈蒙德在他的回憶錄中解釋：「分紅概念是基於阿拉斯加憲法，它規定阿拉斯加的自然資源並非由州擁有，而是由阿拉斯加人民本身擁有。」[103]

分紅方案的最初設計受到質疑，美國最高法院裁定方案違反平等保護原則：因為分紅金額依居住年數而異，從其他州移居阿拉斯加的美國人受到歧視。哈蒙德因此被迫修改他的方案，使它成為一種真正人人有份的基本收入：阿拉斯加的所有合法居民，包括新住民和外藉人士，均享有同一水準的分紅。哈蒙德起初對最高法院的裁決感到失望，但他後來觀察到，修改方案「強化了擁護方案的力量」，有助保護基金免受「喜歡沾手這些資金的政客侵害」。[104]方案自一九八二年起開始執行，此後在阿拉斯加住滿一年的每一位正式居民均可獲得金額相同的年度分紅。截至二〇一五年，約六三．七萬人符合資格分紅。年度分紅金額相當於阿拉斯加永久基金之前五年平均財務報酬的某個比例。該基金起初僅在阿拉斯加投資，但後來改為維持一個全球投資組合——如此一來，基金分紅有助緩和阿拉斯加的經濟波動，而非使波動加劇。早年每人分紅約四百美元，二〇〇八年達到第一個高峰：二〇六九美元。後來受金融危機影響，分紅銳減，二〇一二年跌至不到九百美元，但二〇一五年已回升至二〇七二美元（接近阿拉斯加人均GDP的三%）。

雖然阿拉斯加的石油分紅絕不足以滿足個人基本需求（分紅最多的時候僅為美國官方個人貧窮線的二〇%左右，也不曾超過阿拉斯加人均GDP的四%），但它顯然是一種真正的基本收入：它是一種義務全免、人人有份、個別支付的現金給付。共和黨人領導的政府引進這種方案，是否令人驚訝？其構思者認為答案是否定的：「阿拉斯加分紅方案當然絕不是社會主義。社會主義是政府**取自**有錢的少數人，用在政府認為對所有人最有利的事情上。阿拉斯加永久基金分紅則恰恰相反：其資金取自根據憲法規定屬於**所有人**的財富，容許每一個人決定如何使用自己的那一份。還有什麼比這更資本主義的？」[105]

阿拉斯加分紅方案尚未有其他地方效法，是否令人驚訝？可能是。如今有超過五十個國家設有主權財富基金，類似阿拉斯加永久基金。但儘管有各種提案，阿拉斯加分紅方案至今仍獨一無二。

跨國網絡：從歐洲到全球

同一期間，歐洲在這方面有何發展？答案是沒什麼發展。美國一九六〇年代末和一九七〇年代初異常熱烈的辯論，相隔一些時間之後，確實在若干歐洲國家產生了一些迴響。但跨越大西洋到歐洲的是傅利曼的負所得稅，不是麥高文的全民式補助或阿拉斯加的分紅方案。這整套構想因此帶有新自由主義的氣息，而這並不利於傳播。

例如在法國，計劃局一九七三年委託撰寫的一份報告，便是探討負所得稅。[106]該報告促使史丹佛大學博士史托雷呂（Lionel Stoleru）寫了一份跟書一樣厚、支持這種方案的分析報告；他當時是法國總統季斯卡的顧問，後來成為總理羅卡的社會主義政府的一員，負責引進需要審查經濟狀況的最低收入方案（一九八八年）。[107]但是，負所得稅很快便與一種嚴格市場導向的對抗貧窮方式結合。因此，經濟學家葛瑞夫（Xavier Greffe）雖然承認該方案是「根據對現行社會政策的合理批評」，而且「將能增強社會政策的效力」，但仍認為它有嚴重的缺陷：「負所得稅位居自由主義論述的中心，暗中承認市場是社會融合的特許機制；因此，當個人借助市場克服不平等和融合不足的問題時，人為地協助他們便已足夠。」[108]

傅柯（Michel Foucault）在法蘭西學院的一次著名演講中，首次提出對負所得稅看似支持的意見：「說到底，有些人在社會競賽中嚴重落後，原因何在不是我們應該關心的；那些人是吸毒上癮還是自願不工作，都不重要……唯一重要的，是這些人已破跌某種門檻；此時我們不必進一步研究，不必做那些官僚、治安或審訊方面的調查，問題就只是為這些人提供補助……」[109]

但說到底，傅柯認為負所得稅實質上是服務「新自由主義」政策的一種手段。因為農村人口已不再提供一種「無盡的人力來源」，這種功能便落在接受負所得稅補助的人口身上。相對於致力追求充分就業的系統，負所得稅的方式非常自由，官僚和規訓的程度低得多：「人們是否工作，最終由他們自己決定。尤其重要的是，這種制度可能不會強迫那些不想工作的人工作。這些人將只得到某個水準的最低生活保障，這樣一來，新自由主義政策便能運作。」[110]對傅柯和歐洲關心窮人與失業者命運的許多人來說，負所得稅因為與資本主義的功能需求和新自由主義思想密切相關，該構想便已「名譽掃地」，至少不值得積極關注。

不過，逐漸激起歐洲各地對基本收入空前興趣的因素，與北美的負所得稅討論幾乎毫無關係。許多相當不同的人士開始呼籲引進一種人人有份的無條件基本收入，以便更妥善因應當代社會難題（相對於藉由經濟成長達致充分就業而言）；他們大體上不知道基本收入這種構想的存在，事實上也不知道彼此的存在。

首先是社會學家喬丹（Bill Jordan）一九七三年出版一本小書，敘述英格蘭某小鎮的失業者群體如何經由奮鬥，提出基本收入的構想[111]；他後來成為英國最努力倡導基本收入的人之一。兩年後，阿姆斯特丹的社會醫學教授凱伯（Jan Pieter Kuiper）開始發表一系列的文章，建議就業與收入脫鉤，藉此抵抗受薪勞動非人化的性質；他表示，只有「保證收入」能使人獨立自主地發展。[112]一九七八年，丹麥一名物理學家、一名哲學家和一名從政者合作出版全國暢銷書《中心起義》（*Revolt from the Center*），倡導一種「公民薪資」（citizen's wage）。[113]不久之後，反對墨守成規的瑞典貴族、義大利卡布里島居民阿德勒卡爾松（Gunnar Adler-Karlsson）分別於一九七九和一九八一年發表兩篇文章，抨擊追求充分就業的做法，主張保證民眾的收入。

在荷蘭，這種意見的力量增強到足以在政治上受到重視（見第七章）。一九七七年，從一個基督民主政黨分離出來的左翼小政黨基進政治黨（PPR）成為世界上第一個正式將基本收入納入政綱、而且在國會中擁有席位的政黨。支持基本收入的運動聲勢迅速擴大，主要是拜食品業工會Voedingsbond（荷蘭主要的工會聯合會FNV的成員組織）的參與所賜。一九八五年六月，當時在野的荷蘭工黨（PvdA）設立了一個工作小組，出版一本專門討論基本收入的雜誌的第一期（隨後還有三期）。數年之後，高潮出現了：地位崇高的荷蘭政府政策科學研究所（WWR）發表了一份受到廣泛討論的報告〈保護社會保障〉（*Safeguarding Social Security*），明確提出該機構已經注意好幾年的一項措施，也就是呼籲推行該機構建議稱為「部分基本收入」的政策——一種人人有份、義務全免的個人基本收入，但金額低於一人家庭的貧窮線（見第六章）。政府政策科學研究所的報告還有其他內容，例如建議社會保險部分民營化，以及提高勞動市場的彈性，但遭遇強力的反對——尤其是工黨，因為工黨認為這會危及荷蘭的社會團結模式。[114]

荷蘭總理、基督民主黨人魯貝士（Ruud Lubbers）全面回應政府政策科學研究所的報告時寫道，政府在社會團體支持下否定這個研究所的提案，理由是「工作與收入之間的關係會受到過度削弱」。[115]基督民主黨一名年輕成員、後來也成為荷蘭總理的巴爾肯恩德（Jan Peter Balkenende）講得比較完整：「人人有份、免除工作義務的最低收入保障是我們反對的。我們毫無理由進一步淘空這個寶貴的原則：各人應盡可能負擔自身和家屬的生活。」[116]不過，荷蘭政府也不想排除政府政策科學研究所提案中長期而言或將變得有意義的可能：「我們將視未來的情勢，例如縮短工時、技術演變、經濟成長和勞工參與的情況，以及這方面的社會政治觀念，適時尋求新的政策反應。」[117]

當時在歐洲，其他地方的基本收入辯論都不曾如此接近政治議程。不過，愈來愈多人開始認識到這個概念，支持它的論點也開始出現。例如一九八四年便出現了第一個基本收入全國網絡——英國的基本收入研究組（Basic Income Research Group）。[118]兩年之後，隨著一個國際網絡誕生，真正的跨國討論開始了。一九八六年九月，由學者和工會人士組成的小團體：傅立葉團體（Collectif Charles Fourier），在比利時大學城新魯汶（Louvain-la-Neuve）組織了歐洲各地基本收入支持者的首次集會。[119]與會者原本以為支持基本收入的人很少，結果出席者眾使他們喜出望外，於是決定創立基本收入歐洲網絡（Basic Income European Network，簡稱ＢＩＥＮ），目的是「聯繫決心推動基本收入或對此有興趣的個人與團體，並促進歐洲各地有關基本收入有根據的討論」，而該組織認為基本收入是「無條件授予所有人的一種收入，以個人為支付對象，不需要審查經濟狀況，也不要求受益人工作」。基本收入歐洲網絡此後定期出版通訊，每兩年組織一次大會。因為歐洲以外的參與者日眾（來自拉丁美洲、北美、南非、亞洲和澳洲），ＢＩＥＮ在其二〇〇四年的巴塞隆納大會上決定轉型為一個全球網絡，組織的英文縮寫名稱不變，但全名則改為Basic Income Earth Network（基本收入全球網絡）。[120]

自一九八〇年代中以來，基本收入的歷史不再是各國完全獨立地各自發展、基本上互不相知的情況。拜基本收入國際網絡、網際網路的力量和基本收入概念廣為傳播所賜，如今每天都有基本收入新的倡議出現，而且能引起全球迴響。我們在第六和第七章討論基本收入的經濟和政治可行性時，將談到許多相關情況。但在此之前，我們必須先處理基本收入的道德合理性問題。

5 道德上有理嗎？搭便車vs公平分享

在反對基本收入的種種理由中，有一個至為突出，而且對許多人來說，這個理由更能牽動情緒、有更強的原則性，而且更具決定性。這個理由與基本收入的無條件性質有關：基本收入義務全免，不要求受益人工作或至少願意工作。有些人會承認，基本收入可以有效減少貧窮和失業問題，但他們仍會基於道德理由而強烈反對這種政策。這種反對有兩個主要版本。版本一是一種「至善論」，其基本原則是工作乃美好生活的一部分，因此若完全不要求工作便給予收入，就形同獎勵無所事事這種惡行。版本二是一種「自由論」，其基本原則在於公平而非德行。如埃爾斯特（Jon Elster）所言，無條件基本收入「違反人們普遍接受的一種正義觀念：身體健全的人仰賴其他人的勞動生活是不公平的。」[1] 我們要如何駁斥這種反對理由？

基本收入與搭便車

我們認為社會制度不應該以某種具體的美好生活觀念為指導原則，而是應該以一種前後一致、看來有理的正義觀念為指導原則。如果你認同這一點，則前述反對理由的版本二遠比版本一值得重視。我們不介意大家在個人生活中奉行某種工作倫理。事實上，我們自己也可能是這樣。此外，如第一章提到，我們樂於承認，人要贏得讚賞和尊敬，是靠其行為，尤其是服務他人的行為。而且大家普遍認為人應該工作，並不會損害慷慨的基本收入之永續性（事實恰恰相反）；也有人表示，無條件基本收入將促成一種力求有所貢獻、回饋社會的風氣。[2]但是，這一切都無法證明：提供基本物質保障必須以受益人工作或願意工作為前提是合理的。強加這樣一個條件，只有在一種情況下是正當的：如同反對理由的版本二所暗示，這是一種具說服力的公平觀念所要求的。因此，我們將集中回應版本二，雖然我們所講的話多數也適用於版本一。

自法國大革命時期的巴貝夫（Gracchus Babeuf）起，許多倡導某種全民收入的作者同時也倡導人人都有工作的義務，而這無疑與上述反對理由的吸引力有關。因此，巴貝夫一七九六年的基進平等宣言在聲稱「自然賦予每一個人平等享用所有財貨的權利」之餘，也宣稱「自然授予人類工作的義務」，以及「如果有人耗盡力氣仍非常貧困，同時有人無所事事但物質豐裕，那便有壓迫存在」。[3]同樣的，在貝拉米一八八八年的社會主義烏托邦著作《回顧》中，人人享有的平等收入是與大量社會服務連結在一起。其他許多作者，包括波普林庫、迪布安和古德曼（Paul Goodman），也倡導同一觀念，而且還更嚴格一些。[4]高茲（André Gorz）在轉向支持無條件基本收入之前也是如此：他當時倡導的全民平等收入權利，是對應全民社會服務義務（每人一生中必須做二萬至三萬小時的社會服務，除了必須符合若干配額規定外，可以彈性安排提供服務的時間）。[5]高茲這麼表達當中的規範性直覺（很可能是所有此類作者的共識）：「社會是一種具體和連貫的現實，每一個人都經由一種相互的義務與社會相連：每一個人都必須提供必要的勞動，使社會得以運作，為所有人供應必需品；在此同時，社會必須為每一個人提供他一生中生活所需要的東西。」[6]

面對這種反對理由，我們要如何替無條件基本收入辯護？為了本節的討論，我們先接受這一點：享受基本收入但完全不做事，確實是不公平的搭便車行為——也就是說，這種行為違反某種相互性規範，某種認為收入應根據各人的生產貢獻來分配的正義觀念。[7]我們將提出三個理由，說明為何這種指控必須相對化，而指控者不應那麼憤慨。我們還將提出另外三個理由，說明為何引進無條件基本收入實際上可以減少不公平，而不像指控者所講的增加不公平。

這種指控必須相對化的第一個理由，在於這當中涉及的雙重標準。如果我們真的認為有能力但不願意工作的人不應享有收入，我們就應該一視同仁，堅持無論貧富都適用此一原則。這對巴貝夫或貝拉米都不是問題，因為在他們的方案中，所有公民都承擔工作的義務。[8]但這對那些雙重標準的人而言是問題：在現今的社會經濟背景下，他們希望阻止窮人享受有錢人享有的閒暇。羅素抨擊這種雙重標準：「窮人應該享有閒暇，這觀念一直使有錢人感到震驚。」[9]高伯瑞也曾這麼批評：「人們普遍認為有錢人休閒非常好，哈佛教授休閒相當好，但窮人休閒則很不好。你愈富有，人們認為你愈有權利休閒。大家認為接受福利救濟的人，休閒一定是壞事。」[10]適度的無條件收入使窮人得以選擇享受一些閒暇，可以處理這種雙重標準造成的不公平問題。[11]

人們指控在生產領域中無所事事的人搭便車，這種指控必須相對化的第二個理由，是基於與生殖繁衍領域中無所事事的表現相比。[12]有一種道德觀非常用力地抹黑婚前、婚外和同性之間的性行為，試圖使性滿足僅限於那些願意對社會的繁衍有貢獻的人；隨著衛生與醫學進步導致生育者過多，人們逐漸拋棄這種道德觀可說是理所當然。同樣的道理，有一種道德觀抹黑不工作便享有收入的安排，因此試圖使物質滿足僅限於那些願意對社會的生產有貢獻的人；在技術進步導致勞動力過剩的情況下，我們不是也應該拋棄這種道德觀嗎？[13]畢竟拜技術進步、分工和資本積累的漫長歷史所賜（第一章提到的趨勢不過是最近階段的事），我們已經從所有人的衣食住行基本需求有賴九〇%的人口勞動才能滿足的狀態，來到可能只需要一〇%的人工作便已足夠的階段。如我們稍早（在第二章）指出，那些希望縮短每週工時的人不是為了減輕負擔，而是希望更多人能分享一種特權。[14]在此情況下，對於身體健全的人靠其他人的勞動成果生活，我們還應該像過去那樣憤慨嗎？[15]

將指控相對化的第三種方法，在於指出一旦建立基本收入制度，只有極少數人會利用它然後不做任何事或只做極少事。這是可預期的，因為基本收入人人有份的性質使它得以與領取者的其他收入結合，擺脫需要審查經濟狀況的方案造成的不願工作的陷阱。此外，基本收入類型方案的實驗顯示，即使義務全免導致勞動力供給減少，這並不意味著人們真的會有更多時間無所事事，而是將投入更多時間從事有益的活動，例如教育、照顧兒童和參與社區事務。如果真正懶惰、占社會便宜的人少得微不足道，基本收入與基於相互性的正義觀念其實並無重大衝突需要調解。

事實上，我們可以提出三個理由，說明為何根據這種正義觀念，引進無條件基本收入甚至可以造就進步。首先，任何人理智地理解基於相互性反對基本收入的理論基礎，都會認為因身體或精神障礙而無法工作的人，無論如何應同樣獲得收入。要分辨不願意工作與因為身心障礙而無法工作的人，往往相當棘手。如果資料不易取得或不可靠，試圖嚴格執行這種正義判準可能造成顯著傷害以致得不償失，而且可能涉及非常高昂的成本。為免誤將有病的人當成懶人而不公平地懲罰他們，提供適度的無條件收入可說是最不壞的（the least bad）措施。

根據基於相互性的正義觀念，引進無條件基本收入可以促進公平的第二個理由，其意義更為普遍。對真正關注搭便車問題的人來說，現今情況真正令人擔心的不是有些人得以不工作，而是無數人做了大量必要的工作，結果卻沒有自己的收入，而這也是女性主義者討論基本收入時關注的一個重點（見第七章）。大量必要且有益的工作如今是沒有酬勞的，家務勞動便是這樣。費莎

（Nancy Fraser，一九九七年）和派特曼（Carole Pateman，二〇〇四年）很有說服力地指出，如果現實中有大規模的搭便車問題，那便是發生在傳統的家庭結構中：男性因為伴侶的無償勞動而占了便宜。有人提議為這種勞動直接支付酬勞。[16]但「家庭工資」（household wage）引來一些認真的反對意見。「持家者」一旦選擇從事受薪工作，便會失去這種家庭工資（這一點與基本收入不同）；因此，這會懲罰女性的勞動市場參與，進而加深她們可能墜入的「家庭陷阱」（這是第六章將討論的一個問題）。此外，家務勞動變成受薪工作，將強化家庭中的性別分工，而動用公帑支付的工作此後也將需要某種程度的官僚監督。考慮到這些嚴重的障礙，義務全免的基本收入大有可能是處理搭便車問題最不壞的手段。[17]大致上奉行收入應根據工作分配最可行的方式並不排除基本收入，實際上還需要引進基本收入，而最合適的基本收入水準應該是若再提高將加重過度獎勵真正懶人造成的不公平，以致得不償失——雖然提高基本收入可以減輕那些目前無償照顧兒童、老人或殘障者承受的不公平，但基本收入若超過最合適的水準，這種效果將無法抵銷搭便車問題加劇造成的壞影響。

至於無條件基本收入可以促進公平（從相互性來看的公平）的第三個理由，我們必須明白要公平分配負擔也需要考慮工作令人厭惡的性質，才能理解這個理由。工作的內在吸引力與報酬如今是正相關的。這可視為較高薪者的一種搭便車或剝削行為：拜他們的議價能力所賜，他們可以做自己喜歡的工作，同時受惠於另一些人的苦工；後者別無選擇，只能接受高薪者厭惡的低薪工作。基本收入因為義務全免，將增強勞動市場最弱勢參與者的議價能力，因此將意味著工作令人厭惡的性質、工作欠缺內在吸引力的程度，將更能反映在工作的酬勞上。多數人厭惡的工作若得到較佳的報酬，不公平的搭便車問題將能有所改善。

所有人的真正自由

為了方便論述，前述回應全都接受「身體健全的人仰賴他人的勞動生活並不公平」，認同一種基於相互性的正義觀念。這種觀念做為一種**合作**正義（cooperative justice）觀念是令人信服的；它是關於在某種合作中，參與者如何分配利益與負擔才算公平。但它做為一種**分配**正義（distributive justice）觀念則並不令人信服；分配正義觀念處理的是社會中各成員享用資源的權利如何分配才算公平。人們必須以這種分配為背景，才能為了彼此的利益公平合作，而合作產生的剩餘則根據某種合作正義的標準來分配。若想替無條件基本收入的公平性提出有力的辯護，我們必須訴諸分配正義而非合作正義的觀念。[18]

這正是我們在本書頭兩章所做的，雖然那裡的討論並不正式。我們指出，如果我們在乎自由，希望所有人而非只是少數人享有自由，則無條件基本收入正是我們所需要的。我們訴諸一種分配正義的平等主義觀念，在這種觀念的假設下，自由是正義原則要求我們公平分配的東西，而非對正義的要求所做的限制。這要求我們將自由理解為「真正的自由」（real freedom）而非只是「形式自由」（formal freedom）——也就是說，我們在乎的自由並非只是一種權利，還包括做自己想做的事的真實能力。對於這種真正自由持平等主義觀念，並不意味著我們必須不惜代價追求相同的真正自由。如果不平等對所有人有利，包括其表面受害者，這種不平等可說是公正的。如果我們接受這一點，我們必須努力的是替最不自由的人爭取最大的真正自由——也就是盡可能提高最低限度的真正自由，講得簡潔點是追求「最大的真正自由」，而講得容易點是追求「所有人的真正自由」（real freedom for all）。[19]

這種分配正義觀念會產生一種有力的推斷，支持向所有人個別支付一種現金收入，不需要審查經濟狀況也不要求受益人工作，而且還支持將這種收入設在可長久持續的最高水準。基於第二章提到的溫和家長作風考量，終身定期提供這種收入、每次支付相隔不久是有道理的，而兒童享有的這種收入或許可以少一些，年長者則可以多一些。而基於類似的理由，這種設在最高可持續水準的收入不全數以現金支付也是有道理的：我們可以分配一部分做有益的用途，尤其是用來提供免費或高度補助的教育與醫療服務，以及用來維持健康和令人愉悅的環境，代價是現金基本收入會低一些。這些不同的部分應各占多少？這個問題沒有簡單和普遍適用的答案，但一個簡單的思想實驗應可提供一些粗略的指引：假設我們除了人人有份的無條件收入之外一無所有，而且對自己的預期壽命、健康狀態和其他風險一無所知，我們會希望這種收入如何提供給我們（例如分幾次？每次相隔多久？），有多少要移做特定用途？[20]

到這裡都沒什麼問題。但如果有人要提出反對意見，他們不是可以說我們採納了一種有所扭曲的自由觀念嗎？設在最高可持續水準的無條件基本收入，非常適合那些很在乎可以充分休閒和工作愉快的人（我們且稱這種人為懶人族），但不是很適合那些最在乎收入和因此衍生的消費、權勢與名望優勢的人（我們且稱這種人為瘋子族）。這是因為基本收入必須有它的財源，基本收入的水準與人們的平均稅後所得因此勢必有所折中。前者最大化不代表後者必然最小化，但後者無疑會有所縮減。既然這種折中無可避免，我們的分配正義觀念難道不是狡詐地偏向維護懶人族在乎的真正自由，同時犧牲瘋子族在乎的真正自由嗎？

為了答覆這種質疑，我們必須更審慎地規劃我們的分配正義觀念（以所有人的真正自由為目標），因為懶人族重視的真正自由（按照自己的意願運用時間）與瘋子族重視的真正自由（盡可能滿足自己的消費欲望）會產生方向不同的影響。嚴格來說，我們的分配正義觀念所要求的不是最大的真正自由（雖然我們為求方便，將繼續使用這項說法），而是盡可能增強最弱勢者實踐自由的基礎，也就是力求那些在實踐自身真正自由方面物質基礎最弱的人得到最大的贈予。大自然、技術進步、資本積累、社會組織和文明規則之類慷慨贈予我們的一切，每個人實際得到的好處非常不平均；這體現在各個方面，但對多數人來說，主要是體現在收入上。基本收入產生的作用，是確保每一個人能公平分享上述那種贈予——我們現在沒有人為這種巨額贈予做任何事，而它非常不平均地分配到各人的收入中。如果基本收入人人有份而且定在可長久持續的最高水準，它便能在可持續的條件下，盡可能改善最弱勢者的物質條件。

基本收入類型方案的若干倡導者很適當地表達了這當中的直覺。例如貝拉米的烏托邦小說《回顧》便有這麼一段：「你的產品的價值，這些知識和機器貢獻了九分，而你自己提供的東西僅占一分。你是如何擁有這些知識和機器的？靠繼承，不是嗎？而這些不幸殘障的弟兄，被你趕走的弟兄，難道他們不是和你一樣，是共同的繼承人嗎？」[21]

牛津大學經濟學家暨政治理論家柯爾是率先倡導基本收入的學者之一，他也清楚表達了這種意思：「當前的生產力實際上是當前努力與社會遺產的共同結果，後者是指我們共同繼承的創造力和技能，融入了生產技藝目前達到的進步與教育階段。我總覺得，所有公民分享這種共同遺產的成果才是對的；我們應該在所有人分享這種成果之後，才將剩下的生產成果分配給對現行生產有貢獻的人，做為他們為此努力的誘因。」[22]

諾貝爾經濟學獎得主西蒙（Herbert A. Simon）也曾以同一見解，替無條件基本收入辯護：

> 如果我們比較富有國家與第三世界國家的人均收入，會發現巨大的差距，而這無疑並非只是因為這兩類國家的人賺錢的積極性有差別……這種收入差距並非只是人均可利用的土地面積、煤或鐵礦砂的數量有別所致，更重要的是因為社會資本有別；這種資本最主要的形式是

人們保存的知識，例如科技，以及尤其是組織和政府治理技能。至於任何一個社會內部的收入差異，我們也可以提出完全相同的說法。[23]

因此，照理說，我們所賺的收入多數不是拜我們的努力所賜，而是有賴與我們的努力完全無關的外部條件。「這些外部條件必須視為由整個社會的成員所共有，它們發揮的作用有多大呢？」西蒙自問自答：「我們比較最貧窮與最富有的國家時，很難說在像美國或西歐那樣的富有社會，社會資本貢獻的國民收入比例會低於約九〇%。」因此，如果我們引進七〇%的均一稅（flat tax）做為無條件基本收入和其他所有政府支出的財源，「這對那些賺取收入的人仍很慷慨，因為根據我的粗略估算，其稅後收入約三倍於他們靠自身努力所賺到的。」[24]

我們替基本收入辯護的原則性理由仰賴一種分配正義觀念，該觀念的吸引力有多大取決於我們是否認識到，我們的經濟某種程度上是一種分配贈予的機器，使人們得以非常不平均地取得我們共同繼承的遺產。[25]我們也有其他方法說明這種構想為何可信。在現實生活中，我們享有的機會取決於一些大致無法預料的複雜互動：一方是我們天生的能力和性情，另一方是無數的其他情況，例如上小學時是否遇到合意的老師、工作時是否遇到激勵人的老闆、是否屬於某個幸運的世代、自己的母語在市場上是否受歡迎，以及是否有人適時提醒有合適的工作機會等等。在此背景下，正義要求我們直接視工作和其他市場利基整併了非常不平均的贈予——因為許多因素複雜和混亂的結合，我們取得這些贈予的機會非常不平均。這些贈予（而非只是以捐獻和遺贈的形式出現、規模小得多的那些資源）全都應該公平分配給所有人。[26]必須注意的是，正確的說法是「公平的分配」而非「公平的重分配」：做為基本收入財源的稅賦，並非針對現今生產者憑空創造的成果課徵的稅，而是這些生產者支付的一種權利金——他們藉此換取利用我們共同繼承的遺產謀取個人利益的特權。[27]

在提出其他或許可以支持無條件基本收入的哲學理由之前，我們來考慮三個重要的反對意見。首先，人們所賺取的收入真的可視為源自贈予嗎（雖然我們只說當中一部分是拜贈予所賜）？沒錯，一個人通常必須做某些事，才能找到和維持一份工作。但是，這項無可否認的事實並不會使工作收入與源自捐贈或遺產的收入有根本上的差異。有禮貌地參與姑媽無聊的下午茶聚會，或許是你將來分到她部分遺產的必要條件之一。但在道德上，你的這種投資並不會使你有資格分享她的大筆遺產（你剛好跟她有關係，不像我們這些無關的人）。同樣道理，你必須每天早上去上班、一進公司就必須忙個不停，並不會使你「值得」賺取你的整份薪資——這份薪資是許多情況結合的結果，而多數這些情況的任意程度並不低於某人剛好有一名富有的姑媽。因此，我們不應將授予所有人一份基本收入誤解為追求平等的結果或成就。它只是希望降低不平等的程度，希望較為公平地分配真正的自由、可能性和機會。授予所有人基本收入有助使人們得到的（各人真正自由的物質基礎）變得比較平等，進而間接和粗略地使各人利用自身條件達到的成就變得平等一些。

第二，這當中是否有過猶不及的風險？我們如何確保政府課稅僅取走收入中贈予的部分？我們可以藉由容許經濟行為者預測這種稅並做相應的決定來確保。為了替最高的可持續基本收入提供資金，我們可以利用任何一種課稅方式（例如可以針對遺產、捐贈、勞動所得、資本所得、交易、消費、碳排放、增值之類課稅，而稅可以是線性、累進、累退或某種其他組合的），只要這些稅是納稅人可預料的。如此一來，除非是發生無可避免的錯誤或在賭博中不幸失敗，所有人至少都將得到基本收入中包含的贈予。而因為上述可預測限制下的效率考量，許多人最終享有的收入將超過（有時是遠遠超過）其生產努力的合理報酬。這種人包括那些天生具有特別賺錢才能的人，但也包括那些在總是變動不定的經濟體中，剛好有機會利用資訊不對稱狀況賺錢的企業家，以及那些收入超過保留工資（reservation wages）的勞工（雇主提供的薪資高於保留工資，是因為預期這可以提升員工的生產力）。[28]我們可以為這些不平等的情況辯護，但僅限於它們可以提升最不自由者的真正自由——或講得嚴謹一點，僅限於若是減低了這種不平等，將會縮減可以持續授予所得最低者的價值。

最後，我們的觀念賦予以購買力來表現的最低限度贈與一種關鍵角色，這樣不是賦予市場一種不合理的關鍵角色嗎？如果需要分配的是一種廣義的遺產，則追求公平分配自由的正義觀念似乎自然將要求以現金的形式，分配對這種遺產的合理所有權，至少道理上是這樣（如第一章所討論）。但是，我們必須認識到，這賦予市場價格一種關鍵作用：市場價格將在很大程度上決定每個人享有的選擇範圍。在運作得夠好的市場中，商品的價格理論上將接近其機會成本——也就是某人占有該商品對其他人造成的代價。這種成本取決於生產商品所需要的資源（受可用的技術影響），以及市場對這些資源的需求（受同樣需要這些資源來生產的商品的所有潛在消費者的偏好影響）。不言而喻的是，市場要發揮這種功能，必須不受歧視影響，而自發形成的價格必須能夠修正，以便更適當地反映因各種不同類型的市場失靈（尤其是未來的世代無法競逐現在的商品這一點）而未記錄的機會成本。

基於正義的觀念替現金支付的無條件收入辯護，並不假定我們盲目相信市場盡善盡美，但它確實假定我們充分相信市場價格反映商品的價值，有助決定商品取得權利的公平分配。它因此假定我們的經濟運作大致由一種受適當規範的市場決定。[29]看來可以合理假定在可見的未來仍將如此。但必須注意的是，授予所有人一種無條件的收入，不會增強我們對市場的依賴。事實恰恰相反。如本書第一章強調，因為它義務全免的特質，基本收入有助削弱金錢關係（cash nexus），促進勞動力的非商品化，激勵對社會有益但無償的活動，保護我們的生活免受被迫流動（forced mobility）和有害的全球化傷害，以及將我們從市場的暴政中解放出來。

羅爾斯vs馬里布衝浪者

上一節訴諸的分配正義觀念，屬於普遍稱為自由平等主義（liberal-egalitarian）的一個觀念類別。其自由之處，在於它並不倚賴某種具體的美好生活觀念，而是決心對我們多元社會中存在的各種美好生活觀念予以平等的尊重。[30]其平等之處，在於它原則上要求平等分配可利用的資源，以便人們去努力實現自己嚮往的美好生活。不過，它容許實際情況偏離嚴格平等的標準，條件是這種偏離可以向理應平等的人提出合理的論據。這種偏離若是因為考慮到人們的個別責任而有其必要，則它是正當的；正義在於追求機會、能力（capabilities）、可能性和真正自由之平等，不在於追求結果平等。這種偏離也可能因為效率考量而是正當的；正義在於可長久持續地盡可能改善前景最差之人的前景，不在於即使損害所有人的利益也要使所有人的前景相同。在符合這種描述的理論中，影響力最大的是羅爾斯（John Rawls）在一九七一年的《正義論》（*A Theory of Justice*）中提出的理論；他是自由平等主義傳統和當代政治哲學的始祖。羅爾斯的理論是否也提供了支付無條件基本收入的理由？答案為是、否，以及有可能。

乍看之下，答案顯然是肯定的。羅爾斯的理論核心由三個位階不同的原則構成。**自由原則**列出若干基本權利，例如表達自由、結社自由和投票的權利。**公平的機會平等原則**要求天分才能相同的人有平等的機會競逐所有的社會位置（social positions）。最後，在前兩個原則的約束下，**差**

異原則要求經濟和社會不平等要促進境況最差者的最大利益。具體而言，羅爾斯假定我們可以替每個社會位置計算出一個指數，反映占據該位置的人的整體社會和經濟條件（包括收入與財富，力量與特權）。[31]差異原則是一種最小者最大化原則（maximin principle）：它要求盡可能提高最弱勢社會位置（就是社經條件指數最低的社會位置）的社經條件指數。此外，連同另外兩個原則，差異原則旨在確立羅爾斯所稱的自尊的社會基礎。

這一切看來似乎都有利於我們替無條件基本收入辯護，因為差異原則並非只是要求我們保證人人享有某種最低限度的消費水準。除了收入外，它提到財富，而無條件基本收入等同為所有人提供一筆財富，只是這筆財富是在受益人有生之年分散支付。它還提到力量與特權，而基本收入因為是無條件的，能使就業市場和家庭中最弱勢的人得到力量。同樣重要的是，如果我們關心自尊的社會基礎，我們應傾向支持人人享有某種最低限度的收入：一來有利於所有人從事有償的活動（藉由消除失業陷阱），二來可以避免針對窮人的救濟產生汙名化和羞辱受益人的作用。措施的針對性愈是有效率，受益人愈是容易成為眾矢之的，被視為沒有能力自力更生，因此遭到汙名化。[32]此外，在一篇較早的文章和《正義論》中，羅爾斯均明確地利用當時還相當新穎的「負所得稅」構想，說明他的正義原則如何可能塑造正義社會的制度當中有關分配的那一部分，而當時「負所得稅」一詞在使用上有時做廣義解釋，包含所謂的全民式補助（也就是一種無條件基本收入）。[33]由此看來，羅爾斯支持基本收入的理由似乎很有力。我們只需要將它說清楚。[34]

但是，羅爾斯本人並不同意。他寫道：「那些整天在馬里布（加州衝浪勝地）衝浪的人，必須設法自力更生；他們沒有資格接受公帑資助。」[35]根據羅爾斯差異原則（如上所述）最直接的解釋，沒有收入的人（無論是否自願）最弱勢，因此有資格得到救濟。救濟的水準應該多高？在可長久持續的前提下，愈高愈好；我們必須記住的是，救濟和賦稅的水準如果都很高，照理說將誘使一些勞工離開工廠和辦公室，花更多時間在海灘休閒。羅爾斯認為這種情況等同縱容馬里布的衝浪者，而為了避免差異原則衍生這種令人尷尬的推論，羅爾斯提議將閒暇納入差異原則仰賴的社經條件指數中。具體而言，他提議假定那些選擇「全職」休閒的人享有一筆等同全職最低工資的虛擬收入。[36]如此一來，馬里布的全職衝浪者將不再能夠公正地仰賴社會替他們熱愛的生活方式理單。如果他們想得到實際收入（而非只是虛擬收入），如果他們希望解決食住的需求，他們就必須工作。

因此，基本收入與社會正義之間的關係看來已經確定：羅爾斯的理論根本不能用來替無條件基本收入辯護。但真的是這樣嗎？人們忽略了羅爾斯差異原則關鍵的一點：無論是認為該原則可直接用來替無條件基本收入辯護的人，還是那些認為不可能提供這種辯護的人，都忽略了這一點。差異原則所要求的，並不是我們盡可能改善境況最差的個人之情況——這些人的境況，是以一些社會和經濟條件構成的指數來衡量。該原則要求的，是我們盡可能提高占據最弱勢社會位置的人一生的指數**平均值**。換句話說，我們必須在可長久持續的情況下盡可能提高的，不是最弱勢個人的指數，而是最弱勢社會位置的指數終身平均值。[37]盡可能提高占據最弱勢位置者的指數平均值，不就大概是盡可能提高占據最弱勢位置者在任何時間點的指數值嗎？是的，如果我們將社會位置界定為收入或財富類別的話；羅爾斯曾說，我們或許可以用這種方式界定社會位置：「這樣的話，收入和財富在社會中位數一半以下的人，可視為最弱勢的一類人。」羅爾斯寫道，「純粹根據相對收入和財富，不考慮社會位置」來界定最弱勢者，「足以滿足多數需要。」但是，羅爾斯其實認為「社會位置」在概念上不同於收入和財富類別，即使後者做為一種替代品足以滿足許多實際需求。[38]因此，一個人的社會位置最好理解為他一生中應該從屬的職業類別——羅爾斯本身提到的例子包括非技術勞工、農夫和酪農。[39]

這樣的話，社會位置相同的人，以收入、財富、力量與特權衡量的一生實際表現，可能因為運氣與抉擇以大致無法確定的不同比例結合造成的事件，而出現顯著的差異。有些人會一直借錢消費，有些人會加班工作。有些人會生下身有殘疾的孩子，有些人會在代價高昂的離婚後賣屋而蒙受巨額損失。在每一種社會位置中，各人的終身收入和財富無可避免會因各種無法預測的情況而出現顯著差異。此外，不同社會位置的社經條件指數值將會有顯著差異，實際情況往往取決於該社會位置要求的技術有多稀罕，以及社會對相關服務的需求有多大。最差的社會位置與較佳的多數社會位置不同之處，在於即使是「最不幸」的個人也可以占據這種最差的位置。[40]這些最弱勢者得到的並非某種最低限度的社經條件保障，而只是晉身較佳社會位置（社經條件終身平均水準較佳）的機會。

適當注意社會位置的作用，無疑能使我們不再以常見但錯誤的**結果平等**觀念（以個人的社經條件為衡量標準）去理解差異原則，改以**機會平等**的觀念（以社會位置的終身平均表現為衡量標準）去理解差異原則。在此原則下，我們必須盡可能改善的並非最不幸者實際達到的結果（以收入、財富、力量與特權衡量），而是他們憑藉自己可以占據的社會位置，有望達到的平均結果。任何一個社會位置（包括最差的位置）中，現行成員個人一生實際達到的結果，莫不高度受到當事人的個人偏好和抉擇影響。一旦我們以這種方式理解差異原則，社經條件指數納入閒暇的涵義便截然不同。在結果平等的觀念下，視閒暇為一種虛擬收入（一如羅爾斯的提議）將剝奪全職衝浪者得到救濟的權利——如果社經條件指數不納入閒暇，他們是有資格得到這種救濟的。但在機會平等的概念下，社經條件指數納入閒暇會產生反向作用。

如果社經條件指數納入收入和財富但忽略閒暇，以差異原則的標準衡量，採行無條件基本收入的社會制度達到的結果，很可能不如採行要求受益人工作的最低收入保障方案的社會制度（後者會使全職衝浪者無法獲得補助）。但如果社經條件指數合理地納入閒暇從而不再那麼片面，那麼以差異原則的標準衡量的最佳方案，將取決於社經條件指數賦予收入和閒暇的權重、社會位置確切如何界定，以及許多偶然的經驗事實。但有一點是確定的：只要一個社會位置中現行成員一生中享受到的閒暇不再被視為毫無價值，根據適當理解的差異原則標準，社會制度若採行無條件基本收入（因此使人們有更大的餘地選擇休閒，例如暫停工作或自願選擇兼職工作），將有較大的機會表現優於傾向反對休閒的方案，例如菲爾普斯針對全職低薪勞工的工資補助方案（見第二章）。諷刺的是，羅爾斯為了避免他的理論被用來支持無條件基本收入而想出來的一步，實際上使他的理論變得更有利於無條件基本收入。我們確實仍無法斷言羅爾斯的原則可以證明無條件基本收入是有道理的，但如今我們同樣無法斷言這是不可能的。

事實上，基本收入甚至很可能有助達到羅爾斯認為唯一一種有可能公正的資本主義。羅爾斯借用基本收入倡導者米德的說法，稱這種資本主義為「財產所有民主制」（property-owning democracy）——也就是多數生產工具為私有，物質與人力資本廣泛分布的一種制度。[41]在這種觀念下，基本收入不但可視為共有資本產生的一種報酬，還可視為一種分多期小額轉移給社會所有成員的資本賦予（capital endowment）。此外，尤其是如果配合終身學習的發展，基本收入有望協助人們普遍增強人力資本（如第一章所言）。但即使如此，根據羅爾斯的差異原則、以自由平等的觀念替基本收入提出論據，仰賴具體事實的程度仍遠高於上一節的辯護方式。然而羅爾斯本人由始至終都偏向支持保證就業和工資補助方案，不是無條件基本收入。[42]

德沃金vs海濱流浪漢

羅爾斯的正義論是自由平等主義這一派中影響力最大的理論，但不是唯一的理論。對哲學較有認識的讀者可能會想知道，這一派當中另一位傑出哲學家雖然比羅爾斯對他稱之為「寄生者」（scroungers）的人更不寬容，但其理論為何在某些可能出現的事實條件下，或可為無條件基本收入辯護。德沃金（Ronald Dworkin）基於資源平等的分配正義理論是了不起的學術成果，其目的是提供一種在以下意義上優於羅爾斯理論的分配正義構想：人們分到的資源一方面是敏於志向（ambition-sensitive，也就是易受當事人理應可以負責的偏好影響），另一方面是鈍於稟賦（endowment-insensitive，也就是不受當事人無法負責的情況影響）。[43] 德沃金為此區分非個人或外部的資源（也就是我們的物質財富）與個人或內在的資源（也就是我們的能力）。

有關**個人資源**，德沃金提出一種保險方案，在一種假想的無知之幕下運作。假設我們人人都知道各種才能和障礙出現在我們社會成員身上的機率，但無知之幕使我們相信每個人得到這些才能或障礙的機率全都一樣。進一步假設，即使有無知之幕，我們都知道自己的偏好，包括我們厭惡風險的程度。如此一來，我們應有能力指定我們要為每一種潛在風險投保多少；我們都知道，幸運者支付的保費必須足以支付不幸者得到的理賠，而我們都會考慮風險成真的機率。如果這種保險作業能付諸實行，我們將得出一組個人特定的保費和理賠金總額，每一筆對應當事人潛在的天賦個人資源。在現實中，每一個人都有這樣的天賦個人資源，而視其資源和他在無知之幕下所做的抉擇而定，他將必須支付一筆保費或收到一筆理賠金。[44]

至於**非個人資源**，德沃金起初似乎想以一種特殊方式處理。但最後他提議將所有資源納入他的保險方案。在遮掩各人家庭狀況的無知之幕背後，他假設人們能夠針對「父母只能給自己很少資源，或只會留給自己很少資源」投保。[45]

結果德沃金建構出一套迷人的理論，涉及數量驚人的「智力體操」，而且難免需要一些不可得的資料（即使有些人掌握這些資料，我們也不能期望他們如實透露）。德沃金瞭解這些困難，因此退回「我們可以安全地假設，多數明智的人〔在無知之幕背後〕將會購買的各種保險之規模」。[46]他推測，因此產生的近似方案，將是一個以稅收為財源的方案，針對人們面臨的一些具體風險（也就是「一般殘疾」如盲或聾），以及技能不足以賺取某種最低限度收入的風險提供保障。[47]他進一步推測，明智的人多數會選擇的最低收入方案，將保證提供不低於社會貧窮線的收入水準。這種方案可用若干不同形式實行，例如失業補助或職業訓練方案，或多或少有勸阻「寄生者」的作用，將必須「規定受益人嘗試藉由找工作改善自身的境況」。[48]德沃金認為他的構想與羅爾斯的不同，選擇「賦閒」的人將不能靠「努力工作的中產階級」資助他們的生活。他表示，羅爾斯的分配正義構想對那些「喜歡在海邊流浪、無所事事」的人過度寬容。[49]

但是，隨著我們的注意力從正義的要求轉向政策建議，因為兩個務實的理由，這種針對海濱流浪漢的強硬立場必須軟化。首先，德沃金從一開始便承認，即使保險方案可替僅救助非自願失業者的移轉支付制度提供正當理由，「一種較為普遍的移轉支付，例如負所得稅，整體而言或許效率較高也較為公平，雖然此類方案也有其困難。而無論我們選擇怎樣的方法使分配接近（德沃金正義觀念下的）資源平等標準，有些救助無疑會流向那些逃避工作而非努力找工作的人。」這不是值得高興的事：「這是令人遺憾的，因為它違反了資源平等的兩個原則之一（敏於志向）。但相對於拒絕救助願意工作、人數大得多的那些人，容忍這種不公平有助我們更接近資源平等的理想。」[50]第二，在後來的文章中，德沃金提議在其保險方案中增添兒童貧窮險：「兒童會針對自己生在父母貧窮失業的家庭之風險，以怎樣的條件購買多少保險？」[51]若想使兒童脫貧，我們只能幫助他們擺脫父母或使父母也脫貧（無論他們的父母是「逃避工作還是會努力找工作」）；因此，保險方案的這種合理延伸可能使人希望進一步偏離德沃金正義觀念下的理想情況。

更根本而言，如果仔細檢視德沃金假想的保險方案之涵義，我們會發現，照顧海濱流浪漢的基本生活需求，原來並非只是一種道德上令人遺憾但實務上可辯護的偏離正義標準的情況；它也是正義標準本身或許可以推斷出來的一種情況。這是因為人們沒有理由只在乎取得一種最低限度的購買力，無論他們可以選擇的方法多麼有限。在德沃金（遮掩各人的資產但不遮掩各人偏好）的無知之幕下，「瘋子族」因為一心在乎金錢，將做此選擇：如果他們技能低下，他們願意被迫接受自己可以做的任何工作；如此一來，如果他們擁有非常賺錢的技能，他們承擔的稅負將得以盡可能減輕。至於最在乎生活品質的「懶人族」，則會選擇一種最低收入保障方案，以便他們即使拒絕做自己可以做的所有工作（他們可以做的工作，可能因為照顧家庭的責任或技能不足而受限），也能得到最低限度的收入，而這種抉擇的代價是如果他們有條件做自己願意做的高薪工作，將必須承擔較重的稅負。

據此觀點，我們不再能像德沃金那樣，宣稱「以取自勞動者的稅款獎勵那些選擇不工作的人本質上是錯誤的，因為它不公平」，又或者「強行將螞蟻的資源轉移給蚱蜢，本質上是不公平的。」[52]雖然在無知之幕下，人們不太可能一致選擇哪怕是相當節制的無條件基本收入（「瘋子族」不會選擇它），上述的「懶人族」看來很可能會選擇類似方案——但這不是他們要占努力工作的瘋子族便宜，而是懶人族在精算上公平的、假想的保險方案的一部分。在嚴格個人化的最佳（但不可行的）保險方案框架下，方案敏於志向的特質確實意味著懶人族若選擇容許他們選擇不做受薪工作（如果他們不喜歡自己有能力做的那些工作的話）的方案，將必須承擔這種抉擇的機會成本：較高的稅負（如果他們遇到自己喜歡的相當賺錢的工作）。但這與下列情況是一致的：我們可能基於正義的理由，轉移資源給那些選擇不工作的人；他們不願接受自己有能力做但不想做的工作。至於保險方案較為切實可行的次佳版本，則旨在貼近「一般人」或「最理智的人」的選擇。它顯然不會貼近懶人族偏好的方案，但應該也不會貼近瘋子族偏好的方案（德沃金太熱切地視後者為理所當然的事）。偏離瘋子族偏好的方案，並不比偏離懶人族偏好的方案更令人遺憾。因此，即使不考慮實務因素，容許我們的制度節儉地照顧海濱流浪漢的生活需求，不必視為對寄生者的一種可悲讓步，而可視為在某些偶然但確實可能出現的事實條件下，一種敏於責任（responsibility-sensitive）的平等主義正義觀念支持之基本結構下的一種情況。但是，一如羅爾斯的理論，德沃金的理論要用來替一種相當節制的無條件收入辯護，同樣高度仰賴一些事實條件配合。

自由平等主義者為何意見不一

自由平等主義這一派並非僅限於羅爾斯和德沃金，而此派其他人提出的處理方式，在基本收入這問題上依然產生了不同的結論。例如沈恩（Amartya Sen）便不同於羅爾斯和德沃金：他基於原則，拒絕提出和回答「何謂公正社會」這問題，也因此無法對這個問題有看法：基本收入是否為一種公正的社會制度的一部分？但他可以對以下問題有看法，也希望自己有看法：引進一種基本收入是否有助於社會變得較為公正？他提出的正義標準是看人們的基本能力，例如滿足衣食住、醫療和教育需求的能力。如果在既定的情況下，引進基本收入有助於持續地增強更多人的基本能力，沈恩的正義觀念就會支持這種政策。但在某些情況下，可能會有某種其他政策（例如保證就業）優於同樣可負擔的基本收入。[53]

一如沈恩，貝利（Brian Barry）提出一種顯然屬於自由平等主義，但也是多元主義，且某種程度上不確定的正義觀念。他因此無法基於原則替基本收入辯護。他第一次明確討論基本收入時，甚至顯得相當敵視這種構想，而他也一直對有人認為可以直接基於某種一般原則替基本收入辯護持批判的態度。[54]但隨著時間的推移，他愈來愈堅定認為無條件基本收入是較為公正的社會必要的成分。[55]

我們認為相對於沈恩或貝利的觀念，羅爾斯和德沃金的分配正義觀念之優點，在於它們除了清楚表達我們共有的基本道德直覺外，還提供了一套明確的原則，可以推出替無條件基本收入辯護的理由，即使這些說法有賴一些事實假設。一旦羅爾斯的差異原則以機會平等的概念去理解，而其「生產主義」傾向則藉由將閒暇納入社經條件指數來糾正，該原則即可連同公平的機會平等原則，視為我們的「所有人的真正自由」理論的另一種表達方式。德沃金的資源平等論也是如此：德沃金認為其假想的保險方案應會產生「偏向瘋子族」的傾向，我們只需糾正這種傾向。那麼，為什麼針對基本收入，他們的理論仍會產生和我們不同的結論呢？基本上是因為這些理論在構思的時候，他們心中用來反映社會和社會當中普遍不平等的簡化圖像（stylized picture）和我們不同。

就德沃金而言，其關鍵概念在於純粹是運氣使我們得到不同的天賦資源，包括個人與非個人資源。這是不公平的。針對個人天賦資源之不平等，我們可以做的不多，但我們可以調整非個人天賦資源的分配來糾正當中的不公平之處，而德沃金的理論告訴我們怎麼做這件事。該理論背後的社會簡化圖像，對習慣新古典經濟學一般均衡模型的人來說是足夠可信的；在這種經濟理論下，經濟行為者的選項集（option sets）完全取決於他們的個人與非個人天賦資源，而在此基礎上，他們的命運是完全可預料的。這種簡化圖像以某種形式為人們廣泛接受，尤其是在關心分配正義的經濟學家當中。[56]但它跟我們混亂的現實世界並不是很契合：在現實中，除了天賦資源，無數其他因素也對人們的人生機遇有巨大的影響，尤其是影響他們的就業機會和參與其他有益生產活動的機會。我們自己處理分配正義問題的方式並非嘗試提出公平分配天賦資源的新方法，而是將影響我們所得資源的所有因素合併處理，確保最低限度的贈與盡可能的慷慨。

一如我們的理論，羅爾斯的分配正義觀念迴避天賦資源的概念化處理，其方法是訴諸一種賦予「社會位置」關鍵角色的簡化圖像。該圖像與這種社會最契合：社會中有若干明確、穩定的職業類別，勞工往往終身從事一種職業（退休後因為養老金與之前的勞動所得有關，仍與該職業有關係）；非勞工也有自己的社會位置，取決於其配偶的社會位置（家庭關係是終身和穩定的）。這種設想應用在現今的經濟和社會上，是很考驗想像力的事，因為當代人的社會位置波動不定。但這也並非不可能。差異原則只是要求我們盡可能提高終身處於最差社會位置（由社經條件指數界定）的人可望達到的社經條件指數水準。但一旦我們必須考慮兼職工作、職涯中斷、長期失業的情況，以及程度不一的工作意願（或許人人都願意做某種工作，但並非願意做任何工作），情況就變得比較複雜。此時我們便會正面遭遇如何建構指數的難題：要比較哪些社會位置（制度內和跨制度的比較）？指數中通常逆相關的兩部分（收入與閒暇）應賦予怎樣的權重？[57]我們提出的處理方式既不必替社會位置命名，也不必提供一種可以比較各種社會位置的公正指數。我們只需要集中注意人人都得到的贈與，並盡可能提高最低限度的贈與。

盡可能提高最低限度的贈與（準確點說是這種贈與的價值，也就是其他人承受的機會成本，大致反映在市場價格上），是盡可能提高最弱勢者力量的一種方法。這表現在兩個面向：最弱勢者的消費能力得以提升，而且因為可以選擇的職業變得比較多樣，他們選擇自身生活方式的力量也得以增強。這種方式也有其局限，尤其是得到的贈與中無法直接或間接課稅的部分，將是分配正義無法處理的。這無疑包括一些對我們人生最重要的東西，例如我們所愛的人對我們的愛。這些東西不像我們的才能，無法針對它們助我們取得的位置所產生的收入課稅，由此間接對它們課稅。但或許這是沒問題的。或許這種觀念已能滿足我們的需求：它在可長久持續的情況下盡可能提高市場力量最弱者的市場力量，因此（結合教育機會和其他服務）增強他們抵抗老闆、伴侶或官僚宰制的能力。

此一特徵使我們的自由平等主義取徑變得非常接近佩迪特（Philip Pettit）所稱的共和主義取徑（republican approach），也就是一種集中關注如何不受宰制或防止任意干預（不限於政治領域）的分配正義觀念。[58]我們不否認這種取徑或許能替無條件基本收入提出有力的辯護。[59]但我們更喜歡一種能更適當地反映我們訴求的理論：我們希望盡可能改善最不自由者的境況，使他們盡可能自由地拒絕或接受各種情況。

自由至上主義與共同持有地球

我們是否可以在自由平等主義（或共和主義）思想之外，找到一種替無條件基本收入辯護、看似合理的說法？尤其是因為我們的論點強調自由，自由至上主義（libertarianism）的框架能否容納我們支持基本收入的直覺理由？自由至上主義的核心觀點，是一個社會的所有成年成員都有絕對的權利根據自己的意願，運用自己這個人和自己正當取得的物品。因此，對一個人經由自願的交易而賺到的收入課稅，等同對個人勞動成果不可接受的盜竊。據此觀點，自由至上主義幾乎不可能替無條件基本收入的財源辯護。但是，所有物資最終都源自天然資源，而這些資源在某個階段並不屬於任何人。因此，所有自由至上主義理論都必須說明我們如何能正當地將這些天然資源據為己有。

「右派自由至上主義者」訴諸「先到先得」的原則，有時加上所謂的「洛克但書」（Lockean proviso），要求不會有人的境況因為私人占有資源而變差。[60]另一方面，「左派自由至上主義者」則認為土地和其他天然資源的價值（包括私人占有和利用其潛力而產生的價值）為人類社會所有成員（可說是全人類）平均共有。我們可以想像，在這種觀念下，分給每個人一塊價值相同的土地是公正的做法。但在當前的人口和技術條件下，這種做法涉及非常複雜的官僚程序，而且經濟效率低下，以另一種方法具體實踐同一原則的吸引力因此大得多。

這種方法是針對土地和其他天然資源的充分競爭價值（full competitive value）課稅，將稅收平均分給社會中所有成員，無論他們的個人境況如何，無論他們過去或現在對生產有何貢獻。[61]站在左派自由至上主義的立場，以這種方法替無條件基本收入提供財源，並不涉及侵占勞工和其他經濟行為者的正當財物，也不涉及有錢人為了救濟窮人而樂善好施。此舉實際上是向那些利用天然資源的人收取費用，然後將所得分給共同擁有這些資源的人。

這種方法若要變得切實可行，我們必須澄清若干問題。首先，我們要考慮的只是「未開發土地」的價值，不包括利用這些土地製造出來的東西或地上建築的價值。此一價值，也就是依附土地的經濟租（economic rent），當然主要是取決於土地的位置，也就是取決於鄰近土地的開發程度。曼哈頓的土地正是因此遠比內布拉斯加州的土地昂貴，兩者的價值差異不是因為兩地土壤的化學成分有別。因此便產生了這種問題：如果我在自己的土地上蓋了一些東西，有助附近吸引到大量投資，我的土地因此價值大增，增加的部分是否屬於「未開發土地」的價值，因此必須與所有人共享？

第二，必須與眾人分享的並非只是土地的價值，還包括地下和海底資源的價值。但是，不可再生的天然資源難免會耗竭。我們是否應該接受應由眾人平分的資源價值每過一個世代便減少一些？抑或每個世代都應提升資本的存量，藉此補償它所消耗的不可再生或緩慢再生的天然資源？若是如此，這種補償是否應該根據預期的人口成長加以調整？

第三，價值應由眾人平分的稀有資源也應包括土地**上方**的東西，例如電磁頻譜和大氣本身。我們是否可以釐定一個大氣中的二氧化碳濃度門檻，代表一旦超過門檻將產生後果嚴重的氣候變遷？若是，我們是否應該開徵一種稅（或訂出碳排放權的價格），以便防止二氧化碳濃度超過上述門檻，並將這種稅收平均分給所有人？

左派自由至上主義立場可以支持多高的無條件基本收入，取決於這些（非常棘手的）問題答案為何，也取決於第六章將討論的（相當臆測性的）實證估計。一些左派自由至上主義者試圖擴大正當的稅基，例如將人死後留下的無主財物充公。這意味著取消繼承遺產的權利，但維持人們**生前贈與**的權利；根據自由至上主義的立場，生前贈與一如市場交易，是不可取消的。[62]此舉可以增加多少稅收很值得懷疑，因為遺產與贈與的租稅待遇極為不同，必將促使人們大舉從留下遺產轉向生前贈與。更根本的一點，是這反映自由至上主義者無法掌握我們對公平分配的要求之審慎判斷。[63]

自稱是自由至上主義者的佐林斯基（Matt Zwolinski）講得更加清楚，他呼籲採行基本收入的說詞十分有力：「基本收入賦予人們一種選擇，例如可以選擇退出勞動市場，遷往一個競爭更激烈的市場，投資在培訓上，以及冒險創業之類。這種選擇使他們得以避免屈從於其他人的意志，使他們得以拒絕他們只會在真正走投無路時才接受的安排。這種選擇使他們得以根據自己的計畫、自己的目標和自己的意欲管理自己的生活，使他們得以自由。」[64]我們認為這種呼籲有足夠的說服力。不過，它用了重要的自由概念——我們在第一和第二章曾較隨意地提到此概念，在本章則比較嚴謹地加以說明。這種取徑或許可稱為「真正自由至上主義」（real-libertarian），前提是我們清楚知道它屬於自由平等主義而非自由至上主義那一派。這是因為自由至上主義做為一種獨特的哲學取徑，必然仰賴一個前體制（pre-institutional）的個人權利系統，而公正的體制必須尊重和保護該系統。連同其他自由平等主義途徑，我們自己的途徑並不在這種前體制的限制下運作。它看起來可能像是人對自然的前體制平等權利的一種基進延伸。但它其實認為一切都應該分配給眾人，不受任何前體制的限制約束，只是體制的設計必須產生合理的機會分配，也就是所有做為自由和平等的人會認為這種分配是公平和正當的。

馬克思主義與通往共產主義的資本主義道路

馬克思主義思想可能看似與自由至上主義取徑截然對立，它能提供（或至少啟發）一套獨特但言之成理的說法，替無條件基本收入辯護嗎？在這方面，馬克思本人並不予人很大的希望。相對於傅立葉等人的「烏托邦社會主義」，馬克思的「科學」取徑關注的並非道德可欲性，而是歷史必然性。但是，馬克思某些著作的語氣及其政治行動的前提，很難說是符合這種立場，反而是支持馬克思部分追隨者的一種努力：他們致力提出一些規範性觀點，希望能替社會主義取代資本主義、生產工具公有制取代私有制的鬥爭辯護。剝削與異化是這種努力中的兩個關鍵概念，而這兩者對無條件基本收入相關討論的意義，並不亞於對社會主義相關討論的意義。

剝削（或榨取剩餘價值）實質上是非勞工將一個經濟體中的部分淨產出據為己有。經濟體中某段時間的總產出，有一部分是用來補充生產過程中消耗的生產工具（從種子到電腦皆是）；餘者是淨產出，當中一部分由勞工用他們的工資買走，餘者無論是用在投資還是消費上，是由非勞工如封建領主、奴隸主和資本家據為己有。如果勞工也有儲蓄而資本家也有勞動，情況就變得比較複雜。但剝削這個概念的核心可以保存下來。如果有人憑藉勞動以外的因素將部分淨產出據為己有，那便是剝削，而剝削也僅出現在這種情況下。[65]認為剝削有罪的人因此便有充分理由支持社會主義，因為如果勞動階級集體擁有生產工具，勞工便能占有全部淨產出，而剝削也因此得以消除。

乍看之下，這種觀念很難產生替基本收入辯護的說法。事實上，無條件基本收入看來會讓選擇不工作的人得以剝削勞工。因此，一些對抗資本主義剝削的人若激烈反對基本收入，我們不應感到意外；他們認為基本收入是將至今幸好仍僅限於資本家階級的這種可能性開放給所有人：自己悠閒度日，代價由無產階級承受。但是，如果我們關注勞工遭剝削的問題，我們其實也可以視基本收入為一種好事而非災難。[66]根據這種不同的觀點，資本主義剝削的問題主要不在於人數不多的資本家階級成為社會的「寄生蟲」，而是人數眾多的無產階級別無選擇，只能向資本家出賣自己的勞動力。因此，關鍵在於無條件基本收入可以增強所有勞工（尤其是當中最弱勢者）的議價能力，並為他們提供多種誘人的其他選擇，例如自營作業或加入合作社，又或者暫停工作以便學習新技能，或只是喘口氣。不強迫所有人工作並容許每個人選擇不工作，雖然無法消滅資本主義的剝削，但這是降低資本主義剝削的程度和削弱其最令人反感的強制性質的最好方法。必須承認的是，如此一來，我們視為不公正的便不是馬克思主義下的剝削本身。這當中的道德直覺聚焦在真正自由或機會的公平分配，與自由平等主義取徑較為契合。

另一種取徑可說是較接近馬克思本人的觀點（在他對哥達綱領的批判中表達得最為明確），並不訴諸社會主義的道德優越性（因為可以消滅剝削，所以社會主義在道德上優於資本主義）。[67]它反而重視社會主義的工具優越性，認為社會主義比資本主義更能夠促成一種豐盛狀態，而這本身是消滅**異化**的必要條件（此處的異化是指所從事的活動本身缺乏目的）。根據這種觀點，資本主義的生產組織方式因為沒有中央計畫，因為有效需求長期未能與供給相稱，也因為利潤動機抑制創新之傳播，實際上妨礙了生產力的發展。馬克思認為社會主義可以消除這些障礙，從而釋放人類生產力的成長，使我們的經濟很快達到一種豐盛狀態。換句話說，社會屆時將有條件按照共產主義理想的核心原則「各盡所能、各取所需」來運作。滿足所有人的需求所需要的勞動將大幅減少，而且將變得非常愉快：所有人都將願意自發地投入這種勞動，各盡所能，完全不必付錢誘使他們這麼做。

但是，我們沒有理由必須等到社會充分豐盛，才開始部分實現共產主義的核心分配原則。事實上，考慮到歷史經驗和馬克思未充分注意的一些深層原因，資本主義在發展生產力方面可能優於社會主義；果真如此，這種逐漸過渡至共產主義的狀態或許可以發生在資本主義經濟的背景下。根據這種觀點，引進無條件基本收入的提議大有道理。我們的社會雖未達到豐盛的狀態，但或許堪稱富足，也就是有能力藉由提供一份基本收入，無條件滿足所有人的基本需求，並以額外的救濟滿足有特殊需求的人（例如殘障者）。[68]

但是，為了在不訴諸強制勞動的情況下為這種方案提供資金，生產者必須有足夠強勁的物質誘因去工作和完成必要的訓練。這意味著針對市場報酬的稅率必須維持在遠低於一〇〇％的水準。但是，隨著生產力成長，勞動需求將愈來愈少，必須以顯著的淨收入做為補償來吸引足夠勞工的糟糕工作尤其將減少。因此，社會產出根據各人貢獻來分配的比例將能逐漸降低，而根據各人需求來分配的比例則可以相應增加；前者將逐漸變成補充後者的「零用錢」。極限的情況是社會產出全部可以根據各人的需求來分配，而我們也不再需要異化勞動才能生產足夠的東西去滿足這些需求。我們仍需要人類投入生產工作，機器人不會包辦所有生產活動。不過，這種生產需要的工作無異於遊戲：它本身能予人很大的滿足感，因此即使沒有物質報酬也會有足夠的人不斷投入。[69]

這種替無條件基本收入辯護的「市場共產主義」（market-communist）說法，與上一節所述的

「真正自由至上主義」說法（追求盡可能增加最弱勢者的真正自由）有一些重要差別，值得加以說明。我們想像在某個資本主義社會裡，除了支付無條件基本收入外再無其他公共支出，除了一種線性所得稅外再無其他稅項（如第二章的圖所示）。我們進一步假設提高稅率對社會的應稅所得有負面影響。隨著稅率從零增至一〇〇%，無條件基本收入的可持續水準先是上升（這是稅率增加的作用超過應稅所得萎縮的「正常區間」），然後下跌（這是應稅所得萎縮超過稅率增加的作用之「不利區間」）。圖五．一說明這一切。我們再假設我們的經濟是富足的——也就是無條件基本收入有一個可長久持續的水準超過滿足基本生活需求所需要的收入，後者依照此處探討的市場共產主義取徑的認定。在正常區間與不利區間的交界處，無條件基本收入的可持續水準達到最高點G_{Max}，對應真正自由至上主義取徑建議的稅率1。相對之下，市場共產主義取徑因為追求盡可能減少異化，建議提高稅率至2，因此將無條件基本收入壓低至僅足以滿足基本需求的水準G^*。

市場共產主義下的人均應稅所得Y和最低收入G（由無條件基本收入提供保障），均低於真正自由至上主義下的水準。另一方面，所得不平等的程度（以人均所得對最低收入的比率為衡量標準）也必然較低。產出根據貢獻分配的部分與根據需求分配的部分之比率也是如此，淨所得，亦即人均所得與基本收入的差距亦然。我們提出這些說法時，必須注意一些情況。如果是開放型經濟體，較高的稅率可能導致許多人從事異化勞動和前往海外賺取較高的收入。即使在封閉型經

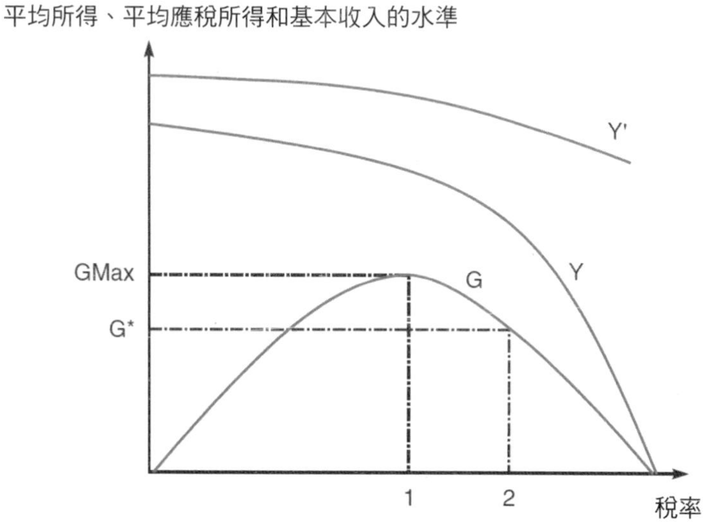

圖五・一　「真正自由至上主義」與「市場共產主義」下的基本收入理想水準

Y：人均應稅所得
Y'：人均總所得

稅率t：正常區間為0至1，不利區間為1至100%

真正自由至上主義的理想稅率1：對應基本收入最高可持續水準GMax

市場共產主義的理想稅率2：以基本收入能滿足基本需求G*為前提的最高稅率

濟體中，高稅率也可能誘使許多人在非正式經濟部門從事異化活動，或是將部分所得轉為不必納稅的福利。[70]在此情況下，總所得將有顯著的一部分不會被課到稅，這個部分也將在稅率上升的情況下持續變大。因此，在圖五．一中，人均總所得Y'超過人均應稅所得Y，而且隨著稅率上升，下跌的速度比Y來得慢。且讓我們忽略這些複雜的情況，假定這個圖較簡單的版本（Y'與Y重疊）能充分反映平等和異化程度受到的影響。

相對於真正自由至上主義模式，我們可以如何替市場共產主義模式辯護？主要有兩種可能。首先是訴諸平等主義立場。市場共產主義模式能達到較高的平等程度——以最低收入對人均所得的百分比衡量，在圖五．一中為基本收入G對人均所得Y的比率。這種平等偏好可能根植於對平等本身價值的信仰，即使追求平等導致所有人收入降低也在所不惜。但它也可能根植於工具價值的考量——例如擔心較高的基本收入要得以長久存續，可能危及政治穩定，因為政治體系未必能承受較高的經濟不平等程度；又或者認為無論絕對水準如何，所得不平等本身對真正自由有負面影響，例如會損害最弱勢者的健康，而這不是所得水準能充分反映的。[71]

另一種辯護方式或許可稱為「去成長」（de-growth）論點。它是基於一項事實：市場共產主義模式可以在更大程度上減少異化，而這大致反映在促成生產貢獻所需的平均報酬水準上，在圖五．一中是反映在人均所得與基本收入的絕對值差異上。這種論據要站得住腳，我們必須假定真正重要的是盡可能減少異化活動的數量，而非盡可能提高避開這種活動的真正自由，後者在真正自由至上主義模式下是較重要的。這種假設可能源自一種完美主義或非自由主義立場，認為美好生活的本質不是工作而是閒暇，不是忙碌和消費而是逃離無意義的激烈競爭，選擇一種簡單的生活方式；因此，只要能滿足所有人的基本需求，我們應盡可能減少異化活動。但這也可能是出於工具價值考量：現在維持較多的（異化）生產，假以時日可能損害未來的長久存續，又或者環境衝擊將損害真正的自由，而這不是所得水準能充分反映的。

在堅決尊重美好生活多元觀念的自由社會裡，這兩種論據的本質或完美主義版本很難站得住腳。但是，它們的工具價值版本與真正自由至上主義取徑並無根本意義上的差異，還可視為是邀請人們對於後者加以琢磨，使它變得沒那麼不切實際。此外，無論是否處於相對值或絕對值的最高可持續水準，基本收入都將（也應該）有助共產主義圈子在資本主義社會中生存發展——不但是選擇根據需求而非貢獻來分配產出的小型自願參與社區（遵循以色列人「基布茲」集體社區的原本模式），還包括一些大型協作事業，它們將散布世界各地成千上萬名合作者的集體成果，免費提供給所有覺得它們有用的人（一如維基百科的模式）。我們因此可以說，在富足的社會裡，基本收入系統性地產生這樣的作用：使物質生產規模小於它原本可達到的水準，促使人類的勞動力「去商品化」，並且擴大一個無法化約到市場和國家的「自主」領域。但是，這些作用不必是我們直接追求它們的結果，也可以是我們追求正義（所有人的真正自由）的副產品。

基本收入與幸福

我們可以根據言之成理的正義觀念，提出替無條件基本收入辯護的有力說法嗎？本章就此展開長篇討論，最後可能會有人想：這麼麻煩真的有必要嗎？我們是否可以簡單地說：為了使我們的社會變得比較幸福（或達到最高的可能幸福程度），我們需要引進基本收入？

若將幸福理解為人們的偏好得到滿足的程度，這種聚焦於幸福的取徑形同採納某種效益主義（Utilitarian）觀念——二十世紀的多數經濟學家提出規範性聲明（prescriptive pronouncement）時，視效益主義觀念為理所當然。[72]評價這種取徑的最佳起點，是檢視福利經濟學奠基著作的最後一章。庇古（A. C. Pigou）著作這一章以「實質所得的全國最低標準」為題，他這麼替引進最低收入保障方案辯護：「促進經濟福利的最好方式，是將最低標準提高至這樣的水準：轉移給窮人的最後一英鎊產生的直接好處，剛好抵銷國民所得因此減少造成的間接害處。」[73]

這當中的基本推測是邊際效用隨收入增加而遞減——也就是說，一個人的收入愈高，其收入增加或減少一個單位對其偏好得到滿足的程度影響愈少。因此，為了盡可能提高社會的總福利（或幸福、效用或偏好滿足程度），針對高收入課稅並將稅收分給那些低收入或零收入的人是有道理的。換句話說，幸福最大化的社會將需要某種形式的最低收入保障。

但是，這並不是說這種最低收入方案必須是一種無條件基本收入。首先，如本書第一章指出，拜同居的規模經濟所賜，與伴侶同居者的生活水準優於獨居者。此一事實不利於推行一種完全個人、金額與家庭狀況無關的最低收入。第二，效益主義的一般論點並不要求最低收入保障人人有份。庇古本人提到，若移轉支付人人有份，勞動力供給的反應「將非常強烈，因而嚴重損害紅利。」[74]隨後發展出來的效益主義最適租稅理論支持採行經濟狀況審查，或至少對最低等級的所得課以很高的邊際稅率（或福利取回率）：因此產生的抑制工作動機的作用僅影響到低生產力的少數人，政府卻可以因此得到巨額收入來提高最低收入。[75]

第三，效益主義的一般論點並沒有說最低收入福利必須是義務全免的。沒錯，有些人在可以選擇的情況下將選擇不工作，而他們的偏好滿足程度有望因這種義務全免的特質而上升。不過，即使撇開這些人忽略了自身長期利益的可能，我們當然還必須考慮這種政策如何影響那些繼續工作的人之福祉。首先，如果政府提供某水準的最低收入保障，相對於必須願意工作才能享有這種保障的情況，勞工在這種保障義務全免的情況下必須承擔較重的稅負。第二，如果確實如埃爾斯特所言，「人們普遍接受的正義觀念」認為「身體健全的人仰賴其他人的勞動生活是不公平的」，我們也必須在某程度上考慮勞工對此的不滿。但這些考量最終可能意義不大：領取福利的人必須願意工作這項要求付諸實行的經濟成本可能高於其效益，而所有人可能認為義務全免的基本收入（視之為所有人分享他們共同繼承的資產）是公平的。但我們不能視這種結果為理所當然。因此，即使效益主義的一般論點強烈支持提供某種最低收入保障，我們很難說這意味著完全個人、人人有份和義務全免的基本收入是最好的方案。

以有助促進幸福為由替基本收入辯護的第二種常見方式，是訴諸基本收入對經濟成長的貢獻（與利用福利經濟學的那種方式相當不同）。收入的邊際效用可能隨著個人收入增加而遞減，但只要邊際效用是正數，以幸福為最終標準的人理應正面看待收入成長。在漫長的基本收入倡導史中，從米爾納一九二〇年的《以國民產出紅利提高生產》到克羅克（Geoffrey Crocker）二〇一四年的《基本收入的經濟必要性》（*Economic Necessity of Basic Income*），一直有人以基本收入有助促進經濟成長為由呼籲採行這種政策。但是，這種呼籲使用的多數論點屬於凱因斯學派的觀點——往往是含蓄地表達，有時則是明確地表達。[76]因此，它們未能在許多或可採用的重分配方式中讓基本收入更加突出。沒錯，基本收入可以產生逆週期（countercyclically）的經濟作用，在經濟衰退時提振有效需求，進而促進經濟成長，適時改善就業情況。但是，有條件的最低收入保障以至一般社會移轉支付，其實也是如此。我們似乎很難根據這一點就主張基本收入優於其他方案。事實上，如我們之前提到，因為其義務全免的特質，基本收入很吸引富裕社會中那些基於世代公平或其他考量，主張經濟停止成長或甚至是「去成長」的人。[77]不過，如本書第一章指出，基本收入義務全免加上人人有份的特質，可以促進人力資本的發展，進而促進生產力。但義務全免的特質也正是有助將較高的生產力轉化為較多閒暇和較高的勞動品質，而非促進生產和消費。對那些希望藉由經濟成長最大化來造就幸福最大化的人來說，這理應使基本收入的吸引力小於設有較多條件限制的其他方案。

對那些希望以有助促進幸福來替基本收入辯護的人來說，好消息是上述問題無關緊要。雖然在一個社會裡，收入與個人幸福有強烈的正相關（跨社會則關係較弱），伊斯特林（Richard Easterlin）一九七四年指出一個事實：富裕社會經歷的實質所得驚人成長，並未轉化為顯著較高的偏好滿足程度。[78]我們至少可以找到三種機制來解釋此一現象。首先，較高的收入產生的滿足感，部分源自擁有或消費所謂的**地位財**（positional goods）——這些商品能增加幸福，部分或全部原因在於它們能使其主人顯得與眾不同。第二，取得和使用某些商品可能使幸福**不增反減**：一旦很多人都買進和使用這些商品，使用者的滿足程度反而會低於沒有人擁有這種商品的情況（通常是因為擁塞）。第三是最普遍的一種情況：偏好不是一旦確定便**固定不變**，而是會不時因應環境而改變，尤其是在原本的偏好得到滿足之後，人的期望會向上調整。因此，認為經濟成長可以使我們的社會更幸福是一種錯誤的觀念，而我們也不能以基本收入不利於經濟成長為理由，駁斥那些希望藉由引進基本收入促進社會幸福的人。

無論如何，在結束這一章的哲學討論前，我們對基本收入倡導者的忠告是：不要太關注基本收入據稱有助促進幸福的作用——這不僅是因為這種信念是基於一些非常不可靠的推測，更重要的原因是以更大的幸福做為我們社會的目標是不合理的。要理解這一點，我們可以考慮一種可視為伊斯特林矛盾普遍化的現象。涂爾幹在《社會分工論》（*The Division of Labor in Society*）中指出，撇除責任引起的自殺（obligation-induced suicides），自殺率與社會的「文明」程度（不但考慮實質所得的水準，還考慮其他因素，如公民之間權利平等的程度）有顯著的正相關。他寫道：「真正的自殺，悲哀的自殺，是文明族群特有的。其地域分布甚至一如文明之分布。」[79]一個社會愈是文明，有愈高比例的人覺得悲慘到必須結束自己的生命。假設這種自殺率是反映社會普遍不幸程度的一個好指標，而且涂爾幹指出的矛盾現象事實上是成立的，我們是否因此必須放棄使我們的社會更「文明」（尤其是更公正）的努力？涂爾幹認為答案是否定的。他寧可「堅決摒棄那些效益比較」，並認同孔德（Auguste Comte）的建議，「不要理會有關人類幸福在不同文明時期的成長之形而上爭論，因為這種爭論是徒勞無益的。」[80]

我們完全同意這種觀點。我們在談到伊斯特林矛盾時已指出，我們的偏好是會因應環境而改變的，提升社會的總幸福（偏好滿足）程度因此不可能是一種合理的長期目標，尤其是因為我們的期望有多高非常受到既有成就的影響。但是，這並不是說致力使我們的社會變得比較美好（尤其是比較公正）是沒有意義的。相反，提出一種連貫和言之成理的正義觀念（如我們在本章的努力嘗試）是必要的。討論那些旨在使社會變得比較公正的建議（如我們在這整本書中所做的）同樣重要。如果沒有這種提議，社會就沒有希望——我們自己以至未來的世代都沒有希望。但要有希望，我們的提議不但必須是可欲的，還必須是可實現的。在接下來的兩章中，我們將討論無條件基本收入在經濟上和政治上的可行性。

6 經濟上可長久持續嗎？財源、實驗與過渡

基本收入能找到可長久持續的財源嗎？常有人表達這種憂慮：一旦人人確定可以得到一種金額慷慨、義務全免的收入，許多人將大幅減少工作，或是完全停止工作。當然，基本收入的部分目的正是使男女皆得以減少或暫停受薪工作，或是選擇報酬較低但更令人滿足的工作，又或者與雇主協商改善工作品質（而非要求加薪）。基本收入的支持者歡迎這一切，除非這導致基本收入財源枯竭。許多批評基本收入的經濟學家指出，風險主要不在於基本收入人人有份、義務全免的特質，而是在於其財源所要求的稅收。這種稅收最直接的形式是個人所得稅，而這種稅實質上往往變成一種勞動所得稅。金額慷慨的基本收入所要求的租稅支持，正是人們質疑其能否長久持續的原因。在本章，我們希望澄清這種質疑的關鍵核心，檢視相關實驗和模擬產生的經驗教訓，討論有助回應這種質疑的其他財源，以及評估三種向前邁進的審慎方法。

針對基本收入能否長久持續的憂慮有兩個主要源頭。較次要的一個是通膨風險，只需要簡短的篇幅便能處理。多數提案是以重新分配一個社會中的購買力做為基本收入的財源，這通常不會產生全面的通膨壓力（以源自外部的移轉支付或是創造貨幣為財源，則會產生全面的通膨壓力），但某些局部的通膨壓力則是可預期的。基本收入將導致某種程度的所得重分配，使所得從相對高收入者流向相對低收入者（尤其兼職勞工）和低額社會移轉的受惠者，而視基本收入設在什麼水準、它取代哪些福利項目和其確切財源安排而定，所得重分配的程度可以有很大的差異。因此，如果某些商品的供給（至少在短期內）缺乏彈性，而且基本收入淨受惠者購買這些商品的數量高於正常比例（在引進基本收入後仍如此），這些人很可能將面臨此類商品價格上漲，以致他們的基本收入實質價值萎縮的情況。如果基本收入在很大的地域範圍內推出，情況特別是如此：有利於較窮地區的重分配效應，屆時可能推高居住和其他在地商品的價格，因此縮減（但不至於抵銷）重分配的好處。我們必須記住這種可能性，但它不會危及基本收入的長久持續。

第二種主要憂慮則確實攸關基本收入的長久持續，它著眼於基本收入及其財源安排對經濟誘因的負面影響。這種影響將因具體的財源安排而異，而我們稍後將檢視各種潛在選擇。不過，在那些同時具有發達的所得稅制度和社會福利制度的國家，基本收入最顯而易見的財源是個人所得稅。這也是基本收入多數具體提案的選擇。[1] 如本書第二章指出，這也是唯一能使基本收入形式上等同負所得稅的財源安排。在上述的國家中，我們很難想像基本收入在可見的未來可以不仰賴這種稅收做為主要的財源。因為資本產生的收入在租稅上得到各種優待，個人所得稅日益接近變成勞動所得稅。為了替無條件基本收入提供財源而對勞動所得課稅，本質上不同於從勞動所得中提撥款項支持社會保障制度。後者實質上是將部分直接工資轉化為間接工資（形式為退休後可以領到的養老金，以及其他社會保險給付），前者則是明確降低正式受雇和換一份較高薪工作的淨報酬。物質誘因因此減弱，加上義務全免的基本收入給予人的安逸，正是促使某些人質疑慷慨的基本收入能否長久持續的原因。

這種質疑最簡單的形式非常具誤導性：質疑者將建議的基本收入水準乘以可領取基本收入的人數，算出多高的個人所得稅才能產生足以支持基本收入的稅收，然後將相應的稅率加到現行的個人所得稅率上。在那些福利和租稅制度皆發達的國家，這種估算方式非常不合理，因為基本收入很大程度上可以藉由兩種方式「自籌資金」。如第一章提到，基本收入將取代金額低於基本收入的所有社會（救助或保險）給付，以及高額社會給付當中金額不超過基本收入的部分。基本收入也將使所有家庭本來免稅的低額收入失去免稅待遇，也可能取代若干稅式支出（tax expenditures），例如與托兒服務或私人養老金有關的項目。視基本收入的水準以及現行福利和租稅減免的規模和結構而定，基本收入以這兩種方式「自籌資金」的程度可以有很大的差異。例如基本收入若設定為人均GDP的一〇%，它基本上可以自籌資金，必須另覓財源的淨成本將僅為總成本的一小部分。[2]如果提高基本收入的水準，淨成本顯然也將增加，但仍將遠低於總成本，而真正重要的是淨成本。

講得更準確點，真正重要的是這種淨成本如何影響人們的邊際稅率。基本收入的永續性之所以受威脅，核心原因在於某些人的工作誘因會降低，而這是最低收入保障方案從需要審查經濟狀況改為人人有份必然產生的影響。我們基於一些最簡單的假設，以圖六・一說明這種情況。最低收入方案改為人人有份，對三類納稅人會有不同的影響。毛收入低於最低收入水準的人，其有效邊際稅率（或福利取回率）將從標準方案（需要審查經濟狀況）下的一〇〇%大幅降低（在我們的例子中為線性稅率二五%）；這些人的工作誘因將因此顯著增強，這種作用堪稱可消滅貧窮陷阱（見第一章）。毛收入介於最低收入水準與高於基本收入方案平衡點（breakeven point）的某個水準之間的納稅人，其淨收入和邊際稅率均將上升（後者在我們的例子中是從九%升至二五%）。毛收入更高的人也將面臨邊際稅率上升的情況（在我們的例子中，情況如上），但他們的淨收入將萎縮。令人擔心的是雖然收入最低的那些人工作誘因增強了，但另一方面，生產力較高、經濟貢獻重要得多的更多人，卻面臨工作誘因嚴重受損的情況。中間的那一類勞工減少工作的誘因特別強，因為一來他們的淨收入增加了（產生「所得效果」），二來是他們增加工作一小時的實質所得減少了（產生「替代效果」）。

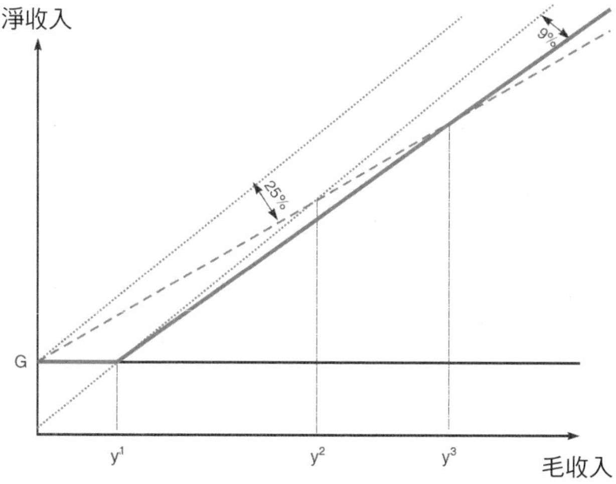

圖六·一　設有經濟狀況審查的最低收入方案與基本收入方案下的淨收入

兩條虛線代表毛收入，上方那一條反映設有基本收入的情況，下方反映沒有基本收入的情況。

不連續線代表設有基本收入情況下的淨收入。

連續線代表設有經濟狀況審查的最低收入方案下的淨收入。

y^1 為設有經濟狀況審查方案下的平衡點。

y^2 為基本收入方案下的平衡點。

y^3 為改為實施基本收入方案時淨受益者與淨受損者的區隔點。

背景假設：

- 除了基本收入方案或需要審查經濟狀況的最低收入方案外，再無其他公共支出。
- 30%的人口毛收入為零，70%的人口毛收入高於 y^1。

個人基本收入方案：

- 基本收入為平均收入的25%。
- 所有收入適用25%的線性所得稅，平衡點為平均收入（y^2）。

基本收入人人有份的特質造成的這種結構後果（如我們的簡單例子顯示），在現實中當然會以比較複雜的形式出現。如果制度的轉變是從以家庭為基礎、需要審查經濟狀況的方案，轉為以個人為基礎的基本收入（一個人可以領到的金額一如前一種制度下的一人家庭），這種後果尤其明顯。因為必須維持其他公共支出，這種轉變會導致稅率大升。以美國為例，非社會公共支出相當於GDP約一三%，教育與醫療公共支出約一二%，其他社會公共支出約一〇%（當中六%花在養老金上）。在法國，這些數字為非社會公共支出的一七%，教育與醫療支出一二%，其他社會公共支出二二%（當中一二%花在養老金上）。[3]為了說明這當中的規模概念，假設引進相當於GDP二五%的基本收入後，其他社會公共支出可以減半。如此一來，美國的總稅收將必須相當於GDP的五五%，而法國則是六五%。此外，GDP有一部分不是個人所得，因此不能成為個人所得稅的課稅基礎。例如在歐元區，家庭所得占GDP略高於三分之二。[4]如果所有公共支出都仰賴針對家庭所得課徵的線性稅，則稅率將不會是五五%或六五%，而是高達八〇%或九〇%（而且這還沒考慮各種寬減導致稅基縮窄的問題）。[5]

我們不能將這些數字理解為國家為了自身的目的而用掉了社會的部分所得，因為引進基本收入不會導致民間掌控的所得減少。事實上，結果恰恰相反。不過，這些數字可以告訴我們，國家若改為奉行一種人人有份、完全個人和相當慷慨的最低收入方案，邊際稅將受到怎樣的影響。這種挑戰不容忽視。回應這種挑戰的方法包括將物質誘因的重要性相對化，以及強調有效形成人力資本比勞動參與最大化更重要（這正是我們在第一章所做的事）。這對著眼長線來說非常重要。但如果我們希望對慷慨基本收入的長久持續建立並普及信心，這是不夠的。為了對引進這種基本收入的後果做出有根據的推測，我們不能只是去問人們如果得到某種水準的基本收入，將會怎麼做。[6]我們還可以做實驗和建構模擬模型。

基本收入實驗

實驗有時候不必特地組織。例如比利時有一種「終身贏家」（Win for Life）全國彩券，得獎者並非一次領走一大筆獎金，而是終身每月獲發一筆錢——一九九八至二〇〇七年間為每月一千歐元（約為當時比利時人均GDP的四〇%），之後為每月二千歐元。[7]另一個例子，是年輕的柏林企業家博邁爾（Michael Bohmeyer）二〇一四年發起的群眾募資計畫「我的基本收入」（MeinGrundeinkommen），為志願參與實驗的人每月提供一千歐元（約為當時德國人均GDP的四〇%），歷時一年，條件是這些人容許實驗主持者在這段期間追蹤他們的經濟活動。這是為了瞭解他們是否會增加或減少工作或訓練，或改為從事其他活動等等。[8]

這兩個例子都涉及一種真正的基本收入（向個人支付現金，不需要審查經濟狀況，也不要求受益人工作），參與者也都是真實的人。但是，有關整個社會引進基本收入可能產生的影響，上述兩個例子都無法提供真正有用的啟示。首先是因為在這兩個例子中，領取基本收入的人不但只是當地社會極小的人口樣本，還帶著強烈的偏向：前者主要是常買彩券的人，後者是非常積極的基本收入支持者。第二個原因則是：因為中獎或參與實驗而領取基本收入的少數人，行為與領取全民基本收入的人必然有所不同。

另外兩項試驗克服了上述兩個問題。它們是在截然不同的環境下做的，有關基本收入的辯論常提到它們。首先，二〇〇八和二〇〇九年間，納米比亞村莊奧奇韋羅（Otjivero）近一千名六十歲以下的成年居民領取每月一百納米比亞元（約合八美元，相當於當時納米比亞人均GDP約二%），為期至少一年，而六十歲以上者則繼續領取每月逾五百納米比亞元的國家養老金。該計畫的資金主要由德國福音聯合會（United Evangelical Mission）提供。[9]因為相關年齡組中的所有人都能領到這種收入，該計畫不會有個人選擇偏誤，我們因此得以觀察在整個社區運作的基本收入方案。

聯合國兒童基金會出資、設計較審慎的另一項實驗，則是二〇一一年六月至二〇一二年十一月間於印度中央邦（Madhya Pradesh）執行。該實驗為八個隨機選出的村莊每一名成年居民提供每月二百盧比的無條件基本收入（略多於四美元，相當於當時中央邦人均GDP的六．五%，或印度全國人均GDP的四%），一年後金額增至三百盧比。兒童的基本收入則為成年人的一半。隨機選出的另外十二個類似村莊做為對照組，它們的居民未能享有基本收入。如此一來，我們可以更有信心地將一些影響歸因於基本收入方案。此外，一如納米比亞的例子，相關年齡組中所有人都獲邀參與計畫。因此，個別的樣本偏誤得以減至最少，而我們也得以觀察在整個社區引進基本收入的影響。[10]

雖然這兩項實驗克服了前述兩個問題，但它們若要為在富裕國家引進基本收入提供啟示，則面臨一個更嚴重的問題。這兩項實驗即使以納米比亞或印度的標準衡量，基本收入的金額也堪稱微薄，而且它們是在未到退休年齡的成年人基本上無法受惠於社會保險或公共救助的地方執行，這兩項實驗因此與在已有發達福利制度的國家引進基本收入大不一樣。這種巨大差異顯然無阻於這些實驗顯著改善村民的生活，以及產生一些有意思的見解，有助我們瞭解這種方案如何在避免製造依賴陷阱的情況下，改善赤貧者的境況。但是，這種差異確實會使那些富裕國家的基本收入支持者希望引用的結論變得沒那麼可信。

此外，我們提到的這些實驗還有另外兩個缺陷，使它們對現實計畫的參考價值顯著受限。首先，除了比利時的「終身贏家」外，它們的持續時間都是有限的。如果受益人知道基本收入僅持續一年，其反應當然會與知道自己可以終身享有基本收入的情況相當不同。相對於終身基本收入，知道基本收入僅持續一段有限的時間，可能使人更堅持現行活動（還是審慎點好），又或者相反（應該把握基本收入造就的機會），具體情況因人也因活動而異。第二，在上述四個例子中，基本收入方案的資金來自外部。它們都不涉及引進全民基本收入的租稅影響。例如在納米比亞和印度的例子中，我們可以觀察到的新經濟活動，基本上都是對地方經濟注入購買力的可預期結果。[11]而在彩券和群眾集資的例子中，受益人繼續工作可以得到的淨收入，並未因為所有人都能享有一千歐元的基本收入而造成的額外稅負而減少。這兩個主要問題是所有基本收入實驗固有的，它們使我們無法就終身基本收入（資金源自受益社區內部）的經濟永續性得出任何確定的結論。[12]

負所得稅實驗

北美地區一九七〇年代曾做過一些成本高出許多的實驗，這些年代較久遠的實驗是否可以提供一些較有意義的經驗教訓？如第四章提到，這些實驗多數是在美國做的，地點包括紐澤西和賓州（一九六八至一九七二年）、愛荷華和北卡羅萊納州（一九七〇至一九七二年）、印第安納州加里市（一九七一至一九七四年，以黑人單親媽媽為主），以及西雅圖和丹佛（一九七〇至一九八〇年，規模最大）。[13]

這些實驗都是隨機選出收入級別各有不同的一些家庭，為他們提供負所得稅方案下的補助（見第二章），而保證的收入水準和福利取回率各有不同。實驗的對照組為一些特徵相同、繼續生活在既有制度下的家庭。沒有其他收入的家庭領到的金額，多數介於當時官方貧窮線的五〇％至一五〇%之間。例如紐澤西實驗有一部分是一〇〇%，兩名成年人的家庭得到的最低年收入保證為每人一千美元（約為一九六八年人均GDP的二一%）。實驗開始時不納入獨居的成年人，但實驗開始後若有人與配偶分居，仍可領取家庭收入保證下自己可得的部分。福利取回率，也就是每賺一元、因為福利給付減少而收入遭抵銷的百分比，介於三〇%至七〇%之間。[14]補助給付的時間是有限的：愛荷華和北卡羅萊納州的實驗為兩年，最長的是西雅圖和丹佛的實驗，有些人可享有補助九年之久。所有實驗均納入戶主為身體健全男性的家庭，當時這種家庭並不符合接受公共救助的資格。除了最初的紐澤西實驗外，實驗也納入單親家庭。

另一個負所得稅實驗在做完數十年之後才再受矚目，此後特別受注意。該實驗稱為「最低收入」（Mincome），一九七五至一九七八年間在加拿大曼尼托巴省的多芬鎮進行。該實驗以家庭為基礎，保證的最低收入為加拿大貧窮線的六〇%，福利取回率為五〇%。一九七二年，當局設計該實驗時，單身成年人的保證年收入設在一二五五加元（接近當時加拿大人均GDP的二五%）。金額後來有所調整，以便反映通膨。與其他各個北美實驗不同的是，這個實驗採用「飽和樣本」（saturation sample）：多芬鎮中收入符合條件的所有家庭都有資格參加。對照組由附近農村社區隨機選出的一些低收入家庭構成。因為實驗涵蓋整個社區，我們甚至可以嘗試區分「個人層面機制」與「社區效果」造成的影響；社區效果的例子包括對減少工時的敵意減輕，以及飽和樣本比分散的樣本有更多機會從事共同休閒活動。多芬實驗因此堪稱具有特別的參考價值，有助於估計實際引進基本收入的影響。[15]

但是，我們也不應誇大這種參考價值。一如其他負所得稅實驗，多芬實驗對當前基本收入提案的參考價值受限於若干因素。首先，所有北美實驗所檢驗的並非基本收入方案。沒錯，它們提供的補助是義務全免的。但這種補助不是完全個人的——雖然在多芬的例子中，獨居者可以得到的補助略高於同居伴侶的人均補助（一二五五加元對一一七二加元）。最重要的是，這種補助並非人人有份：例如在多芬的例子中，因為參與實驗設有收入條件限制，僅二〇％左右的居民實際參與實驗，而且補助不是預付的。如本書第一和第二章指出，即使這種方案可以使底層家庭計入移轉支付的稅後所得貼近某種人人有份的家庭補助方案下的情況，但其差異並非微不足道。第二，這些實驗可以幫助我們估計的，最多只是基於家庭的負所得稅方案可以產生怎樣的作用（相對於實驗組中的家庭生活在另一種制度下的情況而言）。這會因為家庭的類型不同、地方不同而有顯著的差異，有時甚至是在同一個實驗進行期間，不同的階段也會有顯著的差異。[16]如果有人希望引用這些實驗的結果，宣稱目前在某個國家引進完全相同的方案會產生什麼結果，他首先必須檢視這個國家的現行社會保障制度，確保它與一九七〇年代美國七個州和加拿大一個省的制度足夠相似。這種制度背景與納米比亞和印度如今公共補助非常貧乏的情況、與許多歐洲國家目前相對慷慨的有條件最低收入方案，甚至與加拿大和美國目前的情況都相當不同。

即使我們假設某個考慮引進的方案和它的背景情況與某個實驗足夠相似，該實驗對方案永續性的啟示，仍嚴重受限於前述與基本收入試驗計畫有關的兩個因素，以及我們認為更重要的第三個因素。首先是實驗持續的時間很有限。在多數北美實驗中，補助支付時間不超過三年。這當然是實驗參與者能預料的；因此，如果他們預期補助將一直持續下去，我們不知道他們減少勞動力供給的幅度是會大一些還是小一些。[17]此外，新方案可能影響社會規範，但這必然是較長期的影響。第二，實驗無法強制要求人們參加。因此，樣本中很可能有太多因為希望好好利用相關機會、很想參與實驗的家庭。[18]最重要的是，實驗因此排除了那種會因為實際引進補助方案而有所損失的家庭（這些家庭因為所得較高，必須承擔引進方案產生的淨成本）。因為這兩個原因，無論實驗顯示受薪勞動力供給受到的影響是大是小，反對補助方案的人總是可以宣稱，這高估了方案的永續性，因為它忽略了收入保證的終身性質之影響，也忽略了較高的稅率對淨貢獻者的影響。這種質疑是有道理的。因為這兩個限制，即使是設計得最好的真正基本收入實驗，也不可能確定地告訴我們，方案真正引進後可以長久持續。

對基本收入支持者來說，更重要的是第三個限制。即使是設計得最好的實驗，也無法記錄勞動市場受到的影響，但這種影響對我們支持基本收入而非有條件最低收入方案至關緊要。如本書第一章指出，基本收入因為人人有份，受益人得以投入一些他們原本無法投入的工作；基本收入因為義務全免，受益人得以拒絕某些工作，迫使這些工作提高薪酬或改善其他條件，以便吸引勞工投入。這種作用對基本收入方案的可取性和永續性均非常重要，但它們沒有機會在實驗中反映出來：一來是因為實驗持續時間相當短，但最重要的是因為實驗僅影響數百以至數千人，相對於參與勞動市場的數百萬人根本是微不足道。負所得稅或基本收入方案的補助，往往是設定在對於減少收入不足的情況能有顯著直接作用的水準（在福利制度發展程度較低的地方，一定是這樣）。這種作用的有益間接影響可以記錄下來，提供有用的參考資料（在加拿大多芬以至納米比亞奧奇韋羅和印度中央邦的實驗中便是這樣）。但是，基本收入人人有份和義務全免對經濟的具體影響，則無法在實驗中顯示出來，因為實驗樣本相對於整個勞動市場實在太小了。

我們撰寫本章時，芬蘭、荷蘭和加拿大等地正計劃做相關實驗。將上述針對實驗參考價值的強烈質疑銘記在心，對抑制欠缺根據的熱情有重要作用，更重要的是能防止出現後果嚴重的反彈（類似北美實驗之後出現的反彈）。[19]「引進基本收入」並無單一方案；視基本收入的水準、它取代什麼福利項目及其財源安排而定，方案的性質甚至可以有巨大的差異。此外，迄今經由實驗在富裕國家檢驗過的措施，全都不能稱為「引進基本收入」。那些措施產生的影響，除了是拜措施本身的內容所賜外，具體背景因素的作用也同樣重要。最後，因為上述的三項固有限制（持續時間有限、排除了淨貢獻者、樣本相對於勞動市場太小），雖然實驗產生的證據仍可用來支持或否定某些「即使如此」的聲明，但不可能用來證實有關基本收入能否永續的重大斷言。因為它們在媒體中持續引起人們的興趣（即使它們不過是一些可能永遠無法實現的可能性），所有「基本收入實驗」都有其正面意義：它們能使更多人認識到這種構想，並促進有關其利弊的討論。但如果我們不恰當地宣傳這種實驗對基本收入的永續性或可取性的參考價值，它們對現實中相關改革的淨影響可能是災難性的。

計量經濟模型

如果實驗對於現實中基本收入方案的永續性，無法提供真正有用的啟示，我們可以指望什麼呢？一如其他社會科學問題，我們必須試著從相關關係中推斷出因果關係。這基本上正是計量經濟模型所做的事；這種模型宣稱能預測引進基本收入會出現什麼情況，但它們的實證證據往往不夠有力，不足以支持確鑿的斷言。這種實證證據通常是有關各類型的人（根據性別、兒女的數目與年齡、伴侶的收入之類分類）的邊際淨收入和工作量的觀察數據。分析者替個人或家庭（視為一個單位）擬出一個效用函數，假定個人或家庭的勞動市場決定是以效用最大化為目標，效用會隨收入和閒暇增加，但增加的速率會漸緩。這個效用函數能同時反映所得效果（總收入愈高，工作傾向愈低）和替代效果（邊際收入愈高，工作傾向愈高）。分析者接著選出與數據最契合的函數參數，並根據某種看來足夠可信的理性決策模型，將這些數據中可以偵測到的相關關係轉化為推測性因果關係。

就預測引進基本收入對勞動市場的影響而言，關鍵的因果概念是勞動力供給的稅收彈性：某類別的人，勞動所得適用的邊際稅率若增加一％，他們願意投入的工作時數會下降多少百分比？引進某種基本收入方案（包括以個人所得稅為財源的安排）將如何影響這些邊際稅率（廣義理解，包含福利取回率），可以藉由分析初始情況、改革方案，以及受改革影響的人之實際類別分布來確定。將各類別的人之稅收彈性估計值應用在收入變化和這些收入適用的邊際稅率上，即可估算出勞動力供給預料將受到的影響。典型的情況是：因為本章稍早指出的一些原因，那些因領到基本收入而淨收入總額增加、但邊際收入因基本收入的財源安排而萎縮的勞工，預料將顯著縮減工作時間。已有人替若干國家建立了這種一般模型。[20]這些模型全都預測，引進基本收入或多或少將導致人們減少參與勞動市場，平均工時亦將減少。[21]

基本收入的倡導者應當如何回應這種發現？假設這些發現是根據適當和可靠的數據資料、利用可靠的方法推斷出來的，則這些計量經濟模型相對於實驗有一個優勢：它們能避免持續時間不足和未考慮淨貢獻者反應的問題。不過，它們無法避免另外兩個方面的重要限制。首先，這些模型無論產生什麼預測，全都是以在某時某地、在某種影響勞動市場行為的文化和制度環境下觀察到的相關關係為實證基礎。因此，如果我們希望根據某個計量經濟模型預測某個改革方案的影響，僅確保模型中的新舊方案與現實中的新舊方案足夠相似是不夠的。我們還必須記住：非正式的性別規範、是否有足夠的托兒服務和有薪假期、養老金的安排、勞動法規和非正式社會規範是否善待兼職工作，以及其他許多相關因素，換了時空便可能會明顯改變。因此，將稅收彈性估計值應用在可能的改革方案時，必須非常謹慎。模型剛好能用的數據資料，不會因為模型是此時此地建立的，便適用於此時此地提出的改革方案。

第二，這些模型往往假定是勞動力供給決定了就業量。如果有人不工作或不增加工作時間，那是因為這是他們的最佳選擇（考慮到他們的收入水準和增加工作的預期收入增幅），而不是因為沒有工作符合他們的資歷。此假設的含意之一，是模型所預測的基本收入對就業的負面影響，完全不是基本收入義務全免的性質（也就是受益人並非僅限於有工作或願意工作的人）造成的。這些模型並未宣稱能捕捉必須願意工作這項條件（無論是否設有這個條件）對就業的影響。這些模型假設沒有這個條件，又或者假設該條件不會起作用。模型宣稱的是能捕捉基本收入人人有份的性質導致租稅情況改變所產生的影響（收入最低那類人的有效邊際稅率降低的影響），以及基本收入完全個人的性質之影響。只看供給面的另一個必然結果，是忽略了需求面的調整。如第一章指出，我們期望基本收入能幫助人們接受一些低薪或收入不確定的工作，包括自營作業，進而促進這種工作之創造。我們也期望基本收入能幫助人們拒絕某些低薪工作，進而推高這些工作的薪資，使勞工比較願意投入。[22]引進基本收入的這些經濟作用，對支持基本收入的理由至關緊要。計量經濟模型大致或完全忽略這些經濟作用（如稍早所述，實驗也忽略了這些作用，雖然是出於不同的原因），是我們不能視這種模型的預測為絕對正確的預言之第二個主要理由。

但是，我們不能只是否定這些預測。因為上述原因，計量經濟模型無法確定地告訴我們，某時某地以所得稅為財源的某個基本收入方案是否可持續。這些模型往往預測各類別民眾的勞動力供給將因為引進基本收入而顯著縮減，我們不應對此感到意外或擔憂。如果基本收入真要有助實現自由的社會和健全的經濟，這種影響是必要的。勞動力供給顯著縮減與基本收入的長久持續是否不相容，將取決於方案對人力資本較長期的影響（見第一章），而這種影響是計量經濟模型無法捕捉的。但是，勞動力供給的縮減可以有多種形態（端視會影響哪些類別的勞工、影響有多大，以及如何影響），這些縮減形態並非全都同樣有助於產生我們期望的作用。如果我們能誠實且清楚地說明最有問題的假設，那麼經過謹慎解釋的模擬模型可以提供寶貴的資訊，有助我們瞭解不同情境可能會如何影響不同類別民眾的勞動力供給。這還不足以確定具體的基本收入方案是否可以長久持續，但有助我們微調這些方案。

明白實驗和計量經濟模型的上述作用與限制之後，基本收入的支持者可以針對他們方案的永續性做些什麼？基本上有兩件事。其一是探索其他財源，無論是做為個人所得稅的替代還是補充財源，當中有某些基本收入倡導者認為最適當（有時甚至是唯一適當）的財源。其二是瞭解以慷慨的無條件基本收入為方向、較為溫和的各種措施有哪些長處。

資本

因為我們本身對基本收入和其他公共支出該怎麼籌措財源並無具體意見（見第五章），接下來的一些簡略討論難免會有些無原則之處。我們也會故意有所側重，因為我們希望特別注意基本收入倡導者提議的，或現行方案實際使用的所得稅以外的財源。我們將指出特別重視某些財源的特殊原因，以及它們可能具有的主要缺點。

第一個選項是幾乎所有基本收入支持者都會考慮的。如我們所見，個人所得稅往往變成實質上對於勞動所得課稅。事實上，之前各節討論的各種實驗和計量經濟分析，基本上將所得稅視為對勞動所得課稅。許多人因此顯然會建議對資本課更多稅，以便減輕勞工的稅負。這種建議可以有四種具體方式。最顯而易見的方式，是降低資本所得與勞動所得租稅待遇的不對稱程度，無論實際做法是對資本與勞動所得總額應用一套累進稅率，將資本所得（資本價值增加的幅度）納入應稅所得，或是堵住租稅漏洞和取消不必要的租稅寬減。對資本課更多稅的第二種方式，是藉由一種高度累進的個人財富稅對資本直接課稅。對財富存量課稅，顯然不同於對財富流量課稅。稅收若要永續，稅率就必須保持溫和。[23]第三種方式是對公司課稅。公司的盈利惠及個別受益人的收入或財富，如果我們無法在個人層面對此課到足夠的稅，我們必須在這些盈利離開公司前課足。

最後一種方式是遺產稅，或比較廣義的遺產與**生前贈與**稅。有些人視領取基本收入為分享共同繼承的財產，他們會覺得遺產稅有特殊吸引力。我們自己對所謂共同繼承的財產採取非常廣義的理解，將我們領到的部分勞動所得或資本所得也納入其中（見第五章）。不過，有些人提議以狹義的遺產做為基本賦予（見第二章）而非基本收入的專用財源（例如艾克曼與艾斯托特，以及阿特金森便曾提出這種建議）。[24] 站在捐贈者的角度，他慷慨捐出財產必須承受的稅負反而重於自私享用這些財產的情況，這似乎很異常。但站在繼承者之間分配正義的立場，不勞而獲的財產必須納的稅（如果必須納稅的話）遠輕於勞動所得，則肯定是一種異常情況。

這四種加強對資本課稅的方法，均可能有助減輕勞動所得必須承受的財政壓力。現行的不對稱稅負，主要是以必須鼓勵高風險投資和創業精神為由。但是，除了直接的政治壓力外，造就這種情況最重要的因素，是應稅資本和應稅資本所得的跨國流動能力——包括跨國企業所從事的盈利虛擬跨國移轉。在全球或區域的層面協調課稅安排，將可抑制或減輕此一因素的影響。各國稅務機關在最低稅率方面達成協議，或是交換稅務資料，應該也會有幫助。[25]

在基本收入的歷史上，曾有人提出比較基進的方案，讓資本替基本收入埋單而不必納稅，藉此完全避開上述問題。如果國家擁有全部生產工具，它可以決定總產出在工資、投資和其他支出間的分配，當然也可以決定將部分產出用來支付無條件基本收入。換句話說，在社會主義社會中，國家可以在不必對任何人課稅的情況下，將部分經濟剩餘用來支付劃一的社會紅利。中央計劃的社會主義制度可以做到這件事，市場社會主義制度也可以；在後一種制度下，集體持有生產工具將與企業間的競爭和自由的勞動市場結合起來。蘭格（Oskar Lange）、楊克（James Yunker）和羅默（John Roemer）倡導的市場社會主義模式全都含有社會紅利的設計。[26]如果有自由的勞動市場（而非由某種中央機關決定工作分配），工資和社會紅利的相對水準會產生誘因問題，類似於資本主義制度下課稅產生的問題，但我們將有較大的餘裕解決這種問題，因為市場社會主義制度下沒有必須享有足夠利潤才能滿足的私人資本。

在相當大一部分生產工具仍為公有的少數國家，此一選項或許並非完全不可能。[27]但在其他地方，生產工具的大規模國有化看來不大可能。不過，米德仍提議往這個方向行動，做為其「良好國度」模式的核心要素。[28]在他的「混亂國有化」計畫下，公司由私人管理，但一半股權為國有。國有股分賺到的紅利可做為人人有份的基本收入之財源，完全不必為此課稅。為達到這個目的，我們顯然必須將一國必須支付利息的公共債務，轉化為一種「公共賦予」，利用它產生的報酬發放無條件基本收入。這可以藉由課徵巨額的資本稅一步完成，但就如米德指出：「除非是在高度革命性的政治環境下，這種措施根本不可能。」[29]另一種方法是對當前世代課重稅，以便創造一種剩餘，利用其報酬來支付未來世代的基本收入。但這種做法即使在政治上可行，也涉及世代之間不平等的問題，實在難以提出恰當的道理。[30]

自然

我們也並非只能指望所有生產性資產公有，例如我們可以節制一些，僅指望天然資源這種資產公有。這種構想有三個版本，每個版本都對某種基本收入方案有特殊意義。首先，國家可以擁有某種可再生的天然資源，例如從擁有國家的土地開始，將土地租出去，然後以租金做為基本收入的財源。潘恩實際上正是希望以此支持年輕人的基本賦予和老年人的基本養老金。這也是史賓斯和沙利耶的基本收入財源構想，但他們均將財源範圍擴大至所有房地產（見第四章）。估計未開發土地的租賃價值（rental value）可以支持多高的基本收入，涉及概念上和實務上的棘手問題；我們在討論左派自由至上主義者如何替基本收入辯護時（見第五章），已經提到當中一些問題。曾有人估計，美國佛蒙特州以這種方式，可以提供相當於該州二〇〇八年GDP四%至八%的基本收入。[31]在當代技術條件下，地球的表面並非私人占用的唯一一種稀有永久資源。廣播頻譜也是這樣的資源。根據同一份估計資料，廣播頻譜的相關經濟租約為GDP的一·五%；但這種估計無疑很受到當地情況影響，而且很容易因為技術變遷而失準。[32]

一旦我們認識到，大氣吸收人類排放的二氧化碳之能力是有限的（超過限度將造成嚴重後果），則上述概念也可套用在大氣上。這種認識並非將大氣轉化為一種不可再生的資源，只是使大氣變成一種稀有的可再生資源：我們利用大氣吸收我們排放的溫室氣體涉及一種機會成本，最好可以反映在某種價格上。因為大氣是一種全球資源，利用這種資源最合理的方式顯然是在全球層面運作，我們將在第八章再談這問題。但在國家的層面做一些估算或許是有道理的，而引導這種估算的是源自地球資源平等共有的邏輯。在美國，碳稅收入估計可以支持的基本收入介於人均GDP的〇．七%至二%之間。[33]在這些例子中，占用者支付租金或許像是在納稅（例如「喬治主義」土地單一稅、碳稅之類），但實際上是付費取得使用一種集體擁有的資產之權利。

以共有的天然資源支持基本收入的第二個版本，是利用出售不可再生天然資源的收入。這種方式的一個例子，是伊朗提高國內生產的石油價格做為財源的全民補助方案。二〇一〇年一月，伊朗國會以些微多數通過所謂的「特定補助法」。這項法案將相對而言非常低廉的伊朗國內油價逐漸提升至國際市場水準，因此取消了政府對伊朗家庭與企業使用石油的隱性補貼（這種補貼會製造出不當的經濟誘因）。政府因此增加的收入，約有四分之一用來補助因為油價上漲而直接受影響的廠商，餘者大部分用來補償七千萬名伊朗人，藉由引進一種每月現金補助，彌補物價上漲對民眾生活水準的影響。這種現金補助起初設定為每月二十美元，計劃逐漸提高至每月六十美元（約為人均GDP的一三%）。因為各種原因，包括國際制裁影響伊朗經濟，這種補助的實際價值迅速萎縮，而方案真正惠及全民的狀態也無法持久。[34]

以類似方式替基本收入籌措財源的其他方案甚至更短命。二〇〇六年一月，加拿大亞伯達省三百三十萬居民獲發四百加元（當時約合三五〇美元）的一次性免稅「繁榮紅利」（prosperity bonus）。當時的亞伯達省長簡欣（Ralph Klein）宣布，視該省的石油收入而定，未來可能還將發放其他補助，但事實上政府不曾再發放類似補助。[35]二〇一一年二月，「阿拉伯之春」運動展開之際，科威特國會決定動用該國的石油收入，向一百一十萬名本土公民（不包括該國二百四十萬名外籍居民）支付一次性現金福利：每人一千科威特第納爾（當時約合三千五百美元，相當於科威特人均GDP約七％），官方說法是為了紀念該國獨立五十週年和自伊拉克占領狀態中解放二十週年。[36]二〇一〇至二〇一二年間，蒙古政府以該國礦業貢獻的採礦權利金為財源，為所有公民提供無特定目標的現金補助。[37]因為我們在此討論的是不可再生的資源，以這種方式籌措資金的基本收入顯然是無法永續的。

因此，第三個版本便是利用出售不可再生天然資源的收入，創立永久的主權基金。[38]這種模式的例子為世上僅有的一個持久的真正基本收入方案：阿拉斯加永久基金（第四章曾具體討論）。該基金源自開採和出售阿拉斯加的石油，以及將收入進行全球投資。因為該基金支付的紅利金額，是與基金前五年的績效掛鉤，紅利金額的波動相對平穩，但也確實會有顯著的變化，自世紀初以來平均約為每年一千二百美元，相當於阿拉斯加人均GDP二％左右。其他許多主權基金也以類似方式建立和發展，最受矚目的是挪威的例子，但這些基金全都沒有選擇定期發放紅利給所有公民。[39]但是，派發紅利的做法已經啟發一些人替擁有可觀石油資源的國家提出這種方案，例如二〇〇三年便有若干美國國會議員替在伊拉克建立類似制度的構想辯護。此外，哥倫比亞大學經濟學家薩拉艾馬汀（Xavier Sala-i-Martin）參與撰寫的一份國際貨幣基金組織（IMF）報告，也介紹了一個與奈及利亞有關的方案，並替其辯護。[40]

講完這種構想（人人有權平等分享天然資源的價值）的第三個版本，我們便經由一條特別的路徑（有其特殊限制），回到了一種共有資產以紅利的形式提供基本收入的設想。在這種情況下，假設天然資源是共有的，則基本收入在基金成立後不必仰賴課稅做為財源，基金的成長也不必仰賴課稅或徵收財產。但做為財源的資產僅限於天然資源是個重大限制，建立這種主權基金因此只能是少數國家或地區的特權——它們坐擁特別寶貴的天然資源，也成功將這些資源據為己有。

貨幣

至於那些沒那麼幸運的地方，是否有其他方法可以不靠課稅來為基本收入提供財源？方法之一是利用賭徒的不理性特質。自一九九六年起，北卡羅萊納州印地安部落東切羅基人（Eastern Band of Cherokee）便將他們在保留區經營的賭場盈利，平均分給正式登記的所有成年族人，無論他們收入和家庭狀況如何，也不管他們住在哪裡。受益人的數目並未公開，但該部落約有七千五百人。在一九九〇年代，每年每人平均分紅約四千美元，到二〇一五年時據稱接近一萬美元（約為北卡羅萊納州人均GDP的二五%）。[41]略為明確的另一個例子是澳門——中國一個半自治特別行政區，以前為葡萄牙殖民地，經濟上仰賴賭場，人口約六十萬。自二〇一一年起，澳門政府的「現金分享計畫」每年都向所有永久居民派發一筆現金，金額介於三千至九千澳門幣（相當於四百至一千二百美元，略高於澳門非常高的人均GDP的一%），非永久居民則獲發較少的金額。每年的派錢方案均由特別法案確定，不保證未來一定會有；澳門的方案因此比較像加拿大亞伯達省和科威特的一次性支付，而非像阿拉斯加的永久基金。[42]東切羅基人和澳門的做法當然是無法普及的。這種方案形同靠外人（美國和中國的賭客）的無意捐獻資助東切羅基和澳門居民的基本收入。

除了利用天然資源外，不靠課稅為基本收入提供財源的主要方法只能是創造貨幣。很久以前便有若干基本收入倡導者主張以印新鈔做為財源。例如在一九三〇年代，道格拉斯在英國的「社會信用」運動和迪布安在法國的「分產主義」（distributist）運動（第四章均有提到）便都認為，防止技術進步造成過度生產危機的最好方法，是直接分配購買力給民眾，而不是仰賴私營銀行體系的運作。

這種構想向來常被否定，理由是它仰賴過度簡化的經濟理論，而且忽略了方案一旦實行將產生通膨壓力這種有害的影響。但是，藉由創造貨幣為規模非常小或短暫的基本收入提供資金，其實有兩個可信的理由。[43]第一個理由（胡伯〔Joseph Huber〕表達得最有條理）假定中央銀行可以重奪創造貨幣的專利，犧牲私營銀行在這方面的利益。如此一來，央行便可以發給所有居民提款權。如果這種操作符合實體經濟的成長速度，它將不會造成通膨。如果這種操作超過實體經濟的成長速度，它會造成通膨，但不會使通膨加速的溫和通膨率可說是「潤滑」週期波動和結構變革的好東西。我們可以期望的實體經濟成長率難免會有某種程度的不確定性，而所謂合適的通膨率也難免會有某種程度的含糊性。但是，拜這個觀點所賜，我們知道藉由創造貨幣為基本收入提供資金可以是個明智的做法，只是創造多少貨幣必須因時制宜，不能顯著超過實體經濟的成長率。[44]

第二個理由所要求的銀行體系改革遠沒有第一個理由那麼激烈。它因為二〇〇八年的金融危機，以及隨後歐洲經濟長期停滯（儘管利率保持在極低的水準，有時甚至出現負利率）而重新受到注意。主流經濟學家提出「民享量化寬鬆」的構想，建議向歐元區所有居民直接支付一筆現金，藉此刺激經濟，因為這比起經由利率和私營銀行運作的慣常手段可以更快更有效地提振消費需求。[45]但是，做為刺激經濟的一種手段，這種平等的「直升機貨幣」僅能運作一段有限的時間。一旦為經濟注入購買力的工作已經完成（無論是一次性支付或短期內的多次支付），這種操作就必須停止。[46]

我們也可以不仰賴創造貨幣，考慮針對貨幣流通課稅做為基本收入的財源。針對國際金融交易的「托賓稅」（Tobin tax），可視為這種稅相對溫和的版本，偶爾也有人建議以此做為基本收入的財源。[47]托賓稅是經濟學家托賓的構想，其主要目的不是產生收入，而是希望藉由阻礙投機交易，降低金融市場的波動性。即使是非常低的稅率，也將導致稅基劇烈萎縮。因此，托賓稅的收入必將相當有限。此外，因為顯而易見的理由，托賓稅只能在國際層面引進。[48]

但是，我們也可以構思一種「超級托賓稅」，也就是對每筆電子轉帳課徵微型稅，即使是從個人的活期存款帳戶轉帳至自己的儲蓄帳戶也不例外。在瑞士二〇一六年基本收入公投（見第七章）舉行前的辯論中，人們曾認真討論以這種方式替基本收入籌措資金（至少較長期而言）的一個方案。[49]這種稅一再有人獨立提出，包括在與基本收入有關的情況下。[50]若要課徵這種稅，我們確實必須將大筆非電子支付的作用邊緣化，例如不再發行紙鈔，或是法律上不再保障以紙鈔進行的交易（無論是使用本國還是外國鈔票）。不過，這種稅的好處是「無痛」：不過是每次轉帳自動支付一筆小額費用，就能換取使用一種安全、方便和精密支付系統的權利。我們必須以開放的思想探討這種普遍的轉帳稅，以及因為進一步的技術創新而變得可行和可靠的其他新稅種，無論是為了替基本收入或其他公共支出籌措財源，還是為了課稅的其他功能。

消費

在此同時，最廣義的所得稅仍必須是主要財源。[51]但是，這種稅並非只能在人們賺取所得的當時當地課徵，也可以在人們花掉所得的當時當地課徵。所得稅與消費稅的主要客觀差異，顯然在於個人所得存起來的部分可以避開消費稅，但避不掉所得稅。但兩者也有一種主觀差異：我們會自然地視所得稅為國家拿走我們創造的部分所得，並視消費稅為推高我們購買別人生產的東西之價格。消費稅有兩種主要執行方式。

其一是支出稅：個人某段時間的總所得減去期間的儲蓄，然後對這個差額課稅。替支出稅辯護的理由主要是這種稅有助促進投資和經濟成長，但另一個理由是它有助限制奢侈消費——至少如果我們將它設計成一種累進稅的話，可以有這種作用。[52]在米德的「良好國度」模式中，這種稅正是社會紅利的部分財源。[53]實施這種稅要求我們相當明確地區分消費與儲蓄。我們應如何看待耐用消費品、自住房屋和偶爾出租的房屋？實物或現金贈與又如何？確切的界線怎麼畫，取決於我們偏離所得做為稅基的具體原因。但一旦決定了如何畫分，原則上我們可以自由選擇這種稅的具體設計。雖然高所得者的儲蓄率通常較高，如果支出稅的累進程度夠高，他們仍然可以承擔較重的稅負（以支出稅占總所得的比例衡量）。

第二，消費稅可以採用銷售稅的形式，而歐洲增值稅（European VAT）是其中一種模式。在所有形式的銷售稅中，最終消費者在賣方設定的價格外，支付相當於賣價某個百分比的稅金（原則上可以超過一〇〇%，而所得稅或支出稅的稅率則不可以超過一〇〇%）。如果是一般銷售稅，賣方將所有稅金移交給政府。如果是採用增值稅模式，賣方會扣掉他們出於業務需要購買商品和服務所支付的銷售稅，然後將稅金淨額移交給政府。也就是說，政府僅對增值的部分課稅。與所得稅或支出稅不同的是，銷售稅（無論是否採用增值稅模式）適用於本地和外國生產的東西，同時豁免出口的商品。一如線性支出稅，銷售稅傾向寬待高所得的人：因為他們將較高比例的所得存起來，他們支付的銷售稅占所得的比例較低。因為消費很零散而且次數極多，銷售稅的累退性遠比支出稅難避免。我們只能試著針對必需品與奢侈品設定不同的稅率。但是，因為許多奢侈品（珠寶、藝術品、奢華假期之類）的買家可以周遊各國，此類商品的銷售因此對這種稅率差異非常敏感。

引進一種（相當微薄）的基本收入，以銷售稅為財源，而且做為一種與銷售稅自然相關的安排（無論銷售稅的主要目的為何），這種構想在美國出現於一種意想不到的情況下。赫克比（Mike Huckabee）二〇〇八年競逐共和黨總統提名時，在替一種（成比例的）「合理」消費稅辯護時，也倡導引進一種所有居民均可享有的無條件移轉支付。他這種所謂的「預付退稅」（prebate）是為了防止窮人因政府課稅而變得更窮。預付退稅的金額為貧窮線乘以消費稅率，因此類似低於貧窮線的所得豁免個人所得稅。例如貧窮線若為每人每月一千美元、消費稅率為二〇%，則每月二百美元的基本收入（約為當時美國人均GDP的五%）將可提供這種保障。[54]

在歐洲的基本收入討論中，以增值稅做為主要財源的提議自一九九〇年代以來便一直相當重要。[55]若想在整個歐盟或歐元區的層面引進基本收入，以增值稅為財源是有一些具體理由的（見第八章）。但即使在單一國家的層面，若干具影響力的基本收入倡導者也強力建議利用增值稅。例如比利時資訊與通訊技術企業家杜沙勒（Roland Duchâtelet）一九九〇年代末創立的政黨，便提議廢除基於薪資的社會保障提撥、僅保留針對高收入者的個人所得稅，同時將增值稅率從二〇％提高至五〇％，以便為約五百歐元的無條件基本收入（相當於當時比利時人均GDP的二三％）提供財源。[56]德國某大型藥局集團執行長、該國最出風頭的基本收入倡導者維爾納（Götz Werner），自二〇〇五年以來也建議以增值稅為財源，引進一千歐元的基本收入（相當於當時德國人均GDP的三五％）。[57]在維爾納的影響下，發起瑞士二〇一六年基本收入公投的人，也主張以增值稅為主要財源（見第七章）。[58]多數提案建議對奢侈品設定較高的增值稅率，以求提高這種稅的累進程度。

無論我們能否以這種方式大幅提高增值稅的累進程度，我們不能以所得（或支出）稅可以發揮更大的重分配作用為由，過於輕易地否定以增值稅替代所得稅的可能。在許多經濟合作暨發展組織（OECD）成員國，所得稅最高稅率自一九七〇年代末以來漸趨下跌，有錢的納稅人享有各種扣除額、豁免、租稅優惠、折扣、法規漏洞、資本所得分離課稅、租稅優化以至逃稅手段的好處，使得所得稅在累進程度方面的優勢愈來愈有疑問。[59]增值稅因為能無差別地將多數消費納入課稅範圍（無論支出是源自什麼類型的收入），而非主要針對勞動所得課稅，在某些情況下，它做為基本收入財源的累進程度和可靠程度不輸給所得稅，在已開發或開發中國家皆是如此。[60]

支持以增值稅做為基本收入財源的人有時會說，相對於針對所得課稅，針對消費課稅可以降低勞動成本，保護工作誘因。但這種想法主要是因為一種短期錯覺所致。提高消費稅通常會推高物價，因此壓低實質工資。政府提高勞動所得稅導致勞動力相對稀缺、勞工議價能力增強，勞動成本因此上升；難道政府提高勞工的消費稅，類似的效應就不會出現嗎？邊際實質工資因為稅後工資降低而萎縮，進而影響勞動力供給；如果邊際實質工資因為物價上漲而降低，就不會影響勞動力供給嗎？因此，如果以增值稅為財源與以所得稅為財源對勞動成本和工作誘因的影響有系統性的差異，那只能是因為增值稅實際上可以在支出環節將範圍較廣的所得納入課稅範圍（相對於所得稅在收入環節將所得納入稅網的範圍而言）。[61]我們沒有根本性的理由否定以增值稅（或另一種形式的銷售稅）做為基本收入的一種財源，但也沒有根本性的理由要採用它。不過，在所得稅較難執行或效果不彰的情況下，增值稅可能具有實務面的優勢。

最後我們要說一下利用租稅設計鼓勵或阻礙特定消費（進而影響生產）與基本收入的關係。利用租稅設計影響消費的其中一個理由與健康有關，通常是針對菸酒課較重的稅，而這可能是出於決策者的家長作風或希望減輕公共醫療的負擔。另一個主要理由，是藉此將環境外部效應內部化，保護未來世代的利益。例如我們可以針對化石燃料之使用課稅，因為使用這種燃料除了造成在地汙染外，還會增加氣候變遷的風險。我們也可以針對私人車輛之使用課稅（無論這些車是否使用化石燃料），因為它們製造噪音、造成阻塞和危險，以及占用公共空間。我們也可以針對各種不可再生能源之使用課稅，以助保存這些資源供未來世代運用。這些各種形式的生態稅有稅收以外的理由，但有時也有人主張它們是基本收入的合適財源。[62]

這種稅收並沒有根本性的理由必須專門用來支付基本收入，但將兩者聯繫起來卻往往有個好理由。政府引進這種生態稅，會使直接相關的商品承受漲價壓力，需要這些商品做為原料的其他商品與服務也將受影響。這難免會損害人們的生活水準。如果我們希望補償人們並維持我們期望這種稅所產生的作用，利用這種稅收支付基本收入顯然是個方法，因為它能補償小型消費者的損失有餘，而大型消費者的損失則只能得到部分補償。這種理由類似前述伊朗補助政策背後的理由，但在伊朗的例子中，政府必須提供補助是因為源自國民共有資產的一種商品（國內開採的石油）漲價，而此處則是因為引進一項旨在減少負面外部效應的稅。這兩種情況下的財源都是脆弱的，但原因不同：前者是因為國家不可再生的天然資源終有一天會耗竭，後者是因為新的稅目可能成功改變人們的消費形態。

我們快速檢視其他財源後，擔心慷慨的基本收入完全仰賴所得稅將導致極高稅率的人，可以得到什麼啟示？首先，我們有足夠的其他選擇，當中很多是有用的，在某些特別情況下甚至非常有用——有時可能使勞工面對的邊際稅率不必顯著上升。但是，這些其他財源沒有一個是萬靈丹，也無法真正保證慷慨的基本收入在經濟上是可長久持續的，而至少在短期內，我們也沒有理由相信我們可以放棄所得稅。因此，我們很有必要另想出路，探索我們可以審慎邁向基本收入的各種方法，並討論它們各自的優點。這正是本章餘下各節所要做的事。

類別式的基本收入

第一種可能，是先推行僅限某類人享有的基本收入。最顯而易見的限制是限定受益人的年齡。事實上，在某些地方，已經有僅限少年和老年人享有的基本收入。

首先，許多國家已經推行某種全民兒童福利制度，也就是一種未成年人的基本收入，付給受益人的父親或母親（通常是母親），有時除了必須是永久居民外再無任何要求，有時會要求孩子必須上學，有時金額會視孩子是第幾胎而有差別，有時貧窮或單親家庭可以享有額外補助。許多歐洲國家設有這種全民兒童福利制度。二〇一二年，蒙古成為第一個設有這種制度的開發中國家。[63]全民兒童福利制度往往是從財源來自雇主提撥款的社會保險方案演變而來：雇主因此不必向所有員工（包括那些沒有家人的員工）支付足以養一個大家庭的工資，就能確保所有員工都有足以養家的收入。這種全民福利具有無條件基本收入人人有份特質的那些好處：較高的請領率，沒有汙名化的問題，以及不會製造出貧窮陷阱。此外，相對於需要審查經濟狀況的兒童福利，這種制度還有額外的優勢：它比較能團結負責照顧小孩的人和不負責這種工作的人，而且能避免家庭中的次要勞動者（主要是母親）陷入無法走出家庭的困境。在需要審查經濟狀況的兒童福利制度下，決定外出工作的母親不但面對相當高的邊際稅率（如果整個家庭的收入合併納稅的話），還會被扣減或甚至取消兒童福利，使得她們面對的有效邊際稅率令人非常不想工作（問題比其他任何類別的人都嚴重）。但是，一旦改為由一般稅款而非社會保險提撥款提供資金（當制度保障所有兒童而非只是受薪勞工的孩子，這是合理的一步），全民兒童福利往往成為一些短視提案的目標，這些提案要求將制度改為需要審查經濟狀況的類型；這種短視提案有些成功，有些遭否決，或在一段時間之後遭推翻。[64]

在年齡光譜的另一端，潘恩早就倡導引進一種全民基本養老金（見第四章）。在一九三〇年代，大約與朗恩的「分享財富」運動同期，加州醫師湯森（Francis Everett Townsend）主張以銷售稅為財源，引進年逾六十歲的所有美國人皆可享有的基本養老金。他的運動以「老人休閒、青年工作」（Age for Leisure, Youth for Work）為口號，集結了上千萬名支持者，但小羅斯福總統在一九三五年的《社會保障法》引進一個需要審查經濟狀況的老年公共救助方案後，運動聲勢便衰落了。[65]一九三八年，紐西蘭開創全球先河，引進一個非提撥式、不需要審查經濟狀況的退休金方案。方案名為「紐西蘭養老金」（New Zealand Superannuation），一九八五年改為需要審查經濟狀況，但一九九八年恢復為人人有份的方案。在一九四〇和一九五〇年代，丹麥、芬蘭、瑞典與荷蘭也引進這種基本養老金方案，但只有荷蘭的方案維持至今（金額相當高，二〇一五年時約為人均GDP的三〇％）。在丹麥，收入屬頂尖一％的人已失去領取這種養老金的資格。在紐西蘭與荷蘭，領取基本養老金必須符合居住時間的要求，但領取資格並非僅限於六十五歲後仍在國內居住者。[66]若干開發中國家也已推行全民基本養老金。例如納米比亞一九九二年引進方案，使該國所有六十歲以上的永久居民享有養老金（二〇一四年時金額相當於人均GDP約一二%）；玻利維亞也於二〇〇八年引進同樣無條件的「尊嚴養老金」（Renta Dignidad），金額二〇一四年時相當於人均GDP約一五%。相對於需要審查經濟狀況的方案，全民基本養老金的優點也就是第一章提到的無條件方案一般優點：較高的請領率，沒有汙名化的問題，以及有助防止貧窮陷阱（在此處主要是不想儲蓄和累積養老金權利的問題，而非不想工作的問題）。但是，一如兒童福利方案，某些地方的人成功地將無條件養老金方案改為需要審查經濟狀況的方案。[67]

站在我們的立場，全民兒童福利和基本養老金都是非常好的政策。在社會保險制度之外建立這些方案，是將基本社會保障（以及這種保障賦予人的自由）普及至承擔社會保障提撥的人之外的一種方法。此外，因為全民兒童福利是無條件的（除了必須有孩子和必須照顧孩子之外），而且基本養老金也與個人以往的職業經歷無關，人們因此較容易在必要時縮減工作時間，而這有助更多人分享受薪工作的機會。全民兒童福利和基本養老金的作用，因此類似無條件基本收入希望產生的作用。兩者因此在許多情況下都是有助我們邁向基本收入的方法。

但是，若以其他方式引進照顧某一類人的基本收入，就無法一概而論了。例如有人可能會想先為年輕成年人提供基本收入，再將享有基本收入的權利逐漸普及至兒童和老人以外的人。[68]乍看之下，這是一個群組接著一個群組地普及基本收入（而非一個年齡組接著一個年齡組）。這種做法的明顯後果，是在各群組間公然製造出不公平，包括各群組在其職業生涯中在勞動市場將享有不同的議價能力。而再分析之下，我們會發現，在特定時段裡，只有某個年齡組的人（例如十八至二十一歲的人）享有基本收入；這些人一旦年滿二十二歲便不再享有基本收入。艾克曼與艾斯托特一九九九年提議發放為期四年、每年二萬美元的「利害關係人贈與」，實際上正是這種方案。[69]這種做法也類似這種建議：將目前某些國家對所有全日制學生的補助金普及至所有年輕人，因此避免那種有利於優勢家庭子弟（在接受高等教育的學生中占較大的比例）的反常重分配。[70]這種做法不會像逐個群組普及基本收入的做法那樣產生結構性不公平，但可能強化以下這種過時的觀念：接受高等教育應集中在成年後頭幾年，而非採用終身學習的形式。此外，賦予年輕成年人一種數年後將失去的議價能力是否明智，大有質疑的理由。

也有人建議以職業類別而非年齡組為標準，逐漸普及基本收入。有些人特別希望先引進農民基本收入，因為他們希望藉此廢除不合理的農產品價格補貼；這種補貼長期以來是歐盟農業政策的重心。[71]另一方面，二〇〇五至二〇一二年間，荷蘭推行了一個可視為藝術家實質基本收入的方案。[72]這種類別式的方案都有一個顯而易見的問題。是否屬於某個類別一旦攸關重大財務利益，這種方案必將引發有關農民或藝術家資格條件（相關活動必須界定得多精確、全職的確切定義之類）的激烈爭議，更可能造成反彈而非有利於基本收入的逐漸普及。更欠缺吸引力的一項限制，是僅限本國籍永久居民享有這種類別式的基本收入；在多數國家，這項限制根本省不了多少錢。這種基本收入也將製造出這樣的勞動市場：為了替只有部分人享有的一種基本保障提供資金，所有勞工的薪資淨額都減少了。

因此，就工作年齡人口而言，永久的類別限制看來都沒有希望維持下去。堪稱合理的最接近做法，是巴西的「家庭援助計畫」（見第三章）的一種安排；它乍看像是執行上的缺陷，但實際上使該計畫比其他需要審查經濟狀況的方案更像一種基本收入。一個家庭被視為符合收入條件，因此正式加入援助計畫後，政府不可能以合理的成本持續審查其經濟狀況；當局因此普遍在家庭加入計畫後，接下來六年都不審查其收入。因此，接受援助的家庭在下一次審查之前，可以藉由額外的勞動所得補充收入。巴西若要引進真正的全民基本收入，經濟的正式化程度必須提高，政府對國民所得公平且有效率課稅的能力也必須相應增強。在此之前，這種一次六年的窮人基本收入可視為一種廣義的類別式基本收入，雖然如果給付較慷慨（在二〇一五年，一個人最多可以領到十三美元左右，相當於巴西人均GDP的二%）或可靠的經濟狀況審查不難執行的情況下，這種方案將無法長期維持。[73]

家庭基本收入與附加稅

那麼，在其他財源很可能幫助不大（至少短期內是這樣）或是會造成類似問題的情況下，我們要如何審慎地向勞動年齡人口全都享有慷慨的基本收入這項目標前進，同時避免使人擔心的邊際所得稅率大幅上升的後果？注意，這種憂慮（如前所述）並非源自基本收入義務全免的特質，亦非源自其預付安排，而是源自基本收入的這兩項特質：它是一種完全個人的給付，而且受益人可以不受限制地以其他所得補充自己的收入。這種憂慮因此並非僅會影響個人基本收入，也同樣會影響慷慨的個人負所得稅。我們可以藉由三種策略處理這種憂慮：在完全個人的特質上妥協，在受益人可以不受限制地以其他所得補充收入這一點上妥協，以及在給付的慷慨程度上妥協。

有關第一種策略，我們最好是從需要審查經濟狀況的現行給付制度談起。因為注意到這種制度容易使受益人深陷其中的問題，數個國家已經改革制度，使受益人可藉由勞動所得補充收入，不會因為自己多賺一元便導致福利給付減少一元。法國二〇〇九年的最低收入制度改革便是這樣。一九八八年創立的「最低收入補助」（revenu minimum d'insertion）變成「積極互助收入」（Revenu de Solidarité Active），有效邊際稅率因此從一〇〇％降至三八％。[74]但是，稅制與移轉支付制度要協調一致，則一般納稅人與移轉支付受益人如果勞動所得相同，他們的淨所得也應該相同。因為這項要求，法國的最低收入制度逐漸向一種比較簡單易懂、所有家庭都適用的負所得稅制度靠攏；這正是法國的社會黨政府委託撰寫的兩份報告所建議的，一份由負責規劃的官方智庫「法國策略」提出，一份由社會黨籍國民議會成員希惠格（Christophe Sirugue）提出。[75]

二〇一〇年十一月，英國的保守黨政府也宣布了類似改革：英國將從二〇一三年起逐漸實行一種以家庭為單位的負所得稅制度，名為「統一福利」（universal credit），預計到二〇一七年時全面實行。這是保守黨籍內閣成員史密斯（Iain Duncan Smith）設立的智庫社會正義中心（Centre for Social Justice）建議的方案。改革的目標是將數種稅額抵減和現金移轉支付（包括英國的最低收入方案「求職者津貼」〔Jobseeker's Allowance〕）合併為一個新方案，藉此賦予低收入民眾更大的財務誘因參與勞動市場。[76]

與稅制的整合一旦完成，我們得到的便是一種以家庭為單位的負所得稅方案，僅適用於有工作或願意工作的人。但是，因為這種制度保留工作的財務誘因，受益人必須願意工作這項要求應可放寬（確保受益人願意工作的監督作業往往是侵擾性的，成本高昂而且不太有效）。補助金仍不會預先支付給所有家庭，但計入移轉支付的稅後所得分配情況，將與以家庭為單位的基本收入方案相同。以家庭而非個人為支付單位，使方案得以利用規模經濟。相對於個人基本收入方案，同居伴侶每人享有的最低收入可以低一些；也就是說，我們可以用明顯較低的成本達到相同的扶貧效果。此外，因為現行最低收入方案往往是以家庭為單位，我們只需以較溫和的幅度調高稅率，就能取代現行方案，同時確保現行方案受益人的境況不會變差。但是，以家庭為單位顯然將失去與真正基本收入方案個人特質相關的簡易性和其他重要優點（見第一章）。

因此，我們值得考慮第二種策略：堅持基本收入或（負所得稅）可退款稅額抵減的完全個人性質，同時容許非常高的福利給付取回率，也就是容許某種累退所得稅的設計。米德的「良好國度」構想正是主張這種做法：他建議對所有人收入較低的部分課徵一種「附加稅」。[77]這當中的基

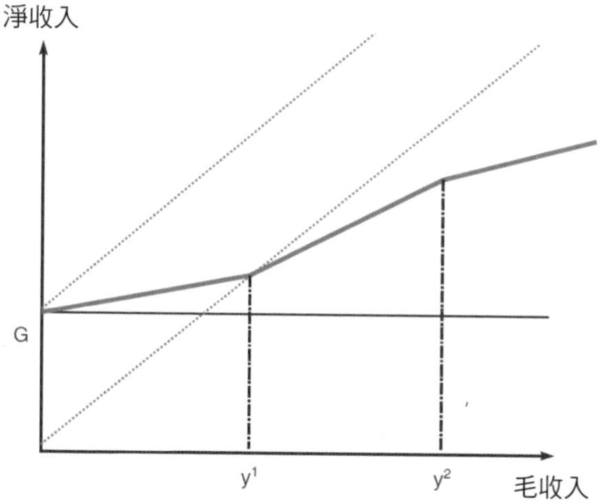

圖六·二　基本收入搭配高福利取回率之下的淨收入

在這個附加稅例子中，政府拿走人們所有額外收入的75%，直至毛收入達到平衡點y^1。

因為所有納稅人有頗大一部分收入適用此一高稅率，政府得以在某個預算目標之下，針對y^1與y^2之間的毛收入應用一個低得多的邊際稅率。

毛收入超過y^2之後，政府可以採用累進稅設計。

本假設是一種弔詭的情況：相對於有錢人或至少沒那麼窮的人，窮人承受較高的稅率反而比較好。講得準確點，如果我們希望能長久持續地將最低收入最大化，所得分配當中較低那一部分的所得稅必須採用累退式設計。理由很簡單。[78] 如果你希望能長久持續地課到巨額稅收，最好是對涉及最多人的所得等級（人人都有部分所得屬於這個等級，但極少人的邊際所得是在這個等級）應用高稅率。這個所得等級的適用稅率並不影響多數人略微增加或減少工作的得失。這種構想並不排除對所得分配中較高的部分所得採用累進所得稅——也就是相對於較低的所得等級，某些較高的所得等級可以應用較高的稅率。不過，這種構想使人強烈傾向支持對最低的所得等級應用相當高的有效稅率（見圖六・二）。

相對於線性稅設計，這種累退稅設計有個缺點：它使收入源頭的自動課稅變得沒那麼簡單。在個人納稅的制度中，它也會妨礙家庭中的就業分享：如果較低的所得等級適用較高的稅率，就業集中在一個人身上比較符合家庭的經濟利益。最重要的是，它使廣泛的低所得必須承受非常高的稅率。沒錯，相對於嚴格審查收入方案實質上一〇〇%的邊際稅率，七五%的邊際稅率阻礙人們工作的作用會輕一些，而且如果方案是採用預付基本收入（而非可退款稅額抵減）的形式，最低收入的確定性應能進一步協助消除失業陷阱（見第一和第二章）。但是，永久且明確的高度累退所得稅設計，仍是第二種策略的一個嚴重障礙。

部分基本收入

第三種策略是我們喜歡的選項。它保留個人基本收入的簡易性，也避免了不受歡迎的累退稅設計，但暫時接受所謂的部分基本收入（partial basic income）方案，也就是它不宣稱會給付足以滿足個人獨居的基本需求。英國一九七〇年代末檢討稅制的米德委員會曾認真考慮這種方案。在一九八五年應荷蘭政府要求發表的一份報告中（見第四章），這種方案是未來社會保障最佳情境的核心成分。舉個例子：如果在已設有有條件最低收入方案的情況下引進部分基本收入，基本收入可以設在一對夫婦享有的最低收入的一半水準，同時維持有條件公共救助方案，以便基本收入受益人必要時可以得到額外救助（例如只有一名成年人的家庭如果無法得到額外救助，在部分基本收入制度下便會有損失）。[79] 真正的部分基本收入會採用對每一名成年人預付基本收入的形式，但完全個人的可退款稅額抵減已經是往這個方向邁出一步。[80]

做為一種馬上實行的措施，部分基本收入相對於「完整的」基本收入有兩項主要優勢。首先，它可以避免或至少顯著減輕前述的兩難：我們一方面擔心針對低所得維持相當高的福利取回率將造成嚴重的貧窮陷阱，另一方面又擔心廣泛的收入面臨邊際稅率大漲的情況，將在勞動市場引發大致上無法預料的影響。第二，部分基本收入可以避免驟然嚴重衝擊所得分配：因為它是完全個人的，「完整的」基本收入及其財源安排將改善同居成年人的境況，而只有一名成年人的家庭之財務狀況則將受損。這兩項優勢伴隨著一個缺點：如果我們希望避免某些貧窮家庭的境況明顯惡化，我們將必須藉由有條件的公共救助維持可觀的補充救助。

當然，部分基本收入必須夠高，足以產生實質貢獻。引進部分基本收入不代表取消一切有條件的救助方案。在基本收入之外申請額外救助的人，仍需要符合各種條件和通過相關審查。但是，引進部分基本收入之外，這種需要將大幅減少：一來是因為部分基本收入將取代金額較低的所有福利和減稅措施，二來是因為失業陷阱問題將得以顯著減輕，那些有超過一名成年人的家庭甚至可以完全避免掉入失業陷阱。需要額外救助的人將主要是獨居者；相對於有較多家人同住的人，這些獨居者本來就比較需要社工的關注或指導。部分基本收入必須夠高，除了是容許福利制度明顯簡化外，更重要的是要產生本書第一章所宣稱的解放作用。無條件基本收入的水準不必足以使人終身過體面的生活（不必足以支持獨居者在城市過體面的生活），但足以使人顯然有較多的自由接受或拒絕某些工作。不足以使人終身過體面生活的基本收入，仍可使人得以接受收入較低或較不確定的工作、縮減工作時間、接受進一步的培訓或教育，或是花更多時間尋找適合自己的工作；拜儲蓄、分享、貸款和非正式互助所賜，許多人將在這些方面享有更多自由。

就這點而言，基本收入的倡導者應避免浪費太多時間研究何謂充分足夠的基本收入水準。無論如何，試圖一步跳到「完整的」基本收入（無論界定得多精確）是不負責任的。在下一步中，我們必須考慮完整基本收入的潛在後果，就許多問題達成共識，這與何謂基本收入的理想水準（做為一種願景、一種動員支持力量的理想、一種終極目標）有所不同。就目前而言，比終極目標的量化分析重要得多的問題是：引進部分基本收入後，什麼將受抑制，什麼將得以維持？視其財源安排和改革方案中的其他措施而定，較低的基本收入或許可以顯著改善弱勢者的境況，而較高的基本收入則可能使弱勢者的境況惡化。

我們自己確信，在許多情況下，部分基本收入這第三個選項最能寄予厚望，各國的情況會有不同，視其租稅和移轉支付系統的結構與規模，以及政治機會（見第七章）而定。我們在此引用學術界最早的基本收入倡導者之忠告。柯爾便曾表示：「倘若我們決定推行『社會紅利』制度，使所有公民在因為個人勞動而享有的報酬外，因為共同繼承的資源而享有領取社會紅利的權利，則我們無疑必須從小規模做起——社會紅利的水準不應忽然間擾亂生產服務相關收入的整個結構。但在社會紅利制度確立後，可以逐漸擴展。」[81]

米德則這麼說：「社會紅利可以從非常有限的規模開始，財源包括取消現行所得稅制度下的個人免稅額、縮減其他社會福利、溫和提高稅率，以及在某個階段針對其他所得的最初部分課徵特別稅。如果我們以和緩的速度做這件事，我們可以期望在不造成太大壓力的情況下，最終達到『良好國度』狀態。」[82]

在許多地方，連這種部分基本收入也不是可行的下一步。其他許多措施可視為方向正確的可喜進展，例如在沒有最低收入制度的國家引進有條件的最低收入保障，普及兒童福利和基本養老金制度，普及可退款稅額抵減，發展在職津貼（in-work benefits）制度以補充非自願失業者獨享的補助，以及以職涯中斷或縮減工時津貼的形式，引進對自願失業者的補助。一個地方有愈多這種措施，引進基本收入涉及的不確定性就愈少。

這種審慎的漸進方式，是否足以安撫人們對引進基本收入後果不確定之疑慮？[83] 埃爾斯特在他對基本收入構想的有力批評中指出：「當前的社會科學狀態，遠遠不足以讓我們預測重大制度變革的總體淨長期均衡效應，而藉由漸進規劃或試誤法進行零碎的社會改造，則僅能容許我們估計區域性的、局部的、短期的或過渡性的效應。」[84]

我們同意這種看法：我們討論基本收入實驗時，其實一再以不同方式表達了此觀點的前半部分。但是，如埃爾斯特承認：「或許可以這麼反駁：小規模推行方案，提供低水準的收入保障，不會造成什麼損失。如果實行方案能產生預期中的效果，保障的收入水準可以提高，直到進一步提高開始產生負面作用……換句話說，如果實行方案不會造成什麼損失，而且可能會有好處，為什麼不給它一個機會呢？」[85]

這事實上正是我們的建議。有關驟然提供慷慨的無條件基本收入會造成什麼後果，如果我們無法藉由實驗獲得充分的資訊，何不從提供相當有限的基本收入做起？畢竟另外兩種社會保障模式也正是這麼做的。相對於法蘭德斯城市十六世紀初率先引進的方案，某些歐洲以至北美國家現行的公共救助方案堪稱非常慷慨；相較於俾斯麥開創的養老金制度（見第三章），現在的社會保險給付也堪稱慷慨。當年俾斯麥並沒有隨機選出一個工人樣本，然後檢視他們是否會因為支付社會保險保費並獲得國家保證提供養老金，便減少工作或儲蓄（相對於對照組而言）。俾斯麥只是要求產業工人將二％的工資注入一個基金，而且如果繳款至少三十年，將能獲得可能僅為工資一九％的養老金。[86]當年決策者之所以有信心提高給付，不是靠隨機實驗，而是靠給付起初相當有限的實際試驗，而且試驗是全面性的：公共救助是在整個城市的層面，社會保險則在整個國家的層面。

這是否足以克服埃爾斯特對基本收入的保留？答案是否定的。考慮到「看似同樣可信的實際或潛在提案非常多」，這種實際試驗「是有用的，實際上是必要的，如果大家普遍認為基本構想成立的話；如果只是希望為天擇的某種社會版本提供輸入（inputs），則實際試驗沒有意義。有些熱心的人針對我們的問題提出某種萬靈的方案，社會無法承諾支持每名熱心人士喜歡的構想」。[87]因此，反對以上述方式邁向基本收入，本質上不是基於經濟理由，而是因為懷疑方案的潛在政治支持：「據稱可以產生的作用涉及巨大的不確定性。這些作用『或將』在某種抽象意義上出現，但不會激勵任何人採取政治行動。」[88]

這就講到了下一章的主題。

7 政治上可實現嗎？公民社會、政黨與後門

我們負擔得起可觀的基本收入（例如相當於人均GDP的二五％）嗎？上一章應已賦予我們信心，使我們相信負擔得起，或至少相信我們可以負責任地引進部分基本收入，產生實質作用，同時替隨後提升基本收入的水準鋪路。但經濟上可以持續不代表在政治上可行。沒錯，在許多國家，建立基本收入制度不過是在以往成就的基礎上更進一步——無論那些以往的成就是需要審查經濟狀況的一般最低收入方案、全民實物補助方案（教育和醫療），還是限定年齡的方案（兒童福利與養老金），它們在政治上多數已證實相當穩健。[1]但是，至今尚未有任何國家嘗試以無條件基本收入的形式，為公民提供基本保障。

政治可行性這個因素，與經濟永續性不同，絕不能視為一種既定事實。政治可行性是可以藉由輿論塑造的，而協助塑造政治可行性事實上正是我們的責任。[2]政治可行性無疑與某些人所說

的階級鬥爭有關，另一些人則認為這主要取決於中間選民的自利考量。但是，如皮凱提寫道：「不平等的歷史是由以下因素塑造而成：經濟、社會與政治行動者對何謂公正、何謂不公正的看法，這些行動者的相對勢力，以及由此產生的集體抉擇。」[3]決定哪些事情在政治上可行的因素中，我們的價值觀與我們的利益一樣重要，我們的道德好惡與權力格局一樣重要，有關何謂正義的見解與我們為了滿足自身貪欲而做的計算一樣重要。如果我們身為本書的作者不是這麼想，我們根本就不會費心寫這本書了。這正是為什麼政治可行性與道德正當性密切相關。事實上，埃爾斯特之所以認為基本收入「完全欠缺根植於社會運動的潛力」，除了因這種方案的效果不確定外，正是因為它在道德上是令人反感的。他寫道：「此外，這種方案違反人們普遍接受的一種正義觀念：身體健全的人仰賴其他人的勞動生活是不公平的。多數勞工會認為這種方案是懶人剝削勤勞者的妙計，而我認為這種看法是正確的。」[4]

在本書第一和第五章（後者說得更明確），我們駁斥這種說法，指出無條件基本收入是自由和公正社會的一項關鍵要素。但是，這種說法對基本收入的政治可行性影響甚大，我們因此必須回頭討論它。但在此之前，我們希望概括一下以往和現在公眾支持或反對基本收入的情況，深思各種潛在的原因，以及探索藏在各種社會與政治潮流中的資源，以期替這種構想爭取支持。

評估基本收入當前的支持與反對程度的方法之一，是參考民意調查的結果。某些民調研究賞罰和個人責任等概念如何影響人們對福利方案的態度，而它們一再證實，要求受益人必須願意工作的最低收入保障方案和失業保險方案，比不設這種條件的方案得到更多人支持。[5]不過，若干國家也在某種程度上調查了民眾對基本收入的態度。[6]所有調查的結果都必須以慣常的審慎態度處理，因為問卷問題的具體措辭和設計會影響調查結果。有關無條件基本收入構想的調查更是如此，因為多數受訪者很可能不熟悉這項構想，他們很可能會因此對相關概念感到困惑。此外，受訪者被要求比較基本收入與現行福利方案（或他們受訪時所理解的現行福利方案），而各國的福利方案現狀顯然有巨大差異。

有些調查是在北歐國家做的，當地的福利制度整體而言較為普及，而基本收入的概念也較多人認識。丹麥一九九四年的一項調查便發現，四〇%的受訪者認為基本收入是個「好主意」。蓋洛普（Gallup）二〇〇二年在芬蘭做的調查發現，六三%的芬蘭人認為「自動保證所有永久居民享有某種基本收入的制度」是個「好主意」。同一年，調查人員以同一套問題訪問一個具有代表性的瑞典人樣本，結果有四六%的受訪者表示支持基本收入的構想。在挪威，二〇〇三年的調查顯示，三分之二的受訪者贊同基本收入的構想。[7]

北美和法國一些較為近期的調查產生了相當不同的結果。在二〇一一年八月一項有關「政府福利」的全國調查中，具代表性的一千名可能投票的美國人被要求回應以下問題：「這項措施是要為所有人提供足夠的金錢，使他們無論是否選擇工作，都能滿足基本生活需求。請問你是支持還是反對聯邦政府為每一名美國人提供基本收入補助？」結果八二%的受訪者反對，僅一一%支持。若以政黨傾向區分受訪者，一九%的民主黨支持者和三%的共和黨支持者支持基本收入。二〇一三年在加拿大做的一項類似調查問得比較含糊，僅問受訪者是支持還是反對「以一種保證年收入的政策取代現行的經濟救助方案」。結果四六%的受訪者至少「某程度上支持」。[8]

法國二〇一五年的一項調查得出更高的基本收入支持率。這項調查詢問一群具代表性的法國人如下問題：「你是否支持引進保證所有公民享有基本收入的制度，藉此取代多數現行福利？」結果六〇%的受訪者支持（當中一六%為完全支持），四〇%不支持（當中一九%為完全不支持）。綠黨和極左派支持者近八〇%支持基本收入，極右國民陣線的支持者五一%支持。如果問題刪去「藉此取代多數現行福利」，換上「無論他們是否選擇工作」，法國民調結果想必不會與美國相差那麼遠。[9]

迄今最大規模的基本收入民調同時採用了上述兩項說明。這項調查由柏林的Dalia Research於二〇一六年四月完成，訪問一個具代表性的歐洲人樣本，一萬名受訪者分布二十八個國家（說二十一種語言）。他們被要求針對這種構想表達意見：「政府無條件支付每個人一筆收入，無論受益人是否工作和是否有其他收入來源。」相關說明也提到，基本收入將取代「其他社會保障給付」，而且「金額將足以滿足所有基本生活需求」。近三分之二（六四％）的受訪者表示，「如果今天針對是否引進基本收入舉行公投」，他們將投支持票。僅二四％的受訪者反對，另有一二％表示他們「將不會投票」。[10]這項調查和上述其他調查的結果，對評估某時某地無條件基本收入的政治前景並非沒有參考價值。但是，它們也只是反映民眾某個時候的想法，而這些民眾可能明白基本收入的概念，但不曾認真思考過相關問題。

不過，這種情況也有一個重要的例外：瑞士二〇一六年六月就無條件基本收入舉行公投之後的兩週內，針對該國一個具代表性的人口樣本所做的調查，便不像上面所講的那樣。那次公投的題目並未指明金額，但整個公開辯論過程一再提到公投發起人提及的很高的金額：每位成年人二千五百瑞郎（約二千五百美元）。公投整體結果為二三．一％的人支持，七六．九％的人反對。公投後的調查顯示，最老的一組人（年逾七十歲者）支持基本收入的比例最低，僅為一〇％，而他們也是投票率最高的年齡組。不過，最年輕一組人（不超過三十歲者）的支持率也略低於平均值，僅為二二％。所得不同的各組人支持基本收入的比例並無顯著差別，男女則略有差別（二一．五％的男性支持，二四％的女性支持），城市居民（三二％）與鄉村居民（一九％）差異很大，各職業類別的支持率也有重大差異，支持率最高的是自營作業者（三六％）。至於支持或反對的原因，支持者最常提出的理由是他們希望促進相關討論（因為他們認為基本收入是很好的構想），反對者最常提出的理由則是他們認為基本收入無法找到可靠的財源。[11]

拜投票之前的公開辯論所賜，全國公投創造了進行民調的極佳機會：受訪者特別瞭解相關議題。但是，這種機會僅出現於極少數地方，而且不可能常有；此外，它也受限於公投發起人選擇的具體構想。因此，為了評估公眾對基本收入提案的接受程度，比較有效的做法通常是檢視公民社會各部分和主要政治群組針對基本收入的明確討論。

工會

一直以來，工會（也就是正式經濟部門受薪勞工的組織）站在無數進步抗爭的前線，對一些重大成就有巨大的貢獻。工會能否在我們邁向基本收入的路上也發揮重要作用？工會將會這麼做嗎？回顧多數工會對最早的類似基本收入的提案之反應，看來不太可能。一九四三年，里斯威廉斯夫人提議在英國引進一種全民給付（條件是受益人必須願意工作），當時馬上就有人指出：「一種方案如果摧毀了支持家庭工資（足以養家的工資）的理由，是不太可能得到工會支持的。」一九五一年，皇家利潤與所得稅委員會（Royal Commission on Taxation of Profits and Income）考慮該方案時，工會聯合會（TUC）發表一份備忘錄，批評「不考慮需求」的基本收入概念，重申堅決支持社會保險原則——這些原則牢牢確立工人領取社會給付的權利。[12]

約二十年後，美國勞工聯盟暨產業工會聯合會（AFL-CIO）必須對尼克森總統的家庭救助計畫表態，該計畫與負所得稅方案有相似之處（見第四章）。聯合會某些成員正面看待家庭救助計畫，認為這或許有助邁向比較完整的安全網。但是，聯合會更重視提高最低工資，而非藉由政府補助支持低薪勞工。尼克森總統的顧問莫尼漢（Daniel Patrick Moynihan）後來憶述：「工會對保證最低收入的構想興趣不大，但他們並未反對家庭救助計畫，無論是面對公眾時還是在國會委員會的會議室，他們在那裡的勢力龐大無比。」[13]在加拿大，工會後來也對類似構想表態，其意見更明確也更不友善。[14]

歐洲一九八〇年代出現的公開辯論看來截然不同，這場始於荷蘭的辯論以真正的基本收入方案為焦點。荷蘭的辯論始於食品業工會Voedingsbond（荷蘭主要的工會聯合會FNV的成員組織），該工會一九八四至一九九二年間由盧比（Greetje Lubbi）女士領導，其中女性、低薪和兼職勞工成員的比例異常地高。在荷蘭失業率達到二位數的情況下，該工會的領袖倡導引進金額可觀的基本收入，同時大幅縮減工作時數。他們也質疑受薪勞工的工作倫理與文化中心地位，認為基本收入將能賦予那些「做無償工作、沒有收入和沒有社會地位的人」社會認同。[15]但是，如他們後來承認，「要動員工會成員支持基本收入這種抽象又長遠的目標證實相當困難」，因為這種目標與「工會成員在日常生活中具體關心的事情」有頗大的距離。[16]荷蘭食品業工會對基本收入的熱情因此失去動力，在一九九〇年代初逐漸消退，而事實上也從不曾得到其所屬的工會聯合會

FNV的領導層支持。[17]

在非常不同的背景下，南非總工會（COSATU）持續公開支持引進一種基本收入，做為同時促進經濟成長、創造就業和對抗貧窮的措施。正式經濟部門的勞工匯款給他們在南非的家人，這種非正式互助對許多工會成員是種沉重的負擔。以基本收入的形式引進一種正式的互助機制，可以提供一種比較透明也更有效率，同時沒那麼隨便的重分配機制。基於諸如此類的原因，南非總工會正式支持在南非引進基本收入制度。該組織聯合南非教會聯合會和南非NGO聯盟，二〇〇一年創立基本收入補助聯盟（Basic Income Grant Coalition），敦促政府引進每月一百南非蘭德的無條件基本收入（約為十八美元，相當於當時南非人均GDP的八%）。在二〇〇二年二月的預算演講中，南非財長曼紐爾（Trevor Manuel）表示，國家負擔不起這樣的基本收入，並以它反映「經濟民粹主義」為由否定它。雖然社會發展部長斯奎伊亞（Zola Skweyiya）二〇〇六年表示支持上述方案，但總統姆貝基（Thabo Mbeki）的政府確定反對基本收入，並重申支持比較有針對性的社會保障制度，隨後南非總工會也對此失去興趣。[18]

一九八〇年代的荷蘭食品業工會和二十年後的南非總工會，並非工會正式支持基本收入僅有的例子，但其他例子並不多。有些工會組織會議和出版刊物，藉此鼓勵人們深入思考基本收入的構想。[19]有些著名的工會領袖以個人身分倡導基本收入。[20]但工會最普遍的態度是漠視這種構想，有時是因為相關人士認為基本收入眼下沒有意義。在明確討論基本收入的少數例子中，相關人士往往大力否定這種構想。[21]

乍看之下，工會這種冷漠的態度有點出人意表。工人運動怎麼能反對一種可以增強工人議價能力的措施？無條件基本收入不但可以增加工人的就業（或不就業）選擇，賦予他們與雇主個別談判、尋求加薪或改善工作條件的能力；這種收入還可以成為罷工基金的方便財源，因此成為集體行動的一種寶貴資源，因為工人即使在停止工作後薪資中斷，還能穩定地領取基本收入。罷工工人因此有能力面對雇主的長期抵抗。[22]基本收入也將至少導致某些工作的勞動力供給減少，因此使工會在勞動市場做為集體行動者享有更強的議價能力。

那麼，為什麼工會往往冷漠對待甚至毫不客氣地敵視基本收入？這有幾方面的原因，其合理程度各有不同，不同背景下的具體情況也各有不同。[23]首先，有時有人混淆了基本收入這種構想與它的一種極端版本，這種版本主張廢除現行的整個移轉支付制度。工會基於三個原因，強烈反對廢除現行的移轉支付制度：這會使某些貧窮家庭的境況變得更差；社會保險和公共救助制度有某些功能是基本收入無法提供的；現行福利制度將必須裁減大量員工。但是，本書第一和第六章已經說明，明智的基本收入提案都必須視為提供一種無條件的經濟基礎，與社會保險和公共救助的額外給付完全相容，較長期而言仍然如此。引進基本收入時，我們可以（也必須）適當設計具體安排，使低收入家庭因為額外的給付而得以避免（靜態條件下的）損失，而所有人將因享有更多選擇而得益。基本收入將不會取代社會保險和公共救助制度，而是將協助它們更妥善發揮其特殊功能。因此，我們不應擔心（或期望）現行福利體系大量裁員。我們確實希望引進基本收入能減少官僚作業，因為賦稅和移轉支付制度將顯著簡化，而且我們將減少仰賴有條件的福利措施。但我們可以確信逐漸實行這種較為簡單的制度本身將是足夠複雜的工作，過渡期間將需要能幹的員工，而福利體系的裁員步伐將非常緩慢。

工會冷漠對待基本收入的第二個原因，是擔心引進基本收入將引發一般薪資水準下跌，因為每個家庭都將有部分收入與工作無關。這似乎正是美國勞工運動在一九七〇年代不願支持尼克森的家庭救助計畫的主要原因。如金恩（Desmond King）寫道：「勞工組織擔心阻礙人們投入工作的因素消除，可能導致廉價勞動力的供給增加。」[24] 法國勞工民主聯盟（CFDT，法國主要工會之一）全國書記賈爾曼（Michel Jalmain）表示，基本收入形同拿社會的資源來資助那些提供不穩定低薪工作的公司；他顯然也擔心上述問題。[25] 這也類似凱因斯認為英國的工會反對全民兒童福利的主要原因：「我認為工會運動積極反對是基於一個明確的理由：他們擔心這種補助將一如我的期望，成為提高工資的替代品。一個人若背負沉重的養家負擔，那麼他接受以稅收（來自對經營利潤的普遍課徵）為財源的援助，遠比試圖將其雇主支付的工資提高至不成比例的水準來得好。」[26]

這種擔心更需要認真看待，但它忽略了兩個關鍵點。首先，如第一章指出，無條件基本收入對勞動市場的影響預料將是雙面的。事實上，它必須如此。基本收入因為人人有份，將使某些類別的低薪工作變得可行——它們是一些本質上吸引人或需要大量培訓的工作，目前因為工資太低或太不固定而無法存在於市場上。在此同時，基本收入因為義務全免，將使人較不願接受（或繼續做）令人厭煩又學不到什麼本領的工作。這種工作將必須提高薪資，才能吸引到足夠的員工。因此，引進基本收入對一般薪資水準的淨影響必然是不確定的，而既有職位當中最低薪的那些，其平均工資則應該會因為引進基本收入而有所提升。第二，基本收入與最低工資規定完全相容。[27]這些規定有各種目的，包括減少逃稅。引進基本收入之前支持這些規定的理由，在引進基本收入之後多數仍將有效。如第一章指出，這些規定並不會阻止基本收入發揮我們期望它發揮的一種作用：促進某些類型的低薪就業。沒錯，我們確實可以說，最低工資的水準能夠合理地調低，因為引進基本收入後，較低的最低淨工資就能保證全職勞工享有相同水準的可支配所得。但是，倘若情況如第六章指出，基本收入必須靠針對較低的所得等級加稅以提供至少部分資金（這是很有可能的事），則稅前最低工資大有可能必須維持不變，以便全職勞工包含基本收入的總所得淨額可以保持不變。如此一來，我們根本沒有理由調降稅前最低工資的水準，更遑論完全取消最低工資的規定。

工會抗拒基本收入的第三個原因，與工會決定勞工可支配所得的作用有關，當中一部分不過是觀感問題。很明顯，基本收入占家庭總所得的比例愈高，工資收入顯得愈不重要。家庭中每位成員獲得預付一筆基本收入，會使一家經濟支柱（家裡主要負責賺錢的人）的貢獻對其家庭和社會顯得沒那麼重要，而他所屬的組織（工會）也將因此而顯得沒那麼重要。注意，這種對觀感的影響僅限於真正的基本收入，並不影響其負所得稅變體：稅額抵減會反映在一家經濟支柱較高的薪資淨額上，尤其是如果負所得稅方案是以家庭而非個人為基礎的話。家庭所得淨額或許與「等效」基本收入方案下的情況完全一樣，但在負所得稅方案下，家庭所得似乎有較大的比例源自勞動報酬，也就是某種程度上受工會掌控。這當然只是幻覺，但它是一種有力的幻覺，而工會領袖不會希望人們發現這只是幻覺而已。

第四個原因與此密切相關，但不能完全說是觀感問題。家庭所得中薪資的部分是雇主與員工協商的結果，協商的程序各國明顯有別。工會的議價能力源自它可以威脅撤走多少勞動力，而這種能力可以有極大的差異，視工會可以對它所屬的勞動市場領域造成多大的滋擾而定。社會保險給付主要是以勞工薪資為財源，而工會往往參與管理。相對之下，基本收入（無論是預付還是採稅額抵減的形式）則是政府授予其公民的，工會並不直接參與相關程序——工會因此比較難以確信其成員的利益可以得到妥善照顧。但是，這很大程度上又是幻覺，因為勞動所得的租稅待遇和一般稅收對社會保險給付（往往相當可觀）的補貼，使得勞工直接和間接源自工作的所得同樣高度取決於民主決策。

工會普遍冷漠對待基本收入的第五個原因，與工會自身的權力有關。無條件基本收入雖可增強勞工相對於資本家的力量，但也可增強勞工相對於工會的力量。在曠日持久的罷工中，勞工不會中斷的基本收入不但可成為工會的罷工基金，也可以成為任何一部分工會成員的罷工基金。如此一來，工會領導層要駕馭集體行動將會比以前困難。集體行動的能力分散，有時可能使部分弱勢勞工得以捍衛他們的正當訴求，但相對強勢的勞工也可能濫用這種能力。無論如何，工人領袖不太可能樂見引進基本收入的這種後果。[28]

最後，工會對於基本收入不熱衷最普遍和根本的原因，很可能是它們認為引進基本收入不符合工會核心成員的最佳利益，而工會的核心成員往往主要是簽了穩定合約、薪資不錯的全職男性勞工——他們因此遠遠無法代表全體勞動人口。就直接的財務影響而言，這些勞工多數不會因引進基本收入而得益，他們當中薪資最好的人還很可能因為必要的稅務調整而蒙受損失，尤其如果基本收入是完全個人的、金額水準相當可觀，而且資本所得無法成為主要財源的話。相對之下，因為引進基本收入而直接得益最大的勞工，通常不是工會成員。例如在美國，二〇一四年時全職勞工加入工會的比例是兼職勞工的兩倍以上，而未加入工會的勞工之勞動所得中位數，不到加入工會者的勞動所得中位數的八〇％。[29]

凱因斯認為，「勞動階級改善自身境況的努力極度集中在提高工資這件事上，甚至到了懷疑所有其他方法的地步（我估計工會正是如此），這實在非常不幸。」[30]無論上述哪個因素是工會對基本收入興趣缺缺的最主要原因，我們有很好的理由同意凱因斯的說法，但我們也有很好的理由相信工會可以克服這個問題。

工會若能在四個方面取得進展，應有望變得較為認同基本收入。首先，工會必須建立足夠的信心，相信民主政府的重分配部門將有能力以足夠公平、有效率和可靠的方式徵收和分配公帑。在當前的情況下，這尤其需要各國政府比以前更積極地協調合作，以求較公平地針對跨國流動的金融和人力資本所創造和奪取的價值課稅。第二，工會必須改變自我定位，視自己代表所有已投入或可能投入勞動的人，包括人數日增的無保障者，而非僅代表萎縮中的全職、永久、男性勞工。[31]為了做到這一點，工會或許可以拓寬成員來源，但也可設法使工會成員對其他人的處境感同身受——他們或他們的下一代可能也將面對同樣的處境。第三，工會應設法拋棄舊觀念，不再認為產出完全是由工人創造，而資本家竊取了部分價值；工會應該認識到，現在很多產出是今天的勞工和資本家都沒有功勞的（如第五章所解釋）。最後，工會應避免過度重視穩定、全職、終身受薪工作和隨之而來的淨所得，拓寬有關何謂有價值人生的「勞動主義」觀念。[32]

如果你懷疑工會領袖能否克服上述多個層面的疑慮，史登（Andy Stern）最近出版的著作《提高基本保障》（*Raising the Floor*）或許能鼓舞你。史登至二〇一〇年時仍擔任服務業員工國際聯合會（SEIU）會長，該會有近二百萬名成員，是美國最大的工會之一。他邀請讀者「參與一場全國討論，以全民基本收入為方向，尋求提高基本保障，塑造職位、工作和美國夢的未來。」[33]他花了不少時間深入思考隨著我們「從工業經濟過渡至數位化經濟」，未來數年以至數十年技術變革的可能影響，結論是他之前整個職業生涯努力的目標，也就是為所有人創造滿意的全職工作，已無法實現。但他認為與其放棄美國夢，不如重新界定它：「根據新的美國夢，我們每一個人都有自由根據自己最深層的價值觀，不必擔心我們在食物、居所和安全方面的基本人性需求，替自己和所愛的人選擇和創造我們想要的生活。」[34]為了實現這個夢想，史登提議，「引進一種無條件全民基本收入，為十八至六十四歲的所有成年人每月提供一千美元。」[35]

現在的工會成員和領袖有可能認真看待這種訊息嗎？以下兩件事情顯示，答案或許是肯定的。二〇一二年一月，德國工會人士設立了「支援工會成員討論基本收入的平臺」（Gewerkschafter-dialog-Grundeinkommen），視基本收入為增強勞工權利的一種手段。該組織此後一直在德國各地組織有關基本收入的研討會。[36]二〇一六年七月十一日，英國最大的工會聯合工會（Unite）在布萊頓舉行的第四次政策大會上通過一項動議，當中提到「涉及高昂官僚成本的現行社會保障制度仰賴經濟狀況審查，經常涉及任意的審核，顯然未能提供足夠的收入保障」，表示確信「無條件基本收入，一種支付給每個人且不可撤銷的收入，或許能為所有人提供真正的社會保障，同時提振經濟和創造就業」。該工會呼籲會員「積極替全民基本收入爭取支持」。[37]

雇主

雇主又怎麼看基本收入？我們倡導引進基本收入的理由之一，是它能賦予經濟上最弱勢者較大的經濟權力；既然如此，那些因自身的經濟權力而可以占弱勢者便宜的人，當然不太可能熱情地支持基本收入。例如我們只要指出，拜基本收入所賜，罷工的工人甚至不必仰賴罷工基金，通常便足以使資本家完全不想支持基本收入。因此，要找到一個支持無條件基本收入的雇主組織，甚至比找到一個支持基本收入的工會更難，也就毫不令人意外了。

但一如工會的例子，我們還是可以找到若干例外。自二〇一〇年起，德國的天主教企業家聯合會（Bund Katholischer Unternehmer）便一直基於「受天主教社會思想啟發的明確基礎」，敦促德國政府引進負所得稅制度。法國二〇一二年總統選舉期間，法國年輕企業領袖中心（Centre des Jeunes Dirigeants d'Entreprise）發表一份白皮書，呼籲向所有居民支付四百歐元的基本收入（約為當時法國人均GDP的一二%），以綠色稅捐為主要財源。[38]不過，雇主組織通常漠視這種構想。而當它們無法置之不理時（一如瑞士舉行基本收入公投的例子），雇主組織堅決反對這種倡議：在瑞士公投中，瑞士全國工商總會（Economiesuisse）是最早動員起來且最積極反對基本收入的組織。[39]

不過，一些最著名、影響力最大的基本收入倡導者反倒是成功的企業家。杜沙勒（Roland Duchâtelet）是其中一人，他是活躍於微晶片製造和足球圈的比利時商人，一九九〇年代初開始支持基本收入的構想。[40]一九九七年，他創立名為「活著」（Vivant）的政黨，僅提出一個核心倡議：引進五百歐元的個人和無條件基本收入（約為當時比利時人均GDP的二三%），以大幅提高增值稅（VAT）為財源。在比利時一九九九年的聯邦選舉中，拜杜沙勒出資的昂貴宣傳所賜，活著黨贏得接近二%的選票。該黨在二〇〇三年選舉中的表現稍差一點，而兩次選舉的得票均不足以在聯邦議會中贏得席位。二〇〇七年，活著黨併入法蘭德斯自由黨，杜沙勒也替後者擔任了一屆參議員。雖然創立的政黨消失了，杜沙勒仍持續大力倡導引進「自由收入」（freedom income），同時簡化稅制，並且調整效能低落且干預民眾生活的福利官僚體制。[41]

更引人注目的例子是德國企業家維爾納（Götz Werner），他是德國主要藥粧連鎖集團DM的創始人暨執行長，雇用超過二萬六千人。二〇〇五年，德國福利制度的哈茨第四法案（Hartz IV）改革使得領取福利的人承受更大的求職壓力。從那時起，維爾納便開始倡導引進無條件基本收入，起初設在一千二百歐元（相當於當時德國人均GDP的五〇%），以消費稅為財源，同時壓縮所有形式的所得稅和現行的許多移轉支付。考慮到維爾納的個人背景，他如此熱情地倡導基本收入實在出人意表，許多電視談話節目和其他媒體因此紛紛邀請他接受訪問。他隨後出版了幾本書，提出更具體的構想（並降低某些想法的激進程度），詳述背後的理由。維爾納明確擁護史代納（Rudolf Steiner）的人智學（anthroposophical）理論，認為基本收入是較健全經濟體制的關鍵要素，因為享有基本收入的勞工將能更自由地工作。[42]他視基本收入為一種文化推動力，此舉啟發了瑞士的基本收入倡議。

公開倡導基本收入的商界領袖並非只有杜沙勒和維爾納。[43]但在這麼做的商界領袖中，他們是最堅持和產生最大影響的兩位，如同公開支持基本收入的數名勞工領袖，他們在自身的業界仍是異類。如果有一天雇主支持基本收入的情況顯著增加，那很可能是基本收入成為某種交易的一部分：勞工可以藉由基本收入獲得比較穩固的基本保障，雇主在勞動市場則將享有較大的彈性。此外，率先支持基本收入的，很可能將是成員以小企業和自營作業者為主的組織。例如在二〇一六年六月，法蘭德斯的自營創業者組織UNIZO的領袖范埃特維爾（Karel Van Eetvelt）便宣稱，必須進一步探索基本收入這個構想，因為這或許可以促進創業活動和更妥善地保護自由接案的勞工。[44]

談完工會和商界之後，我們接下來談無保障者和女性。我們可以先驗地預期這兩類人會比較傾向支持基本收入。

無保障者

求職者、臨時工、兼職者、「工作福利」（workfare）方案的參與者、較脆弱的自營作業者，或廣義而言，由於各種原因而無法找到好工作（能提供物質保障和良好的身分地位）的所有人——這些人通常統稱「無保障者」（precariat）。[45]在無保障者當中，許多人勢將因為引進基本收入而立即獲得最大的好處。但是，這並不必然意味著代表無保障者的組織會認為，倡導無條件基本收入這種既普遍又「遙遠」的方案是理所當然的事。例如愛爾蘭一九九〇年代出現有關基本收入的辯論時，愛爾蘭失業者全國組織便抨擊這種構想。該組織認為失業和貧窮問題有更有效的解決方法，也就是成本較低、因此實際上更為可行的針對性方案，而倡導引進基本收入其實會產生轉移焦點的作用。[46]

不過，在傳統的勞工運動以外發展起來、代表無保障者的若干組織，確實積極呼籲政府採用基本收入之類的方案。美國早年的一個例子出現於一九六〇年代末，當時國民福利權利組織（NWRO）呼籲聯邦政府以負所得稅的形式，保證每一名美國人享有某種水準的最低收入；該組織主要代表領取福利給付的失業黑人婦女。國民福利權利組織的計畫希望取代既有的公共救助方案，「補助設定在足以滿足家庭所有基本需求的水準，無論家庭中的成年人是否參與勞動市場……接受補助的資格並不取決於個人行為，也不需要社工提供證明。」[47]

一九七〇年代初有個規模較小的例子：英格蘭南部某小鎮的一群失業者決定組織一個「領救濟者聯盟」，雖然「對排隊領失業救濟的人來說，失業者聯盟的概念似乎有矛盾，而且不太可行。」他們開始呼籲政府引進無條件基本收入，但遭到傳統工運界反對。在這些失業者看來，傳統工運界只是希望提高在職者的工資（這會導致失業者更難找到工作），以及降低薪資所得稅（這會導致失業給付承受壓力）。這些失業者希望廢除而非擴大現行福利制度。他們主張引進「某種形式的保證收入制度，為在職者和失業者提供真正足夠生活的收入，使人們不必在官僚老爺面前卑躬屈膝」。[48]

在若干其他國家，壽命、代表性和影響力不一的一些無保障者相關組織，以建立類似基本收入的制度做為他們的核心主張。[49]這種運動最壯觀的表現可能出現在法國。一九八二年創立的「失業者聯盟」（Syndicat des Chômeurs），以及其繼承者、一九八六年創立的「失業與無保障工人全國運動」（Mouvement National des Chômeurs et Précaires）在其會刊《分享》（*Partage*）中透過大量篇幅討論基本收入。自我界定的無保障者地方組織（有些屬自由至上主義派別）隨後將這種純粹的興趣轉化為強大的支持力量。[50]這為社會學家布迪厄（Pierre Bourdieu）所稱的「社會奇蹟」奠定了基礎：法國失業者於一九九七到一九九八年冬季大規模動員，在數個法國城市的示威和占領行動中，喊出「工作是權利，享有收入是應得權利！」的口號。[51]在以無保障者為基礎、一九九四年創立的「反失業行動聯合會」推動下，基本收入首次成為法國公開辯論的題目，雖然或許仍未真正進入政治議程中。[52]

相對於傳統工會，要在這種無保障勞工的組織中找到明確支持基本收入的例子，無疑比較容易。但與此同時，我們必須承認，這些組織本身往往非常不穩定，規模通常相當小，而且壽命可能很短暫。相對於全職勞工，這些組織的成員可能有較多時間從事激烈抗爭。但他們通常欠缺成就強大社會運動所需的財務和人力資源：他們多數人連滿足基本生活需求都有困難，而他們當中具有有效領導技能的人通常很快就會脫離無保障者的行列。此外，許多無產者因為身處工作場所，能與人保持密切、定期的互動，無保障者則通常欠缺這種互動機會。經濟的運作仰賴內部人士的配合，無保障者也欠缺一種類似內部人士勞動力的資產。而無保障者面臨的最大難題，可能是失業或工作不穩定的人遭到汙名化，要改變許多人對無保障者的負面觀感非常困難。因此，我們確實可以懷疑無保障者的組織是否有建立可觀實力的一天——要和傳統勞工組織媲美都有困難了，遑論足以促成政府引進無條件基本收入。[53]

女性

相對於主流勞工運動，女性是理應有望為基本收入提供更有力支持的另一類別，也是規模大得多的一個類別。在我們想得到的幾乎所有基本收入改革方案中，女性受惠的程度均遠遠超過男性，無論在收入還是生活方式的選擇方面均是如此。原因很簡單：因為女性目前參與勞動市場的程度較低，也因為女性的平均時薪低於男性，在其他條件相同的情況下，無論基本收入是以直接還是間接稅為財源，完全個人的基本收入勢將帶給女性更大的財務利益。這將有助降低勞動所得和社會保險給付分配偏向有利於男性的程度。[54]女性「自己的收入」增加將使她們享有更多自由，一如吳爾芙（Virginia Woolf）樂見的那樣：「心智自由有賴物質資源。詩有賴心智自由。而女性向來貧窮，不只是兩百年來如此，而是太初以來一直如此。女性擁有的心智自由還不如雅典奴隸的孩子。女性因此毫無機會寫詩。這就是為什麼我那麼強調要有錢和自己的房間。」[55]

女性因為自己享有可靠的收入而得到更大的自由，她們因此可做的事當然不只寫詩。在第六章討論的一個負所得稅實驗中，貧窮家庭的每一名成員獲得補助，似乎推高了離婚率。隨後一項分析得出以下推測：「在離婚後艱難的過渡期內確定可以得到收入，使夫妻中財務上較弱勢的一方（通常是妻子）在財務上可以不必那麼倚賴婚姻。自主能力增強想必使某些人得以結束不滿意（有時甚至是相當殘忍）的婚姻。」[56]而自己享有一筆收入不但有助當事人擺脫令人不滿的伴侶，還有助當事人放棄令人不滿的工作。如派特曼（Carole Pateman）所言：「基本收入將賦予女性一連串的機會，而如果願意靠基本收入生活，她們將得以結束有損人格的關係和工作。」[57]如第一章指出，基本收入將使人得以比較輕鬆地選擇兼職工作或暫時離開職場。因此，基本收入對於低收入女性尤其有用：她們將得以擺脫非常疲累的工作或不可忍受的生活步調。這一點也呈現在上述負所得稅實驗的結果上：次要勞動者（主要是已婚婦女）的勞動力供給略減。如我們在第六章強調，這些實驗檢視的其實不是基本收入，而是類似的方案，且距今已五十年，有其特殊的制度和文化背景，我們因此不能漫不經心地利用這些實驗的結果來推測引進基本收入的影響。但是，它們說明的基本事實相當可靠。基本收入確實可以使人享有更多自由，尤其是如果你能善用基本收入造就的新機會的話——在這種人當中，女性的比例異常地高。

因為這些原因，一些女性主義團體將基本收入列為核心目標，也就不令人意外。早期的一個例子呈現在名為《女性與社會保障》（*Women and Social Security*）的一本小冊子上，它是「領救濟者聯盟聯合會」（Federation of Claimants Unions）一九七五年在倫敦一個勞動階級女性聯盟的推動下出版的。這本小冊子隨後多年曾數次修訂再版，每個版本都有一節呼籲引進一種無條件基本收入方案。它指出，在這種方案下，「每一位女性將被視為獨立的個體，永遠不再是仰賴某人撫養的人。如此一來，羞辱人的個人關係調查將得以取消；這種調查是補充救濟方案不可或缺的一部分。」所謂補充救濟方案，是當時英國需要審查經濟狀況的最低收入方案。這本小冊子進一步指出：「這將根本改變女性在這個社會中的地位。」[58]

雖然我們不難找到這種立場明確的集體聲明，而且也不乏女性主義作家替基本收入辯護的例子，但我們無疑還是不能說引進基本收入是女性主義運動的普遍共識。[59]之所以如此，最根本的原因是某些女性主義圈子因為以下事實而對基本收入有所保留：女性整體而言將比男性更積極利用基本收入造就的新選擇。站在女性主義的立場，問題當然不在於基本收入賦予的自由可能會推高離婚率。（這種預測如今仍被用來反對保證收入的方案，理由是孩子在沒有父親的家庭長大不是好事。[60]）站在女性主義的立場，問題在於這對女性參與勞動市場的影響。因為若干互相加強的理由（從公然的歧視和壓迫性的性別期望，到女性通常比其伴侶年輕這個普遍且持久的事實），多數伴侶中的女性所賺的時薪低於男性。因此，如果一對伴侶到某個時候認為最好能縮減兩人受薪工作的總時數，以便更妥善照顧小孩或處理其他家事，他們多數會發現，代價較低的做法是女性停止或減少工作。而女性每次停止或減少工作，男女在這方面的差距將會擴大。加上其他因素，此一事實有助於解釋負所得稅實驗和現行方案（與基本收入有相關的相似處）實際運作中觀察到的男女差異（其影響因具體情況不同而有巨大的差別）。[61]這種男女差異使某些女性主義者難以接受基本收入。他們擔心某些女性將以短視的方式利用基本收入造就的新選擇，結果低估了持續密切參與職場、藉此獲得長期物質保障的重要性。

這種問題是否將永遠阻止女性主義運動較堅定地支持基本收入？我們認為答案是否定的，但這必須有兩個條件配合。條件之一是女性主義運動不應以南希・費莎（Nancy Fraser）所批評的「共同承擔家計模式」（universal breadwinner model）為總體目標。[62]全職終身受雇的傳統男性角色並非美好生活的唯一模式，而女性解放並不在於將這種男性模範強加在所有女性身上。女性解放的關鍵其實在於賦予女性更多選擇和更多的真正自由，使她得以按照自己的意願選擇自己的生活方式。如安妮・米勒（Anne Miller）所言，為此我們必須減輕而非增強重視「事業導向」（career-oriented）、鄙視「關懷導向」（care-oriented）的既有偏見。[63]如果我們藉由提供基本收入來減輕這種偏見，較高比例的女性利用她們得到的更多選擇、決定縮減工作時間是頗有可能發生的事（目前來說其實非常可能發生）。如果女性主義者在乎的是擴大女性的自由（而非決定女性如何利用她們的自由），則上述事實絕無理由妨礙女性主義運動全力支持無條件基本收入的構想——又或者如果我們能滿足第二個條件，至少這就不應成為問題。

第二個條件在於找到一種令人滿意的方式處理以下難題。女性比男性更積極地把握縮減工時的機會，最終可能間接限制了女性的真正自由。這種影響可能經由兩種機制發生。其一是欠缺榜樣：某些位置很少有女性擔任，這可能導致女性實際上不再考慮她們理論上與男性有同等的人生選擇機會。另一機制是「統計歧視」：某些雇主會比以前更強烈地覺得相對於男性，女性較不可能全職工作和堅持不辭職。他們因此將更傾向把工作和職責交給男性而非女性。

如果引進基本收入導致更大的男女差異，而且影響顯著，我們可以利用一些附帶措施來抵銷這種影響。首先，個人所得稅的具體形式非常重要：相對於家庭所得合併課稅，完全個人的累進式所得稅可以提供物質誘因，鼓勵家庭成員間分享或分擔受薪工作。[64]此外，我們可以藉由一些具體措施，鼓勵夫妻間比較平均地分擔工作賺錢和顧家育兒的責任。例如我們可以設計一種額外的育嬰假，其長短與夫妻中休較少育嬰假者的育嬰假時間成比例。又或者我們可以將育嬰假設計成比產假長。[65]最後，我們必須利用所有可用的措施方便人們兼顧工作與家庭責任，例如彈性上班時間，遠距工作，提供地點方便、費用便宜的托兒服務，以及設計合適的上學時間等等。

我們應謹記的是，我們的目標是糾正上述的兩種影響（如果它們相當嚴重的話），而不是要確保女性和男性就整體而言做相同的選擇。這是因為改革導致女性自由受限因而減少參與勞動市場，與改革帶給女性更多自由因而減少參與勞動市場，是有關鍵差異的。兒童福利方案從全民共享倒退至需要審查經濟狀況，屬於第一種改革。如第六章指出，這形同提高母親的所得稅率，結果導致許多母親被困在家裡。相對之下，如果女性因國家引進基本收入而減少受薪工作，那將是因為她們享有更大的自由、議價能力因此增強，是她們選擇如何利用自身自由的結果。認識到此一差別的重要性，對站在女性主義的立場替基本收入辯護而言極其重要。[66]

社會主義者

我們若想評估基本收入方案的政治前景，檢視公民社會一些關鍵組成部分的態度及其理由（如我們剛剛所做的那樣），是有幫助的。瞭解各政治群體的立場也同樣有益，而這正是接下來數節要做的事。我們將集中檢視歐洲的政治面貌，它足夠多元和穩定，各方對基本收入構想也有足夠的認識，因此可從中看到一些趨勢。[67]

因為主流的社會主義或社會民主政黨往往與勞工運動有密切關係，它們有某些共同的一般特徵是意料中事。不過，還是有若干有趣的具體片刻值得提起。當中有些不過是趣聞。例如史基摩（Thomas Skidmore）是率先倡導無條件基本賦予的人之一，他曾領導紐約工人黨。第四章提到其他開創性思想家。卡茨（Jacob Kats）與馬克思、恩格斯都是布魯塞爾民主協會的成員，他建立了法蘭德斯工人黨的雛形。如第四章提到，正是他的圈子提出我們所知的第一個全國基本收入具體方案。另一方面，貝拉米（Edward Bellamy）倡導終身基本收入和強制性社會服務，他曾積極參與美國短命的人民黨（一八九一至一九〇八）的初期工作。

米爾納的事跡比較值得重視。他一九二〇年出版《以國民產出紅利提高生產》，是國家紅利同盟的領袖，曾爭取英國工黨支持他的無條件國家紅利計畫。該計畫在一九二〇年的工黨大會上提交表決，遭三分之二的多數票否決。但不久之後，牛津教授柯爾在他的數本著作中替國家紅利計畫辯護；他與工黨高層關係密切，是後來的首相威爾遜（Harold Wilson）的導師。當年也在牛津的米德則在一九三五年發表的《工黨政府經濟政策綱要》（*Outline of an Economic Policy for a Labour Government*）中建議，處理所得不平等「首應發展社會服務，然後是派發社會紅利」。[68] 隨著戰後的工黨政府採納和執行《貝弗里奇報告》的建議，基本收入方案於是備受冷落。[69]

一九九四年，基本收入構想在英國又短暫受到注意。當時的工黨領袖史密斯（John Smith）推動設立「社會正義委員會」，探索《貝弗里奇報告》發表半個世紀後英國的福利制度改革。該委員會指出：「在非常重視工作的社會裡，許多人會反對特意為所有人提供無條件補助的方案，因為他們認為這是『不勞而獲』。」但是：「如果愈來愈大比例的人根本無法賺到穩定的收入，則在勞動市場以外以某種形式保證收入的構想可能愈來愈吸引人。」[70] 再二十年後，到了二〇一六年，工黨的壓力團體「羅盤」（Compass）發表題為「全民基本收入的時機成熟了嗎？」的報告，當中提出一個具體的部分基本收入方案。[71] 工黨影子財相麥唐納（John McDonnell）評論該報告時表示，基本收入是「工黨未來幾年將密切研究的一個構想」，而他似乎已說服工黨領袖科賓（Jeremy Corbyn）研究這問題。二〇一六年九月，工黨的國會議員首次公開辯論基本收入。[72]

在其他的重要社會民主政黨中，認真看待基本收入的只有荷蘭的工黨（Partij van de Arbeid）；該黨在二戰後多次參與荷蘭的聯合政府，並曾數次領導執政聯盟。一如第四章指出，荷蘭有關基本收入的公開辯論，是在一九八〇年代初由食品業工會引發。當時在野的荷蘭工黨也受影響：在該黨一九八三年的全國大會上，基本收入提案付諸表決，但被順應工黨領導層建議的六〇%多數票否決了。不過，少數派並未放棄。到了一九八五年，荷蘭工黨成立內部工作小組，在為一九八六年二月大選前會議準備的過程中，出版了四期專門討論基本收入、內容豐富的雜誌。在最後一期中，工黨一些傑出會員，包括經濟學家丁伯根（Jan Tinbergen）和歐盟執委會前主席孟紹特（Sicco Mansholt），提出了支持基本收入的具體理由，並表達他們的支持。在工黨領導層仍堅決反對的情況下，該黨全國大會再一次以約六〇%的多數票否決基本收入提案。[73]二十年後，基本收入捲土重來：二〇一六年六月，荷蘭工黨六一%的會員投票支持一項動議，要求將基本收入實驗納入該黨參與二〇一七年大選的政綱中。[74]

在其他國家，社會民主政黨幾乎不曾討論基本收入。[75]而那些被迫明確表態的政黨有時會暴露出他們內部的嚴重分歧，瑞士社會民主黨在該國二〇一六年的公投之前便是這樣。[76]更常見的情況是他們表達了對基本收入的敵意。[77]但是，這並未阻止一些傑出黨員對這種構想表達支持。例如在義大利，義大利共產黨總書記奧凱托（Achille Occhetto）便顯得很能接受基本收入（他在一九九一年將義大利共產黨改造為一個明確的社會民主政黨）。在與米德的一次對話中，奧凱托說明了他為何認為社會紅利與公平的工作報酬是相容的。他表示，在自動化程度日益提高的經濟體中，「希望維持收入與個人勞動間的僵固聯繫，完全是一種倒退的教條主義。」[78]在法國，羅卡（Michel Rocard）一九八八年擔任總理時引進需要審查經濟狀況的最低收入方案RMI（第六章曾提到），他後來表示支持藉由其顧問哥迪諾（Roger Godino）提議的負所得稅方案邁向基本收入。事實上，他是基本收入歐洲網絡二〇〇〇年柏林大會的主題演講嘉賓之一。在西班牙，薩巴德洛（José Luis Zapatero）社會黨政府的公共行政部長塞維拉（Jordi Sevilla）二〇〇一年提出包含基本收入的稅改方案。在較遙遠的巴西，一九九七至二〇一五年代表聖保羅州的聯邦參議員蘇普利希（Eduardo Matarazzo Suplicy）自一九九〇年代中以來便一直爭取引進無條件基本收入。他與魯拉（Luiz Inacio Lula da Silva）共同創立巴西工黨。二〇〇四年一月，蘇普利希成功推動國會兩院通過一項法案，並由總統魯拉簽署生效；該法案要求政府逐漸實施嘉惠所有巴西人的基本公民收入（renda basica de cidadania）。[79]

至於比社會民主政黨更左的組織，正統的共產主義政黨對基本收入往往更冷漠。[80]不過，一些壽命通常不長的極左小政黨聯盟則看到，基本收入可以成為現今資本體制的基進替代方案其中一部分。例如在芬蘭，左派聯盟（Vasemmistoliitto）一九九〇年因衰敗的共產黨分裂而誕生，吸收了一些基進生態主義者和左派小團體，自成立以來一直將部分基本收入方案納入政綱。一九九五至二〇一四年間，左派聯盟三度參與芬蘭聯合政府，但在分享政府權力期間從不曾推動基本收入政策。[81]在愛爾蘭，因為工人黨分裂而誕生於一九九二年的小黨民主左派（Democratic Left）一再表達它對基本收入的支持，直到該黨一九九九年與規模較大的工黨合併。在魁北克，二〇〇二年由社會主義者、共產主義者和生態主義者創立的進步力量聯盟，在競選政綱中納入「普及公民收入」，直到它二〇〇六年變成魁北克團結黨。[82]

在西班牙，基進左翼政黨「我們可以」黨（Podemos）於二〇一四年一月崛起，其支持力量源自二〇一一年五月起回應嚴厲撙節措施的「憤怒運動」（"indignados"）。該黨在參加二〇一四年五月歐洲選舉的政綱中納入基本收入，並在這次選舉中於西班牙贏得一〇%的選票，但它在後來的宣言中不再提到基本收入。自二〇一六年三月起，希臘激進左翼聯盟二〇一五年政府的財長、泛歐洲政治運動「民主歐洲二〇二五」（DiEM25）發起人瓦魯費克斯（Yanis Varoufakis）接連多次受訪均非常堅定地公開支持基本收入：「基本收入這種方法是絕對必要的，但它不在社會民主傳統中……如今我們需要基本收入來調節這個新社會，否則我們將經歷非常嚴重的社會衝突。」[83]

不過，比傳統的社會民主黨更左的政黨最大力支持基本收入的例子，是德國的左翼黨（Die Linke），該黨在議會有不錯的實力，在前東德地區尤其獲得選民支持。二〇〇三年六月，繼承東德共產黨的民主社會主義黨（Partei des Demokratischen Sozialismus）在當時副黨魁吉平（Katja Kipping）的推動下，開始主張以每月一千歐元的無條件基本收入，替代當時應總理施洛德政府要求、籌劃中要對德國福利制度展開的「哈茨改革」（Hartz reforms）。二〇〇七年，民主社會主義黨與社會民主黨當中以該黨前領袖拉方丹（Oskar Lafontaine）為首的左翼派系合併，成為德國左翼黨。基本收入提案此後在左翼黨一直受重視，但也頗具爭議。吉平二〇一二年當選該黨共同主席，使基本收入構想獲得進一步的支持。[84]

從以上概述可以看到，我們至少可以說，基本收入不是社會主義政黨的核心主張。對此我們不應感到意外。在一八九六年經典著作《十九世紀社會主義與社會運動》，宋巴特（Werner Sombart）在第一章便指出：

> 尊崇勞動是所有社會主義道德準則的核心，這麼說並不過分……未來的世界將是工作的世界，屆時人們最廣泛接受的原則將是：「不工作的人不得吃飯。」這是所有社會主義者都同意的，而我們對此並不意外。社會最底層的人承擔最令人厭惡的工作（社會主義者首先想到的是體力勞動，尤其是最卑微的那種），這樣的人想像一種理想狀態時，幾乎不可能是一種只有遊戲不必工作的生活。要生產出人類的必需品，就必須有人工作；社會主義思想家只是希望藉由比較平均的分配，縮短工作的時間。[85]

社會主義領袖的無數陳述支持這種解讀。例如羅莎·盧森堡（Rosa Luxemburg）在遇害前不久的一九一八年，便曾有力地主張「有能力工作的人全都有工作的義務」。她是這麼說的：「只有那些藉由動手或動腦，替社會大眾做了有用工作的人，才有資格從社會那裡得到滿足自身需求的物資。像多數富有的剝削者目前所過的那種賦閒的生活將會結束。有能力工作的人都必須工作，兒童、老人和病人可以免除；這在社會主義經濟中是理所當然的事。」[86]

數十年後，在非常不同的環境下，坦尚尼亞首任總統尼雷爾（Julius Nyerere）撰寫的一九六七年阿魯沙宣言（Arusha Declaration）也有類似說法：「真正的社會主義國家是人人都勞動、沒有資本體制也沒有封建體制的國家。它不會有兩個階級：一個低階級的人為自己的生計工作，一個高階級的人靠其他人的勞動生活。」[87]

針對這種有關社會主義本質的「勞動主義」解讀，我們或許可以說：相對於勞動主義，真正的社會主義必須追求將社會剩餘分配給社會的所有成員，而非僅分配給勞動者（而且是直接或間接地看各人的勞動情況決定如何分配）。但是，如果要在社會主義傳統中找到大力支持基本收入的派別，那不會是社會民主派，也不會是馬克思主義（除非是按照第五章提出的方式），而是傅立葉等人所主張、較重視自由的「烏托邦社會主義」（見第四章）。例如魏特林（Wilhelm Weitling）是德國最早的共產主義者之一，在歐洲一八四八年革命失敗後移居紐約，他在著作《和諧與自由的保證》（*Guarantees of Harmony and Freedom*）第一頁印上這句格言：「我們想要自由，像天上的鳥那樣；我希望像牠們那樣歡喜結伴，在甜美的和諧中度過人生。」[88]宋巴特認為社會主義理想的核心是勞動（「幾乎不可能是一種只有遊戲不必工作的生活」），復興的烏托邦社會主義則強調從工作中解放出來，而且工作將逐漸融入遊戲中。馬庫色（Herbert Marcuse）一九六七年有關「烏托邦之終結」（the end of utopia）的著名演講，便可以看到烏托邦社會主義的這種復興：

> 前衛的左翼知識分子再度熱烈議論傅立葉的努力，絕非偶然。如馬克思和恩格斯本身承認，傅立葉是唯一清楚指出自由與不自由社會之間這種質性差異的人。而且傅立葉不像馬克思那樣不敢談論這種可能：在某種社會中，工作變成了遊戲，連社會必要的勞動都可以採用和諧的組織方式，不會抵觸人類解放後的真正需求。[89]

自由主義者

自由主義政黨又如何？我們在這裡所講的，是歐洲或古典意義上的自由主義：「自由主義」相對於「社會主義」，就如同偏重市場功能（pro-market）相對於偏重國家功能（pro-state）。並沒有很多自由主義政黨倡導基本收入，但確實有一些是如此，當中有些至今未改變立場。例如歐洲議會中屬於歐洲自由派和民主派聯盟（Alliance of Liberals and Democrats for Europe）的數個政黨，便替標準的基本收入或類似方案辯護。

在荷蘭，民主六六（Democraten 66）是一九六六年自由主義政黨「自由民主人民黨」中的左翼派系出走創立的政黨，該黨之後十年在國會占有可觀的席位，數次參與聯合政府。民主六六曾數次公開表示支持基本收入。一九九四年十二月，屬民主六六的經濟部長韋傑斯（Hans Wijers）公開表示，荷蘭「難免走向類似基本收入的改革」，此舉使工黨與自由派所組成的聯合政府相當尷尬。[90]此事發生後不久，民主六六發表一份深入的報告替無條件基本收入辯護，但一九九〇年代末將基本收入從該黨綱領中剔除。但在二〇一四年十一月的黨大會上，民主六六通過一項動議，支持進行用來評估基本收入真正成本的實驗。在奧地利，奧地利自由黨一些成員因不滿黨魁海德爾（Jörg Haider）的民族主義反移民立場，退黨成立「自由論壇」這個政黨。自一九九六年起，這個小黨在施密特（Heide Schmidt）領導下，公開支持引進負所得稅制度。二〇一四年，自由論壇併入新奧地利黨，而負所得稅至今仍在後者的綱領上。

在英國，自由民主黨一九八八年誕生，由古老的自由黨與（從工黨分裂出來的）社會民主黨合併而成。一九八九至一九九九年間，在本身熱烈支持基本收入的艾希郡（Paddy Ashdown）領導下，自由民主黨在一九八九和一九九四年的選舉宣言中高調納入「公民收入」（Citizen's Income），但後來放棄該項政見。在愛爾蘭，戴．瓦勒拉（Eamon De Valera）一九二六年創立中間偏右的共和黨，該黨於愛爾蘭長期執政，在二〇一一年於大選中慘敗後對基本收入產生興趣。二〇一五年七月，該黨的社會保障發言人宣布，共和黨有意提出以基本收入取代社會福利給付，而它構想的基本收入為每人每週至少二百三十歐元（相當於當時愛爾蘭人均GDP逾三〇%），不考慮受益人的經濟狀況。[91]

芬蘭的中間黨（一九〇六年以「農業聯盟」的名義成立，屬歐洲議會中自由派聯盟的一員）最近在歐洲有關基本收入的討論中頗受重視。自一九八〇年代末以來，該黨一些成員一直主張引進基本收入，該黨的青年團對此尤其積極。二〇一五年四月的大選後，中間黨成為芬蘭最大政黨，其領袖、成功的前資訊科技商人席比拉（Juha Sipilä）成為芬蘭總理。中間黨與一些小政黨組成的新政府立即宣布，有意進行基本收入實驗（第六章曾提到），最終目標是「提高制度的參與性、強化工作誘因、減少官僚程序，以及簡化現行複雜的福利制度，確保公共財政的永續性」。[92]

在歐洲以外，日本提供了另一個例子。電視紅人橋下徹從政，二〇一一年當選大阪市長。在他的領導下，地方政黨大阪維新會在參與二〇一二年十二月日本大選的初步政綱中納入一種極端自由主義的基本收入構想：以約六百美元的現金補助（相當於當時日本人均GDP的二五％）取代日本大部分社會保險和公共救助給付。不過，橋下徹二〇一二年九月創立全國性政黨日本維新會後，對基本收入的支持變得比較曖昧。其政綱之後的版本所講的是一種負所得稅方案，而且重新強調工作要求。[93]

除了這些政黨外，很多自由派智庫也倡導某種版本的基本收入。例如在法國，哲學家科寧格（Gaspard Koenig）主持的「自由世代」（Génération Libre）便發揮了重要作用，使自由派圈子內外注意到基本收入這個構想；該智庫曾提出針對法國的基本收入具體方案。[94]在此同時，巴舍洛

（Louis-Marie Bachelot）領導的自由選擇黨（Alternative Libérale）倡導在國家以下的層面引進基本收入，以便各地區可以選擇自己的基本收入水準，彼此競爭。[95]在英國，亞當斯密研究所（Adam Smith Institute）發表了研究報告，倡導實施一種個人負所得稅制度，並主張這「應該取代需要審查經濟狀況的主要福利給付」。[96]

在上述所有例子中，我們都必須檢視方案的細節——不但要瞭解基本收入的水準和它免除義務的程度，還要瞭解基本收入將取代哪些現行方案，以及它的財源安排。根據這些細節，我們可能傾向支持美國「自由派」民主人士提出的方案，例如高伯瑞和托賓等人的方案，他們成功將慷慨的「全民式補助」納入麥高文一九七二年的競選政綱中；我們也可能傾向支持傅利曼一九六二年普及的負所得稅概念，又或者是莫瑞（Charles Murray）提出的基本收入方案。在他二〇〇六年的著作《在我們手中》（*In Our Hands*），莫瑞主張取消美國所有的聯邦福利方案（就廣義而言，不但包括貧困家庭暫時救助計畫和食物券，還包括社會保險、Medicare健保、Medicaid醫療補助，以及勞動所得稅額抵減），省下來的錢將僅以兩種形式派發給民眾：二十一歲或以上人人享有每年七千美元的無條件基本收入（約為美國二〇〇六年人均GDP的一五%），及全民健保計畫專用的另外三千美元。[97]十年後，在瑞士基本收入公投的前一週，莫瑞提出他的更新方案，並且明確指出：「全民基本收入必須取代其他所有的移轉支付和監督那些支付的官僚程序，才能產生我所宣稱的好處。」[98]莫瑞的（更新版本）方案每月八百三十三美元、取代其他所有現金移轉支付的現金給付，與配合現行所得分配、水準類似的基本收入（外加某些調整過的福利給付，如第一章主張的那種方案）當然有巨大的差別，而且差異並非僅止於政治可行性。

一如那些公開支持基本收入的商界領袖，許多（歐洲意義的）自由主義政黨和組織被基本收入吸引，是因為基本收入的運作簡單、不官僚、不會製造陷阱且對市場友善，有助提高慷慨的移轉支付之效率和永續性。不過，也有一些極端的自由主義者或新自由主義者被基本收入吸引（他們其實覺得負所得稅更誘人），主要是因為他們希望基本收入有助國家取消那些更慷慨的福利措施，以及基本收入最終可能比較容易逐步取消。但是，真正的自由派（關心所有人而非只是有錢人的真正自由）不難在他們的傳統中，找到許多理由促使他們強烈支持無條件基本收入。我們追求社會正義的自由平等主義取徑是一種方法，但彌爾以至海耶克（如第四章所討論）也可以提供其他的出發點。

綠黨

自一九七〇年代以來，綠色運動一再展現出明確支持無條件基本收入的態度。[99]在一九七〇年代末，新成立的英國生態黨是歐洲首個將基本收入明確納入綱領的政治組織。近半個世紀後，生態黨如今已變成英格蘭與威爾斯綠黨，而該黨的綱領仍包含以下內容：「除殘障補助和居住補助外，取消大部分現行福利給付。取消所得稅個人免稅額。然後向所有英國合法居民，無論男女老少，支付一種不設經濟狀況審查、足以滿足基本需求的保證收入，也就是一種基本收入。」[100]

二〇一六年，綠黨在下議院的唯一代表魯卡斯（Caroline Lucas）提出動議，要求英國政府「出資並委託進行進一步的研究，瞭解各種基本收入模式提供的可能性」。[101]在二〇一四年蘇格蘭獨立公投前的一段時間裡，蘇格蘭綠黨也將基本收入列為其所設想的蘇格蘭福利制度的關鍵部分：「一種公民收入將取消幾乎所有福利給付和國家養老金，代之以一種所有人（兒童、成年和領養老金的人）將定期收到的簡單給付。這種收入應足以滿足所有人的基本需求。」[102]

在美國，綠黨一直將基本收入納入其競選政綱。該黨在二〇〇四年六月密爾瓦基大會上通過的經濟綱領，便明確要求引進一種「全民基本收入」。當中有一整段談基本收入，在該黨二〇一四年的綱領中仍未改變：「我們要求實施一種全民基本收入（有時被稱為保證收入、負所得稅、公民收入或公民紅利）。這種收入將提供給每一名成年人（無論他們的健康、就業或婚姻狀態如何），以便我們盡可能減少政府的官僚程序和對人民生活的侵擾。基本收入的金額必須足以使失業者負擔得起基本的食住需求。在生活成本高昂的地方，州或地方政府應以在地收入為財源，提供額外的補助。」[103]

二〇〇七年，梅麗莎（Elizabeth May）領導的加拿大綠黨採納類似立場，在溫哥華舉行的黨大會上正式要求「為所有加拿大人提供一種保證年收入」。二〇一一年，梅麗莎成為首名晉身加拿大眾議院的綠黨成員，隨後她經常重申支持保證年收入。[104]加拿大綠黨二〇一五年的競選政綱含有以下聲明：「加拿大綠黨認為是時候重新考慮一項重大政策：引進一種負所得稅，或為所有人提供保證足夠生活的收入……關鍵方案在於為每一名加拿大人提供一種定期給付，不審查受益人是否有需要。給付的水準將分地區設定在貧窮線上方，但僅能滿足基本需求，以便鼓勵人們設法賺取額外收入。提供這種收入不需要監督或後續措施。」[105]

在美國、加拿大和英國，簡單多數選舉制（first-past-the-post，每個選區得票最多的候選人勝出）使綠黨很難在議會贏得數目可觀的席位，因此也就很難直接影響政策制定。[106]在比例代表制盛行的歐洲大陸，多數綠黨在地區、全國和歐洲議會均有代表，數個綠黨還曾參與地區和全國的執政聯盟。[107]

在荷蘭，首個確定「染綠」的政黨是基進黨（Politieke Partij Radikalen），一九六八年由天主教黨的左派異議者創立。一九七〇年代末，基進黨與食品業工會聯手，大力呼籲引進無條件基本收入。此舉使基進黨成為歷來首個明確支持基本收入、同時在國會有席位的政黨。一九八九年，基進黨與另外三個小黨合併（包括前共產黨），成為荷蘭主要綠黨「左派綠黨」（GroenLinks）。自此之後，左派綠黨內部一再出現衝突：一派認為基本收入是綠黨認同的核心要素，另一派則不願偏離勞動中心共識（labor-focused consensus）。一九九六年，左派綠黨正式採納每月六百荷蘭盾的溫和負所得稅構想（相當於當時荷蘭人均GDP的一二・五%），但在該黨隨後的綱領中逐漸不再提及基本收入。但在二〇一二年，該黨選出經濟學家范・歐吉克（Bram van Ojik）為黨魁，而他年輕時曾替基進黨出版數本支持基本收入的小冊子。[108]二〇一五年二月，左派綠黨在其全國大會上通過一項動議，要求荷蘭進行基本收入實驗。

在德國，綠色運動界自一九八〇年代中起便對基本收入有興趣。[109]與德國綠黨關係密切的伯爾基金會（Heinrich Böll Stiftung）二〇〇〇年便承辦基本收入歐洲網絡第八次大會，二〇〇四年主辦基本收入德國網絡的成立大會。不過，德國的基本收入辯論二〇〇五年左右真正熱烈展開，是因為許多人激烈回應社會民主黨與綠黨聯合政府傾向「工作福利」的「哈茨第四法案」福利制度改革。德國綠黨當時在這問題上出現嚴重分歧。在二〇〇七年一月的紐倫堡大會上，綠黨某種程度上與哈茨改革切割，但將無條件基本收入納入綠黨綱領的動議遭五九％的黨代表否決。[110]這構想對綠黨領導層來說仍太基進，但這無法阻止該黨許多傑出黨員支持基本收入。[111]

其他歐洲國家的情況也差不多：綠黨成員在基本收入問題上往往有分歧，領導層則非常審慎。比利時的兩個綠黨（法語綠黨Ecolo和荷蘭語綠黨Agalev）在它們一九八五年的綱領中將基本收入納為中期目標，但從不曾提出具體的短期政策方案。[112]法國綠黨（二〇一〇年起正式名稱改為「歐洲生態綠黨」）一九九〇年代末開始辯論基本收入。該黨一九九九年採納針對兼職勞工和從事「自主」活動者的「保證社會收入」構想，做為邁向真正「公民收入」的一步。二〇一三年，該黨七〇％的成員投票支持主張在法國引進基本收入的一項動議。[113]在愛爾蘭，綠黨積極參與推動基本收入，促使政府於二〇〇二年發表一份有關基本收入的綠皮書，隨後也積極跟進該議題，但二〇〇七至二〇一一年參與聯合政府期間，綠黨在基本收入問題上無所作為。二〇一三年，愛爾蘭綠黨領袖萊恩（Eamon Ryan）重申該黨支持邁向基本收入制度的措施。在芬蘭，綠色聯盟（Vihreä Liitto）在索尼佛那（Osmo Soininvaara，芬蘭二〇〇〇至二〇〇二年間的衛生與社會事務部長，二〇〇一至二〇〇五年間的綠色聯盟黨魁）的督促下，自一九九〇年代中以來便一再支持基本收入。該黨參與二〇一五年芬蘭大選時，在政綱中正式納入所有成年人享有基本收入每月五百六十歐元（相當於當時芬蘭人均GDP約一六％）的政見。[114]在瑞士，綠黨是在國會有席位的政黨中唯一呼籲民眾在二〇一六年基本收入公投中投支持票的政黨（我們很快會再談到這次公投）。公投之後的調查顯示，綠黨支持者是支持票過半的唯一一群選民（受訪的綠黨支持者有五六％聲稱他們投了支持票）。但在公投之前的議會表決中，綠黨的代表支持與反對的票數相若。[115]

除了常見的內部分歧外，綠黨即使參與執政聯盟，也一直只是弱勢的夥伴，這有助解釋為什麼不曾有綠黨把握分享權力的機會，推動政府採取重要措施邁向基本收入。儘管如此，自從綠黨一九七〇年代末出現於政壇以來，最慷慨、最穩定支持基本收入的政黨便是綠黨。[116]為什麼呢？我們可以提出至少三個邏輯上彼此獨立的理由。

首先，綠黨核心信念之一是：因為環境方面的限制，社會必須降低對物質生活水準成長的期望。相對不重視擁有和消費物質商品、比較重視享受工作和休閒樂趣的人，可以相對輕鬆地接受和承認此一立場。因此，綠黨黨員特別多這種人並不令人意外。因為無條件基本收入恰恰能降低增加休閒或換一份較有意義但薪資較低工作的代價，綠黨黨員傾向支持引進基本收入也同樣不令人意外。換句話說，基本收入對那些不覺得減少消費很可怕的人來說是好事，而綠黨正好特別容易吸引這種人。

第二個理由與綠黨的另一個核心信念有關：綠黨認為大自然及其資源是人類共同繼承的資產。認同此一觀點的人會傾向接受支持無條件基本收入的最古老理由：地球是人類共有的。根據此一理念，要求那些擁有土地、消耗地球的原物料、汙染大氣的人按比例出資，以便世世代代向所有人支付無條件的紅利是完全正常的。這種基本收入應該多慷慨可以辯論（如第六章指出），但我們一旦接受這種觀點，就不難相信國民產出中相當大一部分不屬於現行生產者，而是應該無條件平均分給所有人；這與左派傳統的勞動中心觀點大不相同。

第三，綠色運動反對不惜代價追求經濟成長，但也希望處理大規模失業這種禍害。因為綠黨的理念使收入在某程度上與生產貢獻脫鉤，無條件基本收入可視為約束經濟成長的系統性手段。基本收入可以使某些就業者變成自願失業者，如此一來，既有的工作可以和更多人分享，而我們也就可以處理非自願失業的問題，且不必藉由增加生產來配合生產力成長。縮減工作時間（無論是縮短每週工時、增加假日、提供更多有薪假期還是縮短職涯）是追求同一目標顯而易見的另一種方法，綠黨也經常提出這種建議，無論是否搭配基本收入提出。但基本收入比較吸引人，至少對綠色運動界當中比較傾向自由至上主義、比較不支持國家主義和勞動主義的派別來說是這樣。[117]

如果基本收入可以合理地視為促進「綠色」生活方式的一種手段、一種共有資本產生的紅利，以及調和環保目標（約束經濟成長）與社會目標（降低失業率）的一種手段，為什麼它未能得到更有力和更一致的支持？第一個理由無疑是：如果你最重視改善環境，你可以在無條件基本收入以外，想到很多利用寶貴的公共資源的有益方式，例如照顧好自然保護區和投資在節省能源的技術上。尤其對「深綠」人士來說，如果政府不指定能源稅、碳稅或土地稅的收入專門用在環保上，那將非常令人遺憾。

第二個理由是：如果你最關心的是未來世代的命運，你應該倡導使用較少天然資源、因此幾乎無可避免地需要投入更多人力的生產方式。由此看來，不願意做任何工作的人也能獲得基本收入，似乎不是好主意。說明這種矛盾的一種簡單方法，是比較處理過度利用天然資源這問題的兩種方式。第一種方式是減少生產和消費（即使生產力成長容許我們生產和消費更多），藉此減少利用天然和人力資源。第二種方式是減少利用天然資源並投入更多人力做為補償，藉此維持生產和消費水準不變（或是提升產出至生產力成長容許的水準）。這兩種方式只有第一種可以假定是支持基本收入（或一種嚴格的工作分享方式）的。光是擔心永續性，並不足以支持我們選擇第一種方式。我們還必須堅信「後物質主義價值觀」（堅信「自願簡單生活」的內在價值，堅信精神高於物質），或是堅信經濟進步的目的在於解放人類而非盡可能擴大人類的消費潛力（即使是跨世代而言）。綠黨平均而言遠比社會主義政黨傾向支持基本收入的最終原因，應該是綠黨中人意識到經濟成長的物質限制已經強化了上述兩種價值傾向，且如前文所暗示，後者促進了前者。綠黨因此比較願意質疑充分就業這種傳統的勞動主義目標是否真的對社會有意義，也因此比較願意主張引進無條件基本收入。[118]

基督徒

在歐洲，除了社會主義者、自由主義者和綠色運動人士，我們不應忘記（或多或少世俗化的）基督民主政黨，因為它們在許多國家仍是一股重要力量——事實上，基督民主政黨構成歐洲議會最大黨團「歐洲人民黨」的核心部分。基督教政黨倡導和討論基本收入的情況，罕見程度與社會主義政黨相若，但絕非完全沒有。梅克爾領導的基督民主黨（CDU）成員、前東德地區圖林根邦首長（二〇〇三至二〇〇九年）奧特豪斯（Dieter Althaus），便是一例。奧特豪斯二〇〇六年以「團結公民金」（solidarisches bürgergeld）的名義，提議向十四歲或以上的所有公民支付每月六百歐元的基本收入（約為德國當時人均GDP的二五％），以五〇％的線性所得稅為財源，並以負所得稅的形式執行。

另一個例子是布坦（Christine Boutin），法國總統薩科齊中間偏右政府任內的住房部長（二〇〇七至二〇〇九年）。她是法國基督民主黨創始人暨黨魁；該黨二〇〇一年創立，名為「社會共和主義者論壇」（Forum des Républicains Sociaux），二〇〇九年起更名為基督民主黨。二〇〇三年，布坦應總理哈發林（Jean-Pierre Raffarin）的要求撰寫有關「社會連結脆弱性」的報告，結果使法國公眾大感意外：她在報告中強烈呼籲引進一種完全個人和無條件的「全民紅利」，此後她一直倡導這種政策。[119]

相對於明確的基督教政黨，積極參與公共事務的基督教組織一直以來更積極倡導基本收入。愛爾蘭宗教聯盟正義委員會（Justice Commission of the Conference of Religious of Ireland）便是突出的例子。該組織由希利神父（Father Seán Healy）和雷諾修女（Sister Brigid Reynolds）領導，自一九八〇年代初以來一直大力倡導無條件基本收入。它利用愛爾蘭政治制度提供的便利（容許宗教型公民組織積極參與政治決策過程和影響政治議程），發表了許多內容充實的報告，並提出實施基本收入的各種設想。二〇〇二年九月，愛爾蘭政府受正義委員會的努力啟發，發表了一份有關基本收入的綠皮書。[120]二〇〇九年，希利與雷諾離開愛爾蘭宗教聯盟，成立獨立智庫愛爾蘭社會正義（Social Justice Ireland）；這個智庫原則上「對支持建立正義社會的所有人開放，包括教徒與非教徒，組織與個人」，但仍非常重視基督教宗旨和倡導基本收入。[121]在奧地利，與天主教會關係密切的進修機構天主教社會學院（Katholische Sozialakademie）一九八五年發表第一份德文的基本收入專題論文，此後在奧地利有關基本收入的討論中一直發揮重要作用。[122]

教會相關組織明確支持基本收入，並非僅限於天主教。信義宗芬蘭大主教（一九八二至一九九八年）維克斯特倫（John Vikström）一九九八年在倫敦演講時，便特別積極呼籲引進基本收入。[123]另一方面，帶頭在納米比亞爭取引進基本收入的，正是信義宗主教卡米塔（Zephania Kameeta）。卡米塔與信義宗傳教士哈曼夫婦（Claudia and Dirk Haarmann）合作，在納米比亞一個村莊發起一項備受矚目的實驗（見第六章），不但激起其他地方（尤其是在信義宗盛行的德國）對基本收入的興趣，還得到信義宗全球聯合會的支持。[124]在與納米比亞相鄰的南非，南非教會聯合會是二〇〇一年成立的基本收入補助聯盟最積極的成員之一，而聖公會大主教、諾貝爾和平獎得主屠圖二〇〇六年也表達了他對基本收入的堅定支持。[125]而在較久之前，浸信會牧師馬丁·路德·金恩呼籲實施最低收入保障，理念根源無疑正是其基督教信仰。[126]

基督教傳統對基本收入的支持絕非顯而易見。沒錯，《聖經．路加福音》有段著名的經文提到耶穌對眾人說：「你們看那天上的飛鳥，也不種也不收，也不積蓄在倉裡，你們的天父尚且養活牠，你們不比飛鳥貴重得多嗎？……你想野地裡的百合花怎麼長起來，它也不勞苦，也不紡線，然而我告訴你們：就是所羅門極榮華的時候，他所穿戴的還不如這花一朵呢！你們這小信的人哪！野地裡的草今天還在，明天就丟在爐裡，神還給它這樣的裝飾，何況你們呢？」[127]但除此之外，也有兩段同樣著名的經文是基本收入的批評者經常引用的。[128]第一段古老得多，也很簡短。神將亞當和夏娃趕出伊甸園時，對他們說：「你必汗流滿面才得糊口。」（《聖經．創世記》第三章第十九節）另一段講得更明確，源自使徒保羅寫給帖撒羅尼迦基督徒的一封信：

弟兄們，我們奉主耶穌基督的名吩咐你們，凡有弟兄不按規矩而行，不遵守從我們所受的教訓，就當遠離他。你們自己原知道應當怎樣效法我們；因為我們在你們中間，未嘗不按規矩而行，也未嘗白吃人的飯，倒是辛苦勞碌，晝夜做工，免得叫你們一人受累。這不是因為我們沒有權利，而是要給你們作榜樣，好讓你們效法我們。我們在你們那裡的時候，曾經吩咐過你們，如果有人不肯作工，就不可吃飯。（《聖經・帖撒羅尼迦後書》第三章六至十節）

自從威夫斯倡導需要審查經濟狀況的最低收入保障制度以來，一直有人以上面那段文字為理據，主張公權力提供的收入保障不應義務全免，而應僅限於願意工作的人。但是，如果我們仔細閱讀，會發現這段文字並不否定不工作的人獲得維生物資的權利。相反，它其實否定人沒有這種權利，同時呼籲基督徒跟隨那些訪客的榜樣，避免濫用這種權利。[129]

但無論是否認同這種解讀，基督徒若想在他們的宗教傳統中確立對無條件基本收入的支持，顯然可以訴諸基督教前賢的榜樣：他們一再有力地表達對窮人的特別關懷。威夫斯開創性的公共救助構想，靈感來源之一正是米蘭主教聖安博著作《拿伯史》（*De Nabuthae Historia*）中一段著名的話，我們在第三章已曾引述：「你扣住的是饑餓者的食糧，藏起的是裸身者的衣物，而你埋在地下的金錢則是以窮人的自由為代價。」[130]這段西元四世紀的話，一一五〇年左右被納入首部教會法典《格拉提安教令集》（*Decretum Gratiani*）。[131]阿奎那在其《神學大全》中也以贊許的態度引用這段話；那一節相當突出，認為窮人在沒有其他方法維生時，竊取為富不仁者的財物是有道理的。[132]但是，多個世紀的公共救助經驗使人擔心以下問題：這種關懷窮人的實踐方式可能會抹黑、貶低和羞辱窮人，致使結果適得其反。基督徒的行善責任要求他們幫助窮人，而威夫斯提出公共救助構想以來，愈來愈多人確信最好由民政機關掌管這件事。但是，濟貧方式必須尊重（事實上是必須恢復）社會中所有人做為神的孩子的平等尊嚴。因此，濟貧時強加一些要求，使官員得以侵犯人的隱私，迫使受助人接受有損人格的工作，或是要求受助人證明自己走投無路，都是不對的。相對之下，無條件基本收入是比較合理的制度，而且絕非與推崇勤勞榜樣（像使徒保羅所講的「勞碌辛苦，晝夜做工，免得叫你們一人受累」的那種人）不相容。

無組織的組織

有關基本收入過去、現在和未來可能得到的支持（和遇到的反對），從上述概覽看來，短期內全球應該不會有地方引進慷慨的基本收入。沒錯，確實有一些組織（包括政黨）倡導基本收入，它們往往非常熱情，有時還堅持不懈。但是，許多例子或許可說是「廉價的支持」：因為表態支持的組織幾乎不可能有機會將所支持的方案付諸實踐，它們不必為這種支持付出什麼代價。[133]以綠黨的例子而言，它們支持基本收入的強度和明確度，似乎與它們參與執政聯盟的機率相反，而後者主要取決於選舉制度。另一個相當不同的例子則是麥高文。當年他獲得民主黨提名競選美國總統，上臺執政的機會不再遙不可及後，便放棄了他雄心勃勃的一千美元方案。他後來反省道：「我的一些支持者事後告訴我，我根本不應該改變一千美元方案。他們的想法有其道理。那個方案相當複雜，但基本上是合理的。不過，要在競選期間解釋這種方案非常困難，簡直令人抓狂，不啻為政治災難。無論我們多麼努力，該方案產生的誤解根本無法消除。結果我提出不同的方案來達成相同的目標——幫助窮人脫貧，以及清理美國亂成一團的福利制度。」[134]

不過，我們可以思考這個問題：一種倡議在政治上是否可行，是否完全取決於既有組織，如政黨或工會？在現今的網際網路時代，答案可能是否定的。「無組織的組織力量」（power of organizing without organizations）已發揮其作用，藉由傳統政治領域以外的合作方式，協助基本收入行動者吸引媒體的注意。[135]近數十年來，我們在實現基本收入的路上若有所進展，很可能主要是拜支持者網絡的發展所賜，而非靠政黨在競選政綱上的協商（在最好的情況下，政黨對基本收入問題也有嚴重的分歧）。基本收入歐洲網絡一九八六年成立，二〇〇四年擴展為基本收入全球網絡（BIEN），便是這種發展的好例子。拜網際網路所賜，我們已經有辦法不靠既有組織的後勤或財務援助，在整個洲或全球的層面經營這樣的網絡。

基本收入全球網絡主要是熱心學者的跨國交流網絡，他們在這裡分享和傳播相關事件與出版物。不過，基本收入全球網絡旗下一些國家網絡曾協助引發和促進有關基本收入的全國公開辯論。德國便是一個有趣的例子。在一九八〇年代，德國人對基本收入這種構想略有興趣，尤其是那些接近當時剛起步的綠色運動的人。但是，柏林圍牆倒塌和隨後的兩德統一（一九九〇年十月），使德國的福利制度面臨非常艱鉅的挑戰，使得有關基本收入和相關構想的討論在之後多年幾乎完全消失。[136]相關討論因為所謂的「議程二〇一〇」（Agenda 2010）或「哈茨第四法案」福利改革而強勢再起；這是總理施洛德的政府（社會民主黨與綠黨組成的執政聯盟）二〇〇五年最終確定的德國福利制度重大改革。這些改革大幅收緊領取福利救濟的限制，嚴格要求受益人必須願意工作，結果不但引發希望維持現狀的組織抵制，還使德國人對爭取引進無條件基本收入產生空前強烈的興趣。例如在二〇〇三年一月，熱心人士以「自由而非充分就業」（Freiheit statt Vollbeschäftigung）為號召口號，發起在德國地鐵站張貼海報支持基本收入的運動。二〇〇四年七月，德國的基本收入網絡（Netzwerk Grundeinkommen）宣告成立。基本收入相關辯論很快就擴散至大眾媒體和談話節目，高調的藥妝店集團老闆維爾納和年輕的左翼黨領袖吉平成為這股熱潮中的明星人物。短短數年，德國出版的有關基本收入的書籍遠遠超過之前多個世紀的總和。[137]

不過，瑞士發生的事更值得注意。二〇〇八年，皆以巴塞爾為基地的德國電影製作人施密特（Enno Schmidt）和瑞士企業家漢尼（Daniel Häni）製作了《基本收入：一種文化衝動》（*Grund-*

einkommen: ein Kulturimpuls）這部「電影論文」，描述一種簡單且誘人的基本收入構想，內容受維爾納的強烈影響。[138]這部影片在網路上於瑞士德語區（占瑞士人口逾七〇％）傳播，替始於二〇一二年四月的正式公民倡議奠定基礎；這項倡議的內容包括：

一．瑞士聯邦引進一種無條件基本收入。

二．基本收入必須能使所有人過有尊嚴的生活和參與公共生活。

三．基本收入的水準和財源安排將由法律決定。[139]

公民倡議的文本並未指明基本收入的金額，但其網站和發起者隨後提供的刊物提及以下數字：成年人每月二千五百瑞郎（約為瑞士當時人均GDP的三九％），兒童每月六百二十五瑞郎。[140]如果公民倡議在十八個月內蒐集到超過十萬個有效的公民簽名，瑞士聯邦政府有責任在三年內舉行全民公投，題目由聯邦政府與倡議發起人協商決定（可以採用倡議原本的文本或聯邦政府建議的版本）。

二〇一三年十月四日，倡議發起人向瑞士聯邦祕書處提交了十二萬六千四百零六個有效簽名。二〇一四年八月二十七日，在查核公民簽名和檢視倡議的理據後，瑞士聯邦委員會（瑞士的國家行政機關）否定這項倡議，而且沒有提出反建議。該委員會認為：「無條件基本收入將對經濟、社會保障制度和瑞士社會的凝聚力產生負面影響。尤其值得注意的是，為這種收入提供資金將顯著加重財政負擔。」基本收入提案隨後提交給瑞士議會參眾兩院。二〇一五年五月二十九日，國民院（瑞士聯邦議會的眾議院）的社會事務委員會以十九對一的票數（另有五票棄權）建議國民院否決無條件基本收入提案。經過二〇一五年九月二十三日全體會議的充分討論之後，國民院舉行初步表決，以一百四十六對十四的票數（另有十二票棄權）確認社會事務委員會的建議。二〇一五年十二月十八日，國民院就基本收入倡議舉行最終表決，結果為一百五十七票反對，十九票支持，十六票棄權。同一天，聯邦院（瑞士的參議院，由各邦代表組成）也否決基本收入倡議：四十票反對，一票支持，三票棄權。在所有表決中，中間派、右派和極右派政黨的代表全部反對基本收入，支持者和棄權者全都是社會主義政黨或綠黨的代表，而這兩類政黨全都出現嚴重的意見分歧。結果是基本收入倡議在聯邦委員會得不到任何支持，在聯邦院得到二％的支持，在國民院的最終表決中得到一〇％的支持。[141]公投前數週，每名瑞士公民按慣例收到一本小冊子，當中載有倡議發起人支持和聯邦委員會反對基本收入的理由。二〇一六年六月五日，公投舉行，投票率四六％，七六．九％的人投反對票，二三．一％投支持票。從二〇一二年四月發起公民倡議到二〇一六年六月舉行公投，這個過程在瑞士引發有關基本收入的廣泛辯論，使民眾普遍認識到這種構想，其熱烈程度在全世界都是史無前例。

約和瑞士公民倡議同時，有人在歐盟的層面發起了基本收入公民倡議；這是利用二〇〇七年

《里斯本條約》創造、二〇一二年四月開始運作的一項機制。歐洲公民倡議必須由住在歐盟七個不同成員國的七名歐盟公民發起，且議題必須在歐盟執委會有權建議立法的事務範圍之內。倡議要成功，必須在發起後十二個月內，爭取到有權在歐洲議會選舉中投票的至少一百萬名歐盟公民簽名支持，而且必須在至少七個成員國達到有效簽名人數的門檻。歐盟執委會必須正式回應成功的倡議，而歐洲議會也必須為此召開聽證會。二〇一三年一月，歐盟執委會同意倡議發起人提出的以下題目：「要求歐盟執委會鼓勵成員國間合作探索利用全民基本收入改善各自的社會保障制度之可能。」倡議的措詞非常溫和，是因為歐盟在成員國社會政策方面的權力非常有限。到了二〇一四年一月，這項倡導遠遠未能爭取到一百萬個簽名支持。[142]不過，它仍產生了顯著的作用。在多數國家，這項倡議創造出擴大辯論、使以前不曾接觸此議題的人參與其中的機會，而在數個地方，當地人歷來首次考慮辯論基本收入。此外，它促成數個國家創立新的基本收入網絡，也促成一個新的歐洲網絡——二〇一五年二月成立的國際非營利組織「歐洲無條件基本收入」（Unconditional Basic Income Europe）。這不是三十年前成立的基本收入歐洲網絡的重生，而是源自歐洲人意識到歐盟本身已成為一個與分配問題息息相關的權力機關，且基本收入運動已到了動員行動者而非只是串聯學者的階段。[143]

就許多方面而言，這一切令人印象深刻，而且無疑是空前的。當年率先倡導在國家層面引進基本收入的沙利耶晚年住在布魯塞爾結社街（布魯塞爾市中心的一條街，街名向結社自由致敬）

五十四號；他自一八四八年起便倡導基本收入，晚年對很少人關注這個「解決社會問題的唯一方法」感到不解。二〇一五年二月，歐洲無條件基本收入這個國際非營利組織於同一條街成立的一個公證處，集結來自歐洲各地的基本收入行動者，他們倡導沙利耶構想的某個版本。毫無疑問，基本收入這構想自沙利耶那個年代以來已取得若干進展，但它距離成為現實不是仍相當遙遠嗎？畢竟歐洲的基本收入公民倡議未能爭取到足夠的簽名支持，而即使它做到了這一點，歐盟各國也完全不會立法引進基本收入。在瑞士，非常慷慨的基本收入方案確實爭取到足夠的簽名支持，而且如果在公投中通過，將成為瑞士人受憲法保護的權利，但它在公投中以三比一的比例被多數選民否決。我們可以找到其他比較有希望的方法嗎？

參與收入和後門

說到底，我們若想實施和維持某種基本收入，就必須贏得足夠廣泛的輿論和政治領袖的支持，而後者非常緊張的一件事，就是要避免因支持公然將收入與生產貢獻脫鉤的方案而惹惱多數選民。經濟學家法蘭克（Robert Frank）生動地說明了這個難題的本質，他要求我們想像十個家庭在科羅拉多州組成一個鄉村社區，靠基本收入生活：

他們早上可以自由地喝咖啡，花很多時間討論政治和藝術。他們也可以練自己的音樂技能，可以看小說、寫詩和玩裸體排球。至少會有一些人將放棄受薪工作，改為靠納稅人供養過這種生活，你覺得這很難想像嗎？這種社群一旦形成，遲早會有記者找到他們，然後製造出渴望看到相關報導的觀眾，不是嗎？這些社群的成員整天玩樂的影片一旦在晚間新聞播出，多數選民將感到憤怒，不是嗎？他們當然會憤怒，誰能怪他們呢？一名印第安納波利斯的牙醫，他有靜脈曲張的問題，每天早上六點就要起床，開車經過交通繁忙、積雪的高速公路去他工作的診所，接下來一天都要替口臭的人處理牙齒問題，而且這些人如果因為無故錯過預約而被收取手續費，還會很生氣。這名牙醫看到那些身體健全的人靠他也有貢獻的稅款悠閒生活，怎麼可能不憤怒？簡言之，認為足以使都市家庭脫貧的收入補助可以在政治上長期得到足夠有力的支持，根本是在做夢。[144]

回應這種質疑的一種方式，是相信第五章提出的道德論點足夠有力，並做必要的假定：基本收入的水準，可以藉由可預測的稅收長期維持。這樣我們就可以告訴那名靜脈曲張的牙醫，他也享有無條件基本收入，也可以選擇過鄉村生活和玩裸體排球。但是，這種說法要成立，有賴兩個條件：這名牙醫不會因為物資和人力資本投資的「沉沒成本」（sunk cost）而意外動彈不得（往後做這種投資將面臨沉重的稅負），而且在所有經濟行為者都調整適應新的租稅和移轉支付制度之後，新制度不會崩潰。

第二種回應是倡導一種部分基本收入（如第六章所言），而且不是做為踏腳石，而是做為最終方案。這其實也是法蘭克本人的提議，他的方案結合保證就業的措施：「針對這種疑慮，最直接的回應是提供遠遠不足以使都市家庭脫貧的現金補助，並公開提出這種安排：任何人願意在公共領域做有益的事，都可以獲得低於最低工資的報酬。」[145]

第三種回應可能是將基本收入納入政治議程最有效的方法，它便是「參與收入」（participation income），由阿特金森（Anthony Atkinson）率先提出，他後來這麼說：「我們必須思考這個問題：為什麼雖然在所有政黨都能找到支持者，公民收入至今距離付諸實踐仍相當遙遠？因為思考這個問題，我得出結論，認為為了在政治上獲得支持，公民收入的倡導者可能必須妥協：不是在不審查經濟狀況這項原則上妥協，也不是在獨立性原則上妥協，而是在無條件給付這一點上妥協。」[146]

一如基本收入，參與收入是金額劃一的個人補助，受益人可以自由賺取其他收入。但與基本收入不同的是，參與收入要求受益人對社會有貢獻。在阿特金森的最新構想中，處於勞動年齡的人滿足此一條件的方式，包括「從事全職或兼職受薪工作或自營作業，接受教育、培訓或積極找工作，在家照顧嬰幼兒或虛弱的老人，或是在認可機構定期從事志願工作。因為疾病或殘障而沒有能力參與的人，將得到照顧……這種參與定義反映二十一世紀勞動市場的特徵，容許人們以多種活動組合出有效的參與時間，例如每週三十五小時，而參與不足者也可以按比例衡量資格」。[147]

由此看來，我們應該清楚看到，加上參與條件不是為了藉由降低受益者人數來壓低成本：「事實上，很少人會被排除在外。」[148]

恰恰相反，可以預期的是，相較於設在相同水準的簡單基本收入方案，參與收入方案因為必須有控管措施（以及必須處理因此產生的爭端），成本將明顯較高。阿特金森最初提出參與條件，不是為了壓低基本收入的成本，而是為了在後柴契爾年代確保這種補助在政治上可被接受：「柴契爾夫人執政留下的一種影響，是人們擔心領取福利救濟使人依賴成性，而這種情況並非僅限於英國。」[149]他因此確信「這種方案提供了唯一可行的方法，我們可以藉此說服政府：相對於走進死胡同、需要審查經濟狀況的救助方案，公民收入是較好的出路。」[150]這種說法或許有點誇張，但阿特金森無疑有他的道理。[151]

但是，如威斯布萊爾（Jurgen De Wispelaere）和斯蒂頓（Lindsay Stirton）強調而阿特金森本人也承認的，實施參與收入將製造出大量行政難題。[152]如果認真看待參與條件，引進參與收入必須要建立機制，查核受益人所做的對社會有益的事是否足夠。這種機制很容易變得非常麻煩，因為為了查核受益人每週是否完成三十五小時的有益活動（可以是自營作業、在家裡照顧老人和小孩，或是志願工作），受益人難免將受到頗多侵擾。這也很可能腐化「志願」工作：仰賴志工的組織將必須監督「志工」是否定期前來提供服務；這無疑使人不悅。此外，一旦我們不再以民間和公共部門的雇主是否願意支付報酬，做為判斷一種活動是否對社會有益的唯一標準，我們就必須以更多元的方式辨別一種活動是否對社會有益，而要就此建立共識相當困難，例如人們普遍認為真正的藝術活動對社會有益，但有些所謂的藝術活動可能只是一種自我放縱，最多也只是純粹個人的嗜好——兩者有時很難區分。[153]

因為這些困難，參與收入實施後，估計很快就會陷入一種左右為難的情況：嚴格執行參與要求需要成本高昂又侵擾民眾的查核工作，放寬要求又可能變得漫無標準。這種情況可能製造出恢復慣常要求（願意工作的人才可以獲得補助）的壓力，而這種要求將犧牲方案的解放作用。不過，參與收入也可能促使政府採取進一步的措施，邁向義務全免的基本收入。例如托賓便曾表示，受益人宣稱自己正花一些時間在有益的活動上，或許即可視為滿足了參與要求。[154]又或者如果我們在政治上特別關注年輕的成年人，參與條件可以僅限於特定年齡組的人。授予成年學生的學習補助，顯然是以受益人接受教育為條件。為年輕的成年人提供基本收入，形同普及目前僅提供給學生的補助。要求年輕的成年人必須參與某些有廣義教育作用的活動才能領取基本收入，不算是離譜的要求。[155]又或者我們可以引進為期數週或數個月的強制性社區服務：這種服務若安排得當，可以產生有益的附帶作用，例如藉由促進社群互動增強社會凝聚力，又或者增強愛護環境的意識。

一段時間之後，我們可以展開宣傳，指出相對於維持嚴格的參與要求，以上述其中一種方式降低或乾脆完全取消參與要求，對各方皆有重大好處：受益人和負責查核參與條件的機關均可減輕負擔，納稅人則可節省費用。無論是採用嚴格或寬鬆的標準，參與條件顯然都會限制人的自由。但我們沒有決定性的理由斷然反對它。追求完美最容易落得一事無成。[156]此外，無論是否附加正式的參與條件，如第一章指出的，我們認為引進基本收入必須結合一套重視貢獻社會的公共論述。為所有人提供可靠的經濟保障，不是為了使我們能放縱自己，而是為了讓我們有條件去做對自己和他人有意義的事。

無論如何，我們認為世上任何地方因重大的革命勝利而引進慷慨無條件基本收入的可能性微乎其微。這比較可能經由「走後門」的方式實現。[157]在這種情況下，基本收入起初無疑將設在十分節制的水準，而且可能設有某種參與條件。基本收入也可能會藉由負所得稅的形式實現，這是為了避免預付基本收入導致的兩種有力錯覺，衝擊基本收入的政治可行性。如第一和第二章指出，這兩種錯覺是：基本收入將大幅加重民眾的納稅負擔，以及基本收入導致政府浪費稅款在有錢人身上。[158]另一方面，基本收入制度一旦建立，其人人有份的性質可能有助增強其政治韌性。[159]無論是想走正門還是走後門，建立基本收入制度的努力需要一種願景：並非只是一個夢，而是一種誘人的社會模式，且其公平性和永續性皆經過審慎檢驗。我們必須清楚說明這種模式，而且在我們自由民主體制的公共空間進行辯論。我們必須藉由足夠有效的審議式民主運作以馴服權力關係，才真的有希望促成比較公平的社會。但我們需要的，並非只是自由平等的個人能夠接受的一種可長久持續的社會模式之願景。

除了提出願景的人，我們也需要行動者——那些因為對現狀或改革方案不滿，基於義憤而勇於行動的人；他們不滿改革方案更加針對窮人，更嚴密監控窮人，使最不自由的人變得更不自由。一直以來都有很多這種方案，未來也將如此，而且有些方案已經或即將付諸實行。[160]我們需要行動者挺身譴責這種方案，抵抗它們，擊退它們。行動者的抗爭如果不是（或不完全）出於自利考量，而也受一種正義感激勵，很可能會比較有效；如果抗爭不是完全防禦性的，而是由一種可信的理想願景，由一套並非只追求維持現狀或回到某種理想化過去的連貫方案，由一種可實現的烏托邦構想引導，抗爭很可能也會比較有效。行動者的抗爭和奮鬥如今正因為得到這種令人信服的願景支持而增強，但如果沒有行動者的努力，這種願景根本不可能實現。

這種願景要實現，也有賴第三類人：各種修補者（tinkerer）、機會主義者、進行點滴工程的人，以及已瞭解願景也清楚前進方向的人。這些人對社會現實有充分的認識，知道什麼可以觸發有效的行動能量，同時也擅於辨識現行制度中的裂縫——擅於辨識能產生機會的危機，那種足以引發普遍變革渴望的緊要關頭（但情況又不至於太糟，因此最多只能促成短期的緊急措施）。一流的修補者對行政系統的能力和政界的胃口都有敏銳的觸覺，他們能準確判斷政界人士敢做什麼以及會對做了哪些事情引以為傲。他們不怕考慮締結「邪惡同盟」。[161]他們持續尋找有益的妥協機會，設法將表面上的退步轉化為更進一步的踏腳石，也會留意哪些措施是可實行但無法持久的（因為它們會產生新問題，有賴進一步的改革解決）。

基本收入的倡導者可以把握什麼機會，很大程度上取決於各國租稅和移轉支付制度遇到的具體問題、當地政界的運作情況，以及公共論述的氣氛。因此，何謂最佳後門策略這問題並沒有通用的答案，沒有一種方案可以宣稱適合所有國家。但是，基於第六章提出的經濟理由，我們估計許多地方的實際情況將是審慎引進一種完全個人的部分基本收入，而現行公共救助制度的某些部分將維持，以便提供有條件的額外救濟。而根據本章說明的政治理由，我們也估計，基本收入可能必須附加某種參與條件，即使其作用只是粉飾性的。

8 在全球化年代行得通嗎？多層面的基本收入

到目前為止，我們都理所當然地假定：如果要引進基本收入，最合理的規模是在主權國家的層面。自從沙利耶在十九世紀中葉率先主張在國家層面引進基本收入以來，倡導基本收入的多數人一直自動假定基本收入應在國家的層面引進。事實上，基本收入常見的一些名稱（例如國家紅利、國民紅利、公民薪資和公民收入），暗示基本收入與國族社會有內在的關係。此外，我們至今也理所當然地假定，我們可以在純粹國內的框架中討論基本收入的經濟和政治可行性。但是，所謂的「全球化」力量迫使我們換個角度看這些問題。甚至或許有人會擔心，國家層面基本收入方案的可取性和可行性可能因此受到的致命損害。

盜賊間的正義

我們先來看可取性。我們在第五章指出，若以真正自由的公平分配為標準，社會正義要求我們引進無條件基本收入。但是，我們怎麼還能孤立地討論某個國家的社會正義問題呢？無論你是否採納我們的社會正義觀念，如果追求資源的公平分配，我們不是應該將人類社會視為一個整體，追求全球層面的社會正義嗎？堅信自由平等社會正義觀念的政治哲學家（包括我們）自一九九〇年代以來便一直熱烈討論這問題。包括羅爾斯在內的一些政治哲學家認為，平等正義的要求僅適用於民族國家內部，國際正義的特點則是公平合作與互助的原則弱得多。[1] 另一些人則認為全球化過程正使得全球各地高度相互依賴，交流互動極其密切，在此情況下，平等正義的要求若不跨越國界，無疑愈來愈不合理。這也是我們的看法。平等的社會正義要求必須擴展至全球層面。[2]

如此一來，我們的正義觀念（追求所有人的真正自由）要求我們在全球層面引進無條件基本收入，將它設在可長久持續的最高水準，並在全球層面安排其財源。我們需要這樣一種基本收入，才能比較公平地在全球分配天賦資源或機會。這種全球層面的分配目前極度不均：各種紀錄一再指出，地球上一個人享有多少資源或機會，最重要的決定因素是他與生俱來的公民身分，出生在不同的國家可以導致個體間極大的差異。[3] 既然如此，我們該如何理解那些在富裕國家引進基本收入的建議（本書大部分篇幅正是在討論這種建議）？那種建議是否形同史泰納（Hillel Steiner）所講的「盜賊間的正義」（justice among thieves）？[4] 如果我們誠實面對這個問題，答案必然是肯定的。但是，這並不意味著討論這種建議毫無意義，或替其辯護是不合理的。為什麼呢？

首先，就像我們不會因為社會上存在各種不義，就有理由放棄促進我們所在社團和本地社群中的正義；我們也不會因為全球層面存在各種不義，就有理由放棄促進我們國家當中的正義。第二，我們在全球層面達到正義所需要的是制度，而非酌情援助。因此，我們該關注的並非這種問題：本國內部的移轉支付如果拿來援助窮國的窮人，是否對促進全球正義更有幫助？我們該關注的是：在目前政治上可行的層面（也就是國家的層面，無論是富國還是窮國）建立正確的制度，是否有助建立一種公正的全球制度秩序？第三，討論國家層面的基本收入方案，並不妨礙我們開始思考這種方案在超國家層面的可取性和永續性（這正是我們很快要做的事）。因為這三個原因，雖然全球化力量迫使我們採納一種全球社會正義觀念，但這並不意味著我們致力引進國家層面的基本收入、藉此促進一國之內真正自由的公平分配，在道德上是毫無意義的。

講到這裡都沒問題。但是，全球化不是令這種努力在經濟上變得不可行嗎？一九二〇年代英國人短暫辯論基本收入期間，一九六〇年代末北美熱烈議論基本收入期間，甚至是在歐洲一九八〇年代初開始討論基本收入時，討論國家層面的無條件基本收入可能大有意義。但在二十一世紀，在資訊、資本、商品和人口跨國流動空前活躍的年代，討論一國的基本收入怎麼可能還有意義？在這種新環境下，國家層面基本收入的前途不是已經根本改變了嗎？事實上，國家層面基本收入不是已經變得不可行了嗎？[5]

沉淪式競爭

為什麼全球化會危害無條件基本收入的經濟永續性？這是兩種機制的運作造成的：一種與基本收入對潛在受惠者的吸引力有關，一種與基本收入對潛在貢獻者不具吸引力有關。這兩種機制不會威脅主要基於保險原理運作的福利制度，但會嚴重威脅無條件基本收入。

純粹的社會保險或提撥式制度不涉及真正或所謂的事前重分配。在這種制度下，從勞動所得中提撥的款項不過是與一些給付配對起來，包括與勞動所得掛鉤的退休養老金、非自願失業給付和其他保險給付。但傳統福利制度有許多方面確實涉及事前重分配，典型的情況是育兒補助、退休養老金、疾病或失業給付以按比例或累進式的提撥為財源，但給付水準卻並非嚴格按照保險精算原則設定，而是人人相同，或不得低於某種最低水準，又或者不得高於某種最高水準。這種意義上的事前或真正重分配，也就是不會變成所有保險方案固有的事後重分配的那種重分配，絕非僅限於非經濟活動人口享有的給付。[6]事前重分配也有一種僅限於勞工的形式，也就是在職補助，如低薪勞工享有的工資補貼或勞動所得稅額抵減。但如果福利制度納入一種普遍的最低收入保證

（無論是否像典型基本收入那樣是無條件的），則事前重分配就非常明顯。

如果全球化的影響包括促進國際移民（無論是全球性還是區域性，後者的例子是歐盟國家間的移民），則福利制度比較慷慨（就給付水準或條件限制而言）的國家往往會變成吸引移民流入的「福利磁石」（welfare magnet）。這種情況要發生，福利慷慨程度的差異不必足以吸引人們離開自己的國家，只要足以影響考慮移民者的目的地選擇即可。[7] 這將使那些重大的真正重分配制度承受壓力，無論重分配的形式是現金給付還是在職津貼，是醫療還是教育補助。[8] 提供慷慨無條件福利的國家邊境愈開放，它降低福利給付水準或收緊給付條件的壓力將愈大——這是為了防止旨在享受慷慨福利的移民大量湧入。

這種緊縮福利的壓力，因為租稅方面的國際競爭而加劇，而租稅競爭是因為當局希望留住重分配方案的淨貢獻者而引起的。即使完全沒有人口跨國流動，資本跨國流動已造成威脅，尤其是在結合商品跨國流動的情況下。如果全球化意味著資本可以自由地跨國流動、投資生產出可以自由跨國流動的商品，那麼在全球化的經濟體中，任何一個國家的政府都將難以對盈利課稅。但是，針對非金融資本和高薪人士課重稅仍是有可能的，條件是企業需要的高技術勞工的跨國流動性並不高——因此要利用第六章探討的方式課稅不算太難。但一旦很多高薪勞工開始考慮移居到他們的技能可以獲得較高稅後報酬的國家，要利用資本和高薪者實現高程度的真正重分配就會變得非常困難。一旦人們認為人力資本的流動性夠高，企業將考慮安頓在稅後報酬較高的地方。無論這些勞工和企業是否真的遷移，害怕他們這麼做就足以促使政府降低高薪者的稅率，或是將給付水準設計得更貼近提撥水準，進而降低真正重分配的水準或收緊其條件。

因此，國家層面基本收入的經濟永續性因為全球化而受到雙重威脅：一種威脅源自淨受益者可能會選擇性流入，另一種源自淨貢獻者可能選會擇性外移（外移不但是指寶貴的勞動力和資本可能真的離開，還包括旨在節稅的虛擬作業，例如跨國公司將盈利轉移至低稅地區，或是非常賺錢的網路活動選擇以低稅地區為根據地）。這兩種威脅都可以透過在更高的層面引進基本收入來化解。不過，在探索這種較遙遠的可能性之前，我們先來想想可以如何降低國家層面基本收入方案的脆弱性。

處理移民選擇性流入的問題

十六世紀在城市層面引進的首批有條件最低收入方案，實際上也面臨同樣的移民選擇性流入威脅。本書第三章提到，威夫斯是率先具體呼籲引進公共救助制度的人。他當年便意識到這種威脅，並說明他認為應該如何處理：「如果乞丐是身體健全的外地人，應將他們遣送回他們所屬的城市和鄉村，並為他們提供路上所需的物資。」只有當他們來自「受戰火蹂躪的鄉村和小地區時」（我們現在會說他們是難民），他們才會「得到本地公民的待遇」。[9] 當年法蘭德斯城鎮伊普爾提出非常接近威夫斯構想的公共救助方案，當地的地方行政官被要求替這項方案辯解時，不遺餘力地捍衛類似的立場：

我們樂於幫助任何人，但我們的資源有限，雖然完全足以照顧我們自己的窮人，但不足以滿足所有人的需求……那些來我們的城市接受救濟，帶著一大群小孩的陌生人，我們不接受……我們認為不應對我們提出超出我們能力的要求，除非是我們在無差別提供救濟一段時間之後，不慎陷入這種境地：無論是我們自己的窮人還是陌生人，我們都已經沒有能力幫助他們。世上沒有任何地方可以接收和容納所有窮人，也沒有任何公共金庫可以供養所有窮人。[10]

巴黎神學院的審查者判斷該方案是否符合基督教教義時，確實接受了這些務實的理由，但也表達了他們的疑慮：「無論是本地人、外來移民還是外地人，不應有任何人因市政府提供這種救濟而陷入赤貧或接近赤貧的境地。」[11]

四個世紀後，庇古在其福利經濟學經典專著的最後一段並未透露出這種疑慮：

如果只有一個國家建立一種有效的最低標準，其人口大有可能因此顯著增加，因為可能會

> 有很多能力相對較低的窮人憧憬國家的救助，進而積極尋求移民到這個國家……因此，一個國家如果建立了高於鄰國的最低標準，那麼它禁止那些在沒有公帑資助的情況下不太可能達到這種最低標準的人移入，對它是有好處的。這個國家可能因此禁止白癡、低能者、殘障者、乞丐和流浪漢，以及超過或低於特定年齡的人移入，除非他們有可以供養他們的親人隨同，又或者他們自己有足夠生活的投資收益。但遺憾的是，要設計有效的機制來排除所有「不合意的」外來移民，同時避免排除「合意的」外來移民，是極其困難的。[12]

這種文章說明了決心在較富裕國家促進社會正義的人面臨的最殘酷難題：他們希望「自己的窮人」享有可長久持續的慷慨救助，同時也希望慷慨對待前來求助的「陌生人」，但兩者是有衝突的。[13]這種衝突尤其困擾基本收入的支持者，因為他們出於平等和自由的原則而支持基本收入，因此也應該堅決支持人口自由遷移。一個人選擇自身生活方式的真正自由，當然應該包括選擇在哪裡生活的自由，而這種自由不應僅限於那些剛好出生在富裕國家的幸運兒。

這是一種令人不舒服的緊張狀況，但與其哀悼國界牢靠的民族國家世界已經消逝，或幻想未來的世界沒有嚴重的國際不平等（和因此產生的不可抗拒的移民壓力），還不如做一些比較有益的事。在此同時，我們必須處理真正自由的兩個要素之間的衝突。在我們的全球正義觀念中，這兩個要素沒有哪一個絕對優先。尤其值得注意的是，自由遷移並不是即使摧毀現行重分配制度也必須捍衛的基本人權。只要國家仍是我們可以確立真正重分配制度的最高層面，我們就必須保護這種制度，防止它因為移民選擇性流入而毀壞。

目前保護非提撥式重分配方案的主要方法，與當年威夫斯建議的一樣：盡可能防止潛在受惠者從其他地方移入，除非他們來自受戰火蹂躪的地方。這種方法的效力因為無可避免的非法移民流入（以及他們隨後合法化）而受損。此外，執行這種方法涉及在邊境豎起柵欄、建造圍牆，有時會導致難民船失事，而且必須將已入境者驅逐出境；這一切均說明了這種難題涉及的醜陋現實。追求本地（真正）重分配方案的永續性，使我們幫助外來求助者的能力嚴重受限。有條件的最低收入方案是如此，無條件基本收入的問題只會更嚴重。這種排斥性對策以較溫和的方式執行是否足夠？這至少有兩種可能。

一種方式是加上等待期的要求。當年亞當・斯密便曾討論英格蘭的一項規則：窮人必須在一個地方行政區「連續不間斷居住」四十天，才能成為該行政區必須救濟的「自己的窮人」。[14]而在一九九〇年代中，巴西巴西利亞聯邦區首長布瓦爾克（Cristovam Buarque）引進的最低收入保障方案，便規定來自巴西其他地區的新居民必須住滿十年才能領取補助。第二種可能是嚴格規定只有本國公民才能享受相關福利。日本一九五〇年的公共救助法便明確規定，只有日本公民才能享有最低收入方案的保障。有些外籍居民實際上也能得到補助，但那只是地方政府機關行使裁量權的結果。[15]另一方面，在中國的戶口制度下，到外地打工的家庭只能在他們的戶口所在地享有公共醫療、教育和其他社會服務。正因如此，上海雖然有數以百萬計的外來人口，但卻有能力維持中國最高水準的社會福利。[16]

這兩種限制均出現在基本收入提案中。第一種的例子包括巴西二〇〇四年的「公民收入法」（第七章有提到）；該法律規定，基本收入制度實施後，非巴西人必須至少在巴西住滿五年，才能領取基本收入。此外，近年美國有人提出一種較溫和的構想，也就是將基本收入的水準與當事人在美國居住的年數掛鉤。[17]第二種限制可見於基本收入方案的名稱選擇，例如「公民收入」或「公民薪資」。沙利耶構想的「土地紅利」清楚說明了這一點：這種紅利僅限於他所稱的「本地人」所有，而外來移民必須要到第三代才算是本地人。[18]費利（Jean-Marc Ferry）構想的歐盟基本收入雖然是在較廣泛的層面上，但也是第二種限制的例子：獲得基本收入是他設想的歐洲公民權利的一部分。[19]

這些溫和版的排除性對策會面對強硬版所沒有的兩種困難。第一種困難未必會發生，視情況而定：這種溫和的對策有可能因涉及歧視而遭上級機關否決。有關等待期的要求，阿拉斯加分紅方案的最初設想便是一個例子（見第四章）：它規定分紅金額與當事人在阿拉斯加州的居住年數掛鉤，但美國最高法院裁定這種設計違反美國憲法的平等保護條款。[20]至於基本收入僅限於本國公民的規定，在歐盟，成員國都無法通過法律，根據當事人是哪個歐盟成員國的公民，而授予不同的社會權利。[21]不過，這種困難未必會發生。它只會出現在如下狀況：引進非提撥式補助方案的實體，必須遵守它所屬的較大實體的法律框架。

第二種困難就不只是可能存在了。上述兩種限制都會製造出兩類居民：一類擁有完整的社會權利，另一類則不是。這對任何收入保障方案來說，都可能是非常嚴重的缺點。就基本收入方案而言，這尤其令人討厭。基本收入與針對非經濟活動人口的補助不同，它也惠及勞工（一如負所得稅或勞動所得稅額抵減）。為了替基本收入方案提供財源，所有勞工都必須承受較重的稅負，但那些不符合最低居住要求或沒有公民資格的勞工將無法像其他所有勞工那樣獲得基本收入（或稅額抵減）。如果方案採用可退款稅額抵減的形式，將會出現非常怪異的結果：合法做相同工作的勞工，因為居住時間或公民地位不同，導致實際拿到的薪資明顯不同。[22]此外，無論基本收入以什麼形式實行，低階勞動市場將受到嚴重扭曲：有些人因享有無條件基本收入而有能力拒絕不好的工作，有些人則因為欠缺基本收入賦予的議價能力而被迫接受不好的工作。原則上基本收入制度一旦實行，在該國工作的權利與享有基本收入的權利必須同時提供。

處理人口選擇性外移的問題

我們檢視上述溫和版的排除性對策的結論，是它們相對於強硬版（拒絕許多外來移民）並非可靠且吸引人的替代方案。令人遺憾的是，在全球化年代，如果我們想長期維持慷慨的國家層面

（或較廣義而言，全球以下的層面）基本收入，我們無疑不可能不採取某種排除性對策。[23]但即使如此，可能還不足以防止沉淪式競爭。我們還必須處理淨貢獻者選擇性外移造成的威脅。[24]我們可以怎麼做？

有些人首先想到的，可能是一種限制人口選擇性外移的對策，與那種被視為適合用來限制移民選擇性流入的對策完全對稱。如果我們可以阻止淨受惠者流入，為什麼不能阻止淨貢獻者外移？一個非常有力的理由是：離開本國、移居外地的權利被系統性地視為一種基本人權，但遷入其他國家的權利則不是如此。[25]這種不對稱有其虛偽之處，因為如果沒有國家願意接收移民，人的外移權利根本沒有意義。但是，這種不對稱有其道理：如果沒有外移的權利，我們會被綁住而留在自己的國家；如果沒有移居到我們想去的那個國家的權利，我們未必只能留在自己的國家。但是，賦予人外移的權利，並非必須同時賦予他們帶著財富外移的權利，也並非必須賦予他們不報答國家在他們身上的人力資本投資便外移的權利，當然也不必賦予他們藉由將自身至少部分資本或活動外移、來逃避本國稅負的權利。這些對外移權利的限制並不取消個人移居外國的權利，而且如果有效，其正當性一如上述的對移入權利的限制（雖然實施這些限制是情非得已）。

這不是我們阻止人口選擇性外移唯一能做的，甚至可能不是我們主要可做的。慷慨的非提撥式方案的永續性受到威脅，關鍵不在於有些淨貢獻者外移，而在於他們因為預料自己的人力資本可在外國獲得較高的淨報酬而外移。抵抗這種傾向的方法之一，是培養某種凝聚民眾的愛國精神：一種對地方的依戀，對所在地政治社群及其達成的團結之忠誠，它使高收入者希望在本地居住、工作、投資和貢獻社會，而不是在國際上尋找租稅待遇最好的地方。如果團結的行為不夠自發，可以藉由適當提高透明度（暴露某些人的負面行為）加以提升。

這不是形同勸阻富國的高技術人才遷往較窮的國家，協助後者改善當地境況嗎？[26]在某些情況下，無疑是如此。但是，這種愛國精神希望阻止的是各種選擇性的人口流動，包括富國與富國之間、窮國與窮國之間，以及窮國至富國的人口流動。尤其重要的是，它必須抑制窮國流失人才給富國，同時避免妨礙人們短暫或甚至永久移居外地，以便他們原本的國家受惠於他們在海外學到的技能、建立的人脈、累積的資本，或取得的技術——而非只受惠於他們對原本國家的匯款。而即使普遍的愛國精神主要是抑制富國人才流向窮國（而非反過來），這也未必會損害全球正義。因為全球正義關注的是個人而非國家間的分配，而凝聚民眾的愛國精神可以減輕人口選擇性外移的威脅，進而強化所有國家對其居民間所得分配的掌握——這本身是真正的重分配方案得以永續的一個先決條件。[27]

人口選擇性移入和移出的威脅有多難或多容易處理，取決於各種在地情況。例如若在相關地區，非本地人很難掌握當地的語言，以及如果外來者很難融入當地文化，則慷慨的真正重分配方案將比較容易維持。無論是潛在的淨受惠者還是現行淨貢獻者，都可能因為必須投入大量心力學習新語言和適應新文化而卻步。此外，獨特的民族文化通常有助培養凝聚民眾的愛國精神。這種保護罩對國家層面基本收入方案的永續性非常有利。但必須承認的是，全球化的過程傾向於損害這種保護罩，原因有兩個。首先，離鄉聚居並保留原本語言的人愈來愈多，他們提供了一種新移民可以輕鬆融入的在地小環境；這無疑減輕了潛在淨受惠者移入所面臨的語言困難。第二，隨著英語成為全球通用語言，淨貢獻者外移所面臨的語言困難也得以減輕；無論在日常生活還是工作上，他們都可以比較輕鬆地在海外安頓下來，在說英語的國家尤其如此，在英語並非主要語言的地方也可能不會有大問題。但是，這些語言和文化差異只要存在，都將有助於抑止跨國人口流動，進而減輕維持真正再分配方案所承受的壓力。我們有很好的理由希望這些差異至少有部分能持續下去，雖然這些理由絕非顯而易見。[28]

一種全球基本收入？

如前所述，選擇性移民威脅國家層面基本收入的問題，也可以藉由擴大重分配的運作層面來處理。這當中的理由顯而易見：如果重分配是在涉及很多國家的層面運作，它當然不會因為相關國家間的人口流動而受到威脅。另一個原因是：如果某種程度的重分配是在較廣的層面運作，國家層面的重分配也較不易受人口選擇性移入或移出威脅。為什麼呢？如果沒有更廣層面的重分配，淨受惠者移入會使接收國負擔的整體淨補助金額增加。相對之下，如果有更廣層面的重分配，這當中涉及的金額會縮減。在淨受惠者移入前，接收國就已對更廣層面的補助有貢獻，而在淨受惠者移入之後，其他國家也將繼續對此有貢獻。人口選擇性移入的衝擊因此減輕了。人口選擇性移出也是如此。如果沒有更廣層面的重分配，納稅人或企業離開意味著他們原本所在的國家損失他們的全部貢獻。如果有更廣層面的重分配，損失只會是一部分。因此，更廣層面的重分配之所以有用，不只是因為這種重分配本身較不容易受貢獻者與受惠者的跨國流動影響，也因為它能減輕人口跨國流動對國家層面重分配方案造成的壓力。此外，因為更廣層面的重分配可以降低人們的移民傾向，前述的殘酷難題，也就是照顧好本國窮人與慷慨救濟前來求助的外國人間的矛盾，將得以減輕。如果重分配的層面夠廣、移轉支付的金額夠高，這甚至可能意味著開放邊境不再是問題，而上述難題也將消失。

這些因素支持在超國家層面引進的任何形式的真正重分配。不過，無條件基本收入特別適合這種層面的重分配，原因有兩個。首先，如果我們真的可以在超國家層面引進某種非提撥式人際移轉支付制度，它不可以是一種複雜、結構微妙的福利制度；我們不能靠這種制度精確界定何謂相關需求，以及我們將在什麼情況下利用集體力量充分或部分滿足那些需求。它必須提供條件非常簡單的補助，而且容易以統一的方式執行。第二，如果超國家層面的人際移轉支付制度真能實現，其設計最好是能避免在相關國家製造出依賴陷阱，也就是能避免導致受惠者為了領取補助而希望一直處於貧窮狀態。因此，這種制度應該提供一種基本保障而非一種安全網。因為這兩個理由，基本收入雖然不是唯一適合的方案，但特別符合我們的需求。

那麼，我們可以設想在什麼樣的較廣層面引進基本收入？全球層面的基本收入顯然最能化解選擇性移民造成的壓力，也最能保護所有的國家層面再分配方案。此外，全球基本收入也最符合我們的全球社會正義構想。但是，這種可能性不是遙不可及，連花時間設想也不值得嗎？有些人認為不是這樣。荷蘭藝術家庫思查（Pieter Kooistra）便設立了名為「全人類聯合國收入」（UNO Inkomen Voor Alle Mensen）的基金會，藉此傳播他的構想：藉由發行一種不可積存的臨時貨幣，為世界上所有人提供一筆小額無條件收入。[29] 其他許多人也有類似構想，通常是因為他們渴望以一種簡單的方式，在不造成世界上有錢人沉重負擔的情況下，顯著減輕全球貧困問題，又或者是因為他們必須為有自身原理的全球稅產生的（理應）豐厚的收入尋找有益的用途。[30]

這方面最不異想天開的提案類型與氣候變遷密切相關。世人已逐漸形成共識，認為地球的大氣層吸收碳排放的能力有限，一旦超過極限將導致危害多數人類的氣候災難。因為這些現象的成因本質上是全球性的，我們需要全球集體行動，且只有當各方認為相關安排是公平的，這種行動才會以適當的速度出現，並獲得足夠的熱心支持。但怎樣才算公平呢？最令人滿意的理解方式並非採用**合作**正義的概念（生產一項公共財的成本應如何由其受益者分擔？）或**補償**正義的概念（補償一項公共傷害的成本應如何由造成傷害的人分擔？），而是採用**分配**正義的概念：稀有資源的價值應如何分配給有權利分享的人？講得具體一點，大氣層吸收碳排放的能力是一種可再生但稀有的天然資源，當前和未來的所有人類均有享受這項資源的平等權利。

實現這種全球「氣候正義」的最佳方式包括三個步驟。首先是估算出為了避免造成嚴重傷害，全球碳排放量不得超過的水準。然後是據此將某段時間的碳排放權賣給出價最高者。經由這種拍賣得出的統一均衡價格，將影響全球所有商品的價格（影響有多大，與相關商品涉及的直接和間接碳排放成比例），進而影響消費和生產型態，包括旅行和居住習慣。第三步是將這種拍賣的巨額所得平均分給全人類，因為人人都擁有利用大氣層這種「吸收力」的平等權利。[31]如第六章指出，這很像在全球的層面，以土地稅為財源支持基本收入。

如果這正是公平的安排所需要的，全球基本收入雖然離實現還很遠，但也不再是純屬空想。某些執行上的難題無疑必須處理。將拍賣所得按人口比例分配給各國政府，或許是看似合理的做法，但如果某些政府在相關資料上造假，或是官員中飽私囊，將很可能引發反彈。比較可能成功的安排，是藉由一種跨國方案，保證各國人民確實可以分到錢。為了提高方案的可行性，我們或許可以考慮最初先限制受益人為六十或六十五歲以上的人。在那些有成熟的保證養老金制度的國家，這種方案可以採用這種形式：政府支付給老人的養老金多了一筆金額不多的「全球部分」。在沒有這種制度的國家，當局必須設計新的行政安排，但如南非的非提撥式養老金模範案例顯示，因為移轉支付集中提供給部分人口（人均金額因此可以高一些），支付、保安和監督費用可以維持在相當低的水準，僅為給付金額的一小部分。

表八・一　世界人口與碳排放量百分比，二〇一二年（美國、歐盟、中國與非洲）

	美國	歐盟	中國	非洲
占世界人口的比例	4.4	7.0	19.1	15.5
占世界六十五歲以上人口的比例	7.7	16.2	20.3	6.8
占世界碳排放量的比例	16.3	11.7	25.1	3.7

- 人口比例（總人口或年長者人口占全球的比例）決定從方案中分到的財務利益總額。
- 碳排放量比例決定對方案的財務貢獻規模。
- 前兩者的差額決定淨獲益或淨貢獻的規模。

資料來源：作者根據美國能源資訊局能源消費數據中的總二氧化碳排放量（http://www.eia.gov/cfapps/ipdbproject/IEDIndex3.cfm）所做的計算，人口數據源自聯合國《世界人口展望二〇一五年修訂版》。

起初限制全球基本收入為年長者專有，至少還有額外的好處。首先，因為此舉可以增強老年人的經濟保障，它應該有助那些生育率仍偏高的國家降低生育率，因為養兒防老的動機將結構性地減弱。此外，因為一國享有的給付總額取決於老年人口的規模，這種安排應可增強政府改善公共衛生、教育和其他有助長壽的條件。此外，因為起初對預期壽命較長的富國非常有利，這種安排將提高方案被各國接受的機率，同時為隨著各國的老年對青年人口比例逐漸接近、富國對窮國的移轉支付順利增加鋪路。

但是，我們利用可輕易取得的數據粗略估算（見表八・一）便可發現，我們選擇年齡門檻時必須非常小心。如果碳稅所得按照總人口比例分配，美國、中國和歐盟將是淨貢獻大戶，非洲則是淨獲益大戶。如果碳稅所得按照六十五歲以上人口的比例分配，非洲的淨獲益將大幅縮減，中國的淨貢獻將略微減少，美國的淨貢獻將大減，歐盟則將從淨貢獻狀態變成淨獲益。無論如何，六十五歲目前並非站得住腳的年齡門檻。

無論如何，這個具體提案只供說明之用。有關全球正義，碳排放在道德上並無任何特別之處。全球正義要求的是真正的自由在全人類之間公平和永續的分配。即使拍賣碳排放權的收入公平地分配出去，我們距離全球正義的理想仍然遙遠。但是，因為目前這種稀有公共資源的運用方式非常不平等，而且我們迫切需要找到一種解決方案，不但是未來世代可承受的，在當前世代中也必須是公平的，我們有機會利用此議題向前邁進。

歐盟做為一個移轉支付聯盟

即使可用氣候正義的概念加以辯護，甚至僅限於年長者，全球基本收入或許仍是遙不可及的夢想，不值得深入研究。那麼，如果在僅涵蓋部分國家的層面引進一種區域型基本收入，情況又如何？可能會有人想到北美自由貿易區（NAFTA）、南方共同市場（Mercosur）或東南亞國協（ASEAN）。[32]但有一個超國家實體可說是最適合引進基本收入，那便是歐盟；一來是這個史無前例的超國家制度建設過程賦予歐盟當前的模樣，二來是因為歐盟因此面對一些特別的問題。歐盟引進基本收入的機會還有這當中涉及的困難都有足夠廣泛的意義，值得深入檢視。無可否認的是，歐洲層面無論實行多大程度的重分配，仍無法避免這種重分配與全球社會正義觀念的矛盾。分享利益的人確實增加了，但那仍是「盜賊間的正義」。但是，在歐洲層面建立超國家重分配制度、以及建立維持這種重分配所需要的政治制度所涉及的學習過程，對追求全球正義遠非沒有意義。除了這種廣義的作用外，在歐洲建立跨國重分配制度有四個好理由——也就是說，將歐盟改造為一個**移轉支付聯盟**有四個好理由。

第一個理由與所謂的歐洲社會模式能否維持下去有關。因為歐洲多項條約造就的歐盟成員國間的資本、商品、服務和人口的自由流動，歐盟面對的選擇性移民問題特別嚴重，必須借助移轉支付聯盟來處理此一難題。在這種歐盟內部流動造成的壓力下，歐盟成員國愈來愈被迫重視國家競爭力甚於一切，因此愈來愈沒有能力在本國的層面組織社會正義所要求的真正重分配。歐盟層面的真正重分配無法規避全球化造成的壓力，但有助解除歐洲單一市場使成員國承受的沉重得多的壓力。此外，如前所述，在更大層面實行某種程度的真正重分配，有助成員國在本國層面維持慷慨的重分配，因此也就有助挽救岌岌可危的所謂歐洲社會模式。

第二，歐盟必須建立移轉支付聯盟，才能確保《申根公約》切實可行——也就是才能保障歐盟公民在成員國之間自由遷徙的權利。跨國重分配不但可以減少選擇性移民，還可以減少堪稱過度的一般人口遷移。天真的經濟分析可能會認為自願性移民必然有助於提升經濟效率，因為這種人口遷移系統性地將生產要素轉移到它們能發揮更高生產力的地方。但這種分析忽略了移民產生的負面外部性：在原居地，人口外移使當地流失一些比較進取的成員；在目的地，移民使當地必須處理新移民在教育和文化上融入本地的問題。但無論現行移民規模是否被視為最有利於經濟效率，移民使遷徙自由承受巨大的政治壓力——這不但展現在英國脫歐公投上，也展現在其他國家結果趨同的民意調查上。目前相當普遍的反自由意見主張恢復或重新「加固」歐盟的內部邊界。但也有一些支持自由的意見主張藉由一種歐盟層面的移轉支付制度，使羅馬尼亞或保加利亞等國家的人可以比較輕鬆地留在本國。即使在同質程度高得多的大型民族國家，內部的人口遷移通常不至於造成太大的問題，實行全國重分配的理由之一正是這有助於穩定人口。[33]如果《申根公約》和歐盟內部的自由遷徙權利要頂得住政治壓力，將歐盟改造為一個移轉支付聯盟是必要的。

第三，歐盟必須建立移轉支付聯盟，才能確保歐元可以生存下去。在經過大量思考但並未猶豫太多後，若干歐洲國家一九九二年決定採用一種共同貨幣。[34]曾有人對此提出警告，但歐盟並未聽進去。歐元鈔票和硬幣二〇〇二年開始流通，不到十年，歐元區便陷入一場嚴重的危機，因為競爭力較弱的成員國失去了將本國貨幣貶值的能力。美國五十個州也沒有將本國貨幣貶值的能力，而且它們之間的競爭力差異很可能並不小於歐元區成員國之間的差異，但美國各州採用共同貨幣多年卻似乎一直相安無事；相較之下，歐元區卻很快爆發危機，為什麼會這樣呢？如同各方指出，尤其是美國經濟學家在歐元區誕生前和危機爆發後指出，根本的原因在於：「美國各州是單一國家的一部分，這個國家有統一的財政預算，有一個由一種共同語言維繫在一起的勞動市場，歐洲國家的情況則非如此。」（這是克魯曼〔Paul Krugman〕簡潔的說法。）[35]較具體而言，美國可以仰賴兩種有力的穩定機制，而這兩種機制在歐盟則弱得多。

第一種機制是各州之間的人口遷徙。從一州遷移至另一州的美國人口比例，約為從歐盟一成員國遷移至另一成員國的人口比例的八倍。[36]這在頗大程度上反映一個事實：一般而言，相對於從美國的一州遷移至另一州，歐洲因為語言和文化多樣，從歐盟一成員國遷移至另一成員國，改善經濟狀況的希望要低得多，而個人必須付出的代價則高得多。從希臘亞地加（Attica）遷到德國巴伐利亞，不太可能像從南達科塔州遷到加州那麼順利。[37]因為我們可以合理地假定歐洲的語言差異將持續，我們不能期望歐盟與美國在人口遷移方面的差異將會消失——至少在歐洲的福利制度嚴重受損，使得歐洲勞工被迫大量外移（儘管面對各種語言和文化障礙）前，情況將是這樣。事實上，如前所述，因為在語言多樣的情況下，移民造成的負面外部性要大得多，穩定人口、犧牲人口遷移做為經濟穩定機制的潛力是可取的。

由此就講到美國第二個有力的穩定機制：一種有重分配功能的租稅與移轉支付制度，重分配程度或許遠低於許多歐盟成員國，但基本上在全部五十個州運作，也就是在整個共同貨幣區運作。在美國，一州的經濟狀況相對於其他州惡化時，該州將得到某程度的自動補償：它得到的移轉支付增加，其家庭和企業支付的稅減少。早年美國經濟學家用來解釋為什麼美元可以永續而歐元不可以的一些估計顯示，美國一州的GDP每減少一個單位，來自其他州的移轉支付淨額增加（或該州對其他州的淨貢獻減少）可以抵銷GDP跌幅約四〇％；相對之下，整個歐盟層面的租稅與移轉支付制度產生的類似作用卻不到一％。[38]美國的福利制度基本上在聯邦的層面運作，意味著失業惡化對一州財政收支的衝擊遠輕於福利制度在州的層面運作的情況，觸發財政赤字擴大、公共債務膨脹、信用評等下跌、利率上升、赤字進一步擴大這種惡性循環的風險因此低得多。此外，較高的淨移轉支付意味著注入有助支持地方經濟的有效需求。

歐元區的情況則完全不同。歐元區成員國受經濟衝擊或穩定的衰退打擊時，無論是出於什麼原因（可能是外國對其主要出口商品的需求萎縮，又或者其他成員國推行了促進競爭力的改革），都無法受惠於在其境內運作的移轉支付制度。相反的，這個成員國的福利制度愈發達，較低的競爭力造成的失業問題對其公共財政的影響愈大。而無論當局控制財政赤字的努力是採用加稅或削減福利（或雙管齊下）的方式，本地有效需求都將受損，而來自其他成員國的淨移轉支付也不會顯著增加（也就是無法提供可觀的補償）。因為第一種穩定機制（成員國間的人口流動）無法寄予厚望，如果不發展第二種穩定機制（整個歐盟層面的系統性移轉支付），歐元便不可能高枕無憂。這就是歐盟必須建立移轉支付聯盟的第三個理由。

此外還有一個理由。英國脫歐公投、右翼和左翼民粹情緒在歐洲各地高漲的情況，應已使我們認識到，如果人們持續認為歐盟以促進競爭力的名義削弱社會保障（換句話說，如果歐盟持續偏袒「移動者」並漠視「留守者」），歐盟將無法在多數歐盟公民的眼中恢復其正當性。歐盟必須證明它真的如自己所宣稱，關心所有歐盟公民。當年為了促成德國統一，並替其新興帝國爭取民眾的普遍忠誠，俾斯麥創立了首個全國養老金制度（如第三章所述）。俾斯麥一八八九年表示：「國家養老金制度也將引導一般人視帝國為仁慈的體制。」[39]如果設計得當，歐盟層面的移轉支付制度也可以產生類似的作用。它可以將一些無疑產生自歐洲融合的重要利益分配給所有歐洲公民，明顯嘉惠他們；無論是確保持久的和平、刺激生產力或實現各種規模經濟，這些利益目前的分配非常不平等。

以上是建立移轉支付聯盟的四個有力理由。但是，許多人對此感到疑慮。[40]這個移轉支付聯盟可以採用什麼形式？應該採用什麼形式？它是否可以是成員國間的純粹保險安排（不涉及事前重分配），藉此緩和不對稱的衝擊？這種設計將有助穩定歐元，但對上述的三種功能幫助不大，而且可能產生一種（堪稱）不可接受的情況：比較富有的國家成為淨受惠者。那麼，將德國各邦之間的「財政平衡」（Finanzausgleich）制度移植到歐盟的層面是否可行？這將埋下永久衝突的種子：貢獻國會想干預受惠國政府使用「他們的」資金的方式，這不是最有可能成功的安排。在現行聯邦國家，支持前述四種功能的最好方式，從來不是各邦間相對小規模的移轉支付，而是在聯邦的層面安排財源、各邦間大規模的跨境人際移轉支付制度。這是否意味著我們必須在歐盟的層面建立一種類似美國的聯邦福利制度？歐盟成員國複雜的福利制度在設計和財源安排方面彼此非常不同。這些制度是艱難的鬥爭、冗長的辯論和費力妥協的路徑相依（path-dependent）結果。將這些制度併為一個統一的歐盟制度或許勉強可以想像，但是否可取則非常可疑，而且在可見的未來無疑並不可行。因此，我們暫且忽視在歐盟的層面建立巨型福利制度的構想，改為研究維持各成員國福利制度結構不變、建立較為節制的跨境人際重分配制度的可能。

施密特（Philippe Schmitter）和鮑爾（Michael Bauer）提出了這方面的一個方案。他們建議針對歐盟最窮的公民，逐漸引進一種全歐盟的歐洲補助（Eurostipendium）：收入低於歐盟（當時有十五個成員國）平均收入三分之一的歐洲公民，每人每月可獲得八十歐元（相當於當時歐盟人均GDP約四％）。[41]這個方案有三大缺陷。首先，如本書第一章提到，需要審查經濟狀況的方案會製造出貧窮陷阱，而上述方案的問題非常嚴重（雖然嚴重程度確實因為移轉支付金額相當低而受限）：收入僅略低於歐盟平均收入三分之一的公民每月可以得到八十歐元，而收入略高一些的人則得不到任何補助，結果變得比一些收入較低者更窮。第二，它會製造出不當誘因，而最能說明問題的可能是國家層面的不平等陷阱。假設有兩個國家人均GDP完全相同。所得分配較不平等的一國，將會有較多人口符合資格領取補助。無論方案的財源如何安排，相對於所得分配較平等的國家，分配較不平等的那一國將受惠較多（或貢獻較少）。第三，實施這種方案必須要執行相同的收入定義，以便評估某些家庭是否符合領取補助的資格。收入要納入哪些項目（自家種植的食物、自置的房產、同居伴侶的收入之類）或排除哪些項目（工作相關的費用、贍養費、撫養子女的經濟負擔之類)?收入審查可以容許或必須有多大的侵擾性?這些都是非常敏感的議題,不大可能在超國家層面找到可行的統一解決方案。

歐洲紅利

因為這些困難,表面看來比較激進的一種方案實際上反而比較可行。[42]這種方案便是在整個歐盟(或至少是歐元區)引進一種真正的無條件基本收入,給付水準可以因應成員國的平均生活成本而有所不同。早在一九七五年,便有人提出類似方案:歐洲議會特立獨行的保守派議員布蘭登・里斯威廉斯(Brandon Rhys-Williams)在提交歐洲議會經濟與貨幣事務委員會的一份報告中,建議引進涵蓋全歐盟的基本收入,做為歐洲區域與農業政策的一種有效率的替代方案。[43]在比較抽象的層面,哲學家費利(Jean-Marc Ferry)替這種方案辯護,認為這可視為歐洲公民身分的一個核心要素。[44]較近期而言,有人提出一種較為有限的方案:歐洲央行偶爾支付一筆現金給所有歐洲人,藉此刺激歐洲經濟(如第六章所討論)。我們自己的方案,則是提供每人每月平均二百歐元的歐洲紅利(eurodividend;這個金額約為二〇一五年歐盟人均GDP的七・五%)——在生活成本較高的國家,給付高一些;在生活成本較低的國家,給付低一些。該方案一舉避免了施密特和鮑爾歐洲補助方案的三大缺陷。在我們的方案下,貧窮家庭的淨所得不會因為收入增加而減少,因為歐洲紅利不過是他們的一筆額外所得。各國也不會因為推行減少不平等和貧窮的政策而受到懲罰，因為跨國移轉支付的水準並非取決於收入低於某一門檻的人口規模。此外，因為不設收入條件，歐盟不必擬定一致的收入定義，也不必監測個人所得以便決定給付水準。

歐洲紅利的財源安排應如何設計？在第六章，我們花了一些篇幅討論國家層面基本收入的主要財源選項。但某個層面最合適的選項未必適合另一層面的基本收入。例如在國家的層面，個人所得稅是最顯而易見的財源選擇。但在歐盟的層面，若以此為財源，各成員國必須統一應稅所得的定義，因此也就會出現前述施密特與鮑爾方案類似的問題。統一個人所得稅基必然是非常富爭議和費力的事，指望此事成功因此顯得非常不智。在一些歐盟成員國，社會保障提撥是福利制度的主要財源，但這個選項在歐盟的層面也不太可行。明智的做法是繼續以這項財源支持國家層面的社會保險制度。另一方面，歐盟的層面也可能有一些特殊的機會，例如里斯威廉斯便指出，歐盟共同農業政策（顯然是歐盟預算中最大的項目）大有機會省下很多經費。但是，這項支出有一部分可說是出於重分配以外的重要目的，而即使相關經費大部分可以透過重新分配支持歐洲公民人人有份的歐洲紅利，每人每月可以領到的也不超過十歐元（約為歐盟二〇一五年人均GDP的〇・五％）。[45]

我們因此必須尋找在歐盟的層面特別合適的財源安排。歐洲央行創造貨幣是一種選擇。但如第六章所解釋，這無法支持穩定的給付，只能提供波動不定的額外補助。另一種誘人的選項是金融交易稅，也就是所謂的「托賓稅」。根據歐盟二〇一二年的估計顯示，在相當樂觀的假設下，在整個歐盟實施將稅收最大化的托賓稅可以支持的基本收入為每人每月不超過十歐元。此外，托賓稅收入可能因投機活動而大幅波動，而且我們很容易會高估這種稅收，因為一旦投機客找到漏洞或轉向更有利可圖的活動，稅基的稅收彈性可能會增大。[46]

第六章闡述的碳稅又如何？歐盟分配到的碳排放配額是否可以成為基本收入的財源？到二〇二〇年時，排放交易系統（Emission Trading System）出售碳排放許可估計每年可產生二百一十億歐元的收入，用來支付歐洲紅利每人每月可以得到約三．五歐元。不過，大多數碳排放並未納入這個交易系統中。如果全都納入，收入將會高一些——根據合理的假設，將可支持每月十七歐元的歐洲紅利。也就是說，即使在非常有利的假設下（碳排放許可一〇〇%賣出去，收入一〇〇%用來支付歐洲紅利），此一財源可以支持的紅利水準仍非常有限，而且將受碳排放許可的市價影響；此外，這種費用長期而言將影響碳排放許可的需求量，進而影響這項財源。[47]

值得考慮的另一種可能性是針對化石能源之使用課稅（第六章也有闡述）。這種稅的基礎包括處理碳排放的負面影響，以及在地外部性和資源耗竭的問題。[48]當然，以這種方式支持的基本收入必須產生這樣的重分配：化石能源使用量較高的國家必須嘉惠使用量較低的國家。如果能源使用量的差異基本上取決於財富差異（世界各區域的情況大致如此，但歐盟成員國間的情況則較不是如此），這不會有大問題。如果差異基本上取決於各國採用有效節能策略的程度，這也不會有大問題（適當的誘因正應該這樣運作）。但是，一國的能源使用量也取決於該國的一些天然條件，尤其是氣候有多寒冷。北方國家的人民因為祖先剛好選擇在那裡定居，就必須為自己選擇留在寒冷的地方而付出代價，這很難說得過去；既然如此，這種稅若在歐盟的層面實施，很可能永遠都不會被視為是公平的。

針對資本課稅不會面對這種困難，而且因為資本跨國流動，在超國家的層面針對資本課稅尤其合適。可以採用的一種形式是整個歐盟的累進財富稅。皮凱提估計，稅率若設在可長久持續的水準，財富稅可以產生相當於歐盟GDP二%的稅收，用來支付基本收入每人每月可領約四十歐元。[49]迄今很少歐盟成員國課徵這種稅，此一事實或許可以成為開徵歐盟財富稅的有利理由，因為不會有很多成員國的具體徵稅安排必須調和。但這也可能意味著開徵歐盟財富稅比開徵歐盟所得稅更困難；開徵這兩種稅的巨大挑戰，均在於確立可運作的共同稅基定義。

因此，歐盟層面的公司所得稅比較有可能成功。目前歐盟成員國在源頭對公司利潤課徵的稅率差異非常大：愛沙尼亞是〇%，比利時、法國、義大利和德國是三〇%左右，甚至更高。一再有人提議終止這種差異助長的租稅競爭，建議的方法包括調和歐盟各成員國的公司所得稅率，或至少確立某個最低稅率，抱負更大的構想則是將公司所得稅的安排提升至歐盟或歐元區的層面。目前歐盟並無統一的公司所得稅基定義，但金融與非金融公司產生的GDP可視為其上限。二〇一四年，這在歐盟和歐元區均約為GDP的一六%。如果在整個歐盟課三〇%的稅，產生的收入可以支持每月約一百歐元的基本收入（相當於二〇一五年人均GDP近五％）。不過，這是非常樂觀的估計：稅基界定得很廣，假定的稅率很高，而且完全忽略提高稅率對稅基的影響。此外，現實是各成員國甚至無法就最低稅率達成協議，指望上述構想成功因此並不實際。[50]

在我們看來，最有望有效支持基本收入的是現行稅種中最歐化的增值稅。這種間接稅最終由終端的消費者支付，與產品在每一個生產階段所增加的價值成比例。有時有人提議以增值稅做為國家層面基本收入的財源（如第六章所述），但它做為歐盟層面基本收入的財源有其特殊優勢。稅法下增值的定義在歐盟的層面已經統一，這一點與個人所得、財富或公司利潤不同。這是必要的，因為增值稅是歐盟財政預算的部分財源，而且各成員國的增值稅率受歐盟法規約束。根據現行規定，每一百分點的增值稅率應用在所有成員國（包括那些目前受惠於較低稅率的國家）經調和的稅基上，可產生約六百億歐元的年度稅收，相當於人均每月約十歐元。因為歐盟的GDP是這個經調和稅基的兩倍多一些，一％的增值稅接近〇．五％的GDP。若要支持人均每月二百歐元的基本收入（二〇一六年的水準），歐盟層面的增值稅率必須達到約一九％。[51]

我們不難想像根據年齡提供不同金額的基本收入，或是限制領取基本收入的資格。例如兒童的基本收入可以低一些，又或者年長者可以高一些。此外，我們不必一步跳到人人有份的基本收入，可以分階段引進，例如從某個年齡組開始（如第六章所討論）。例如為了幫助歐盟成員國應付人口老化的問題，我們起初可以將所有相關收入分配給年逾七十歲、占一二％的歐洲公民：

六%的增值稅可以為他們提供每月約五百歐元的無條件基本收入。[52]因為歐洲出生率偏低，而且歐盟宣稱關注兒童貧窮問題，更合理的做法或許是先照顧十歲以下、占一〇%的歐洲公民：例如一%的增值稅便足以支持每月一百歐元的兒童補助。[53]因為各成員國的人口年齡結構顯著有異，歐洲紅利最初分配方式的不同，對各成員國在分配中的得失有重大影響。

我們以增值稅為財源、每月二百歐元的歐洲紅利構想，並非一種經過深思熟慮、充分微調的方案，而是希望提出一個認真思考的基礎，有助我們探索組織空前的跨國人際移轉支付方案的最佳方法。可能會有人提出許多反對理由，此處我們只討論三個。首先，目前某些歐盟成員國的增值稅率已超過二〇%，再提高十九個百分點是否合理？但這不是我們建議的做法。新稅和新補助都並非簡單地加在現行稅項和補助上。在補助方面，歐洲紅利將構成所有現行補助的基底，現行水準高於歐洲紅利的補助將以有條件額外補助的形式繼續存在。在此同時，歐洲紅利並不是要自動擴大所有淨收入。我們可以視它為一種統一的稅額抵減，取代每名所得稅納稅人較低所得等級的標準免稅額。各成員國財政將不再需要承擔所有補助底層的二百歐元，也將受惠於相關稅式支出（tax expenditures）縮減。成員國可相應減輕國民的納稅負擔。最直接的做法是降低本國部分的增值稅。但各成員國具體的租稅和補助安排，可能使其他選項變得相對誘人。[54]

第二個反對理由是：歐洲紅利據稱可以產生四種證明其存在價值的功能，而至少就當中一些功能而言，其他工具可能更有效。例如歐洲紅利據稱可以穩定經濟，確保歐元能生存下去。為了說明以增值稅為財源的歐洲紅利如何產生這種作用，我們來思考某歐盟成員國突然受失業率持久上升打擊的情況。在現行體制下，稅收減少和失業者替代收入的全部成本必須由這個國家自己承擔。在流動性不高且貨幣無法貶值的情況下，公共財政赤字和債務受到的影響，可能導致這個國家陷入一種可怕的惡性循環。以增值稅為財源的歐洲紅利不會消除這種影響，但可以從兩方面緩和衝擊。首先是稅收降幅得以縮減，因為該國增值稅收入的部分降幅將分散至整個歐盟。此外是公共支出的升幅得以縮減，因為受失業打擊的家庭其底層收入是歐盟層面出資的歐洲紅利，只有國家層面的額外補助必須由本國埋單。因此，雖然受衝擊的國家收到歐盟出資的補助水準不變，歐洲紅利方案仍可產生穩定經濟的作用。但是，如果歐盟出資的補助可以因應經濟危急狀況而增加（例如歐盟出資的失業保險方案便是如此），穩定經濟的作用可以更強一些。[55]這種方案會產生歐洲紅利方案不會有的一些困難。尤其值得注意的一點，是它要求歐盟針對非自願失業制定足夠一致的定義，各成員國社會政策的一個敏感領域因此將受到由上而下的侵擾。此外，如果它是以保險方案的方式運作（也就是不涉及事前重分配），它便無法排除一種尷尬的可能：較窮的國家結果可能補助較富有的國家。最重要的，是歐洲紅利也產生另外三種作用，而這是失業保險方案比不上的。而且歐洲紅利是促進社會自由和經濟健全的大計畫的一部分；在該計畫中，超過一個層面的基本收入有其重要功能。

第三個反對理由是：像歐洲紅利這種方案在政治上根本不可行。根據現行歐洲條約，社會政策是在歐盟成員國保留的權力範圍內。當然，這些條約是可以修改的，而隨著愈來愈多人認識到前述四個支持建立移轉支付聯盟的理由，當局正承受往這個方向邁進的壓力。但是，我們很難想像政府間的談判可以順利產生歐洲紅利方案，因為各國人民將以本國代表能否替同胞爭取到淨利益為標準評斷這些代表。一如國家福利制度的發展，歐盟層面的重分配方案在政治上是否具有說服力，取決於是否出現包含所有相關人口的**人民**（demos）。我們必須看到涵蓋整個歐盟的政黨推動可視為對整個歐盟公平的、宣稱可促進歐洲整體利益的政策，才能說這樣的人民已經存在。而這樣的人民必須得到有能力促成熱烈的跨境討論和有效動員的泛歐洲公民社會支持，才稱得上強健。[56]

因為明顯的語言障礙，在歐盟層面凝聚共同的人民遠比在單一國家的層面困難。但是，歐盟的人民正以各種方式逐漸形成。自二〇一二年以來，歐洲人推動了超過二十項歐洲公民倡議（包括第七章闡述的基本收入倡議），當中三項在歐盟各地爭取到超過一百萬個簽名支持。而在二〇一四年，首次有歐盟執委會主席候選人必須在歐洲議會選舉期間，面對所有歐洲公民研擬一個計畫並為其辯護。同時，英語正快速成為歐洲的通用語言，而活躍於布魯塞爾的公民社會正日益壯大。但是，要在歐盟層面引進基本收入仍是漫漫長路——雖然沒有引進全球基本收入之路那麼漫長，但長到在可見的未來，最可能引進基本收入的層面仍是單一國家。歐盟層面的跨境移轉支付制度一旦建立，將使國家層面的方案較容易維持，但我們不應等待前者出現才去致力建立後者。

多元人口的基本收入

我們已經討論了全球化如何威脅國家層面基本收入的經濟永續性，以及我們如何能藉由國家層面的措施和在更大的層面引進基本收入來處理這種威脅。但全球化並非只是影響國家層面基本收入的經濟永續性，它還影響它們的政治可行性。尤其值得注意的是，持續的移民流入傾向使一國的人口在種族、宗教和語言方面變得更加多元，而這種族群異質性傾向藉由兩個不同的機制，削弱慷慨的重分配制度的政治永續性。

首先，這種異質性影響移轉支付制度的淨貢獻者認同（他們眼中的）淨受益者的程度——也就是影響淨貢獻者視淨受益者為他們有責任照顧的「自己人」的程度。這種挑戰並不稀奇。如我們之前提過，伊普爾市地方行政官替他們的公共救助方案辯護時，相當直率地表示，他們並不覺得自己必須照顧陌生人：「相對於我們並不瞭解的陌生人，我們比較喜歡我們自己的居民，我們認得他們的容貌，瞭解他們的作風。我們有責任照顧他們，因為他們和我們是同一個政治體的成員。」[57]

「陌生人」如今就在我們當中。如果真正的重分配方案被視為不成比例地嘉惠「陌生人」，出資者的怨恨往往會阻止這種方案擴大規模，有時甚至會導致方案無法繼續運作下去。[58]第二，異質社會中的制度化團結往往也比較弱，因為族群差異使得理應從慷慨的重分配方案中受惠最多的人難以順暢溝通和建立互信。這種障礙使淨受惠者較難協調、組織和一起抗爭。[59]

因為這兩種機制的聯合作用，相對於較為同質的社會，在其他條件相同的情況下，較為異質的社會其制度化重分配沒那麼慷慨是可預期的。[60]如果全球化意味著人口持續流動，我們甚至不必提到租稅和社會方面的沉淪式競爭，便可預期慷慨的無條件基本收入在全球化背景下前景黯淡。如果族群多樣性日增導致的政治問題，使重分配方案在其經濟永續性受考驗前便已終止，則經濟限制將不具約束力。

在這種情況下，如果引進義務全免的基本收入，使新移民得以一直免於進入正規勞動市場、因此不必融入本地社會，不是會使情況變得更糟嗎？但其實在某些情況下，基本收入反而可以改善問題：基本收入因為人人有份，可以消除或減輕需要審查經濟狀況的方案製造出失業陷阱的問題（如本書第一章所解釋）。但是，因為各種難題（如語言障礙、居住和教育區隔、同鄉新移民社群的規模等等），這可能不足以打破地位低下的貧民區自我永續的惡性循環。果真如此，制定某種參與條件或許是有道理的，例如強制要求未能掌握本國官方語言的新移民上語言課，甚至是強制要求新移民從事時間有限的公共服務。強加這種條件之所以可能有道理，不但是因為若設計得當，這可以增強社會凝聚力，進而強化重分配制度的政治永續性，還因為它承認一項重要的事實：提供機會幫助新移民享有真正的自由，不能只靠支付現金補助，還需要其他手段，例如幫助新移民掌握本地語言。

文化異質性造成的政治可行性難題，顯然無法藉由將基本收入方案提升至更大的層面實施來處理（更大的層面必然涉及更大的文化異質性），這一點與經濟永續性的難題不同。反向而行，在比較不集中、國家以下的層面實施基本收入，有時可能有幫助。[61]但相對於仰賴團結概念的社會保障模式，基本收入模式其實特別適合文化多元的政治實體（無論其規模如何）。團結概念要求我們就何謂不幸（非自願失業、無法就業、非自願懷孕、憂鬱、上癮之類）擬定文化敏感的具體定義，以便決定什麼人可以在某種程度上獲得其他人的幫助，而助人者遇到不幸時也可期望得到幫助。相對之下，基本收入若理解為公平分配一種集體繼承的財富，則只需某地的人們全都視彼此為一個政治共同體當中自由平等的成員。在族群多元的社會達到這一點，應該沒有維持傳統福利制度假定的團結那麼困難。但這仍要求我們在所有領域持續努力並發起聰明的倡議，從選舉制度到都市規劃以至學校課程皆不例外，而且還必須設計一種承認和珍視內部多樣性的政治共同體認同。這一切對無條件基本收入的政治可行性至關緊要，但對我們共同生活的其他許多方面的品質也非常重要，包括互助精神之興盛。

本章的結論應該足夠清晰：為了在現行環境下向前邁進，我們應多管齊下，也必須這麼做。我們必須把握每個機會，向類似全球基本收入的制度邁進，無論我們的第一步是多麼有限——最有希望的方式，是致力在全球暖化的問題上達成一種公平分配的方案。我們必須把握每個機會，向類似超國家層面（雖然在地域範圍上仍然有限）的基本收入制度邁進（最有希望的是在歐盟的層面），藉此展望我們未來在全球的層面應該實現什麼樣的制度，以及促進我們現在就可以在國家層面建立的基本收入制度的永續性。最後，我們可以相信國家的層面有足夠的操作空間，現行福利制度可以改革到其核心至少能納入一種相當節制的無條件基本收入。這三個層面的基本收入並非敵手，而是相輔相成。全球或區域層面提供的經濟基礎愈是牢靠，一國之內的真正重分配制度承受的壓力就愈輕，國家層面的基本收入就愈可以持續。

結語

我們在本書主張引進一種定期向個人支付、不需要審查經濟狀況也不要求受益人必須願意工作的現金收入，做為自由、公平和可長久持續的社會制度框架的核心要素。我們說明了為什麼基本收入優於其他相關提議，如基本賦予、負所得稅，或強制降低每週最高工作時數。我們簡略闡述了另外兩種社會保障模式（公共救助和社會保險）的歷史，並在此背景之下，追溯基本收入的構想早在最近突然流行之前如何緩慢浮現。

我們檢視了質疑不願工作的人是否有權利獲得收入的道德理由，說明了基於原則駁斥這種質疑的自由平等正義觀念，解釋了為什麼其他正義觀念導向不同的立場，探討了對立的哲學取徑如何能夠達到同一立場但提出其他的論據。我們檢視了我們是否負擔得起可觀的基本收入，以及這種制度在經濟上能否永續的問題。我們說明了為什麼我們認為在已有發達福利制度的國家，最好的前進方式是引進以所得稅為財源的部分基本收入，輔以公共救助和提供額外給付的社會保險制度。我們審視了有組織的公民社會和政治群體對於基本收入的態度，說明了促使人們支持和反對基本收入的原因，並建議了克服冷漠和敵意的一些方法。最後，我們指出，全球化雖然使我們更需要基本收入，但完全沒有使實行這種制度變得比較容易——我們也探討處理此一空前挑戰的各種對策。

我們主張的是否是一種烏托邦理想？答案無疑是肯定的。首先，這種制度目前並不存在，而且全球不曾出現過水準可觀的基本收入，人們因此大有理由懷疑這是不可能的。此外，它提出了一種願景，展望一個比較美好的世界。回顧我們社會的制度框架歷史，我們現在視為理所當然的許多東西，在不是很久以前也是一種烏托邦理想——例如廢除奴隸制、對個人所得課稅、普選制度、全民免費教育，以及建立歐盟。基本收入這種烏托邦理想的獨特之處，在於它一旦實現，將促進其他許多烏托邦變革。它將有助實現其他許多理想，包括個人與集體、地方與全球的理想；在市場競爭造成的壓力下，愈來愈多這樣的理想遭到摧毀。

如果你懷疑烏托邦思想的力量，你似乎應該聽聽「新自由主義」一位主要思想宗師的意見。如今新自由主義之友宣稱這種思想已經取得勝利，而新自由主義的敵人更是如此認為。遠在沒有任何人預見這種勝利的一九四九年，海耶克寫道：「真正的自由主義者必須從社會主義者的成就中學到的主要教訓是：社會主義者之所以能得到知識分子的支持，進而影響輿論，每天使得不久前還看似遙不可及的某些事情變得可能，是因為他們敢於提出烏托邦理想。」我們如今必須吸取海耶克從社會主義者身上學到的教訓：「我們必須再次將建設自由社會變成一種智性冒險和英勇的行為。我們欠缺的是一種自由主義烏托邦。」[1]你說得對，海耶克先生。不過，我們今天需要的自由社會烏托邦跟你設想的大不相同。它必須是一種所有人享有真正自由的烏托邦，能將我們從市場的專政中釋放出來，進而幫助我們拯救地球。

實現這種真正自由社會的烏托邦理想，當然不能只靠建立一種無條件基本收入制度。同樣重要的還有全民基本醫療和教育、終身學習、人人皆可從網路上取得優質資訊、健康的環境，以及明智的城鎮規劃。這一切對促進我們獨自努力的能耐至關緊要，但因為我們個人能做的依舊非常有限，更重要的是它們可以促進我們與其他人（無論遠近）協作可以產生的作用，包括經由有意義的民主參與。但是，無條件基本收入為個人提供的穩固基礎至為關鍵。

那麼，我們將如何實現這種烏托邦理想？很可能是經由一系列的行動，而更多變革將經由「後門」而非「正門」實現。馬基維利思想將必須在兩種不同意義上發揮重要作用。一如馬基維利在其著作《論李維羅馬史》（*Discorsi*）中所做的，我們必須思考政治制度的設計如何影響我們的提議在政治上的可行性。此外，我們必須思考如何盡可能把握政治機會，一如「馬基維利派」出了名擅長的。我們不應寄望發生一件驚天動地的大事，而應指望把握數以千計的機會取得短期進展，積累長期成就。這過程中將出現倒退和令人失望的事，一如爭取普選權利和廢除奴隸制的抗爭那樣。烏托邦願景並不會一天就成真，但這些願景引導我們，而我們也將在努力的過程中變得更強。終有一天，我們將思考這個問題：為什麼我們花了那麼久，才奠定了支撐所有人的穩固經濟基礎？以往被視為少數瘋子的幻想，屆時將已成為一種不可逆轉、不證自明的成就。

致謝

本書源自二〇〇五年出版的一本以法文寫成的簡短入門書《全民補助》（*L'allocation universelle*），該書後來被譯成其他數種歐洲語言。我們起初打算出版一個比較適合非歐洲讀者的英文版本。但因為其他工作計畫，我們無法立即完成此事，多年後才重拾這項計畫。這段期間，在世界各地和我們的思想中，此項議題已大有發展，我們因此覺得可以寫一本非常不同、篇幅長得多的書。本書的一些核心概念在二〇〇五年那本書和我們其他許多相關文章當中顯然已經存在，頭尾兩章的初版收入以下兩本論文：《超越成長的美好生活》（*The Good Life Beyond Growth*），H. Rosa and C. Henning編，Palgrave Macmillan出版；《包容型成長、發展與福利政策》（*Inclusive Growth, Development and Welfare Policy*），R. Hasmath編，牛津大學出版社出版。

間接和直接準備這本書的許多年間，我們因為基本收入全球網絡其他終身會員、該組織迄今十六次大會的與會者提供的資訊和洞見而獲益匪淺；基本收入全球網絡是一九八六年成立於比利時新魯汶的基本收入網絡，起初僅限於歐洲，如今已成為全球型組織。我們特別要感謝John Baker、Sue Black、Laurent de Briey、Michael Howard、Jonathan Van Parys，評論本書大部分初稿的兩位匿名讀者，以及Juliana Bidadanure和Robert Lepenies二〇一五年六月為本書原稿在歐洲大學學院策劃了一場成果豐碩的研討會。

或遠或近的許多同事提供了刺激思考的意見、有用的提示，以及針對具體問題的可靠資料（從摩爾著作《烏托邦》中proventus vitae一詞最精確的翻譯，到碳稅最大稅收的最準確估計），我們特別感謝以下各位：Randall Akee、Kaoru Ando、Richard Bellamy、Ronald Blaschke、David Calnitsky、Valérie Cayouette-Guilloteau、Ugo Colombino、John Cunliffe、Marc de Basquiat、Alexander de Roo、Jurgen De Wispelaere、André Decoster、Paul-Augustin Deproost、Guido Erreygers、Evelyn Forget、Tim Goedemé、Loek Groot、Sjir Hoeejmakers、Derek Hum、Dirk Jacobi、Markus Kanerva、Yoonkyung Lee、Otto Lehto、Catharina Lis、Télémaque Masson、Philippe Maystadt、Liam McHugh-Russell、Caitlin McLean、Claus Offe、Elena Pribytkova、Michael Quinn、Andrea Robiglio、Philippe Schmitter、Paul Spicker、Brian Steensland、Kevin Spiritus、Hillel Steiner、Nenad Stojanovi 、Lluis Torrens Mèlich、Jonathan Rée、Wayne Simpson、Hamid Tabatabai、Pierre-Etienne Vandamme、Bruno Van der Linden、Toon

Vanheukelom、Vincent Van Steenberghe、Walter Van Trier、Juri Viehoff、Mehrdad Yousefian，以及Ariel Zylberman。

最後，我們想感謝Michael Aronson，他早在二〇〇六年便說服我們寫這本書；Ian Malcolm，他接手引導本書完成；Julia Kirby，她在最後階段大幅改善了本書文稿；以及參與本書製作的其他哈佛大學出版社人員。跟他們合作非常愉快。

本書獻給兩位作者的太太。我們有無數理由感謝她們，其中之一是她們對我們花時間寫這本書並沒有非常不滿。在她們的祝福下，本書所賺的全部版稅將捐給一個基金，用來支援圍繞著基本收入這個基進但明智的構想所展開的進一步討論和行動。

英國脫歐的影響。歐盟現行財政預算的增值稅收入部分可簡介如下：根據每一成員國的增值稅收入和各類商品與服務的稅率形態，計算出每一成員國經調和的增值稅稅基（增值稅收入除以增值稅加權平均稅率）。除了暫時適用較低稅率的若干國家外，歐盟根據這個稅基對每一成員國徵收〇．三%的稅，但稅基以GDP的五〇%為上限（這是為了避免較窮的國家因為較高的消費傾向，結果以高於富國的實際稅率貢獻歐盟的預算）。上述安排的細節參見European Union 2008: 234，具體數據參見European Union 2011。

52 這些估算使用的人口數據源自http://epp.eurostat.ec.europa.eu/portal/page/portal/population/data/database。有關歐盟層面全民基本養老金的討論，參見Goedemé and Van Lancker 2009。

53 Atkinson 1996d, 2015: 222–223和Levy et al. 2006曾建議從歐盟層面的兒童補助做起。

54 歐洲紅利、歐盟層面增值稅率提高、各成員國租稅與移轉支付制度重新調整的具體組合對重分配的影響，必須利用歐洲租稅與補助模擬模型EUROMOD來估計；Bargain et al. (2012) 曾利用該模型分析以歐盟層面的制度全面或部分取代成員國所得稅與現金補助制度的影響，其做法是我們應參照的。但是，模擬增值稅率改變對各類家庭實質所得的影響，比模擬所得稅率改變的影響來得複雜。

55 Dullien (2014a, 2014b) 提議的那種是一個例子。

56 這些政治先決條件在Van Parijs 2015a中有進一步的說明和討論。

57 City of Ypres 1531/2010: 127–8.

58 挪威一項調查顯示，如果受訪者被告知非挪威人居民也將符合資格領取基本收入，基本收入的支持率就會大跌（參見Bay and Pedersen 2006）。

59 因為這種理由，馬克思和恩格斯非常不樂見愛爾蘭人移民到英格蘭北部的工業城鎮（參見Brown 1992）。

60 例如參見Quadagno 1995、Alesina et al. 2003、Desmet et al. 2005，以及Van Parijs ed. 2003a和Banting and Kymlicka eds. 2006, 2016收錄的文章。後面的文章記錄並評論上述兩種機制，此外也探討刻意或非刻意對抗這兩種機制的方式。

61 因為一些不相關的理由，已維持一種真正基本收入（雖然金額相當低）多年的僅有兩個實體——阿拉斯加（見第四章）和澳門（見第六章）——是國家以下層面的實體。比較相關的例子是加泰隆尼亞和蘇格蘭。二〇〇三年上台、社會主義者領導的加泰隆尼亞政府針對在當地引進基本收入做了一項可行性研究。二〇〇四年三月，執政聯盟的兩個左派民族主義政黨——加泰隆尼亞倡議綠黨和加泰隆尼亞共和左翼——向加泰隆尼亞議會提交了一條基本收入法案（參見Arcarons et al. 2005, Casassas et al. 2012）。蘇格蘭民族黨在其二〇一六年三月的大會上通過一項動議，認同「基本收入或全民收入或許可以奠定消滅貧窮的基礎，使工作獲得合理的報酬，確保我們所有公民能有尊嚴地生活」，並認為「在為獨立的蘇格蘭設計福利制度時，應考慮引進基本收入的可能」（見 http://www.independent.co.uk/news/uk/politics/universal-basic-income-snp-scotland-independent-conference-vote-a6931846.html）。雖然不利於方案的經濟永續性，國家以下層面基本收入的政治可行性可能較高；這不但是因為國家以下層面的同質性較高，還因為國家以下層面的民族主義運動可能認為基本收入有助增強民族身分認同。

結語

1 Hayek 1949: 194.

42 Van Parijs and Vanderborght 2001有具體的論證。

43 布蘭登・里斯威廉斯是里斯威廉斯夫人（Juliet Rhys-Williams）的兒子，後者曾於二戰期間倡導一種全民給付（見第四章）。布蘭登倡導的「歐洲社會契約」的一個要素，是調和當時歐洲經濟共同體的基本福利制度。第一步可以是在整個共同體引進統一的兒童福利給付，容許各成員國自由提高給付金額。更進一步的措施將是引進基本收入，其形式為「全面的稅額抵減制度，包括個人免稅額做為共同體稅制的特徵。」這種歐盟層面的基本收入方案將「提供一個在個人層面執行區域政策的機會，因為這將把購買力從財富中心帶到各地區，帶進收入低於平均的家庭。」此外，「它將有助提高農民的收入但不干擾農產品的價格」，因此可以成為歐盟共同農業政策（旨在支援歐洲農民的大型計畫，年度預算相當於歐盟總預算約四〇%）的部分替代方案。布蘭登認為這種歐洲社會契約「堪稱兩全其美，既有共產主義社會人民享有的安全與和諧的好處，也有財產擁有民主制（property-owning democracies）堪稱標誌性的個人自由和自尊。」以上引述均源自Parker 1990。

44 Ferry 1995, 2000, 2014.

45 歐盟二〇一五年農業支出約為六百億歐元（見http://europa.eu/european-union/topics/budget_en），相當於人均一百一十八歐元。在里斯威廉斯之外，Lavagne and Naud (1992)也自行提議以此做為歐盟基本收入的財源。

46 歐盟執委會二〇一二年一項研究估計，若在整個歐盟課徵托賓稅，每年應可產生約五百七十億歐元的稅收。這項估計是假設對證券交易課徵〇・一%的稅，對衍生商品交易課徵相當於合約名義值〇・〇一%的稅，而且交易雙方均納稅。參見歐盟執委會二〇一二年五月公布的「金融交易稅」文件（http://ec.europa.eu/taxation_customs/taxation/other_taxes/financial_sector/index_en.htm）。

47 三・五歐元的估計值是根據European Commission 2012: 24, table 7算出來的。高得多的十七歐元估計值是一種猜測（要感謝我們的同事Vincent Van Steenberghe），因為將出現的均衡價取決於我們選擇的排放上限（未來可能下跌）和（波動不定的）經濟成長率。若可排放的二氧化碳為四十億至五十億噸，每噸價格為二十歐元，這最多可以產生一千億歐元的收入，因此可以支持每人每月十七歐元的歐洲紅利，假設所有排放許可均藉由拍賣分配出去（而不是歐盟層面目前決定的安排：拍賣比例二〇一三年為二〇%，逐漸提升至二〇七〇年的七〇%）。德國單獨估算可以支持每月二十歐元的紅利（Schachtschneider 2012），因為它是以德國現行配額（大致根據歷史排放量決定配額）為起點，並假定其價值僅由德國人分享。這也解釋了為什麼美國的估計值甚至更高（見第六章）。

48 Genet and Van Parijs (1992) 估計，在當時有十二個成員國的歐盟，使用能源的稅負可以支持在整個歐盟層面每人每月約二十歐元的基本收入，而一種可以將所有的環境負面外部性內化的稅（如荷蘭臺夫特市一所研究中心的評估）或許可以支持高達一百歐元的每月基本收入（約為當時人均GDP的七%）。

49 Piketty 2014: 528–9, 572. 皮凱提的方案（Table S 5.1）是針對一百萬至五百萬歐元之間的財富每年課稅一%，針對五百萬歐元以上的財富每年課稅二%。這會影響二・五%的人口。

50 稅基估計使用的數據源自http://ec.europa.eu/eurostat/web/sector-accounts/data/annual-data。智庫Bruegel提議以歐元區層面的公司所得稅為財源，建立歐元區層面的失業救濟制度，也是採用此一稅基（見Pisani-Ferry et al. 2013: 9, fn 10）。

51 此處我們粗略估算即可。比較細緻的估算必須考慮與下述五〇%上限條款有關的複雜情況、新安排對稅基的可能影響（別忘了我們很快將討論的本地稅制調整），以及西總統卡多索一九九六年十月決定在全國推出聯邦收入補助計畫，理由之一正是希望藉此減輕巴西大城市承受的人口壓力。

34 此舉相當大膽，而本書其他章節引述的一些基本收入的傑出支持者會認同採用共同貨幣。例如彌爾（John Stuart Mill 1848: Book III, Chapter XX, 372）便曾預測，「政治改良」最終將促成所有國家採用相同的貨幣。「但是，多數文明國家的交易中仍存在許多野蠻的情況，因此幾乎所有獨立國家都選擇採用自身的獨特貨幣，藉此彰顯其獨立國的地位，不惜為此造成自身和鄰國的不便。」米德（參見本書第四、六和七章的相關討論）雖然原則上認同，但敦促當局謹慎而為。在歷來首篇討論歐洲貨幣聯盟可能性的學術論文中，他強調，採用共同貨幣要求建立「實質上的歐洲單一政府」，賦予它廣泛的權力，包括「針對歐洲蕭條地區執行有效的特別地區政策」之權力。他寫道（Meade 1957: 388），建立一個貨幣聯盟「最終是可取的，希望這最終將證實是可行的；但這不是目前可以先做的事，而如果為了這個同時推動貨幣和財政融合的理想，犧牲了當前建立商業自由貿易區實際的政治機會，那就太可惜了。」

35 Krugman 2011. 沈恩（Amartya Sen 2012）的判斷實質上也一樣：「在政治統一的聯邦國家（例如美國），統一的貨幣能生存下去，有賴政治上不統一的歐洲無法採用的一些方法（例如規模可觀的人口流動和移轉支付）。歐元長遠的生存難題遲早必須處理。」早在歐元推出前，費德斯坦（Martin Feldstein 1992, 1997, 2012）也基於類似理由一再提出警告。

36 根據經合組織的資料（OECD 2012），美國二〇一〇年此一比例為二・四%，歐盟為〇・二九%。有關這些估計值的討論，參見European Commission 2014a: 282–283。注意，因為組成部分的數目和平均規模的差異（美國五十個州相對於歐盟二十八個成員國），此一簡單的量化比較是有偏誤的。但是，即使糾正此一偏誤，差距仍非常大，尤其是如果我們忽略歐盟二〇〇四年擴大之後東部成員國人口遷移短暫激增的話。此外，每年改變居住地（無論是否在同一州）的美國人口比例約為歐洲人的三倍，也僅能部分解釋這種差距。亦參見Jauer et al. 2014。

37 前述克魯曼評論提到的這種語言面向（簡單而言：「沒有共同語言就沒有共同貨幣！」），也是預測歐元失敗的其他人所強調的。費德斯坦（Martin Feldstein 1997: 36）便警告：「歐盟內部勞工流動的法律障礙雖然已移除，語言和習俗差異阻礙歐洲內部的短暫和長期勞工流動。只要歐洲人仍說十種不同的語言，回應職缺的跨境人口流動將遠不如美國各區域間的人口流動。」傅利曼（Milton Friedman 1998）也表示：「澳洲和美國之所以適合採用單一貨幣，是因為其人口全都說一種共同語言或某種類似的語言。」

38 Sala-i-Martin and Sachs (1991: 20) 根據這種估計得出結論：「創造單一貨幣但不建立一種聯邦保險制度，大有可能最終會失敗收場。」

39 Ritter (1904/1983: 29) 引述。有關德國社會保險制度誕生的政治分析，亦參見De Deken and Rueschemeyer's (1992: 102)：「政府完全預料到，建立這種社會保險制度將導致受惠的勞工群體對國家更加忠誠。」

40 例如費德斯坦（Martin Feldstein 2012: 111）便說：「歐元因此在歐洲造成本來不會出現的緊張和衝突。採取進一步的措施邁向永久的財政聯盟，只會令這些緊張情況惡化。」Luuk van Middelaar (2013: 262) 則說：「因為各種原因，政界和選民均未認真看待歐洲福利給付的概念。這種制度對成員國的經濟將有巨大衝擊，而且會破壞成員國與其公民的關係。許多國家統一的全國支援制度正承受愈來愈大的壓力，在此情況下，建立一種全歐洲福利制度幾乎是無法想像的。」

41 Schmitter and Bauer 2001.

行使他們的遷徙自由權利，純粹是為了得到另一成員國的社會救助，即使他們沒有足夠的資源可以得到居留權」(Court of Justice of the European Union, press release 146/14)。如果非經濟活動人口的歐盟公民藉由行使遷徙自由權利回到他們是公民的成員國不算符合「純粹是為了得到社會救助」的條件，則上述裁定可以理解為容許歐盟成員國授予某些本國公民更多社會權利(相對於處境相似的其他成員國公民而言)。

22 這種情況雖然怪異但並非不可思議。Milanovic (2016: 231) 便建議創造一種「可能涉及較高稅負」、價值較低的「中間階段公民權」(intermediate level of citizenship)。有關保留基本收入給日本公民的選擇，相關討論可參考Iida 2014。

23 為什麼雖然美國人在國內可以自由遷徙，而且幾乎一遷到阿拉斯加即可參與分紅，阿拉斯加分紅方案至今看來仍是可長久持續的？這與美國邊境並非開放關係不大，主要是因為阿拉斯加的紅利平均僅為當地人均GDP的二%左右(見第六章)。

24 對早年城市層面的公共救助方案來說，相對於移民選擇性流入，人口選擇性外移的潛在威脅較不嚴重。但此問題仍令人關注，洛克(Locke 1697)大概正是因此建議「在所有城市和城鎮共同體，窮人稅並非由個別行政區課徵，而是設計成整個共同體內水準劃一的稅。」

25 例如包括羅爾斯的國際正義理論(Rawls 1999: 74)。

26 對這種「凝聚民眾的愛國精神」之批評，可參考Steiner 2003，對批評的回應可參考Van Parijs 2003b: 209–212。

27 受惠者(而非只是淨貢獻者)外移也會對基本收入方案構成問題。如果一個國家中所有退休人士都以無條件基本收入做為養老金的基礎部分，那麼如果有些人選擇在海外過退休生活，將會如何？他們是否因為不再居於本國，將失去領取這部分養老金的權利？還是他們的權利無論如何都將完全不受損？他們是否將根據他們在本國居住的年數，按比例領取部分基本收入？國家實行基本收入制度而且有顯著的人口流動，必將出現這樣一些複雜的問題，這也是現行的非提撥式基本養老金方案所遭遇的(見第六章)。阿拉斯加分紅方案也必須顧及人口外移的問題：離開阿拉斯加的居民仍可參與分紅，但他們不在阿拉斯加的整段時間裡，必須能證明自己有意「永遠保留阿拉斯加居民的身分」。針對離開阿拉斯加後仍可參與分紅的條件，當局有嚴格的規定，參見https://pfd.alaska.gov/Eligibility/AbsenceGuidelines。

28 有關為什麼保留這種語言差異本身雖然並不可取，但卻是以平等尊重(parity of esteem)為標準的社會正義所需要的，參見Van Parijs 2011 (chapters 5 and 6)。

29 Kooistra 1983, 1994.

30 例子包括加拿大經濟學家Myron Frankman (1998, 2004) 的「地球公民收入」構想，以一種全球累進式所得稅為財源；比利時媒體工作者Dirk Barrez (1999) 的「全球每天十法郎」運動；法國經濟學家Yoland Bresson (1999) 以「托賓稅」為財源的全球基本收入構想。德國哲學家Thomas Pogge (1994, 2001) 的「全球資源紅利」方案也可能是相關的例子，它以針對使用或出售地球的天然資源課稅做為財源。雖然並未指明這種紅利的最合適執行方式，Pogge (2005: 4) 提到，「類似全球基本收入的東西大有可能是最佳方案的一部分。」

31 此一方向的暗示參見Glaeser 2011: 221，成熟的論證參見Busilacchi 2009。

32 有關NAFTA層面刺激思考的討論，參見Howard 2007和Howard and Glover 2014。

33 這正是托賓等人(Tobin et al. 1967: 14)支持在美國建立聯邦負所得稅的一個理由：「雖然我們應鼓勵人們遷離務農和低所得農村地區，扭轉當前人口大量流向數目有限的北方大型都會區，大有可能具有經濟和社會方面的有力理由。建立全國負所得稅制度的目的之一，是保證美國人無論住在哪裡，都能享有體面的最低生活水準。」巴人收入的歷史資料，選擇性提供的給付）。需要審查經濟狀況的最低收入方案在第一種意義上是事前的，在第二種意義上是事後的；私營養老金方案在第二種意義上是事前的，在第一種意義上則不是。

7 有關「福利磁石」的討論，美國的情況參見Peterson and Rom 1990, Peterson 1995和Borjas 1999，歐洲的情況參見Razin and Wahba 2015。

8 有關這種壓力，關鍵差異不是必須願意工作的要求vs義務全免，或在職vs非在職，而是提撥式vs非提撥式。例如阿特金森（Atkinson 2015: 143–4）便指出，歐盟內部的人口流動危及就業補貼的可行性，因此建議規定只有在英國登記並曾承擔社會保障提撥的長期失業者可以享有就業補貼。此外，米德（Meade 1991）討論在歐洲實施基本收入的各種可能情況時，也強調調和之重要，而這並非為了避免遊手好閒者集中在提供基本收入的國家，而是為了避免低生產力的活動集中在那些國家。

9 Vives 1526/2010: 73.

10 City of Ypres 1531/2010: 129.

11 Spicker 2010: 141.

12 Pigou 1920/1932: 766–7.

13 有關這種難題的討論，可參考Howard 2006。伊普爾的地方行政官面臨這種難題時選擇有所偏重，他們為此辯解時認為這是理性可以解決的問題（City of Ypres 1531/2010: 136）:「如果我們因為資源不足而無法同時照顧陌生人和本地人，則理性告訴我們，我們應該棄小善〔避免「為了消滅若干壞事而產生少數壞事」〕存大善〔防止「這條好法律的毀滅和衰敗」〕。」注意，即使沒有重分配方案，這種難題也會出現，因為移民無限流入意味著源源不絕的新移民與至少一些弱勢本地人之間將競爭職位、房屋和其他設施。而如果有重分配方案，即使所有外來移民都希望工作也確實投入工作，這種難題也會出現。重分配方案會加重困難，因為淨受惠者流入會使重分配方案難以維持下去，這是伊普爾地方行政官迫切希望指出的。

14 Smith 1776/1977: ch.10.

15 日本最高法院二〇一四年確認「外國人在日本公共救助法下沒有領取救濟的權利，只能根據政府的行政決定成為實際公共救助的對象」（"Supreme Court Rules Permanent Residents Ineligible for Public Assistance," *Asahi Shimbun*, July 19, 2014）。這意味著外國人申請補助遭拒絕時不能提出上訴。

16 有關中國的戶口制度和它對社會排除（social exclusion）的影響，可參考Nyland et al. 2014。

17 Jesse Spafford (2013) 提議，外來移民的基本收入金額隨著他在美國居住的年數而增加（例如從每年二千美元增至全額水準每年一萬八千美元）。這類似阿拉斯加永久基金遭美國最高法院推翻的最初構想。

18 Charlier 1848: 75.

19 Ferry 1995, 2010. 注意，阿拉斯加分紅方案並非僅限於美國公民。在二〇一五年，申請分紅的人當中，近一〇%自稱是出生於「外國」（Permanent Fund Dividend Division 2015: 40）。

20 有關Zobel v. Williams一案（一九八二年六月十四日）的詳情，參見http://law2.umkc.edu/faculty/projects/ftrials/conlaw/zobel.html。最終資格規定參見https://pfd.alaska.gov/Eligibility/EligibilityRequirements。

21 嚴格而言，歐盟法院在Dano一案的裁決（Case C-333/13, *Elisabeta Dano, Florin Dano v. Jobcenter Leipzig*）容許基於國籍的間接不平等待遇。根據此一裁決，每一個成員國必須「有可能拒絕授予某些非經濟活動人口的歐盟公民社會福利，這些歐盟公民成年人如果得到一筆不算多的無條件補助，將選擇以短視的方式享受生活，例如與別人分享居所，並以往往非正式的臨時工作賺取基本收入以外的收入，一段時間之後才發現，為了養家，他們其實應該在年輕時努力提高自己的賺錢能力。

156 史登（Stern 2016: 202–3）似乎同意這一點：「我尋求在華府促成重大變革的二十五年間，發現多數從政者在自己喜歡的方案未能得到支持時，會選擇什麼都不做，結果往往導致政治僵局。打破僵局只有一種方法，那就是願意妥協。」但他也警告：「一步一步來的做法希望能減輕或消除疑慮和對抗，但結果適得其反。」他因此建議：「一旦我們就全民基本收入的基本原則和框架，以及給付金額和涵蓋哪些人達成廣泛的共識，我可以想像採用一種漸進或分階段實施的做法，如果這看來真的是最好的實行方式的話。」

157 Vanderborght 2004a, 2004b. 試圖走正門的基本收入方案很可能將遭遇強力抵制，因為有人會指出，這種方案與租稅和移轉支付制度背後的基本原則有衝突。當年英國稅務局長檢視里斯威廉斯夫人（Rhys-Williams 1943）將社會給付和各種免稅額併入基本收入方案的提案之後，以該提案混淆不同原則的制度為理由否定它：「所得稅是基於納稅能力的概念……社會保障制度則是為了防止公民因為失業、生病或年老而陷入物質匱乏的困境。」（Sloman 2016: 209）法國策略（France Stratégie 2014c: 24）也以類似理由否定基本收入方案：該智庫認為基本收入將損害而非增強「我們的制度之效能和正當性，並損害其根基（亦即藉由共同承擔風險提供保障）」。

158 庇古（Pigou 1920/1932: section IV.X.8）在討論是否可能藉由普及當年有人倡導的全民養老金和普遍的「對母親的資助」（endowment of motherhood），建立全民基本收入制度時，談到補助人人有份的設計面臨的政治障礙：「無論如何，普遍補助各種各樣的人，無論他們的個別需要如何，是務實的從政者非常不喜歡的做法。目前不存在大幅改革制度、捨棄直接根據受益者的貧困程度提供有差別的移轉支付的問題。」

159 例如Korpi and Palme 1998便提出這種看法，而阿拉斯加分紅方案（見第四章）或許便是一個實例。有關人人有份使慷慨的給付水準更撐得住的討論，參見Van Lancker and Van Mechelen 2015。

160 例如Schroeder et al. 2015便說明了六個歐洲國家的福利制度一九九八至二〇一四年間的趨勢。

161 常有人指出（例如Werdemann 2014和De Wispelaere 2016），基本收入在不同的政黨都有支持者，而他們最喜歡的基本收入方案可能不一樣。這種差異或許不妨礙各黨暫時締結聯盟推動基本收入，但也必將使聯盟的夥伴之間心生警惕。

第八章

1 Rawls 1999.

2 這裡不適合詳述此立場為何合理。該立場的理據參見Van Parijs 1995 (chapter 6; 2007; 2011: section 1.9) 和Rawls and Van Parijs 2003。

3 例如參見Shachar 2009和Milanovic 2016。

4 Steiner 2003.

5 瑞士基本收入公投之後的調查顯示，三六％投支持票的人和六五％投反對票的人認同以下觀點：是否引進基本收入應該在國際層面決定，瑞士單獨引進這種制度將嚴重損害國家（Colombo et al. 2016: Table 3.5）。

6 純粹的事後或基於保險的重分配與事前或真正重分配的差別，與本書第一章提到兩種移轉支付制度的差別無關：一種制度涉及事前或預先給付（也就是不考慮受益人收入的給付），另一種制度則提供事後或需要審查經濟狀況的給付（也就是根據受益措詞必須比瑞士溫和得多（因此較難令選民感到興奮）。第四，歐盟公民倡議即使成功，成果也遠不如瑞士公民倡議：歐盟的基本法律不會改變，不過是歐盟執委會必須正式回應，而且歐洲議會必須安排其委員會處理問題。最後，瑞士在宣傳公民倡議方面不會面對嚴重的語言困難，歐盟的公民倡議則會，因為歐盟的官方語言多達二十四種。

143 有關歐洲無條件基本收入的目標，參見其網站http:// basic income-europe.org。

144 Frank 2014.

145 Frank 2014.

146 Atkinson 1993b; 1996a: 68.

147 Atkinson's 2015: 219.

148 Atkinson 2015: 221.

149 Atkinson 1996b: 67; 1996c: 94.

150 Atkinson 1998: 149.

151 在他最新的說法中，阿特金森加了第二個理由：參與條件「傳達有關『相互性』的正面訊息。」這種訊息不但「比較可能獲得政治支持」，它「本質是有理的」（Atkinson 2015: 221）。本書第五章處理本質上是否有理的問題。

152 De Wispelaere and Stirton 2007, Atkinson 2015: 220–221. 威斯布萊爾與斯蒂頓在後來的文章中（De Wispelaere and Stirton 2011, 2012）正確地強調，如果純粹的基本收入方案並不取代所有現行的移轉支付，則我們應避免誇大其相對簡易性。他們進一步指出，基本收入方案必須有可靠的方法登記符合資格的人、支付基本收入給他們，以及糾正錯誤。這些話都對，但查核受益人是否滿足參與條件所面對的根本是不同數量級的難題。

153 勞工領袖史登（Stern 2016: 196–7）曾考慮這種「參與收入」：受益人必須以志願服務或受薪工作的形式，參與「對社會真正有益的活動」。但他很快想起自己為什麼認為「無條件基本收入必須簡單純粹，完全不附帶任何要求。如果將無條件基本收入變成一種促進公民參與的平臺，那不是讓它變得層次太多太複雜，因而難以成功嗎？這不是將引發有關我們美國人應該重視和做些什麼的無止境爭論嗎？人們決定自己如何花錢是比較高效率的自由選擇機制，我們不是應該將這些問題交由這種機制決定嗎？」（Stern 2016: 197）

154 參見以下這段記述一九九八年四月於康乃狄克州紐海芬市（New Haven）與托賓談話的文字：「但是，無論它們在經濟和社會方面多麼有道理，這種人人有份、慷慨的無條件補助在政治上仍有棘手問題……社會對普遍的保證收入制度之需求一如以往強烈。不過，這種制度的設計可以在某種程度上顧及道德嚴謹者的疑慮。這無疑有助它在文化上變得比較可接受，進而提升其政治可行性。如果必須有『貢獻』的條件界定得足夠寬鬆，這本身可能是好事——托賓承認，他在這一點上有點猶豫。他認為與其剝奪身體健全但不工作的成年人領取補助的權利，不如要求受益人宣稱自己正投入最低限度的時間在某種對社會有益的活動上（在家照顧小孩或在教會做志願工作，將像受薪工作那樣受重視）。制度可能必須進一步改良，才能減輕人們對福利給付養懶人的擔心，並且使雄心勃勃的新計畫回歸正軌。但這是另一個世代的任務了。」（Van Parijs 1998: 7）

155 Painter and Young (2015: 20) 為英國提出了一個這種方案。在倡導所有成年人享有無條件基本收入的同時，他們提議十八至二十五歲的年輕人必須與他們所在的社區簽訂公開的「貢獻契約」。這種做法與年輕成年人專享的基本收入（第六章曾提到）截然不同，含有溫和的家長作風，應有助減輕本書第一章提到的那種疑慮：許多年輕不將生活物資平均分配給我們，是否極不公正？這是否為了使你富足而其他人窮困匱乏？這是否為了嘉獎你的仁慈和其他人的忍耐？你得到上帝賜予的財富，而你是否認為你利用它們滿足自己的目的，即使你一個人便占有許多人的維生物資，你的行為也毫無不義？如果一個人將許多人的維生物資用來滿足自己的奢華欲求而非真正需要，還有什麼比這更貪婪？奪取他人財物之罪，並不小於你富足時拒絕救濟貧困者。你扣住的是飢餓者的食糧，藏起的是裸身者的衣物，而你埋在地下的金錢則是以窮人的自由為代價。」（Dist. xlvii, can. Sicut ii）

131 Gratianus 1140/1990.

132「凡是某些人大幅有餘的東西，按照自然法，應該用於救濟窮人……如果需要極其明顯和迫切、顯然必須以當前可用的手段滿足（例如有人遇到迫在眉睫的危險，沒有其他解救方法），則此時他可以利用別人的財物滿足自身的迫切需要，無論他是公開或暗中取得這些財物，而且這不是真正的偷竊或搶劫。」（《神學大全》第二集第二部第六十六題第七節：迫於急需是否可以偷竊）

133 De Wispelaere (2016: 2–3) 這麼描述「廉價的政治支持」：「表達支持，但沒有決心或能力參與必要的政治行動以建立持久的聯盟。」

134 McGovern 1974: 137.

135 Shirky 2008.

136 Claus Offe (1992, 1996a, 1996b) 和 Fritz Scharpf (1993, 1994, 1995, 2000) 是突出的例外。

137 包括商人維爾納出版的暢銷書（Werner 2007, 2010），以及與以下團體關係密切者出版的文集或專著：左翼黨（Blaschke, Otto, and Schepers 2010, 2012）、綠黨（Jacobi and Strengmann-Kuhn 2012）、課徵金融交易稅運動（Rätz et al. 2005, Rätz and Krampertz 2011）、基督民主黨（Althaus and Binkert eds. 2010），以及天主教會（Schulte-Basta 2010）。內容廣泛的文集參見 Füllsack 2006, Hosang 2008, Franzmann 2010，詳細書目參見 www.grundeinkommen.de/die-idee/literatur。

138 二〇〇八年的電影和其他影片可從 http://grundeinkommen.tv/grundeinkommen-ein-kulturimpuls 下載。

139 二〇一〇年五月有人發起另一項公民倡議，主張以針對不可再生的能源課稅做為無條件基本收入的財源，但未能爭取到足夠的公民簽名支持。二〇一二年倡議的發起人起初曾想指明基本收入將以增值稅為財源，但為免阻礙爭取民眾支持而放棄了該構想。參見 http://de.wikipedia.org/wiki/Initiative_Grundeinkommen。

140 Häni and Kovce 2015: 168 及 Müller and Staub 2016: 56–65。

141 聯邦委員會的新聞稿參見 www.news.admin.ch/dokumentation/00002/00015/index.html?lang=fr&msg-id=542。這項公民倡議的所有議會投票結果參見 https://www.parlament.ch/de/ratsbetrieb/amtliches-bulletin/amtliches-bulletin-die-verhandlungen?SubjectId=36389。非常感謝 Nenad Stojanovic 幫助我們釐清瑞士政治的一些微妙處。

142 這項倡議蒐集到超過二十八萬五千個簽名，在六個歐盟成員國達到支持人數門檻（保加利亞、斯洛文尼亞、克羅埃西亞、比利時、愛沙尼亞及荷蘭）。如果歐盟基本收入倡議蒐集到的簽名比例一如瑞士，它將蒐集到超過一千萬個簽名，而非不到三十萬個。如此巨大的差距不難解釋。首先，瑞士人面對的是他們在每一個層面的政府均非常熟悉、歷史悠久的一種制度，而歐盟公民面對卻是一種新創的制度，有些歐盟成員國的公民更是對直接民主制度完全陌生。第二，歐盟公民倡議可以爭取簽名支持的時間較短（只有十二個月，而瑞士則有十八個月），而且在登記制度方面遇到一些問題。第三，因為歐盟公民倡議必須在歐盟執委會的立法權力範圍內，倡議的入。二〇一五年，冰島海盜黨三名國會成員提出動議，要求政府建立工作小組，研究冰島實施基本收入制度的可行性（http://www.althingi.is/altext/145/s/0454.html）。而在瑞士二〇一六年的基本收入公投中，該國的綠黨和海盜黨是呼籲選民投支持票的僅有的兩個政黨。

119 Boutin 2003.

120 Ireland 2002.

121 參見希利與雷諾的許多出版物，從Reynolds and Healy eds. 1995、Healy and Reynolds 2000到Healy et al. 2013。愛爾蘭宗教聯盟正義委員會二〇〇八年主辦基本收入全球網絡的第十二次大會。

122 Büchele and Wohlgennant 1985. 天主教社會學院一九九六年主辦基本收入全球網絡的第六次大會。自基本收入奧地利網絡二〇〇二年十月成立以來，天主教社會學院便一直為該組織提供場地。

123 維克斯特倫一九九八年在倫敦芬蘭協會（Finnish Institute in London）演講時表示，若引進基本收入，「即使只做一點點工作也是有可能和有道理的。這種制度不會使人陷入無所事事的狀態，不會像現行制度那麼殘忍地將公民分為贏家與輸家。我是從人類尊嚴的角度看這問題。相對於現行福利制度有時可能出現的情況，人人有份的基本收入比較不會羞辱人。」（基本收入歐洲網絡一九九八年春通訊*Basic Income* 29）

124 在二〇〇七年三月瑞典隆德市的會議上，信義宗全球聯合會委員會「表示支持成員教會處理自身環境下貧困問題的努力，特別表揚納米比亞福音信義會推動在納米比亞建立基本收入補助制度的努力。」參見Haarmann and Haarmann 2005, 2007, 2012。

125 屠圖在他對基本收入全球網絡二〇〇六年開普敦大會的發言中表示：「各位朋友，基本收入運動致力增進所有人的尊嚴和福祉，力求沒有人遭排斥，幫助我們邁向社會公平的理想；我實在不必提醒大家，這種努力是多麼重要和有益。」（此訊息由屠圖和平基金會發表於https://www.youtube.com/watch?v=oISeAG7nmg8）

126 參見King 1967: 189：「除了短視，沒有什麼能阻止我們保證美國每一個家庭享有最低限度和可以生活的年收入……沒有什麼可以阻止我們用瘀傷的手重新塑造頑固的現狀，直到我們將它變成一種四海之內皆兄弟的狀態。」亦參見衛理宗牧師Philip Wogaman (1968: 79) 同期有關基本收入的長篇討論：「藉由保證收入提供可靠的經濟基礎，使人得以藉由自由反應成為上帝希望人成為的模樣。許多人無疑將濫用這種自由，這是上帝創造人類時就已承受的一項風險。」

127《路加福音》12: 24–28。另一段相關的經文為《馬可福音》第二章第二十三到二十六節，記載耶穌捍衛門徒在安息日從田裡撿麥穗食用的權利。傅立葉（Fourier 1829: 431）引用這段經文替人類享有最低收入的權利辯解：「耶穌利用這些話捍衛人因時制宜、滿足自身需求的權利；這種權利要求我們保障人的最低限度需求；只要我們不承認這種責任，就沒有社會契約可言。」

128 二〇〇〇年，布魯塞爾一個勞動法庭明確引用《創世記》這句話，否定一名領取福利救濟的人之訴求；那個人聲稱自己有權利獲得無條件基本收入，認為接受公共救助者必須積極找工作的法律規定沒有道理（Dumont 2012: 413）。

129 希臘原文用εξουσ α一詞（《帖撒羅尼迦後書》3, 9），在英文版中通常譯為right（權利）、power（權力）或authority（權）。無論怎麼譯，在使徒保羅的希臘文中，該詞的涵義顯然不可能與上述現代單詞相同。該詞的意思愈是接近「權利」這個現代詞，這段文字愈是與獲得無義務收入（第一章所講的那種收入）的權利相容，雖然它顯然鼓勵人們工作。

130 以下為《拿伯史》（Ambrose 1927）含有那段話的完整段落，轉譯自英文譯本：「上帝但加拿大曾有實例。例如在一九七二年的聯邦選舉中，勢力集中在亞伯達省、Raoul Caouette的社會信用黨（Social Credit Party）提出的政綱含有成本高昂的全民保證收入給付，結果該黨的表現相當不錯（Leman 1980: 146）。

107 綠黨參與全國層面聯合政府的例子包括芬蘭（一九九五至二〇〇二年和二〇〇七至二〇一五年）、法國（一九九七至二〇〇二年和二〇一二至二〇一四年）、德國（一九九八至二〇〇五年）、比利時（一九九九至二〇〇三年）、愛爾蘭（二〇〇七至二〇一一年）和捷克（二〇〇七至二〇〇九年）。

108 參見van Ojik 1982, 1983, 1985, 1989和van Ojik and Teulings 1990。除了左派綠黨，荷蘭還有一個小得多的綠黨De Groenen，一九八三年成立，一直呼籲引進基本收入，但不曾在議會贏得席位，一九九八年起不再參與全國選舉。

109 參見Offe 1985、生態自由至上主義者Thomas Schmid (1984) 編輯的文集，以及綠黨國會助理Michael Opielka編輯的文集（Opielka and Vobruba 1986, Opielka and Ostner 1987）。

110 參見www.stern.de/politik/deutschland/parteitag-gruene-gegen-grundeinkommen-fuer-alle-603477.

111 當中包括Andrea Fischer，他在施洛德首屆政府任內辭去衛生部長（一九九八至二〇〇一）；Wolfgang Strengmann-Kuhn，德國聯邦議會成員，綠黨的社會政策發言人；以及Gerald Häfner，歐洲議會成員，二〇一二年主持歐洲公民基本收入倡議的成立活動。

112 Ecolo 一九八五年的綱領參見Lechat 2014，Agalev 一九八五年的綱領參見https://nl.wikipedia.org/wiki/Economisch_programma_van_Mechelen。

113 該動議由參議員Jean Desessard提出，他二〇一六年二月在法國參議院提出類似動議，要求法國政府「採取必要措施，向實施無條件基本收入政策邁進」。綠黨的十名參議員全都投票支持該動議，中間偏右的共和黨有一名參議員也投支持票，但有二百名參議員投反對票（French Senate, scrutin 227, May 19, 2016）。

114 索尼佛那二〇一五年八月四日個人提供的資料。該方案包括對五萬歐元以下的年收入課四一%的均一稅，對五萬歐元以上的年收入課四九%的均一稅。方案利用芬蘭國會提供的一個模型做微觀層面的模擬。

115 有關綠黨的呼籲，參見http://www.gruene.ch/gruene/de/kampagnen/abstimmungen/grundeinkommen.html；有關調查，參見Colombo et al. 2016: table 3.1；有關議會表決，參見https://www.parlament.ch/de/ratsbetrieb/amtliches-bulletin/amtliches-bulletin-die-verhandlungen?SubjectId=36389。在下議院國民院的最終表決中，四名綠黨代表投支持票，五名投反對票，三名棄權。

116 在國家的層面以外，歐洲議會數個成員國的數名綠黨代表也積極推動基本收入，例如Alexander de Roo（荷蘭）、Sepp Kusstatscher（義大利）、Pascal Canfin（法國）、Jean Lambert（英國）和Carl Schlyter（瑞典）。二〇〇三年，在簽名支持倡導基本收入的歐洲公民倡議的人當中，綠黨的歐洲議會代表比例特別高。

117 參見我們有關基本收入與健全的經濟（第一章）和經濟成長（第五章）之關係的說法。有關基本收入與綠色運動理念的關係之進一步討論，參見Fitzpatrick 1999a/2013, Van Parijs 1987a/2013, 2009。

118 在數個國家，較傾向自由至上主義的部分左派人士近年受海盜黨（pirate party）吸引，而第一個海盜黨二〇〇六年成立於瑞典。海盜黨主要從事智慧財產權方面的抗爭，但關注的議題也已擴大至包括公民自由權利和政府的透明度，不少海盜黨也支持引進無條件基本收入。例如德國海盜黨參與二〇一三年大選的宣言便高調提到基本收

黨的年輕國會議員Nele Lijnen和Georges-Louis Bouchez便是例子），而它們也在二〇一五和二〇一六年主動組織有關基本收入的公開辯論。

92 有關芬蘭基本收入討論的歷史，參見Koistinen and Perkiö 2014；有關芬蘭的基本收入實驗，參見Kalliomaa-Puha et al. 2016。

93 Kobayashi 2014. 在這個（古典）自由主義從政者的名單中，我們可以納入加拿大的Hugh Segal，他是代表保守黨的聯邦參議院（二〇〇五—二〇一四），也是加國最大力倡導基本收入的人之一。二〇〇八年2月，他在聯邦參議院提出動議，要求政府「徹底研究保證年收入的可行性」（Mulvale and Vanderborght 2012: 185）。他寫道（Segal 2012: 10）：「保證年收入將是這種〔公平進入經濟主流的〕機會的一個重要支柱，對我們來說一如普及教育、安全的社區和健康保險那麼重要。」

94 de Basquiat and Koenig 2014.

95 Bachelot 2011.

96 Story 2015, Andrews 2015.

97 Murray 2006.

98 Murray 2016.

99 甚至在綠色運動未有什麼跡象將促使環保人士組織政黨前，基本收入的一些早期倡導者便強調基本收入與環保之間的關係。例如法國的Lionel Stoleru (1974a: 308) 便寫道：「〔要解決資本主義的某些矛盾，富有國家的成長必須放緩，〕我們問自己如何促成這種放緩，便認識到這問題基本上與替每一位公民確立一種基本保障是一樣的。」而英國的Steven Cook (1979: 6) 也寫道：「隨著我們愈來愈明顯感受到能源和其他資源短缺的問題，隨著『富裕』的體驗導致人們更重視自我實現而非物質消費，如果我們希望成功適應全球社會很可能將出現的變化，我們就必須鼓勵那些負責任地探索自願低消費生活方式的做法。」

100 Green Party 2015a: 54. 在其具體方案中，綠黨（Green Party 2015b）提議基本收入設為成年人每週八十英鎊（相當於每月約四百五十美元，約為英國當時人均GDP的一二%）。

101 第九七四號早日辯論動議（early day motion），二〇一六年一月十九日。該動議獲蘇格蘭議會（Scottish Assembly）三十五名成員支持，他們主要來自蘇格蘭民族黨（二十三人）和工黨（八人）。

102 Scottish Green Party 2014.

103 二〇〇四年綱領參見http://www.gp.org/platform/2004/economics.html#241660，二〇一四年版本參見http://www.gp.org/what-we-believe/our-platform/17-platform/41-iv-economic-justice-and-sustainability。

104 例如參見梅麗莎二〇一五年一月十二日接受線上平臺*Leaders and Legacies*的訪問：「梅麗莎：如果父母貧窮，兒童也無法脫貧」（We Can't Eliminate Child Poverty if the Parents are Poor: Elizabeth May）。

105 http://www.greenparty.ca/en/policy/vision-green/people/poverty. 另參見加拿大綠黨二〇一五年七月公布的「保證可生活收入」（Guaranteed Livable Income）方案（http://northumberlandview.ca/index.php?module=news&type=user&func=display&sid=35595）。其他例子包括紐西蘭綠黨（Green Party of New Zealand 2014: 2），該黨宣稱希望「研究所有紐西蘭人享有基本收入」，做為其收入支援政策的一部分。此外，日本小型政黨綠黨成立於（福島核災發生後不久的）二〇一二年，其競選政綱也納入基本收入（Vanderborght and Sekine 2014: 29）。

106 簡單多數選舉制可能有利於支持基本收入的區域型政黨。這種情況不大可能發生，

76 瑞士社會民主黨以三分之二的多數正式建議投反對票（http://www.nzz.ch/schweiz/eidgenoessische-abstimmungen-parolenspiegel-fuer-den-5-juni-ld.16727），而瑞士聯邦委員會中的社會主義成員公開表態，強烈反對基本收入提案。但在最後的議會投票中，十五名社會主義議員投支持票，十三名投反對票，十三名棄權（見https://www.parlament.ch/de/ratsbetrieb/amtliches-bulletin/amtliches-bulletin-die-verhandlungen?SubjectId=36389），而公投之後的調查顯示（Colombo et al. 2016: Table 3.1），社會主義選民三九%投支持票，遠高於整體的支持票比例（二三・一%）。

77 這種情況在被視為社會民主體制模範的北歐國家尤其明顯。丹麥的情況參見Christensen 2000: 311–14，瑞典參見Anderson and Kangas 2005。在比利時，法語區的社會黨第二號人物、瓦隆區區長Paul Magnette曾在接受訪問時表示，基本收入是「歷史正帶我們前往的目標」；該黨主席、前聯邦總理Elio di Rupo很快就提出警告：「基本收入是要摧毀比利時福利制度的特洛伊木馬」（分別參見*La Libre Belgique*, June 7, 2016和*Le Soir*, July 1, 2016）。

78 *L'Espresso*, October 15, 1989.

79 該法案第一條賦予「這個國家的所有巴西裔居民和已居住至少五年的所有外國人，每年領取一筆金錢補助的權利，無論他們的社會和經濟狀況如何。」但是，該法案也載明，這項措施的完整版本「將必須分階段實施，由行政機關視情況決定，首先照顧人口中最貧困的部分。」目前實施的是家庭援助計畫下那種需要審查經濟狀況的現金移轉支付（見第三章）。有關這項法案的意義之進一步討論，參見Suplicy 2006, 2011和Lavinas 2013。

80 例如法國共產黨便傾向支持其成員Bernard Friot (2012) 的構想，後者主張引進一種「終身工資」（salaire à vie），支付給所有勞工和非自願失業者，其水準取決於每一名勞工的資歷（分四個等級，以民主方式決定每一名勞工屬哪一級）。參見Réseau Salariat 2014。

81 Koistinen and Perkiö 2014.

82 魁北克團結黨在二〇一二和二〇一四年省級選舉政綱中納入需要審查經濟狀況但義務全免、個別支付的「保證最低收入」。根據該黨二〇一四年的政綱（Québec Solidaire 2014: 10），沒有其他收入的個人每年可以獲得一萬二千六百加元的移轉支付（約為魁北克人均GDP的二八%）。

83 *Economist*, March 31, 2016. 亦參見更明確的Varoufakis 2016。

84 有關吉平爭取基本收入十五年的故事，參見Kipping 2016a；吉平在基本收入全球網絡首爾第十六次大會上的主題演講，參見Kipping 2016b。

85 Sombart 1896/1905: 25.

86 Luxemburg 1918.

87 Nyerere 1968: 15.

88 Weitling 1845.

89 Marcuse 1967.

90 參見*NRC Handelsblad*, December 17, 1994。韋傑斯得到財政部長Gerrit Zalm（自由民主人民黨成員，屬自由主義右派）的支持，但遭到來自荷蘭工黨的其他部長反對。首相Wim Kok（工黨成員）努力避免衝突，表示有必要「仔細研究根據這構想，長期而言可以做些什麼」。他從不曾主動將基本收入重新納入議程。

91 *Sunday Times*, July 5, 2015. 在比利時，法蘭德斯自由派的「開放法蘭德斯自由民主黨」（Open VLD；該黨二〇〇七年吸收了杜沙勒專門倡導基本收入的政黨「活著」）和法語區自由派的改革運動黨（MR）均有熱烈倡導基本收入的黨員（分別屬於這兩個政的完整基本收入（見第六章）占有優勢。在部分基本收入方案下，針對一對伴侶個別課稅可以從較低的所得等級開始便採用累進的方式。相對之下，如果必須對較低所得等級額外課稅，所得稅在那個所得範圍內必然是累退的，因此會鼓勵夫妻將受薪工作集中在一個人身上。

65 Vielle and Van Parijs (2001) 提議的「男性獎勵」(virility premium)，是僅提高男性（當時在比利時享有的）一次性育嬰假一倍，以小幅提高男性的個人所得稅為財源。該提議的福利和財源設計，均可能違反某些國家保障平等的憲法原則。但請注意，因為男女薪酬顯著有別，薪酬相關的（earnings-related）育嬰假福利其實也會造成類似的不平等。

66 有關女性主義與基本收入的進一步討論，參見Orloff 1990/2013, Parker 1993, Fitzpatrick 1999b/2013, Eydoux and Silvera 2000, Robeyns 2001a, 2001b, Van Parijs 2001, 2015b, Baker 2008, Bergmann 2008, Gheaus 2008, O'Reilly 2008, Danaher 2014, Blaschke et al. eds. 2016。

67 基本收入構想在美國政壇最受重視的時期要追溯到一九六〇年代末和一九七〇年代初，本書第四章已有闡述。

68 參見Cole 1929, 1935, 1944和Meade 1935。有關米爾納的開創性努力，也請參考本書第四章。

69 米德是艾德禮（Clement Attlee）工黨政府任內（一九四五至一九五一）的主要經濟學家之一，而執行《貝弗里奇報告》的正是艾德禮政府。米德後來擔任稅改委員會主席，結果建議政府執行「新貝弗里奇計畫」；當時新貝弗里奇計畫的主要競爭對手是部分基本收入方案（見第六章）。米德晚年在政治上較不活躍，但一直堅決支持基本收入（Meade 1989, 1991, 1993, 1995）。

70 Commission for Social Justice 1994: 262–3.

71 Reed and Lansley 2016.

72 *Guardian*, June 6, 2016.「羅盤」報告建議為二十五歲以上的成年人提供每週七十一英鎊的個人基本收入（約為英國人均GDP的一三%），外加有條件的額外補助（Reed and Lansley 2016: 17）。紐西蘭工黨可能也正經歷類似情況。該黨的工作未來委員會（Future of Work Commission 2016: 9）提出的「十大構想」包括一項在地或區域的基本收入實驗。該黨二〇一四年以來的領袖Andrew Little（紐西蘭最大工會工程印刷與製造業工會前領袖）已在數個場合表示，他對基本收入有興趣（Rankin 2016: 34）。

73 有關荷蘭的辯論，參見Van Parijs 1988, Groot and van der Veen 2000。

74 雖然這項動議明確使用「基本收入」的說法，但它實際上是指一種負所得稅方案。荷蘭工黨領導層回應此事時，承諾將該動議納入參選政綱，但堅稱黨的最終目標仍是達到充分就業（見http://www.pvda.nl/berichten/2016/06/Moties+politieke+ledenraad+4+juni+2016）。

75 法國可能會是例外，但目前仍言之尚早。法國社會黨的一些重要成員，包括前總理Manuel Valls和更明確表態的國會議員Delphine Batho、Eduardo Rihan Cypel和Benoit Hamon曾公開聲稱支持基本收入。基本收入的構想甚至進入社會黨的二〇一七年總統選舉參選計畫準備文件中，但仍顯得小心翼翼。文件中支持基本收入的一節提到，「全民生存收入」引出了有關其財源安排、可接受性和它如何影響工資和其他社會政策的問題（Parti Socialiste 2016: 39–40）。在北美，最接近成熟的社會民主政黨的是加拿大新民主黨；該黨曾在一九六〇年代末討論基本收入和負所得稅。但它最多也只是在一九六九年的黨大會上，由一個小組委員會採納了一個支持實施負所得稅的含糊動議（Mulvale and Vanderborght 2012: 185）。

意思：「邁向合併所有基本保障措施，隨後邁向基本收入制度？」雖然該報告含糊地回答這問題，它啟動了官方針對基本社會保障的一系列研究，包括明確地討論基本收入和負所得稅。

53 是否擁有一份（好）工作可視為一種階級分際，一如是否擁有（可觀的）資本；但基於前述的原因，在這種新的階級衝突中，弱勢者抗爭的裝備不如較古老階級衝突中的弱勢者。參見Van Parijs 1987b。

54 例如在美國，女性賺取的毛收入平均為男性的六六．五%（三萬六千九百美元對五萬五千四百四十三美元，二〇一三年的數據，資料來源：https://www.census.gov/hhes/www/cpstables/032014/perinc/pinc10R_000.htm），而女性的勞動市場參與率為五七%，遠低於男性的六九．二%（二〇一四年的數據，資料來源：Bureau of Labor Statistics 2015: 9–10）。利用這些百分比估算，女性賺取的年收入平均約為二萬一千美元（包括零收入的人），男性則為三萬九千美元。為了更清楚說明這種差異，假設我們以四〇%的均一所得稅為財源，引進每月一千美元的基本收入。平均而言，相對於沒有再分配的情況，女性每月收入將增加一百二十美元（增加一七%），男性則減少一百二十美元（減少九%）。若要評估在某個國家引進某種基本收入方案導致的額外的男女所得重分配，我們必須仔細檢視基本收入取代了哪些措施，以及那些措施導致多大程度的男女所得重分配。

55 Woolf 1929/1977: 103.

56 Hannan and Tuma 1990: 1271–2. 西雅圖和丹佛實驗中離婚率據稱上升，是負所得稅實驗科學文獻中最富爭議的其中一點。Hannan et al. (1977: 1186) 初步分析的結論是「收入得以維持推高了離婚率」。在最後報告中，Hannan et al. (1983: 259) 更進一步，表示實驗檢視的方案「大幅提高了白人與黑人夫婦的離婚率，同時降低了墨西哥裔美國女性的結婚率。」但是，他們的看法引起激烈爭論。Cain and Wissoker (1990a: 1237) 重新分析後認為「負所得對實驗參與者的離婚率並無影響」。參見Hannan and Tuma (1990) 的回應和Cain and Wissoker (1990b) 的再回應。

57 Pateman 2011: 7.

58 參見Federation of Claimants Unions 1985a: 35 and 1985b: 44，以及Yamamori 2014中的討論。二〇一六年二月，英國公共服務工會UNISON（英國最大工會之一，女性會員比例較高）在其女性會員大會上呼籲研究「全民基本收入做為未來福利政策對女性較友善方向的潛力」（UNISON 2016: 12）。這訊息較為含糊，但由工會中的女性成員而非某個領救濟者聯盟發出，有較大的機會得到重視。

59 可參考的資料包括Miller 1988, Saraceno 1989, Withorn 1993/2013, Morini 1999, McKay 2001, 2005, 2007, Alstott 2001, Pateman 2006, 2011, Elgarte 2008, Zelleke 2008, Yamashita 2014, Furukubo 2014, Shulevitz 2016。

60 例如參見Salam 2014。

61 例如比利時在一九八〇年代引進一種性別中性（gender-neutral）的暫離職場方案，為私營和公共部門決定暫停工作的人提供一筆小額的一次性補助。就私營部門那部分（二〇〇二年更名為「time credit」）而言，二〇一〇年時六二%的受惠者為女性，當中九五%有至少一名未滿八歲的小孩（Van Hove et al. 2010: Table 61）。但值得注意的是，二〇一〇年受惠的女性有五八%是從每週工作五天減為工作四天，（暫時）完全放棄工作的女性不到八%（Van Hove 2010: Table 62）。

62 Fraser 1997.

63 Miller 1988.

64 站在女性主義者的立場，這使得部分基本收入相對於必須對較低所得等級額外課稅人們掌握外，採用個別支付的形式，能補綜合公共服務和托兒服務之不足」（https://www.tuc.org.uk/sites/default/files/Congress_2016_GPC_Report_Digital.pdf）。

38 分別參見Sommer 2016: 82和Centre des Jeunes Dirigeants d'Entreprise 2011。

39 Economiesuisse 2012.

40 Duchâtelet 1994.

41 有關活著黨的歷史，參見Vanderborght 2002。

42 Werner and Hardorp 2005, Werner 2006, 2007, Werner and Presse 2007, Werner and Goehler 2010.

43 公開支持基本收入的其他重要商界人士包括法國時裝設計公司聖羅蘭（Yves Saint Laurent）的執行長Pierre Bergé (1991: chapter 14)；加拿大電訊公司Telesystem執行長、二〇一一年與人共同創立中間偏右政黨魁北克未來聯盟黨的Charles Sirois (1999: 147–9)；以及奧地利巧克力公司Zotter的執行長Josef Zotter（http://derstandard.at/2000019681222/Schelling-Arbeitslosengeld-in-Oesterreich-ist-zu-hoch）。也請參考比利時最大銀行BNP Paribas Belgium首席經濟學家Peter De Keyzer (2013: chapter 10) 的呼籲。

44 De Morgen, June 9, 2016. 在荷蘭，很早便堅持倡議基本收入的人士之一為Bart Nooteboom，他曾掌管與荷蘭中小企業協會相關的智庫多年。參見Nooteboom 1986和Dekkers and Nooteboom 1988。

45 「無保障者」（precariat）一詞源自義大利無政府主義傳統。法國社會學廣泛採用該名詞，Robert Castel (2009) 便是一個例子。這個詞在英文中流行起來則有賴Guy Standing (2011, 2014a)。

46 Allen 1997, Bond 1977.

47 Kornbluh 2007: 143. 原計畫參見National Welfare Rights Organization (1969/2003)。NWRO的計畫從不曾進入政治議程，但該組織曾參與討論尼克森總統的家庭救助計畫，堅持移轉支付必須真正普及，而非僅限於有小孩的家庭。有關NWRO，亦可參見Piven and Cloward 1993: 320–30。

48 Bill Jordan一九七三年的文章記錄了這項地方無保障者行動的抱負、潛力和困難，提出了一些精闢的見解。有關倡導基本收入的部分，參見Jordan 1973: 27, 70, 72–3和Jordan 1986。

49 一九七〇年代末，澳洲的「失業工人運動」（Unemployed Workers Movement 1979）在章程中聲稱，其目標之一「是在澳洲爭取建立一種保證最低收入方案，使所有人享有像樣的生活水準。」在加拿大，一九七一年由超過二百個反貧窮團體創立的全國反貧窮組織（今已更名為「加拿大無貧困組織」）自一九八〇年代初以來一直主張引進一種全國「保證足夠收入」制度，二〇〇七年曾為此展開全國宣傳。一九八四年，麥克唐納委員會舉行聽證會期間，魁北克反貧窮聯合會也明確地為基本收入辯護（Tremblay 1984）。在荷蘭，「福利請領者全國協會」（*Landelijk Beraad Uitkeringsgerechtigden*）自一九八六年起開始倡導引進金額可觀的基本收入，該會也是一九八七年荷蘭基本收入網絡的創始組織之一（Landelijk Beraad Uitkeringsgerechtigden 1986, Hogenboom and Janssen 1986）。

50 Geffroy 2002.

51 Bourdieu 1998.

52 Guilloteau and Revel 1999, Fumagalli and Lazzaratto eds. 1999. 當時的法國總理、社會黨人喬斯班（Lionel Jospin）有鑒於問題持續良久且相當嚴重，要求社會福利部就「失業者運動提出的問題」提交報告（Join-Lambert 1998）。報告其中一節的標題特別有

「不要基本收入」為標題（CSC 2002: 42, Vanderborght 2006）。CSC一名領袖較近期的一篇文章則表示，「那些認為基本收入是一種有用的理想，認為這是我們可以踏實地審慎邁向的一個願景的人」，畏縮地開始了他們的努力（Van Keirsbilck 2015: 24）。

22 勞工領袖Andy Stern (2016: 188) 並未忽略這一點：「對勞工來說，無條件基本收入是改變遊戲規則的東西。如基本收入倡導者Timothy Roscoe Carter指出：『在任何談判中，可以承受談判破裂後果的人總是可以剝削無法承受這種後果的人。資本家總是可以選擇不與勞工達成協議，因為他們把資本另作投資就可以了。除非勞工也可以承受談判破裂的後果，這種遊戲永遠都不公平。基本收入是終極的永久罷工基金。』」

23 有關這問題的進一步討論，可參考Vanderborght 2006。

24 King 1995.

25 Jalmain 1999.

26 Keynes 1930b/1981: 14.

27 這與左派的最低工作批評者所聲稱的往往相反，例如參見Clerc 2003和Alaluf 2014: 36–37。

28 在某些國家，工會領袖敵視基本收入還有一個比較偶然的因素。在斯堪的納維亞國家和比利時，也就是工會參與率全球最高的一些國家，工會的收入有一部分是它們為失業勞工提供服務所得到的報酬。工會負責發放失業給付，及／或負責管理失業基金，並因此獲得報酬（Van Rie et al. 2011）。如果失業給付變成不過是每一個家庭基本收入以外的補充收入，如果基本收入促進工作分享和消除失業陷阱的作用壓低了非自願失業率，工會的這種收入難免會受損。這或許有助解釋為何某些工會激烈反對基本收入。我們無疑希望可以藉由較合理的方式補償提供有用服務的工會。

29 二〇一五年的具體數字是一二．三％對五．八％，以及每週七七六美元對九八〇美元（Bureau of Labor Statistics 2016）。無論加入工會與薪資水準的因果關係方向如何，我們有關工會成員居於相對優勢地位的說法都是成立的。

30 Keynes 1930b/1981: 13.

31 如Andy Stern (2016: 147) 所言：「遺憾的是，迄今為止，工會經營者在因應經濟變動產生的挑戰方面創意不足，這彰顯在他們對Uber和Airbnb等破壞現狀的新創企業反應遲鈍，以及在組織自由工作者方面所面臨的難題上。」

32 格雷伯(David Graeber, 2014b) 的說法非常有力：「我在思考一種勞工運動，它與我們已經見識過的那種截然不同。我心目中的這種勞工運動終於能徹底摒棄那種認為工作本身是一種價值的意識形態，它將勞動重新定義為關懷其他人。」

33 Stern 2016: 222.

34 Stern 2016: 200.

35 Stern 2016: 201. 為了在美國推動基本收入，史登（Stern 2016: 219）甚至提議「為引進無條件基本收入修憲」，以及「派出候選人代表基本收入黨參與二〇二〇或二〇二四年的總統選舉……如果能有一名重要的總統候選人清楚說明我們為何需要引進基本收入，將能推動我們的議程，促成一場全國辯論。」

36 參見http://www.gewerkschafterdialog-grundeinkommen.de/category/home

37 此為第五十四號動議，由該會的West Midlands連同社區、青少年和非營利工作分部提出。完整的文本見聯合工會二〇一六年七月十一至十五日第四次政策大會的初步議程（http://www.unitenow.co.uk/index.php/documents/documents/policy-conference-2016/362-unite-policy-conference-2016-preliminary-agenda/file）。二〇一六年九月，英國工會大會（Trade Union Congress）通過聯合工會提出的一項決議，當中這麼說：「大會認為工會大會應認可全民基本收入，並且主張建立一種進步的制度，除了方便

10 在二〇一六年五月四日蘇黎世舉行的「工作的未來」（The Future of Work）會議上，Dalia Research報告了這項調查的結果。參見https://daliaresearch.com/。

11 參見Colombo et al. 2016中的Tables 1.2, 3.1, 3.2和3.4，當中有許多其他有趣的數據。我們感謝作者在報告發表前提供資料給我們。

12 Sloman 2016: 209, 213.

13 Moynihan 1973: 276–7. 有關美國的勞工運動，也請參考Desmond King (1995: 208)：「勞工組織樂於支持若干非提撥式計畫在需要審查經濟狀況的基礎上，對非工會成員發放福利，但不大願意動員其政治力量建立全民公共福利方案。」

14 加拿大工會聯合會譴責麥克唐納皇家經濟聯盟與發展前景委員會一九八六年提議的「保證年收入」方案所含的「新自由主義理念」。參見Haddow 1993, 1994。

15 Lubbi 1991: 15.

16 van Berkel et al. 1993: 22–24.

17 有關Voedingsbond早期針對基本收入發表的立場聲明，參見Voedingsbond 1981；有關該工會特殊角色的深入分析，參見van Berkel et al. 1993。一九八七至一九九七年間，荷蘭基本收入網絡的總部設在Voedingsbond FNV。

18 有關南非的基本收入辯論，參見Peter 2002, Standing and Samson eds. 2003, COSATU 2010, Seekings and Matisonn 2013。

19 在義大利，該國主要的工會聯合會義大利勞工總聯盟（CGIL）一九八七至一九九二年間以基本收入為主題，組織了一系列的會議並出版相關刊物，但不曾說服組織高層採納該構想（Sacconi 1992）。在哥倫比亞，以麥德林為基地、與工會有關係的教育機構Escuela Nacional Sindical利用其刊物*Cultura y Trabajo* (2002)，花了一整期的篇幅討論基本收入，並以基本收入為該組織創立二十五週年慶祝活動的主題（Giraldo Ramirez, 2003）。在西班牙，巴斯克工會Esker Sindikalaren Konbergentzia在二〇〇二和二〇〇五年動用整整兩期的會刊*Gaiak*討論基本收入。

20 在愛爾蘭，愛爾蘭運輸工人總工會（一九九〇年與愛爾蘭工人聯合工會合併，組成愛爾蘭最大的工會SIPTU）領袖之一的Rosheen Callender在一九八〇年代公開支持基本收入（Callender 1985, 1986）。在加拿大，魁北克工會運動歷史上的重要人物Michel Chartrand以個人身分，成為媒體化程度最高的其中一名基本收入支持者（Bertrand et Chartrand 1999, Wernerus 2004, Vanderborght 2006）。較近期而言，荷蘭小型工會Unie的領袖Reinier Castelein (2016) 表示，因應自動化趨勢，基本收入將有助達致較好的時間、工作和所得分配（Castelein 2016）；大型的基督教工會聯合會（CNV）前領袖Doekle Terpstra則倡導基本收入做為「新社會契約」的重要部分，而之所以必須締造新社會契約，是因為「活化」勞動市場的現行政策證實失敗（De Volkskrant, May 31, 2016）。令人印象最深刻的是美國勞工領袖Andy Stern (2016) 的廣泛呼籲，我們很快會討論他。

21 工會敵視基本收入的態度一個相當好的例子，是瑞士聯邦院（瑞士的上議院）一名（社會主義）成員的演講。該成員是瑞士工會聯盟（SGB，瑞士最大的工會聯合會）主席Paul Rechsteiner，他是在聯邦院辯論基本收入的倡議時發言的。他堅稱國家仍應以充分就業為目標，而現行社會保險制度可以保護工人，必要時提供高於最低限度需求的給付：「基本收入在人沒有需要時是太多了，在人有需要時則不足夠。」比利時最大的工會聯合會「基督教工會聯合會」（CSC）提供了另一個例子。在一九八五年，也就是基本收入首次成為比利時公開辯論題目後不久，CSC發表一份文件，指基本收入的構想是「愚蠢和令人擔心的空想……工會有一天將必須對抗這種構想」（CSC 1985）。二〇〇二年一月，CSC全國大會的一份準備報告有一節毫不含糊地以家庭最起碼的物質需求」。

82 Meade 1989: 45.

83 John Stuart Mill (1979: chapter 4) 與Oskar Lange (1937: 134–135) 早就指出，以類似的漸進方式過渡至社會主義制度（以生產工具國有為標準）更難想像。

84 Elster 1986: 709.

85 Elster 1986: 720.

86 Deppe and Foerster 2014: 8.

87 Elster 1986: 720.

88 Elster 1986: 719.

第七章

1 例如柯爾（G. D. H. Cole 1944: 147–8）便認為全民免費醫療和教育是通往全民基本收入的自然踏腳石：「如果國家承擔責任，確保所有公民都有機會獲得免費醫療服務和免費教育（至中學階段）……建議全民有權分享產業產出（形式為每一位公民都獲得一筆可以自由花用的金錢，以及可以享用某些免費的服務）那裡稱得上是空想呢？我同意這是更進一步，但這是在我們已同意走很遠的路上更進一步。」

2 至少我們做為公開辯論的參與者，有這樣的責任。如果是受政府委託、必須就政府應立即推行什麼方案提出建議的委員會，則可說是面臨一些合理的不同限制。例如當年米德領導的委員會（Meade ed. 1978: 279）就英國租稅改革向政府提交報告，寫下這段話是情有可原的：「委員會認為，完整的社會紅利加上相當高的基本稅率不大可能吸引到足夠的政治支持，因此不值得進一步考慮。」法國策略（France Stratégie 2014c: 23–24）在有關法國社會政策前景的報告中這麼寫，也是情有可原的：「此一提案〔全民無條件基本收入〕抵觸以下事實：社會普遍尚未接受一種與就業毫無關係的基本收入。」

3 Piketty 2014: 20.

4 Elster 1986: 709, 719.

5 例如參見Miller 1992, Swift et al. 1999, Reeskens and van Oorschot 2013, Taylor-Gooby 2013。

6 曾做相關調查的國家包括丹麥（Goul Andersen 1996）、瑞典與芬蘭（Anderson and Kangas 2005）、挪威（Bay and Pedersen 2006）、美國（Rasmussen Report 2011）、巴西（Waltenberg 2013）、日本（Itaba 2014, Takamatsu and Tachibanaki 2014）和法國（IFOP 2015）。

7 分別參見Goul Andersen 1996（丹麥）、Andersson and Kangas 2005（芬蘭與瑞典）和Bay and Pedersen 2006（挪威）。

8 分別參見二〇一一年八二十九至三十日有關政府福利和收入補助的調查產生的Rasmussen Reports（http://www.rasmussenreports.com）和Trudeau Foundation 2013: 3。

9 參見IFOP 2015。其他國家也曾做相關調查，但問題設計得太含糊，以致我們無法假設受訪者是針對無條件基本收入發表意見。例如在日本，一項調查在大阪和東京訪問了一個頗大的人口樣本，問受訪者是否支持「政府替民眾最低限度的生活需求埋單」（Itaba 2014: 175）。支持、反對和沒有意見的受訪者各占三分之一。但是，政府要替民眾最低限度的生活需求埋單，當然有基本收入以外的方法。相對之下，加泰隆尼亞的調查問得比較精確。二〇一五年七月，這項調查訪問一千八百位居民，問他們是否支持引進六百五十歐元的基本收入，成本由最富有的二〇％人承擔。七二％的受訪者表示支持（GESOP 2015: 4）。

以來曾多次提出負所得稅方案（Engels, Mitschke and Starkloff 1973, Mitschke 1985, Scharpf 1993, 1994），而自二〇〇五年的「哈茨第四法案」（Hartz IV）改革以來的制度結構（見第七章），也是方便受益人結合福利給付與低額勞動所得的方案，配合一種強化的工作意願審查。在設有經濟狀況審查的最低收入方案（Arbeitslosengeld II）下，約一半的受益人是「窮忙族」（working poor）。

77 米德（Meade 1989: 37）認為以比例稅為財源不可能支付金額夠高的社會紅利，「原因很簡單：增加的勞動所得和經營利潤適用的邊際稅率，加上社會紅利保證的可觀的無條件收入，將製造出妨礙人們積極工作和投資的強烈惰性，問題之嚴重將是不可接受的。」他因此建議對較低的所得等級課六〇%的稅，對較高的所得等級課四五%的稅，而非一律適用五〇%的稅率。Dilnot, Kay, and Morris (1984: 74–79) 的兩層式制度、Joachim Mitschke (1985) 的「公民金」（Bürgergeld）和Roger Godino (1999, 2002) 的「補償性所得移轉」也都建議採用這種累退式稅制。如這些例子顯示，第二種策略可與第一種（以家庭而非個人為單位）結合，以便將邊際稅率之升幅維持在比較有限的程度。

78 這種支持對較低所得應用累退稅的「羅爾斯式」或最小者最大化（maximin）理由（見第五章，類似第五章提到的效益論），可在Atkinson and Stiglitz 1980: 420–1, Piketty 1997, Piketty and Saez 2012: chapter 4.1中找到。對境況最差的人來說，這種累退式稅制的效果可以遠優於傅利曼主張的線性稅方案（見第四章），甚至是優於高度累進的方案。一切取決於方案期望提供什麼水準的最低收入，以及是否能夠找到永續的財源。

79 舉個例子，假設某個國家原本有一個需要審查經濟狀況的最低收入方案，獨居成年人獲保障的最低收入為每月一千美元，一對夫婦則是每人每月七百美元。在此情況下，無條件的部分基本收入可以設在每名成年人七百美元。沒有其他收入的獨居成年人將享有有條件的額外救助三百美元。較低的個人部分基本收入四百美元，加上每個家庭的固定給付六百美元，也能得出相同的結果（參見Gerhardt and Weber 1983: 79）。在某些提案中，額外給付是採用金額可變動的居住補貼之形式（例如Parker 1982）。

80 荷蘭二〇〇一年便邁出這麼一步：該國改革稅制，創造出了一種個人的可退款稅額抵減，每人每年二一〇〇歐元，相當於當時荷蘭人均GDP約七%，而且不但是每一名納稅人可享有，連納稅人不工作的伴侶也能享有；如果一來，該國只有極少成年人既沒有福利收入也沒有個人稅額抵減。這項改革是自由派財長Gerrit Zalm主動推行的，他一九九三年主管荷蘭規劃局時便宣稱，這種改革將是邁向部分基本收入制度的下一步（參見Groot and van der Veen 2000）。但在二〇〇九年，荷蘭政府決定逐漸取消該方案，到二〇二四年時完全終止方案（見http://financieel.infonu.nl/belasting/105964-algemene-heffingskorting-2014-omhoog.html）。基於同一宗旨，美國眾議員Bob Filner（民主黨人，代表加州聖地牙哥）二〇〇六年五月向國會提交法案，建議將標準所得稅扣除額改造為一種個人可退款稅額抵減，每名成年人二千美元（相當於當時美國人均GDP約四%），兒童稅額抵減則為成年人的一半（參見Sheahen 2012: 148）。

81 Cole 1944: 147. 十年前，柯爾（Cole 1935: 235）似乎沒那麼有耐心：「我們的目標應該是盡快提升社會紅利至夠高的水準，足以完全滿足每一名公民最低限度的需求。因為領取社會紅利是一項公民權利，紅利的金額應該人人相同，又或者所有成年人享有相同金額的紅利，同時為兒童提供適當的補助。紅利一開始就應該至少足以滿足社會中每一個家庭最起碼的物質需求。」不過，柯爾一九四四年認為「不會忽然擾亂生產服務相關收入整個結構的社會紅利水準」，在他心目中或許「足以滿足每一個

補貼（Abe 2014）。

65 Longman 1987: 229–234.

66 紐西蘭的方案參見St John and Willmore 2001，有關該方案與基本收入相似的具體討論，參見St John 2016。丹麥退休金方案參見Abrahamson and Wehner 2003: section 1。自一九八六年起，日本也已經有一個基本養老金方案，以照顧所有居民為目標，但相當一部分的失業和自營作業人士並未登記加入該制度（Vanderborght and Sekine 2014: 18）。

67 芬蘭和瑞典分別於二〇〇一和二〇〇三年將它們的全民養老金改造為非提撥式補充方案，彌補與勞動所得相關的退休金之不足。歐洲非提撥式養老金方案之概覽可參見Goedemé (2013: 111–12)。

68 Bidadanure (2014: 162–164) 討論針對三十五歲以下人士的兩種「年輕人基本收入」（一種是群組型設計，一種是以年齡為根據），但結論是考慮所有因素，全民無論年齡均享有的基本收入是較佳方案。

69 Ackerman and Alstott 1999.

70 丹麥、芬蘭和瑞典均有不需要審查經濟狀況的學生補助方案，而比利時照顧二十五歲或以下全日制學生的全民兒童福利也可視為這種方案（參見European Commission 2014b）。

71 例如參見Schmitt 1980、Gerhardt and Weber 1983: 88–9和Lavagne and Naud 1992。

72 一九九九年，荷蘭確立《藝術家所得補助法》（Wet inkomensvoorziening kunstenaars），在審查收入的情況下，為那些獲認證機構確認從事藝術工作的人提供最低收入保障。二〇〇五年，該法被改造為《藝術家工作與所得法》（Wet werk en inkomen kunstenaars）。新法律規定，藝術家可在最多四年的時間裡，受惠於相當於最低收入七〇%的轉移支付，並可以自己的所得補充收入（以最低收入的一二五%為上限）。二〇〇八年，有三千七百名藝術家領取轉移支付（詳情參見Ijdens et al. 2010）。該法二〇一二年廢止，理由是藝術家不值得特殊待遇，社會期望他們積極尋找（「真正的」）工作。

73 Francisco Nobrega (2015) 呼籲將巴西家庭援助計畫這種有限的實質「普遍性」正式化：「加入每月補助制度後，新加入者在補助期滿前將有一段相當長的時間。這段時期將消除『貧窮陷阱』足夠久的時間，使受益人得以脫離補助制度。如果受益人在補助接近期滿時仍面臨收入不足的問題，將可申請繼續領取補助金。」有關巴西參議員蘇普利希二〇〇四年的基本收入法案，參見第七章。

74 其他國家的例子：澳洲的「新開始津貼」（Newstart Allowance）是需要審查收入的最低收入保障方案，受益人每兩週勞動所得超過四十八澳元，津貼才會減少。額外所得的稅率低於一〇〇%。英國的求職者津貼也有類似設計。

75 France Stratégie 2014a, 2014b, 2014c, Christophe Sirugue 2016. 法國策略前身為法國計劃總署，如今由Jean Pisani-Ferry掌管。該智庫建議將各種現行方案（包括需要審查經濟狀況的最低收入保障和一種勞動所得稅額抵減）合併為「以負所得稅為形式的活動與團結津貼」單一方案。France Stratégie 2014a: 157; 2014b: 85; 2014c: 34–36尤其值得參考。希惠格（Sirugue 2016）喜歡的方案將十個不同方案併為一個，採用相同的設計。兩者至少均保留受益人必須願意工作的溫和要求。在此之前，Roger Godino (1999) 曾以「補償性所得移轉」（allocation compensatrice de revenu）的名義提出類似建議，而數份旨在促進思考未來就業情況的官方報告也提到該建議，包括Pisani-Ferry (2000) 撰寫的報告。

76 參見United Kingdom 2015和Jordan 2011。德國方面，右派和左派自一九七〇年代

54 Walker (2016: 24–29) 也主張增值稅是在美國為基本收入提供財源的「簡單手段」。他估計對所有商品和服務課徵一四%的增值稅，將可支持每人每年一萬美元的基本收入。

55 這種提案在美國也可能會變得比較重要。參見Stern 2016: 213：「我會非常認真地考慮對商品與服務消費課徵五%至一〇%的增值稅，收入全部用來支付無條件基本收入。」

56 杜沙勒方案的初步構想參見Duchâtelet 1994。在他最具體的構想中（Duchâtelet 2004: 115–129），杜沙勒建議以這種方式為以下給付提供資金：十八至二十五歲間的年輕成年人每月獲得四百歐元的「自由收入」（freedom income），二十五至六十五歲的成年人每月獲得五百四十歐元的基本收入（相當於二〇〇四年比利時人均GDP的一八%），十八歲以下孩子每月得到金額劃一的一百三十五歐元兒童福利，六十五歲以上者每月獲得八百歐元的基本養老金。

57 參見Werner 2006, 2007, Werner and Presse eds. 2007。在杜沙勒與維爾納之前，Bart Nooteboom (1984: 5) 擔任荷蘭小企業協會研究中心主任時，也曾倡導引進以增值稅為財源的基本收入。

58 增值稅是二〇〇八年啟動瑞士基本收入倡議的影片唯一提到的財源（Daniel Häni and Enno Schmid, Grundeinkommen—ein kulturimpuls, Tvgrundeinkommen 2008, www.youtube.com/watch?v=ExRs75isitw），也是Christian Müller and Daniel Staub 2016: 67–68偏好的財源。在BIEN Suisse (Kundig 2010) 提出的較具體方案中，財源為「社會增值稅」結合個人所得稅。

59 此外，如果我們看一生而非只看一時，消費稅的累退程度一般沒那麼嚴重，因為至少部分有錢人在生命的晚期，消費支出會超過同期的收入。Fullerton and Rogers (1993: 228–232) 因此指出，基礎廣泛的增值稅很可能與終身所得成比例。

60 開發中國家的例子，參見Pieter le Roux (2006) 有關在南非引進以增值稅為財源的基本收入之主張。

61 有時也有人提出另一些差異來支持增值稅，例如進口商品必須納稅而出口則不用，這種設計對國家有利（雖然對該國的貿易夥伴則不是那麼好）。另一項差異是相對於所得稅，雇主與員工將不會有誘因串通起來，以免稅的實物報酬替代應稅所得。但這其實主要也是一種錯覺：公司以商務午餐的名義請員工吃好料是可以扣抵增值稅的，員工動用自己的工資吃好料則不可以。此外，在兩種情況下，起作用並非只是這種增加「公司內部（免稅）消費」（利用實物報酬的好處）的誘因，還有增加「公司以外（免稅）生產」（也就是家庭或社區內部的無償活動）的誘因（見第一章）。

62 早期的這種提案可參見Robertson 1989, 1994, Genet and Van Parijs 1992, Davidson 1995。

63 兒童福利方案的全面比較可參考Bradshaw 2012, Van Mechelen and Bradshaw 2013, Ferrarini et al. 2013和Ortiz 2015。有關蒙古的方案，Gelders (2015) 提到國際組織之間針對人人有份或需要審查經濟狀況這問題的意見分歧。國際金融機構（IMF、世界銀行）傾向建議採用針對性補助，以便用最低的財政成本達到扶貧目的，而聯合國兒童基金會則建議採用人人有份的模式，以便在窮人中達到較高的請領率。

64 例如加拿大二〇〇六年在聯邦層面引進一種（應稅的）全民育兒補助。但是，在部長Jean-Yves Duclos的提議下，杜魯多（Justin Trudeau）的自由黨政府二〇一五年改變制度，使貧窮家庭的兒童獲得較慷慨的補助，而補助額會隨家庭所得增加而遞減。此外，日本二〇一〇年引進全民兒童補貼制度，但一開始便受到嚴厲批評。到了二〇一二年，政府必須引進一個所得門檻，規定收入超過門檻的家庭不得再領取兒童

用這種另類貨幣的社群只能是自願形成的，其受益人因此不能向任何（地域確定的）社會的所有成員派發一種基本收入，無論金額是多麼微薄。

44 胡伯（Huber 1998）曾提到德國可以提供每人每月五百歐元（相當於當時德國人均GDP的二四%），但方案將隨著受益人的收入增加而迅速逐漸取消。他認為「可以按任何必要的比例結合政府稅收和央行提供的提款權」，而他認為除了前者外，使用後者可以使基本收入的經濟和政治可行性更加穩固。參見Huber 1999與Huber and Robertson 2000。

45 牛津經濟學家John Mullbauer (2014) 便建議歐洲央行向所有歐元區居民支付五百歐元。二〇一七年八月，三十五名經濟學家提出類似建議，希望藉此在脫歐公投之後刺激英國經濟（www.theguardian.com/business/2016/aug/03/cash-handouts-are-best-way-to-boost-growth-say-economists）。這種做法在其他地方曾有規模較小的先例。例如在二〇〇九年一月，臺灣政府便向該國近二千三百萬名居民每人派發價值一〇七美元的消費券，希望藉此刺激當地經濟（http://news.bbc.co.uk/2/hi/asia-pacific/7836458.stm）。

46 此外，如果只是偶一為之，向所有居民支付現金的工作在行政上會非常麻煩。因此，如Sas and Spiritus (2015) 指出，以這種方式籌措資金的基本收入，最好視為靠其他財源支持的基本收入之臨時補充。在經濟過熱時期，支付的金額應該也可以（略微！）調低。

47 例如Bresson (1999) 便倡導引進一種全球基本收入，以課徵一%的金融交易稅做為財源。課徵金融交易稅與公民行動協會（ATTAC）一九八八年成立於巴黎，以引進一種托賓稅為主要目標，但很快便開始討論和倡導其他構想。該協會的德國分支尤其積極地參與討論和倡導基本收入。可參考Rätz et al. 2005。

48 Tobin 1978. 在第八章，我們將討論以此做為歐洲紅利（eurodividend）的一種財源，並將指出，在歐盟層面引進托賓稅，可以支持的基本收入估計最多為每月十歐元。

49 在瑞士，這種微型稅最著名的倡導者是社會主義從政者Oswald Sigg，他曾擔任瑞士聯邦副祕書長和瑞士政府發言人。他與蘇黎世理工學院教授Marc Chesney和Anton Gunzinger合作，以「支付總流通自動微型稅」的名義提出他的方案。參見www.watson.ch/Schweiz/Interview/568982879-Bedingungsloses-Grundeinkommen-l%C3%A4sst-sich-nicht-finanzieren--Oswald-Sigg-hat-da-eine-neue-Idee。

50 以這種方式籌措資金的一種基本收入，是Yona Friedman (2000) 倡導的「社會資本主義」的一部分：每一位公民享有一種完全個人的無條件基本收入，金額相當於人均GDP的二〇%，以對所有電子支付（包括存款）課徵一・五%的稅為財源（廢除紙鈔，硬幣面額不超過十歐元），配套措施為司法和警察以外的所有公共服務（教育和醫療之類）民營化。Edgar L. Feige (2000) 提出較為溫和的方案，建議以一種針對所有電子支付的〇・ 六%的「自動支付交易稅」取代所得稅（不是要為社會保險制度提供資金）。Margaret Legum (2004) 則為南非提出一種非常相似的「總經濟活動稅」。巴西曾在一段時間裡以這種方式替其聯邦社會項目籌措部分資金。有關這種普遍轉帳稅的歷史和優缺點，請參考Rosseels 2009。

51 我們在此並不考慮嚴格意義的社會保險保費做為基本收入的可能財源。社會保險保費就是勞工支付的保險費，是勞工享有各種保障（與薪資相關的失業給付、養老金、疾病給付之類）的財源。現行社會保險保費或薪資稅超出這種保險功能的部分，可視為勞動所得稅。

52 分別參見Kaldor 1955和Skidelsky and Skidelsky 2012: 17。

53 Meade 1989.

基本收入，但設有兩項主要限制：一、一家之中各成員的補助均付給該家庭的正式戶長（多數為男性）；二、非伊朗居民（以伊拉克和阿富汗難民為主）沒有資格領取補助。具體說明見Tabatabai 2011, 2012，有關這項改革中現金移轉支付的重要性可參考Salehi-Isfahani 2014。但在二〇一二年一月，伊朗政府宣布有意提高對多數家庭的補助金額，同時請求最富有的一四％家庭自願放棄這種補助。二〇一三年十月，伊朗國會決定取消頂層三〇％家庭領取現金補助的資格；二〇一四年四月，政府決定停止向所有中高收入家庭支付補助。（參見www.brookings.edu/blog/markaz/2013/11/01/iran-press-report-the-quest-to-cut-cash-subsidies/與www.al-monitor.com/pulse/originals/2014/04/iran-subsidy-reform-efforts-corruption.html#）二〇一五年九月，每人每月的補助為四十五萬五千伊朗里亞爾，相當於十三．四美元，約為伊朗人均GDP的三％（Mehdad Yousefian提供的資料）。

35 參見 "Alberta Could Hand Out More Prosperity Cheques: Klein," CBC News, 19 April 2006. http://www.cbc.ca/news/canada/alberta-could-hand-out-more-prosperity-cheques-klein-1.603707.

36 "Oil Wealth Likely to Keep Gulf Calm," Al Jazeera, January 18, 2011, http://www.aljazeera.com/news/middleeast/2011/01/201111884114254827.html. 亦參見International Monetary Fund 2011.

37 參見Gelders 2015。在二〇一二年選舉之後，蒙古政府停止這種現金補助，恢復二〇〇八年之前存在的準全民兒童福利方案「兒童補助計畫」，並將它改為一種全民方案。

38 即使是以永久資源（例如土地或廣播頻譜）為後盾，建立永久基金也是明智的做法。那些資源本身或許永不耗竭，但隨著時間的推移，其價值很可能會有波動。基金投資在標的足夠多元的投資組合上，將有助保護給付的永續性。

39 Cummine (2011: 16–17) 認為「管理菁英主義」或許可以解釋這種現象：「誇大發放紅利的缺點，是替主權財富基金現行安排辯護的有用手段；在現行制度下，規模可觀的國家儲蓄一直由金融經理人直接和相對自主地控管。」波斯灣國家的石油基金並未用來支付基金收入，而是僅為這些國家的公民提供慷慨的有條件福利；這一點與某些人有時所講的不同。

40 伊拉克方案（甚至有人為此做了一項調查，結果顯示樣本中五九％的美國人支持方案，二三％反對）參見Clemons 2003，奈及利亞方案參見Sala-i-Martin and Subramanian 2003。Reed and Lansley (2016) 最近提出了類似的構想，建議英國建立一個「社會財富基金」，以源自「天然資源、礦物、城市土地和電磁頻譜，和／或金融體系某些部分」產生的紅利為財源，並以部分收入支持一種無條件基本收入。

41 參見Akee et al. 2010, 2013, Sutter 2015。部落成員可以是混血兒。血緣比例必須至少達到十六分之一，才能登記成為族人（Akee 2013: 2）。

42 「現金分享計劃」的三語官方網站為www.planocp.gov.mo。

43 除了派發由一個國家的央行或超國家央行發行的法定貨幣為基本收入提供財源外，也有人建議以另類貨幣（尤其是虛擬加密貨幣）做為基本收入的財源。例如Worldwide Globals Organization（WGO, www.i-globals.org）便希望「證明世界上絕大多數人可以集體替自己創造一種無條件普遍基本收入」，方法是建立這樣的方案（二〇一五年七月八日）：「地球上超過十八歲的所有人僅付二十五美元或二十五歐元的四年會費，成為WGO的成員。成員視其公民身分和國籍而定，每月領取二十、四十或一百 Globals（相當於二百、四百或一千美元）。」在我們看來，仰賴某種另類貨幣的方案即使是最誠實、慎密和有抱負的計畫，也至少會面臨一個決定性的障礙：使次要作用是計量經濟模型和小樣本短期實驗同樣無法偵測的。

23 皮凱提（Piketty 2014: 518, 531–32）估計，稅率溫和但高度累進的全球財富稅（一百萬至五百萬歐元稅率一%，超過五百萬歐元稅率二%）若能實現，可以產生相當於全球GDP三%或四%的稅收。

24 Ackerman and Alstott 1999, Atkinson 2015.

25 有關租稅競爭和處理這個問題的困難之處，參見Genschel and Schwartz 2011和Genschel and Seekopf 2016。

26 Lange 1937, Yunker 1977, Roemer 1992, 1996. 楊克（Yunker 1977: 113–121）估計，一九七二年的美國「社會紅利」（也就是「國有企業在社會主義制度下累積的財產收入平均分配給所有公民」）為每名成年人每年四一七美元，相當於當時人均GDP約七%。

27 有些人（例如Van Trier 1992）認為，東歐國家從奉行社會主義轉為奉行資本主義，是錯過了不太困難地實踐這種做法的機會。

28 Meade 1989: 34–8; 1995: 54–62.

29 Meade 1995: 62.

30 阿特金森（Atkinson 1993d）估計，相當於人均國民所得一五%的基本收入，可以藉由這種方式獲得永續的財源（如米德提議，可以一種支出稅的部分稅收做為補充財源）。他表示，這種做法在經濟上並非不可能（從一九四〇年代末到一九七〇年代末，英國從背負相當於GDP一〇〇%的公共債務，變成公共部門擁有相當於GDP一〇〇%的淨財富），但過渡期世代承受的不公平是關鍵的障礙。

31 Flomenhoft 2013: 101–2, 105. 皮凱提（Piketty 2014: 196–8）明確參考潘恩對未開發土地總價值的估計（國民財富的十分之一或國民所得的一半），估計城市與農村未開發土地價值為GDP的五〇%至一〇〇%（涉及巨大的不確定性）。由此看來，佛蒙特州土地租值的估計值顯得相當高。

32 Flomenhoft 2013: 99–100, 105. 除了空氣外（準確點講是大氣吸收二氧化碳的能力；我們稍後將再談這一點），其他可再生天然資源（如水或風）的相關經濟租總共不到佛蒙特州GDP的一%。Peter Barnes (2014) 基於類似想法，提議針對社區擁有的資產收取租金，然後派發每人五千美元的年度紅利（約為當時美國人均GDP的一〇%）；這種資產包括天然資源（例如大氣和電磁頻譜）和制度資產（例如貨幣基礎設施和保護智慧財產權的制度）。

33 Boyce and Riddle (2010) 估計，以二十五美元（二〇二〇年）的單價計，碳稅可以支持每月約三十三美元的紅利（相當於美國二〇一五年人均GDP的〇．七%）。Nystrom and Luckow (2014) 則提議徵收一項碳費，可用來支付每名成年人每月一百美元（約為人均GDP的二%）、每名兒童每月五十美元的基本收入。亦參見Howard 2012, 2015a和Hansen 2014。加州已經執行一個規模很小的這種方案，以「加州氣候獎勵」（California Climate Credit）的名義，授予每一名家庭電力用戶一個電費抵減額，以向發電廠和其他企業出售碳排放許可的收入為財源。這種獎勵金因電力供應商而異，二〇一五年時多數為每年六十美元左右（http://www.cpuc.ca.gov/PUC/energy/capandtrade/climatecredit.htm）。二〇一四年七月，美國眾議員Chris Van Hollen（代表馬里蘭州的民主黨人）根據同一思路，提出一個抱負大得多的方案。他建議利用拍賣美國碳排放權的全部收入，每季以電子方式向每一個美國人支付「健康氣候紅利」（https://vanhollen.house.gov/media-center/press-releases/van-hollen-introduces-the-healthy-climate-and-family-security-act-of）。

34 伊朗補助方案的第一階段始於二〇一〇年十月，授予每一名公民金額相同的一小筆果你知道這只是短暫的情況，所得增加促成的工作時數減幅會比較小），而替代效果會弱一些（如果你知道這只是短暫的情況，較高的有效邊際稅率促成的工作時數減幅會比較大），方案持續時間延長的淨影響因此方向不明，影響有多大就更難確定。

18 在紐澤西和賓州實驗中，Kershaw and Fair (1976: 41–44) 概括列出符合資格的人拒絕參與實驗的主要原因。「工作倫理」是當中的重要因素：「他是個自豪的年輕人，最終堅稱他不相信不勞而獲這種事。」

19 二〇一五年，芬蘭的中間偏右政府（見第七章）宣布有意推出一個隨機基本收入實驗。政府設立了一個工作小組，二〇一六年三月發表報告，探討有關方案性質和實驗設計的若干選擇（Kangas and Pulkka 2016）。政府偏好的方案，是為年齡介於二十五至五十八歲、低收入或工作不穩定的三千至六千名芬蘭居民提供相當有限的個人基本收入，金額約為五五〇歐元，也可能會在某個地區採用飽和樣本的實驗方式。該實驗預定從二〇一七年一月開始，為期兩年。相關資料參見Kalliomaa-Puha et al. 2016和政府工作小組網站http://www.kela.fi/web/en/experimental-study-on-a-universal-basic-income。荷蘭方面，四個城市（烏特勒支、蒂爾堡、瓦赫寧恩和格羅寧根）已獲准自二〇一七年起，展開以基本收入為方向、規模有限的實驗，其方式是在現行公共救助方案中隨機選出一些受益人，容許他們不必接受經濟狀況審查即可獲得救助（也就是可以結合範圍較廣的收入以改善經濟狀況），或不必願意工作即可獲得救助（也就是取消必須參與勞動的條件），又或者同時取消上述兩種限制（Loek Groot 二〇一六年一月個人提供的資料）。加拿大方面，眾議院財務委員會二〇一六年建議聯邦政府「執行一項與保證收入概念一致的試驗計畫」（Canada, 2016: 71），而參議員Art Eggleton則提出動議，鼓勵政府「評估基於負所得稅執行一種全國基本收入方案的成本與影響」（Canadian Senate, First Session, 42nd Parliament, Volume 150, Issue 18, 25th February 2016）。在省的層面，安大略省的自由派政府在二〇一六年預算中納入一個基本收入試驗計畫（Ontario 2016: 132）。同樣在二〇一六年，魁北克省長Philippe Couillard要求他負責就業事務的閣員François Blais研究在魁北克做基本收入實驗的可行性；Blais長期倡導引進基本收入（參見Blais 2002）。

20 例如澳洲可參見Scutella 2004；德國見Colombo et al. 2008, Horstschräer et al. 2010和Jessen et al. 2015；魁北克見Clavet et al. 2013；義大利見Colombino and Narazani 2013和Colombino 2015；荷蘭見de Jager et al. 1994和Jongen et al. 2014, 2015；瑞士見Müller 2004；丹麥、義大利、葡萄牙與英國見Colombino et al. 2010。

21 例如荷蘭中央規劃處利用此類模型最精心設計的其中一個（Jongen et al. 2014, 2015），模擬引進六八七歐元的基本收入（相當於荷蘭二〇一四年GDP約二五%）之影響。六八七歐元相當於沒有其他收入的夫妻在設有經濟狀況審查的現行最低收入方案下，每人可以領到的補助，約為單身人士可以領到的補助之七〇%。這種水準的基本收入（加上必須以個人所得稅為財源的其他公共支出）估計要靠五六．五%的均一稅率支持，高於現行的最高邊際稅率五二%。以約當全職工作為基礎，該模型預測整體就業量減少五．三%；至少有一名未成年孩子、與伴侶住在一起的女性，就業量降幅可能高達一七．七%。這項模擬利用一段低失業時期（二〇〇六－二〇〇九年）的數據，假設就業量完全由市場供給面決定，而且明確地忽略物價和工資可能受到的影響。

22 例如上述的荷蘭研究（Jongen et al. 2014, 2015）預測至少有一名未成年孩子、與伴侶住在一起的女性就業量跌幅特別大。因為這反映她們享有更多選擇，就業量下跌是她們的議價能力增強的一種主要表現，是我們樂見的結果。我們期望和可預期的一種次要作用，是相關工作的薪資增加，而這將縮減勞動力供給預期中的跌幅；這種

8 參見www.mein-grundeinkommen.de，該計畫的介紹參見www.zeit.de/wirtschaft/2014-09/bedingungsloses-grundeinkommen-crowdfunding-bohmeyer。截至二〇一六年六月，該計畫已為四十筆年度基本收入提供資金。二〇一六年，舊金山也有人推出類似的群眾集資計畫。參見http://mybasicincome.org/。

9 因應相關捐款的變化，給付金額後來減少了，而且也不再定期支付。這項研究並未系統性地觀察對照組的情況。有關該計畫的介紹和發起人的評估，參見Haarmann and Haarmann 2007, 2012；相關批評見Osterkamp 2013a, 2013b；資料更新見http://allafrica.com/stories/201407170971。

10 有關這項實驗的具體設計，參見Davala et al. 2015: 31–48。

11 在納米比亞和印度的例子中，因為相關村莊非常窮，基本收入所需要的資金基本上必須由這些國家的其他地區提供。因此，在這些村莊，地方實驗的影響不會與實際引進基本收入非常不同。此外，因為這些實驗提供的基本收入相當微薄（即使以相對標準衡量也是），這些國家無疑是持續負擔得起（尤其是印度的例子），因為取消一些不當補助即可支應大部分成本（Standing 2014b, Davala et al. 2015: 206–8, Bardhan 2016）。

12 二〇一六年，美國慈善組織GiveDirectly宣布有意在肯亞做一項基本收入實驗。該組織考慮為肯亞數個村莊的六千名居民每月提供約三十美元（相當肯亞二〇一五年人均GDP約二五％），為期逾十年。參見Faye and Niehaus 2016和https://givedirectly.org/basic-income。實驗如果真能做這麼久，將能提高其參考價值，但無法改善其他問題，尤其是對在富裕國家引進基本收入的參考價值。

13 實驗設計和主要結果的具體介紹，可參考Whiteford 1981、Burtless 1986、Greenberg and Shroder 2004、Widerquist 2005和Levine et al. 2005。所有實驗均由公共機構出資，大學為主要參與者。實驗支出的最大一部分為研究和行政成本，而非移轉支付本身。例如在紐澤西和賓州的實驗中，研究和行政成本占總成本約七〇％（Kershaw and Fair 1976: 18）。

14 有關紐澤西實驗，特別值得參考的資料包括Skidmore 1975、Pechman and Timpane 1975、Kershaw and Fair 1976和Rossi and Lyall 1976。

15 參見Forget 2011, Calnitsky and Latner 2015, Calnitsky 2016. Calnitsky and Latner (2015) 利用「差異中的差異」模型，估計一一．三％的勞動市場參與減幅約七〇％是拜個人層面的機制所賜，三〇％可歸因於社區效果。另一個實驗同一時間於曼尼托巴省首府溫尼伯進行，利用低收入家庭的一個分散樣本。兩個實驗均由加拿大聯邦與省政府共同出資。因為當局對實驗的興趣日減，它們在原定期限之前便已終止。溫尼伯實驗的結果要等到一九九〇年代才有人去分析（Hum and Simpson 1991, 1993, 2001），多芬實驗的結果甚至是更久之後才有人去分析（Forget 2011）。

16 基準（用來估計補助方案作用的比較基礎）的重要性，因為紐澤西和賓州實驗期間的一項制度變化而突顯出來。實驗的最初設計是樣本中的多數家庭並不符合接受撫養兒童家庭援助（AFDC）的資格；這些家庭的戶主為年齡介於十八至五十八歲、身體健全的男性。但是，一九六九年，在實驗開始三個月後，紐澤西州引進新法規，使許多這種家庭變得符合資格接受AFDC的援助。因此，此後實驗所檢視的（比較實驗樣本與對照組的情況），不再是負所得稅補助相對於幾乎沒有補助的差別，而是負所得稅補助相對於AFDC援助的差別（假設新法規成功執行）。參見Rossi and Lyall 1976: 75–83和Whiteford 1981: 55。

17 西雅圖和丹佛實驗是主要的例外：在該實驗中，有些家庭可以接受轉移支付長達九年。Moffit and Kehrer (1981: 110–12) 推測，如果方案是永久的，所得效果會強一些（如

75 Mirrlees 1971.

76 最明確的說法參見William Jackson 1999，以及主張提供零星基本收入做為「民享量化寬鬆」(quantitative easing for the people）背後的論點（第六章將討論）。

77 例如可參見Johnson 1973, Arnsperger 2011, Arnsperger and Johnson 2011或Mylondo 2010, 2012.

78 Easterlin 1974, 2010.

79 Durkheim 1893/2007: 247.

80 Durkheim 1893/2007: 250–251.

第六章

1 英國的提案參見Parker 1989和Torry 2016，愛爾蘭見Reynolds and Healy 1995，比利時見Gilain and Van Parijs 1996和Defeyt 2016，法國見de Basquiat and Koenig 2014和Hyafil and Laurentjoye 2016，西班牙見Arcarons et al. 2014，盧森堡見Bouchet 2015，葡萄牙見Teixeira 2015，加拿大見Boadway et al. 2016。在多數案例中，基本收入的財源安排為一般所得稅安排的一部分。但某些案例比較特別，例如Helmut Pelzer (1996) 提出的德國Ulm模式以一種指定用途的比例稅為財源，其課稅的所得基礎廣於個人所得稅。

2 一項利用一九九二年比利時數據的微型具體模擬作業顯示（Gilain and Van Parijs 1996），如果基本收入設為每月二百歐元（相當於當時比利時人均GDP的一三%），取消金額低於基本收入的社會給付和高額社會給付當中金額不超過基本收入的部分，即可支應基本收入四〇%的成本。在免稅所得平均為每月四百歐元（包括家庭中成年子女的免稅額）、約一半的成年人口充分受惠於此一免稅額的情況下，對這部分所得課二五%的所得稅，將可支應基本收入成本的四分之一左右；若課五〇%的稅，則可支應約一半的成本——在此情況下，加上約四〇%的「自籌資金」，基本收入的總成本將只有一〇%（相當於一・二五%的GDP）必須靠額外的稅收支應。

3 Piketty and Saez 2012: Figure 1.

4 二〇一四年的數據，資料來源：http://ec.europa.eu/eurostat/web/sector-accounts/data/annual-data

5 已經有人勇敢地嘗試估計整個所得稅基礎的稅收彈性（tax elasticity），結果多數介於〇・一至〇・四之間。Piketty and Saez (2012: section 3.2) 利用他們認為合理的中間估計值〇・二五，認為如果只考慮線性稅，八〇%的均一稅率（若是非線性稅，平均稅率將更高）將能可持續地支持稅收最大化，進而支持基本收入最大化（假設其他公共支出保持某一水準）。當然，前述有關計量經濟分析的警告在此也適用，尤其是針對推斷至不同時間和地方的分析。如Piketty and Saez (2012: 4.1.3) 指出，可長久持續的稅收容易受跨國遷移的情況影響。隨著世界市場日益一體化，人口遷移的稅收彈性應會上升——也就是說，跨國人口遷移將對國際間的稅率差異變得更敏感，稅基的稅收彈性將因此上升，最高的可持續稅收將下跌。我們將在第八章討論因此產生的難題。

6 在迄今有關基本收入的最大規模調查中（見第七章），具代表性的一萬名歐洲人二〇一六年四月被問到如果獲發一種「足以滿足所有基本需求」的收入（「無論他們是否有工作，無論他們是否有其他收入來源」），他們將會怎麼做，結果只有七%的人表示將「減少工作」(https://daliaresearch.com/)。

7 Marx and Peters (2004, 2006) 訪問那些每月領取前一個金額的幸運兒，嘗試拿他們的勞動市場行為與對照組（由沒得獎的彩券購買者組成）比較。

「可切實視為一種生產要素，因此產生分享產出的正當權利。」因此，「國家事實上可以利用其強制力迫使某些人幫助其他人，因為在我們已界定的範圍內，國家對這些人的勞動成果有貢獻。」(Kearl 1977: 81) Michael Davis (1987: 593) 有類似的說法：「特定限度內的課稅不過是將政府所生產的還給政府（或還給政府等值的金錢）。拒絕繳稅不是留住屬於你的東西，而是扣住屬於別人的東西。課稅不是盜竊，拒絕繳稅才是。」Yanis Varoufakis (2016) 提議以「共有資本儲蓄」(Commons Capital Depository) 支持一種全民基本紅利，其論點基本上也是基於這種道德基礎。這種觀點只要是基於某種生產者（或創造者、守護者）權利（因此特別適合用來回應自由至上主義者），便與自由平等主義的贈予平等化觀點相容，但兩者也有關鍵差異。我們收入中所含的贈與，很大程度上有賴政府目前提供的制度框架，但也有賴自然條件和創新與資本積累的漫長歷史，甚至有賴我們個人生活中的隨機事件。

64 Zwolinski 2013, 2011, 2014. 佐林斯基（Zwolinski 2013）呼籲採行基本收入時，訴諸海耶克的權威；他引用海耶克說明收入保障為何是「自由社會」必要措施的論點（見第四章）。有關自由意志主義與基本收入，也請參考 Griffith 2015。

65 馬克思筆下富含道德意味的「剝削」一詞，是借用自「烏托邦社會主義者」聖西門（Ansart 1984: 34）。在《資本論》中，馬克思（Marx 1867/1962: ch. 7 section 1）使用「剝削率」(Exploitationsgrad) 一詞，意思等同「剩餘價值率」(Mehrwertrate)，但他也以較不中性的方式（Marx 1867/1962: ch. 24 section 1）使用聖西門「人剝削人」(Ausbeutung des Menschen durch den Menschen) 的說法。

66 有關這種對比可參見 Howard 2005: 127–134，有關馬克思主義與基本收入關係的全面討論可參見 Howard 2015b: sections 3–4。

67 Marx 1875/1962.

68 有人提出反對意見（例如 Raes 1985 and 1988/2013），認為這種說法是基於對馬克思主義取徑的嚴重誤解：它以分配模式為焦點，而馬克思則是堅持要改變生產模式，也就是改變規範生產工具的產權關係。後一點是正確的。但在這種意義下，改變生產模式本身不是目的，只是一種促進生產力發展的手段，其目的是為共產主義社會（這種社會不需有償勞動便能滿足所有人的物質需求）創造經濟上的先決條件。在此我們並不回答以下問題：是否有某種可行的社會主義形式能以相當高的無條件基本收入，更妥善確保這種社會得以長久存續？重點是：在手段與目的的層次結構中，後者比前者更加根本。此外，如我們已一再強調的，引進無條件基本收入遠非只是改變所得分配。它實際上是改變經濟力量的分配，因此在生產模式中被視為涉及工作的本質、素質和分配。

69 有關這種「通往共產主義的資本主義道路」之說明和討論，參見 Van Parijs 1985 和 van der Veen and Van Parijs 1986a, 1986b, and 2006。

70 某些形式的非金錢報酬（例如較為舒適的工作環境）可視為降低勞動異化的程度，另一些形式（例如公司提供的公務車或豐富的商務午餐）則應視為不會被課到稅的物質報酬，必須納入人均總所得 Y' 中。

71 例如可參見 Glyn and Miliband eds. 1994, Wilkinson and Pickett 2009, Stiglitz 2012.

72 基本收入的某些倡導者非常明確地這麼做。例如 Mark Walker (2016: 142) 便宣稱基本收入「將提高總合效用」，而且必須基於一種效益主義提供論據；這種效益主義「認為個人和社會的正確行動方案，是能達致最大整體幸福的那個方案」(Walker 2016: 119)。

73 Pigou 1920/1932: 761.

74 Pigou 1920/1932: 730.

sum taxes)，因為要辨明各人的天賦才能並評估其價值實際上相當困難（Dworkin 1981: 325–326, 2002: 126–129）。

49 參見Dworkin 2000: 330–331, 2006: 104. 上一節的陳述應已清楚顯示，此一批評對羅爾斯不太公平，原因有二。首先，它忽略了羅爾斯正是因應這種批評，提議將閒暇納入社經條件指數中。第二，它犯了一項常見的錯誤，認為應用差異原則是看個人的社經條件指數，而非各社會位置的指數終身預期值。

50 Dworkin 1983: 208.

51 Steensland 2008: 139.

52 Dworkin 2000: 329.

53 Sen 2009.

54 Barry 1992, 1996a, 1996b.

55 Barry 1994, 1997, 2000, 2005: 209–14.

56 類似的簡化圖像支持許多其他理論，例如Hal Varian (1975/1979) 以平等的賺錢能力為收入公平的概念，Bruce Ackerman (1980) 理解為分配正義原則的非優勢多樣論（Van Parijs 1995: chapter 3），Thomas Piketty (1994) 的最大平等自由論，Richard Arneson (1989, 1991) 的福利平等機會論，以及羅爾斯（Rawls 1971: section 17）檢視並否定的補償原則（principle of redress）。

57 如我們已指出，羅爾斯本人提出的方案偏向反休閒。而另一方面，他也不接受福利主義方案（將收入與閒暇併入某種可用來比較各人情況的效用中）。此外，羅爾斯（Rawls 1974: 253）早就認識到，閒暇的概念本身就「需要澄清」。（替嬰兒換尿片算休閒嗎？幫助孩子完成作業算嗎？睡前講故事給孩子聽呢？帶他們去騎腳踏車呢？界線在哪裡？）

58 Pettit 1999.

59 參見Raventos 1999, 2007, Casassas 2007, Casassas and Birnbaum 2008, Birnbaum 2012. 亦請參考Karl Widerquist (2011, 2013) 的「有效控制自我所有權」(effective control self-ownership)，也就是「接受或拒絕與其他有意願者積極合作的有效力量」；以及Jenkins (2014) 替基本收入的辯解，其觀點受Iris Marion Young對分配正義以收入為焦點的批判啟發。

60 先到先得論可參考Murray Rothbard (1982: 48–50)，洛克但書可參考Robert Nozick (1974: 178–9)。Nozick在此脈絡下提到傅立葉替補償性最低收入保障辯護的說法（見第四章），但他指出，私人占有土地產生的間接好處足夠大，因此實際上幾乎沒有什麼需要補償。

61 如第四章所解釋，這種以人人有權利平分土地價值為理由，支持無條件基本賦予或基本收入的說法，可追溯至潘恩（Paine 1796/1974）、史賓斯（Spence 1797/2004）和沙利耶（Charlier 1848）。左派自由至上主義者如Hillel Steiner (1992, 1994) 和Michael Otsuka (2003) 使這種說法重新流行起來。相關文集見Vallentyne and Steiner eds. 2000a and 2000b。

62 參見Steiner 1992: 83–86與Steiner 1994: Epilogue。進一步的討論參見Otsuka 2003: 35–9。如第四章提到，沙利耶（Charlier 1848）提出一種將繼承而來的建築物逐漸充公、併入公有土地的方案：新大樓只有一半的權益可留給繼承人，後者也只能將一半的權益留給繼承人，而餘下的四分之一權益只能再繼承一次，然後整棟大樓將與土地一起成為集體所有的財產。

63 一種較為基進的措施令人想起康德的論點（見第三章），它忠於一種歷史權利框架，但不再能說是屬於自由至上主義。James Kearl (1977: 79) 認為私有財產權之集體界定

36 參見Rawls 1988: 257; 1993: 181–2; 2001: 179. 羅爾斯早年曾比較含糊地提出同一想法（Rawls 1974: 253），他是回應Richard Musgrave的指控（Musgrave 1974）；Musgrave指羅爾斯有一種反自由偏見（illiberal bias），傾向支持修道者的冥想活動，願意為此犧牲顧問賺錢的活動。

37 Van Parijs 1988忽略了此一差別的重要性和它對我們替無條件基本收入辯解的意義；Van Parijs 2002: section II解釋了這一點。

38 Rawls 1971: 98.

39 Rawls 1971: 96. 注意，羅爾斯偶爾將社會位置稱為「起點」（starting places；Rawls 1971: 96）或「所謂的起點」（Rawls 1971: 100）。但是，要理解羅爾斯的公平的機會平等原則（各人有公平的機會競逐吸引力不一的社會位置），社會位置不能界定為一個人成長時所屬的社會階級，而是必須界定為個人進入的職位類別。

40 Rawls 1971: 102. 也參見Rawls 1988: 258–9：「最弱勢者的定義非常粗略，也就是根據三種主要偶然因素衡量條件最差的人，包括家庭和階級背景較差的人，天資較差的人，以及運氣較差的人。」

41 White (2015) 認為基本賦予（見第二章）是比基本收入更適合用來達到「財產所有民主制」的一種方法。因此，如果採行基本收入方案，政府應容許民眾將他們的（部分）基本收入轉化為一次性的「基本資本」。

42 羅爾斯在他的最後一本書中寫道（Rawls 1999: 50），「社會藉由一般或地方政府或其他社會與經濟政策擔當終極雇主」，是「為了正確的理由達致穩定」的要求之一。該書此處原本有一個腳注（出版時被刪掉），當中提到「菲爾普斯獎勵工作的構想」。羅爾斯晚年顯然傾向支持保證就業和菲爾普斯的工資補助方案（見第二章），而非無條件基本收入或負所得稅。

43 有關此一雙重準則，尤其值得參考的是Dworkin 1981: 311, 2000: 322–324, and 2006: 98, 103–104。偏好（或志向或抉擇）與環境（或稟賦或運氣）之區分絕非沒有問題，這一直是哲學辯論的一大題目。

44 Dworkin 1981: 276–277, 292–295. 鈍於稟賦這條件，是靠要求每個人假設人人都有相同的機率遇到純粹的好運或惡運。敏於志向這條件則要求人們為自己所做的抉擇（又或者是在那些假設的情況下可歸於他們的抉擇）承擔後果。

45 Dworkin 1981. 德沃金最初的構想利用一個海難寓言，假設倖存者人人獲發相同數量的貝殼，用來參加拍賣會競逐自己想要的資源。該構想似乎支持課徵一〇〇％的遺產稅和平分所得。不過，他謹慎擱置「麻煩的遺產問題」（Dworkin 1981: 334–335）。他後來表示（Dworkin 2000: 347–348）：「我們可以想像監護人替自己監護的人投保，以便他們不幸遇到只能給兒女很少資源，或只會留給兒女很少資源的父母時，可以得到賠償。」在他的最終構想中（Dworkin 2004: 353），德沃金提出「一種不同（而且我現在認為更好）的說法，視贈與和遺產稅為保費；根據這種不同的說法，這種稅並非針對贈送人課徵（如我的討論假定），而是針對贈與或遺產的接受者課徵。」這形同擴大假想的保險方案，將個人與非個人資源均納入其中。

46 Dworkin 2000: 345, 2006: 115–116.

47 Dworkin 1981: 277–279.

48 Dworkin 2000: 335–8. 亦參見Dworkin 1981: 325–326, 2002: 114. 在較早的構想中，德沃金較為樂觀地預期收入保障方案保證的收入水準不低於英國和美國的失業補助和最低工資（Dworkin 1981: 320）。為了納入一些溫和的家長作風考量和對付搭便車的行為，保證的收入可部分以實物提供，尤其是提供一組基本的健康照護服務（2002: 114–5）。方案將以一種累進的所得稅為財源，而非針對稟賦課徵差異化定額稅（lump-

（見第四章）。

27 此一觀點與馬克思「對資本主義生產之謎的揭露」普遍導致的道德立場截然不同。恩格斯（Engels 1880/2008: chapter 3）認為馬克思的這種揭露使他與烏托邦社會主義根本不同。恩格斯寫道，馬克思證明了「無償勞動的占有是資本主義生產方式和藉由這種生產方式剝削工人的基礎；即使資本家按照勞動力做為商品在市場上所具有的全部價值購買工人的勞動力，他從這種勞動力中榨取的價值仍比他為這種勞動力付出的多。」根據我們的看法，市場決定生產要素的報酬背後有待揭露的關鍵事實，不在於資本家占有工人創造的價值，而是資本家和工人均占有我們共同繼承自歷史的價值——勞資兩陣營占有的價值非常不平等，價值在兩陣營內部的分配也非常不平等。

28 Van Parijs (1991, 1995: chapter 4) 利用Akerlof (1982)、Shapiro and Stiglitz (1984) 等人發展出來所謂非自願失業的效率工資理論，做為說明我們的經濟體分配贈與的性質之起點。如果雇主支付超過必要水準的工資（也就是超過保留工資），員工將因為滿心感激（Akerlof）或恐懼（Shapiro and Stiglitz）而提升自身的生產力。因此直接產生的推論是：可以使利潤最大化的工資水準（因此也就是在均衡狀態下料將盛行的工資水準）將系統性地超過勞動市場結清的工資水準（也就是一個低到足以使勞動力供給不超過需求的工資水準）。換句話說，不同於標準「華拉」（Walrasian）模型（生產力對工資水準反應遲鈍）的預測，均衡狀態下可能出現非自願失業持續的情況。因此，即使在最完全競爭的情況下（資訊充分、進入和退出沒有成本、沒有規範工資的法規或集體談判權之類），個人與非個人資產完全相同的人看來也將得到非常不平等的贈與，其形式為勞動市場系統性產生的就業租（employment rents）。

29 這種簡化的世界圖像依賴於市場的普遍性，對此的進一步討論，Sturn and Dujmovits 2000和Van Parijs 2001: sections 3–4尤其值得參考。

30 因此，這種哲學上廣義的「自由」概念應與美國政治上的「自由」概念（自由至上主義者在哲學上屬自由派）和歐洲政治上的「自由」概念（社會主義者也可以是哲學上的自由派）明確區分開來。

31 Rawls 1971: sections 11–16, Rawls 2001: sections 14–18.

32 學者研究基本收入類型的改革會產生什麼影響時，有時會明確提到羅爾斯的「自尊的社會基礎」。例如Calnitsky (2016) 具體研究加拿大多芬市一九七〇年代的最低收入負所得稅實驗，便記錄了強勁的社會汙名作用。該實驗的一名受益人說：「我喜歡這項措施是因為它放過受益人：你從不會受到騷擾，或覺得自己必須卑躬屈膝才能得到了不起的一塊錢。」Calnitsky (2016: 64) 評論道：「羅爾斯『自尊的社會基礎』播下了種子。」

33 Rawls 1967: 41; Rawls 1971: 275.

34 參見Van Parijs 1988, Prats 1996, and Blais 1999.

35 Rawls 1988: 455 fn7. 有關馬里布衝浪者的說法，可追溯至一九八七年十一月；當時羅爾斯前往巴黎出席為《正義論》法文版出版而辦的會議，在一次長篇的早餐對談中提到馬里布衝浪者。羅爾斯當時反對以他的理論替無條件基本收入辯護，那是Van Parijs (1988) 在為了此次會議提交的文章中提出的。羅爾斯表示，他自己經過認真思考後，認為馬里布衝浪者無法正當地期望他們的生活方式獲得公帑資助。他在上文引用的腳注中重申此一觀點，該腳注是他在巴黎演講的書面稿中加入的。這篇講稿的修訂版後來成為《政治自由主義》（*Political Liberalism*）的一章。羅爾斯（Rawls 1993: 182 fn9）在那裡加了以下這個腳注：「此一簡短評論完全無意支持任何具體的社會政策，那需要審慎研究相關情況。」

純搭便車更糟）的指控有關，但基本答案如下：據稱寄生的人並沒有損害據稱受傷害的人，前者不過是從社會共同繼承的財富中取得自己合理的那一份，而且他們所取得的系統性地小於那些「受害者」所占有的。

16 家務工資國際運動（Dalla Costa and James 1975）在一九七〇年代率先提出這種方案，基於哲學替該方案辯護的說法參見Krebs 2000。

17 Michel Bauwens and Rogier De Langhe (2015) 提出此一論點的另一個版本：「即使它是無條件的，基本收入並非『白付錢』，而是對參與集體的一種補償。」因此，「呼籲引進基本收入不是呼籲引進另一種社會保障，而是呼籲引進公民社會的另一種籌措資金方式。」它反映「我們的一種新自信，以及我們自我組織的新方法。」

18 為了替基本收入提出支持論據而訴諸分配正義觀念，與聲稱領取基本收入的權利是一種人權大不相同。後者混淆了得到收入的一種無條件權利與得到一種無條件收入的權利。假設我們可以根據某種人權倫理理論或國際公法，宣稱人有獲得足以滿足基本人性需求、脫貧或過有尊嚴生活的權利。但這不能自動推出以下結論：我們必須經由劃一的個人現金給付，不需要審查經濟狀況也不要求受益人工作，確保每個家庭都得到足夠的收入。我們不應拋棄人權修辭，因為它在政治上往往有效，但它不能代替認真的哲學辯護。

19 有關這種觀念和利用它替基本收入提供論據的涵義，參見Van Parijs 1995，對此的批判檢視則參見Krebs ed. 2000, Reeve and Williams eds. 2003, van Donselaar 2009, Birnbaum 2012。

20 這種無知之幕（veil of ignorance）之後的選擇符合Daniels 1985或Dworkin 2000: ch. 8倡導的精神，可提供處理與各種障礙相關的不平等的較佳方法——這是相對於非優勢多樣（undominated diversity）標準而言；Van Parijs 1995: chapter 3 說明這種標準如何做為無條件現金基本收入最大化的先驗約束，並替它辯護。不過，無知之幕產生類似的政策涵義，包括在無條件收入無法使所有人脫貧的情況下，適合提供嚴格而言並非個人、人人有份或義務全免的針對性移轉支付。（有關財富條件的討論，參見Van Parijs 1995: 86–87。）

21 Bellamy 1888/1983: 82–83.

22 Cole 1944: 144.

23 Simon 2001: 35–36.

24 西蒙（Simon 2001: 36）曾說：「在美國，七〇％的均一稅將能支持所有政府計畫（約占一半的總稅收），而餘款足以向每一位居民每年支付約八千美元的祖產（patrimony），又或者三人家庭每年可得到二萬五千美元。」在寫給基本收入歐洲網絡的一封信中，西蒙（Simon 1998: 8）除了提出他的基本見解外，還補充道：「當然，我並非天真到認為我的七〇％均一稅構想目前在美國是政治上可行的，但展望未來，我們先找到答案回應那些認為自己有牢固的道德權利保留自己『賺取』的所有財富的人，則絕不會太早。」

25 除了貝拉米、柯爾和西蒙外，Marie-Louise Duboin (1988)、Gar Alperovitz (1994)和Ronald Dore (2001) 也強調基本收入做為共同遺產之分配的概念。在所有情況下，選擇在多大規模上分配我們「共同」繼承的遺產，顯然都是關鍵決定。我們暫不討論這問題，但在本書最後一章將明確處理。

26 我們在這裡所辯護的觀點，可視為要求平均分配死者遺產（或遺產中屬死者自己繼承的那一部分）的倡議的一種基進延伸；François Huet (1853: 263–75)、Eugenio Rignano (1919)和Robert Nozick (1989: 30–33) 均曾替這種倡議辯護。這種觀點也可視為潘恩、史賓斯和沙利耶觀點（所有人皆在地租中占有相等的一份）的一種基進延伸

社會共有資源為標準。」

5 高茲替與社會服務掛鉤的基本收入辯護的說法，參見Gorz 1980, 1983, 1985, 1988和1992；高茲替無條件基本收入辯護的說法，參見Gorz 1997。有關高茲轉向支付義務全免的基本收入，參見Van Parijs 2009。

6 Gorz 1984: 16.

7 有關基本收入與相互性的關係，進一步的討論參見White 1996, 1997, 2003a, 2003b, Van Parijs 1997, Widerquist 1999, van Donselaar 2009, 2015。搭便車指控涉及的相互性，與羅爾斯廣義得多的「相互性判準」(criterion of reciprocity）有關鍵差異；羅爾斯表示，任何一套可接受的正義原則，都必須滿足相互性判準（Rawls 1999: 14）。這種判準要求合作條件必須合理，是所有人做為自由和平等的人都可以接受的；合作條件不能只是因為人們承受壓力或受到操縱而接受。下一節將提出的所有人享有真正自由的正義觀念，是為滿足此一廣義的判準，它同時否定為了本節的討論而提出的基於相互性的正義觀念。

8 這對威夫斯（Vives 1526/2010: 81）也不是問題，他認為東羅馬帝國皇帝查士丁尼立法「禁止任何人賦閒」是好事。某些國家的憲法也含有類似宣言，但不足以防止雙重標準。例如日本憲法第二十七條便聲稱「全體國民都有勞動的權利與義務」（Yamamori and Vanderborght 2014: 4–5）。義大利憲法第一條寫得更費解，它指「義大利是以勞動為基礎的民主共和國」。

9 Russell 1932/1976: 17.

10 Galbraith 1999b.

11 高伯瑞站在這種立場的更多相關評論，可在第四章找到。此外，窮人承擔工作義務只有在一種情況下是可接受的：他們真的有可能找到工作。提供一種人人有份的收入，或第二章討論的相關方案，對此應有幫助。不過，只有政府做為終極雇主（employer of last resort）可以提供一種真正的工作權利，而在我們看來，這會面對第二章討論的關鍵反對理由。

12 喀爾文派（Calvinist）阿姆斯特丹自由大學教授凱伯（Kuiper 1977: 511，見第四章）呼籲引進無條件基本收入，他指這如同呼籲使人們「在生產與生殖領域，對於自己可以做何貢獻享有相同的選擇自由」。他檢視人們對其基本收入提議的反應時表示（Kuiper 1982: 279）:「許多批評的情緒化程度令人印象深刻……反對意見之激烈，令人想起性行為與生殖脫鉤引起的爭議。」

13 職業與性道德觀之間的另一種類比，不受此一趨勢影響。亂倫禁忌的一種經典解釋（Lévi-Strauss 1967: chapter IV），是這迫使個人離開近親的小圈子，因此有助強化社會凝聚。求職的義務也可以說是有類似功能。

14 有時會有人說，不再要求人們工作會使失業者覺得社會不需要他們的勞動。確實如此。但我們真的可以矇騙失業者，使他們相信他們每個人的貢獻都不可或缺嗎？組織我們的社會、使所有人盡可能得以從事他們喜歡和擅長的有益活動，是非常重要的，而我們主張引進基本收入，恰恰是認為這有助達成此一目標（見第一章）。但從協助人們對社會有所貢獻跳到強制要求人人做出據稱不可或缺的貢獻，是毫無道理的。

15 這個類比有其限制。非生產者受惠於現今生產者的活動，而且損害後者的利益，因為後者可以占有的剩餘因前者的存在而縮減。相對之下，雖然非生殖者（因自身養老金得以持續、文明得以延續、遊樂場中歡樂處處）受惠於生殖者的活動（生育和教育），後者的利益比較可能不受損。這是種不對稱的情況，有時反映在寄生與純粹搭便車間的差異上（Gauthier 1986, van Donselaar 2009）。本節提出的各點與寄生（比單組織最初的核心成員為社會學家Bill Jordan、經濟學家Anne Miller，以及保守黨國會議員Brandon Rhys-Williams的助理Hermione Parker（1928–2007）；Brandon Rhys-Williams是Juliet Rhys-Williams的兒子，曾提出首個歐洲層面的最低收入方案（見第八章）。英國基本收入辯論的歷史可參見Torry 2012。在荷蘭，一九八七年出現了一個基本收入網絡，以Stichting Werkplaats Basisinkomen為名，一九九一年更名為Vereniging Basisinkomen。其他國家則必須等到一九九〇年代或更晚：到那時候，國際網絡BIEN的發展刺激各國建立全國基本收入網絡，後來二〇一三年歐洲公民倡議（European Citizen's Initiative）也刺激了相關發展（見第七章）。

119 傅立葉團體在社會學家Paul-Marie Boulanger、經濟學家Philippe Defeyt和哲學家Philippe Van Parijs的協調下，出版了一期*La Revue Nouvelle*特刊（Collectif Charles Fourier 1985）——這是早被遺忘的沙利耶（Joseph Charlier）以來首份專門討論基本收入的法文刊物。該刊物的內容包括分析基本收入如何影響未來的工作，一九八四年十一月獲博杜安國王基金會（King Baudouin Foundation）的獎勵，而傅立葉團體利用這筆獎金舉辦了創立BIEN的那次會議。新魯汶會議的參與者包括來自德國的Claus Offe；來自義大利的Edwin Morley-Fletcher；來自英國的Peter Ashby、Bill Jordan、Anne Miller、Hermione Parker和Guy Standing；來自法國的Yoland Bresson和Marie-Louise Duboin；來自奧地利的Georg Vobruba；來自北歐國家的Gunnar Adler-Karlsson、Jan-Otto Anderson和Niels Meyer；來自荷蘭的Alexander de Roo、Nic Douben、Greetje Lubbi和Robert van der Veen；以及來自比利時的Koen Raes、Gérard Roland和Walter Van Trier。

120 截至二〇一六年，BIEN接受了超過二十五個國家和區域網絡做為成員組織，國家網絡名單參見www.basic income.org。基本收入歐洲網絡兩年一度的大會舉行地點如下：魯汶大學（比利時新魯汶，一九八六年九月）、安特衛普大學（比利時，一九八八年九月）、歐洲大學學院（義大利佛羅倫斯，一九九〇年九月）、巴黎馬恩河谷大學（法國，一九九二年九月）、倫敦大學金匠學院（英國，一九九四年九月）、聯合國中心（奧地利維也納，一九九六年九月）、阿姆斯特丹大學（荷蘭，一九九八年九月）、柏林社會科學中心（德國，二〇〇〇年十月）、國際勞工組織辦事處（瑞士日內瓦，二〇〇二年九月），以及世界文化論壇（西班牙巴塞隆納，二〇〇四年九月）。基本收入全球網絡的大會舉行地點如下：開普敦大學（南非，二〇〇六年十一月）、都柏林大學學院（愛爾蘭，二〇〇八年六月）、聖保羅大學（巴西，二〇一〇年七月）、Wolf-Ferrari Haus（德國奧托布倫，二〇一二年九月）、麥基爾大學（加拿大蒙特婁，二〇一四年六月），以及西江大學（韓國首爾，二〇一六年七月）。

第五章

1 Elster 1986: 719.

2 社會學家Alain Caillé（見Caillé 1987, 1994, 1996）與社會科學反對功利主義運動（MAUSS）呼籲以一種義務全免的收入取代需要審查經濟狀況的福利（這種救助會扼殺自發的相互性）時強調這一點。

3 引言分別取自宣言第一、三、五條。

4 有兩位作者的文章看來大致上支持某種無條件基本收入，但連他們有時也表達類似立場，只是較為溫和（見第四章）。羅素（Russell 1932/1976: 22–23）便曾表示：「一個人每天工作四小時，便應該可以得到生活必需品和使生活基本舒適的東西，而他的其他時間，應留給他自由運用。」柯爾（Cole 1935: 264）則說：「為了享有領取社會紅利的權利，身體健全的公民將必須準備好投入勞動，勞動量以足夠支持他分享如果接受一份工資與福利給付相若的工作，將必須放棄他領取的所有福利。他的額外收入實際上必須納一〇〇%的稅。在這種情況下，一般人都會想：為什麼要工作呢？麥高文的新方案可以確保工作的人總是可以比不工作的人享有更多收入。」

95 McGovern 1977: 226.

96 McGovern 1977: 227. 亦參見Galbraith 1975: 151：「傅利曼教授提出保證窮人收入的方案時，人們視之為創意想像的結果（相當正確）。共和黨人的政府將方案提交國會，人們視之為穩健政治家精神的標誌。競選總統的麥高文提出一個非常相似、慷慨一些的方案，保守派則批評它是財政瘋子的白日夢。」

97 Burtless 1990提供了資料豐富的敘述。

98 第七章談到有關基本收入的女性主義議論時，將討論這一點。

99 Steensland 2008: 215引述。

100 一九七一年，加拿大聯邦參議院發表《Croll報告》，建議引進負所得稅制度，最高補助設在貧窮線的七〇%。在魁北克，一九七一年公布的《Castonguay-Nepveu報告》建議建立一種「一般社會補助制度」，類似尼克森的家庭救助計畫。不過，加拿大最廣泛討論的保證收入提案，則是出現在多年之後（一九八六年）經濟聯合與發展前景皇家委員會發表的《Macdonald報告》中。該報告建議的「全民收入保障方案」包含負所得稅和相當節制的「全民式補助」，但受政治立場不一的各陣營猛烈批評，從不曾付諸實踐。有關加拿大相關辯論的歷史，參見Mulvale and Vanderborght 2012。

101 在澳洲，保守的McMahon政府一九七二年設立Henderson委員會，該委員會一九七五年四月提出具體的方案，建議「為所有公民提供一系列的保證最低收入給付，金額足以使民眾很難陷入貧困」（Australian Government Commission of Inquiry into Poverty 1975: 73）。但是，該方案從不曾獲國會採納（參見Tomlinson 2012）。

102 有關阿拉斯加永久基金的起源、發展和潛在傳播，參見Hammond 1994、Goldsmith 2005和Widerquist and Howard eds. 2012a and 2012b。一九八二年以來的分紅金額，可在該基金的網站上找到：https://pfd.alaska.gov/Division-Info/Summary-of-Applications-and-Payments。

103 Hammond 1994: 251.

104 Hammond 1994: 253.

105 Hammond 1994: 254.

106 Stoffaës 1974.

107 Stoleru 1974a.

108 Greffe 1978: 279, 286.

109 Foucault 1979/2008: 205.

110 Foucault 1979/2008: 207.

111 Jordan 1973. 亦參見他隨後的相關著作（Jordan 1976, 1987, 1996）。

112 Kuiper 1975, 1976, 1977.

113 Meyer, Petersen, and Sorensen 1978.

114 替政府政策科學研究所提案辯護的說法可參見Dekkers and Nooteboom 1988，有關該報告引發的討論之概覽可參見Groot and van der Veen 2000: 201–206。隨後三十年間，基本收入議題在荷蘭一再重現（見第七章），但不曾達到一九八五年的熱烈程度。

115 Lubbers 1985: 23.

116 Balkenende 1985: 482.

117 Lubbers 1985: 29.

118 基本收入研究組一九九八年更名為「公民收入信託」（Citizen's Income Trust）。該

78 「全民式補助的必要特徵，是支付給可能符合資格的群體中所有的家庭，無論他們收入如何。」（Tobin et al. 1967: 161 fn 4）在一九六〇年代，「全民式補助」（demogrant）被普遍用來指「支付給超過或低於某年齡的所有人的一種補助；可能除了受益人必須居於國家境內外，再無其他資格條件。」（Burns 1965: 132）該詞先被用來指建議提供全民兒童補助的提案，然後是建議提供全民養老金的提案。在一九七〇年代，它開始被用來指麥高文（George McGovern）的提案以及其他類似方案。

79 Galbraith 1958: 329–30.

80 Galbraith 1966: 21.

81 Galbraith 1969: 264.

82 Galbraith 1969: 243. 這一章一九五八年的版本主要是討論「週期調整給付」（cyclically graduated compensation），也就是一種失業補助，隨失業人口增減而增減（Galbraith 1958: 298–305）。一九六九年的版本已不見此一提案的蹤影。

83 Galbraith 1999a/2001: 312. 高伯瑞（Galbraith 1999b）同年接受《洛杉磯時報》訪問時這麼說：「我早就相信像美國這樣的富有國家必須保證人人都能得到一種基本收入。這是我們負擔得起的，而且將大大促進社會安定。有人會說，這會導致某些人逃避工作，但我們必須謹記一點：休閒是很奇特的東西。人們普遍認為有錢人休閒非常好，哈佛教授休閒相當好，但窮人休閒則很不好。你愈富有，人們認為你愈有權利休閒。大家認為接受福利救濟的人，休閒一定是壞事。對此問題，我已準備好持一種較為寬容的態度。」

84 《紐約時報》一九六八年五月二十七日的報導以「經濟學家敦促保證民眾收入」（Economists Urge Assured Income）為標題。傅利曼並未支持這項請願。以下是托賓的說法（Tobin 2001）：「請願書由麻省理工一名年輕助理教授草擬和傳布，他曾是我在耶魯時的學生……我認為這項行動是成功的。但傅利曼並未加入聯署。這令人失望，因為我們原本希望這個提案可以得到非政治、非意識形態性質的廣泛支持。這也證實了我之前的懷疑：傅利曼其實並不熱心支持負所得稅。」傅利曼這麼解釋（Friedman 2000）：「如今事隔超過三十年，我完全不記得當年我為什麼拒絕聯署。不過，一般來說，我總是不大願意支持這種聯署請願。我比較喜歡以自己的名義發言或請願。也很可能是我對當年那份請願書的某些字眼有意見。」

85 參見Steensland 2008: 58。亦參見NWRO領袖Wade Rathke的個人敘述（Rathke 2001: 39）。

86 King 1967: 162–164.

87 Johnson 1968.

88 參見Heineman 1969, chapter 5: 57, 59.

89 Steensland 2008: 139.

90 Nixon 1969.

91 詳情參見Moynihan 1973、Lenkowsky 1986、Steensland 2008和Caputo 2012。

92 麥高文的提案一九七二年五月發表於《紐約書評》，由經濟學家Wassily Leontief撰寫前言（McGovern 1972）。

93 有關此事，尤其值得參考的是Steensland 2008: 174–176。

94 高伯瑞寫道（Galbraith 1972: 27）：「尼克森先生無法有效地攻擊保證最低收入的原則；他自己也提出這樣一個方案，這一點值得大大表揚。他將以這一點攻擊麥高文：麥高文極力主張最低收入提高至合理的水準，不但能保護失業的家庭，還能保護那些自然成為剝削對象的勞動市場弱勢者。必須注意的是，麥高文的方案提供了所有現行福利措施均欠缺的一種作用：它能鼓勵受益人自願投入工作。當前的福利受益人休者和失能者的社會保險，以及需要審查經濟狀況的輔助性補助。

54 Wachtel 1955: vii–viii, 101–2, 105–6引述。

55 Duboin 1932, 1998. 類似構想可見於法國「人格主義」運動的一些參與者（Charbonneau and Ellul 1935/1999）和Alexandre Marc (1972, 1988) 領導的「聯邦主義」運動。

56 Goodman and Goodman 1947/1960: 198.

57 Long 1934, 1935.

58 有關朗恩和他的分享財富運動，參見Brinkley 1981和Amenta et al. 1994。

59 Theobald 1961, 1963, 1967. 狄奧巴曾編輯一本有關「保證收入」的文集（Theobald ed. 1967），該書作者之一是加拿大媒體理論家麥克魯漢（Marshall McLuhan）。麥克魯漢在他那一章（McLuhan 1967: 205）表示，自動化「替個人創作者和藝術家向來瞭解的那種『閒暇』創造了空間，這是充分發揮個人能力造就的滿足的閒暇（leisure of fulfillment）。」他寫道，在這種脈絡下，「自動化造就的保證收入因此可理解為包含喜悅和滿足這個相當不可量化的因素，而這種喜悅和滿足源自個人在促成創造活動而組織的工作中自由和充分地展現自身的能力。」

60 Theobald 1967: 23.

61 Theobald 1966: 103.

62 Theobald 1963: 156. 例子參見Hazlitt 1968: 109和Friedman 1968: 112。狄奧巴似乎不擔心這種設計導致的貧窮陷阱（Theobald 1966: 101）：「雖然我們很可能必須設有工作誘因以確保國會通過法案，這種基於勞動所得的額外給付應保持在最低限度。」

63 Theobald 1966: 115.

64 Ad Hoc Committee 1964. 有關該報告及其影響，參見Steensland 2008: 42–44。

65 有關傅利曼的經濟自由理論和它與負所得稅的關係，參見Preiss 2015。

66 Friedman 1962: 191–192.

67 Friedman 1968: 115–16.

68 Friedman 1973a/1975: 30 and Friedman 1973b/1975: 199.

69 Friedman 1968: 117–8. 在《資本主義與自由》中，傅利曼（Friedman 1962:190–1）講得稍加明確。他指民間慈善事業「在許多方面是處理貧窮問題最可取的手段」，但也替政府減輕貧窮問題的行動辯護，理由是在人際關係不密切的社會裡，我們必須確定人人都這麼做，才會捐錢支持我們樂見的濟貧工作。

70 Friedman 1972/1975: 207.

71 Friedman 1973a/1975: 27.

72 Hayek 1944/1986: 89–90.

73 Hayek 1979: 55.

74 Hayek 1979: 141–2.

75 海耶克的好朋友波普得出相同的政策結論，但並未提出相同的原則性理由，有關制度設計則說得更含糊（Popper (1948/1963: 361)：「不要追求以政治手段創造幸福，而是要以消除具體的苦難為目標。或講得更務實一點：致力以直接手段消除貧困，例如確保每一個人都有最低限度的收入。」

76 托賓的方案是獨立於傅利曼方案開發出來的（Tobin 2001）：「一九六〇年代某個時候，我知道了傅利曼的方案，但我認為它有嚴重的局限，負所得稅率等於所得稅稅率等級最低水準，在我看來作用不大。」但托賓很可能受到其他方案啟發，例如Robert J. Lampman (1965) 的「負稅率」(negative rates taxation)；根據《紐約時報》一九九七年三月八日的報導，托賓指Lampman是「抗貧戰爭的知識建築師」。

77 Tobin 1965, 1968.

會信用黨」(Social Credit Party)。一九三五至一九七一年間,加拿大亞伯達省由一個社會信用政黨執政,但該黨一九四四年之後放棄其社會信用宗旨,自一九八〇年代初之後一直未能取得省議會席位(參見Bell 1993, Hesketh 1997)。一些社會信用政黨也活躍於加拿大其他省,包括卑詩省、安大略和魁北克。澳洲方面,道格拉斯本人一九三四年曾到當地公開活動,一九三〇年代出現小規模的「道格拉斯信用運動」,曾嘗試與工黨建立關係但未能成功(Berzins 1969)。紐西蘭一九三〇年代也曾出現社會信用運動,當時的批評者稱之為「雪崩」和「瘟疫」(Miller 1987: 20)。該運動一九五三年產生社會信用政治同盟(Social Credit Political League),至今仍以小型政黨的形式存在,名為社會信用民主黨(Democrats for Social Credit)。有關基本收入和社會信用理論,參見Heydorn 2014。

46 柯爾(Cole 1929: 199)這麼說:「我們可能得出支付『國家紅利』或『全民紅利』的結論;這兩個名詞已經有人使用,他們倡導在工作報酬之外,支付每一名公民一筆最低限度的收入,反映每個人在每年的社會產出中占有的一份。」

47 Cole 1929, 1935, 1953.「社會紅利」概念出現在一九三五年的著作中,「基本收入」則出現一九五三年的著作中。

48 Cole 1935: 235.

49 Cole 1935: 236. 注意,柯爾在三十頁之後提出受益人必須願意工作的條件(Cole 1935: 263–4):「但在新制度下,身體健全的人必須願意工作,才能收到社會紅利,而且若受益人證實不願意履行其公共服務義務,必須有辦法質疑他領取社會紅利的資格。……為了取得領取社會紅利的權利,身體健全的公民將必須準備工作到足以證明他分享社會共同繼承的資產是合理的。」讀者可能會想:如果不是為了提供經濟誘因,為什麼需要設下這個條件呢?估計是出於第五章將討論的相互(reciprocity)考量。不過,柯爾在他後來的社會紅利構想中似乎不再設此條件。

50 Meade 1935/1988, 1937, 1938, 1948, 1971.

51 Meade 1989, 1993, 1995.「社會紅利」的概念除了出現在柯爾和米德的著作中,差不多同一時間也出現在倫敦政經學院兩位教授Oskar Lange (1904–1965) 與Abba Lerner (1903–1982) 有關市場社會主義的著名討論中:Lange (1937: 143–4) 回應Lerner (1936) 的評論時表明,「社會紅利」(他指的是資本報酬,而資本在市場社會主義下是集體擁有的)必須理解為一種提供給全民的給付,與提撥無關(contribution-independent)。

52 參見Rhys-Williams 1943: 145–146. 她的方案雖然人人有份,但無疑並非義務全免(Sloman 2016):「每一位成年公民將與國家簽定契約,承諾將盡力工作——男性全職工作,單身女性和沒有孩子需要撫養的年輕寡婦則兼職工作——換取國家提供可以滿足生活需求的給付。不願簽定或履行社會契約的人,將沒有資格得到給付。」

53 如最終報告(Meade ed. 1978: 278–279, 294)指出,該委員會曾討論完整的社會紅利方案,紅利設為人均所得的四〇%,另加一五%支應其他支出。報告表示:「完整的社會紅利方案是有效的,也容易理解和執行,但基本稅率很可能將非常高,從而廣泛影響工作誘因,造成政治上的困難。」其結論是:「委員會認為,完整的社會紅利加上相當高的基本稅率不大可能吸引到足夠的政治支持,因此不值得進一步考慮。」該委員會接著考慮「修正式社會紅利」,同時對較低收入者額外課稅(如第六章所述)。此一方案遭否定,理由是「針對低收入者的高稅率可能嚴重損害工作誘因,並造成重大行政困難。」它因此比較詳細考慮「兩層式社會紅利」,也就是向所有家庭(無論貧富、無論是否就業)支付部分基本收入,相當於人均所得的二〇%,另加提供給非自願失業者、退休者和失能者的三〇%有條件給付。但是,委員會最終建議採行較無新意的「新貝弗里奇方案」:無條件家庭補助,加上針對非自願失業者、退題。我們現在不可能提供最低收入保障；因為工作令人厭惡，人們將直接陷入無所事事的狀態。這就是為什麼英格蘭的《濟貧法》一事無成，只是擴大了可怕的貧困現象。提供最低收入保障是自由的基礎，也是無產階級解放的保證。沒有最低收入保障就沒有自由。沒有產業吸引力就沒有最低收入保障。這是解放大眾的關鍵所在。」

33 彌爾在他死後出版的《論社會主義》（*On Socialism*）中有一段話同樣明確（Mill 1879/1987: 133）：「首先撥出一定分量的產出，滿足社群每一名成員的基本生活需求，無論他們是否有勞動能力，然後再將產出分給各群組，以各群組必須投入的勞動量決定分配比例。」在其《社會主義思想史》（*A History of Socialist Thought*）中，G. D. H. Cole (1953: 310) 確認這種解釋：「彌爾稱讚這種傅立葉主義：先為所有人提供一種基本收入，再將餘下的產出按比例分給資本、才能或責任，以及實際完成的工作。」

34 Mill 1870/1969: chapter VII.

35 在其著作《進步與貧困》（*Progress and Poverty;* 1879/1953）中，亨利．喬治主張既然土地是我們共有的財產，社會應針對土地的全部價值課稅，而所有生產活動則免稅。但是，他並未指明這種稅收應成為基本收入的財源。支付政府正當支出之後所剩的，「可以平分給社會中所有人，如果我們想這麼做的話。又或者我們可以利用這種共同財產，在每一名男孩成年時給他一筆小資本，給每一名女孩一筆嫁妝，每一名寡婦一份年金，每一名老年人一筆養老金」（George 1881: 64）。與日俱增的土地價值「顯然是滿足社會需求的一種財源，是屬於整個社會的財源，我們可以用它來照顧寡婦、孤兒和被遺棄者，用它來支持公共教育、支付公共支出，以及做各種因為文明進步、社會愈來愈有必要替其成員做的各種事」（George 1887/2009: 276）。不過，現在很多自稱「喬治主義者」的人比較堅定地支持以土地稅為財源，實行基本收入或社會紅利政策（Smith 2006），而一些當代的「左派自由至上主義」（left libertarian）政治哲學家支持無條件基本收入，他們也視自己為亨利．喬治的後繼者（見第五章）。

36 Russell 1918/1966: 80–81.

37 Russell 1918/1966: 118–119.

38 Russell 1918/1966: 127.

39 Russell 1932/1976: 14.

40 Russell 1918/1966: 127. 這是早年一種無政府主義傳統的溫和版本。在其著作《麵包與自由》（*The Conquest of Bread*）中，克魯泡特金（Peter Kropotkin 1892/1985: 153–154）傾向維持一種正式的工作傳統。例如他認為工人協會可以要求「每個人在二十至四十五或五十歲期間，每天奉獻四或五小時做一些大家認為為了生存必須做的工作。」不過，他也不排除以（嚴厲的）道德約束替代強制要求：「如果你絕對沒有能力做任何有益的事，又或者你拒絕這麼做，那就像個孤立或病弱的人那樣生活吧。如果我們夠富裕，可以為你提供生活必需品，我們將樂於這麼做。你是人，有生活的權利。但因為你希望離開體制、在特殊情況下生活，你很可能將因為你與其他公民的日常關係受損而受苦。你將被視為資產階級社會的幽靈，除非你的朋友發現你是人才，體貼地替你做所有必要的工作，使你道德上無所虧欠。」

41 Milner 1918: 129–130.

42 Pickard 1919.

43 有關米爾納夫婦、皮卡德、道格拉斯、米德、柯爾和基本收入首波公開辯論的其他方面，參見 Walter Van Trier 1995 年的論文。

44 Douglas 1920, 1924.

45 名氣不如道格拉斯的 Charles Marshall Hattersley (1922/2004) 提出他自己的社會信用理論，並協助傳播該理論至加拿大，而加國自一九三〇年代中起發展出聯邦層面的「社

16 這些引言的來源為Anonymous 1848/1963: 963–4，英文為本書作者的翻譯。該文件由Erreygers and Cunliffe (2006)發現和提供背景解說。根據最可信的猜測，該文件的作者為Napoleon De Keyser，一名相當神祕的基進農民。De Keyser數年後出版一本書，同樣以法蘭德斯文寫成，當中有若干具體提議，包括贈予年輕成年人一筆現金，以及將出租土地的收入每季平均分給人民（De Keyser 1854/2004）。有關De Keyser，參見Cunliffe and Erreygers 2004: xix。有關馬克思一八四八年的圈子，參見Matoba 2006。

17 Charlier 1848: especially 51, 57, 75, 94, 102.

18 Charlier 1848: 39.

19 Charlier 1848: 105, 51.

20 Charlier, 1848, 1871, 1894a, 1894b.

21 Charlier 1848: 43, Charlier 1894a: 56, Charlier 1871: 47, Charlier 1848: 37, and Charlier 1848: 37.

22 一八九四年六月二十五日寫給Hector Denis的信。資料來源為布魯塞爾Emile Vandervelde研究所資料庫，由Guido Erreygers發現。

23 沙利耶並未徹底遭遺忘，是拜John Cunliffe和Guido Erreygers所賜。有關沙利耶的貢獻，參見Cunliffe and Erreygers 2001；沙利耶著作節錄之英文翻譯，參見Cunliffe and Erreygers eds. 2004。

24 Mill 1848/1904 Book V, Chapter XI, section 13.

25 Mill 1848/1904: 967; first edition, 536, 538.

26 Mill 1848/1904: 968–969, first edition 537–538. 但必須注意的是，彌爾認為必須剝奪這種法定基本生活保障受益人的選舉權；他在《論代議政府》(*Considerations on Representative Government*) 中指出，這是普選原則的主要正當例外（Mill 1861: Chapter VIII, 332–3）：「我認為根據第一原則，我們必須斷然取消接受地方行政區救濟者的選舉權。一個人如果無法靠自身勞動維持自己的生活，他就無權參與決定其他人的錢該怎麼用……我們必須設定一個期限，例如一個人在登記成為選民之前的五年內，必須不曾接受地方行政區的救濟，才有資格得到選舉權。」但是，如果「法定基本生活保障」是靠彌爾倡導的傅立葉方案提供，以上說法是否仍適用則不清楚。

27 Mill 1849: xxix.

28 Mill 1849: Book II, chapter I, section 4. 彌爾生前一直同情傅立葉版本的社會主義。參見Mill 1879/1987: 132：「多種形式的社會主義認識到共產主義的難題，當中最主要的一種是傅立葉主義；該體系即使僅做為人類非凡才智的一個樣本，也非常值得所有研究社會或人類思想的人注意。」

29 Engels 1880/2008: 33.

30 Fourier 1836/1967: 49.

31 在他較早的著作中，傅立葉（Fourier 1822/1966: 276）一如他的許多法國前輩，除了支持經濟狀況審查外，也支持要求受益人工作：「防止損害的方法是確保身體健康者有工作，而體弱或有病者則予以救濟，保障其基本生活。」參見Cunliffe and Erreygers 2001: 464–465。傅立葉同年代的英國人William Cobbett (1827)、Samuel Read (1829)和George Poulett Scrope (1833) 也提出類似的針對性方案。這些方案的概述可參考Horne 1988。

32 完整的段落如下（Considerant 1845: 49）：「結果是懶惰的現象消失了：我們將能為窮人提供最低收入保障，確信一年結束時，他們的得益將超過他們承受的代價。因此，建立我們倡導的制度將消滅貧困和乞討，那是基於混亂競爭和分裂的社會面臨的難供某種收入援助，但做法有很大的差異。

64 歐洲情況概覽參見Flora 1986和Frazer and Marlier 2009；日本的情況參見Vanderborght and Sekine 2014: 21–22。

65 有關南非的非提撥型養老金計畫，參見Case and Deaton 1998、Letlhokwa 2013和Surrender 2015。

66 Lo Vuolo 2013.

第四章

1 此後兩個世紀間，許多獨立提出的最低收入方案之間的關係，要到一九八〇年代才有人闡述。參見Van Parijs 1992: 11–12。

2 在此之前數年，潘恩出版富影響力的著作《人的權利》(*Rights of Man*)，回應柏克的《法國大革命反思錄》(*Reflections on the Revolution in France*)。潘恩在這本書中已提出一種他認為人道的替代方案，可取代《濟貧法》「那些折磨人的手段」(Paine 1791/1974: 431)。不過，該方案距離《土地正義》中那種普及的基本收入方案較為遙遠。最接近基本收入的部分包括：一、審查經濟狀況的十四歲以下兒童補助，而「家長必須安排這些小孩上學」；二、需要審查經濟狀況的年滿五十歲者的養老金，估計有三分之一長者領取，領取這種養老金是「一種權利而非受人恩惠」；三、人人可領的新生兒特別補助，估計將有四分之一的新生兒受惠，「每一名產婦皆可申領，但家境良好、不需要這筆補助者不會申領」(Paine 1791/1974, chapter V, 425–9)。

3 Paine 1796/1974: 612–13.

4 Paine 1796/1974: 618.

5 注意，孔多塞(Condorcet 1795/1988: 274)構思的影響深遠的社會保險方案，包含一種養老金(「使活到老年的人生活有保障，這種保障源自他們的儲蓄」)，以及對年輕人的一種贈予(「賦予到了自立工作和成家年紀的年輕人一筆他們自身發展所需要的資本」)，但方案的論據和財源與基本收入根本不同：孔多塞兩個方案的財源，均為受益人本身之前的儲蓄，加上未受益的早逝者之儲蓄。

6 Ambrose 1927: 47.

7 Vives 1526: 46.

8 Locke 1689, First Treatise, chapter 4, section 42.

9 Locke 1989, Second Treatise, chapter 5, sections 32 and 34.

10 Paine 1796/1974: 617, 611, 612–613.

11 Spence 1797/2004: 81.

12 但他在之前的著作中似乎不曾提出這個構想。有些著作確實提到收租，但《人的真正權利》(*The Real Rights of Man; Spence 1775/1982*)僅提到針對特定目標的濟貧工作為潛在用途之一(「地方行政區庫房收到的租金，可由各行政區用於救濟其貧民和失業者」)，《魯濱遜歷史補充》(*A Supplement to the History of Robinson Crusoe; Spence 1782/1982*)則對潛在用途持完全開放的態度。(地方行政區居民可以決定每個人基於他擁有的房地產之價值，向行政區庫房支付小額的租或稅，所得可用於多數人樂見的任何用途。)有關史賓斯和隨後的基本收入早期倡導者，參見Cunliffe and Erreygers 2004和Bonnett and Armstrong 2014。有關潘恩與史賓斯的差別，參見King and Marangos 2006。

13 Spence 1797/2004: 87.

14 Spence 1797/2004: 88.

15 Paine 1796/1974: 620.

分配的唯一一段，它接下來這麼說：「有錢人對國家負有一種義務，因為他們能生存有賴國家的保護和照顧；基於有錢人的這種義務，國家有權利動用有錢人的資源滿足其他公民的生活需求。國家為此可以對公民的財產或商業交易課稅，或是建立一些基金，然後利用基金產生的收益滿足人民的需求，而不是滿足國家的需求（因為國家有錢）。國家將以強制手段（因為這裡談的只是國家對人民擁有的權利），以公開徵稅的方式做這件事，而不是僅仰賴自願的捐獻。」Zylberman即將出版的一篇文章，會仔細討論康德對國家濟貧責任的看法。

53 但費希特（Fichte 1800/2012）也補充道：「也不應該有人遊手好閒。」他還說：「人人都必須工作，而工作的人必須有足夠生活的資源。」

54 Condorcet 1795/1988: 273–4.

55 在此之前一個世紀，有人提出普遍性較低但相當明確的同一構想。丹尼爾．狄福（Daniel Defoe）在《論計劃》（*An Essay upon Projects;* 1697/1999）中提出建立「養老金辦事處」的構想，一開頭這麼說：「所有名聲良好的勞工，無論職業或境況如何，無論男女（乞丐和士兵除外），只要身體健全和未滿五十歲，應前往我們所講的辦事處，在登記簿上留下姓名、職業和住址，然後付六便士，此後每季繳一先令，成為獲得該辦事處保障的人，在以下狀況下獲得給付。」這些狀況為受傷（「醉酒或爭吵所致除外」）、生病、體弱和死亡。延續這種捍衛社會保險制度的思想，狄福在一七〇四年的《救濟不是慈善》（*Giving Alms no Charity*）中強烈批評擾亂勞動市場運作的濟貧院，以及民間慈善活動（「他們鼓勵無業遊民；因為錯誤的熱心，他們造成的傷害超過他們的正面貢獻」），但並未再次提出他之前的替代方案建議。

56 在差不多同一時期的未出版著作中（*Writings on the Poor Laws* I, 193–7），邊沁也提出一種社會保險制度，可以強制推行，至少可對薪資較高的勞工強制推行；所謂薪資較高，是指「薪資在滿足生活所需之餘，看來足夠購買養老年金，保障當事人的生活不會變差；根據家庭供給制度（Home-Provision System）的標準，這種年金足以支持當事人餘生生活所需。」

57 例如比利時社會主義領袖César De Paepe（1841–1890）便表示，「一種涵蓋所有意外、風險和危險的普遍保險」，必須成為「一種大型公共服務的目標，以整合的方式大規模組織起來」（De Paepe 1889: 304–5）。

58 參見Perrin 1983: 36–42和de Swaan 1988: 187–192。如De Deken and Rueschemeyer (1992: 102–3) 強調，該方案僅限於工業工人（他們組織得最好，因此最有威脅力），排除了農業和家庭手工業勞工（他們的境況往往差得多）。有關Leopold Krug (1810) 早年提出的定額養老金（以定額社會提撥為財源）構想，可參考Schmähl 1992。

59 這些引言源自饒勒斯一九〇五年七月十二日在國會熱烈辯論老人公共救助時的發言（*Journal officiel du 13 juillet 1905, Débats par- lementaires, Chambre des députés, 8e législature, Compte-rendu—143e séance, séance du 12 juillet 1905, 2890–92*）。另一名左派國會議員Léon Mirman則反對社會保險，理由是這正造成受薪與非受薪勞工之間的分裂。參見Hatzfeld 1989: 65–79。

60 Castel 1995: 288–290.

61 Baldwin 1990精闢地闡述了此一過程。

62 簡要的介紹可參見King 1995: 181–82。

63 加拿大一九六〇年代推出一個聯邦救助計畫，起初以加拿大救助計畫（Canada Assistance Plan）為名，後更名為加拿大社會移轉（Canada Social Transfer），為各省提供公共救助方面的財務支援。聯邦政府的規定包括禁止設定公共救助的最低居住時間要求，但各省可大致自由地擬定自身的政策。因此，雖然加國各省均為居民提了非常相似的意見，反對任何形式的現金濟貧：「派錢或減稅絕不能幫助窮人。事實上，解救窮人的秘訣在於撤銷對他們的所有金錢援助。這種援助只會引發人的貪婪和惰性，是人際紛爭的溫床。」（Garon 1997: 31引用。）

32 Ricardo 1817/1957: 105–6.

33 Hegel 1820/1991: section 245.

34 Tocqueville 1833/1967: 8.

35 Tocqueville 1835/1997: 37.

36 但托克維爾也補充道：「但面對工業階級的逐漸發展，以及文明在產生無數好處之餘也造成的各種罪惡，個體的善舉看來相當虛弱。」如果它太弱，我們是否可以做些什麼？「在此我的視野向各方展開。我的意識擴大。我看到眼前出現一條路，但我現在不能去探索。」托克維爾的悲觀分析以這個開放式問題結束，而他有意以另一份報告回答這個問題。但他始終未能交出這份報告。有關這份沒有完成的報告，可參考Himmelfarb 1997: 11–13。

37 Bentham 1796/2001: 39.

38 Bentham 1796/2001: 44–5.

39 有關邊沁與《濟貧法》，參見Himmelfarb 1970和Kelly 1990: 114–136。

40 Boyer (1990: 61) 引述。

41 例如恩格斯在《英國工人階級狀況》（Engels 1845/2009: 292）中便表示：「過去從來沒有人如此露骨、如此恬不知恥地宣布：沒有財產的人活在世上只是為了供有產者剝削，並在有產者不需要他們的時候便去餓死。正因為如此，《新濟貧法》大大促進了工人運動的發展。」對《新濟貧法》和貧民習藝所最著名的批判，可說是狄更斯一八三八年出版的小說《孤雛淚》（*Oliver Twist*）。

42 但這絕非法國啟蒙時期的一致觀點。例如《百科全書》（*Encyclopédie;* 1757, vol. 7, 73）初版便收錄杜爾哥（Turgot）寫的詞條Fondation，其立場非常接近激烈批評英國《濟貧法》的人：「無條件滿足許多人的基本生活需求，形同誘使人游手好閒，而這將造成種種混亂；這種做法會使游手好閒者的境況變得優於勞動者……假設一個國家運作得很好，因此沒有窮人，此時如果政府無條件援助一些人，將會立即製造出窮人，因為在此情況下，勞動者放棄工作、成為受國家照顧的窮人是符合自身利益的事。」

43 Montesquieu 1748, chapter XXIII, 134.

44 Rousseau 1754/1971: 234.

45 Rousseau 1762/2011, Book I, section IX; Book II, section XI; Book III, section 15.

46 Rousseau 1789/1996: 64.

47 Forrest 1981: 13–19. 法國貧民習藝所的具體歷史和描述，可參考Peny 2011。傅柯（Foucault 1961/2006: 404–405）在其著作《古典時代瘋狂史》（*History of Madness ; Histoire de la folie à l'âge classique*）中也有討論貧民習藝所。

48 Gazette Nationale, July 16, 1790, quoted by Regnard (1889: 266–267). 有關拉霍什富科和乞丐事務委員會（後改名為comité des secours publics），可參考Forrest 1981: 20–30。

49 Maximilien de Robespierre, "Discours sur les troubles frumentaires d'Eure-et-Loir," December 2, 1792, quoted by Soboul (1962: 326–7).

50 一七九三年四月二十一日於雅各賓俱樂部宣讀的新人權宣言綱要，Godechot (1970: 72) 引用。

51 一七九三年六月二十四日憲法第二十一條（Godechot 1970: 82）。Godechot (1970: 69–77) 生動地描述了一七九三年憲法籌備和通過的背景。

52 這段引人注意的文字（Kant 1797/1996, Part II, Section 1, 100–101），是康德討論所得

*inferiores*中，他猛烈抨擊再洗禮派倡導的更為基進的平等主義改革（參見Fernandez-Santamaria 1998: 177–95）。

15 拜伊普爾行政官的主動行動所賜，威夫斯著作《論濟貧》兩年後在安特衛普出版法蘭德斯文譯本（見Vives 1533/1943序言）。伊普爾答辯文件如今有現代英文譯本（Spicker 2010: 101–140）。

16 巴黎那些神學家在其判決中堅稱，有錢人應保留濟貧的權利與義務，市政當局不應為了其濟貧方案而扣押教會的貨物（「善良忠誠的天主教徒不會做這種事，只有不敬神的異端，如瓦勒度派、威克里夫派或信義宗，才會這麼做」），以及「不應有任何法令禁止教會核准的托缽修士公開乞討」（全文見Spicker 2010: 141–143）。

17 City of Ypres, 1531/2010: 135.

18 一五二七年是里爾（Lille），一五三五年根特（Ghent），一五三九年布魯塞爾和布雷達（Breda），一五四一年魯汶，一五六四年布魯日（見Fantazzi 2008: 96–97）。在此同時，法王法蘭索瓦一世一五四四年建立一個濟貧委員會，負責組織濟貧工作（Régnard 1889）。

19 Fantazzi 2008: 109–10. 英文版則要到二十世紀末才出現不完整的譯本（Tobriner 1999），完整英文譯本要等到二十一世紀（Fantazzi and Matheeusen 2002和Spicker 2010）。

20 在西班牙，威夫斯的見解一五四五年引起神學家Domingo de Soto與Juan de Robles之間的激烈爭論。De Soto的*In causa pauperum deliberatio*強烈反對禁止乞討，因此也反對強制要求窮人工作。De Robles也反對濟貧完全世俗化，但對引導威夫斯提案的務實考量較為同情，並且支持對乞討加以管理（Fernandez-Santamaria 1998: 166–76, Arrizabalaga 1999: 156, Fantazzi 2008: 107–8）。在低地國家，奧古斯丁修會修士Lorenzo de Villavicencio 一五六四年出版著作攻擊威夫斯的見解。他主張在公共廣場焚燒兩年前威夫斯追隨者Gilles Wyts出版的一本書，但未能說服魯汶大學的神學家（Fantazzi 2008: 108–9）。

21 有關威夫斯和伊普爾方案對英格蘭的影響，可參考Tobriner 1999: 23、Fantazzi 2008: 110和Spicker 2010: xv–xix。

22 其他歐洲城市，尤其是德國城市，也設立了貧民習藝所（見Harrington 1999和Foucault 1961/2006: part I, chapter 2）。這也並非歐洲長期特有的事物：日本十七世紀末便建立了當地首個貧民習藝所（Garon 1997: 30）。

23 參見Boyer 1990: 94–9、Knott 1986: 13和Dyer 2012。英王威廉三世一六九九年在對國會的演講中，便表示擔心「窮人增加變成王國的負擔」，並宣稱身體健全者必須「被強制要求投入工作」（Nicholls 1854: 371）。

24 詳情見Tobriner 1999: 25–28。

25 除了當年的即時反應外，史賓漢蘭制度也是許多學術文獻的題目，包括博蘭尼（Karl Polanyi）著作《鉅變》（*The Great Transformation*）中非常有名的一章。Boyer 1990和Block and Somers 2003提供了一些有用的批評。

26 Burke 1795: 251, 261, 270, 280.

27 Boyer (1990: 53) 引述。

28 Malthus 1798/1976: 54–55.

29 Malthus 1826: 339.

30 引自馬爾薩斯《人口論》第六版，也就是終定版（Book IV, Chapter VIII, section 7）。有關馬爾薩斯對《濟貧法》的批判，參見Boyer 1990: 56–59。

31 甚至在一八三〇年代的日本，著名的倫理和經濟學家二宮尊德（1787–1856）也表達

48 為了解決第一個難題，一再有人提出，顯著縮減工時必須配合基本收入方案推行（最初的例子為Ojik 1983: 29和Krätke 1985: 5–6）。這是可行的，但另外兩個難題仍將存在。此外，如果基本收入本身就能成為分攤工作的手段，我們為什麼還需要強制縮減工時呢？有人提出一個原因（Mückenberger and al. 1987: 18–20）：強制縮減工時可以防止高薪全職勞工與低薪兼職勞工之間的二元化（dualization）。但是，提高高收入者的邊際稅率和加強培訓工作，應可抑制這種現象，而基本收入方案隱含這兩種措施。（見第一章和第六章。）

49 Brittan 1983對這一點有很好的闡述。

第三章

1 有人認為最低收入保障之類的構想源自湯瑪斯．摩爾，這是可以做為證據的唯一一段文字。這證據是否成立，取決於我們如何理解「aliquis proventus vitae」（支持生活的某種收入），它出現在這句拉丁文中（More 1516/1978: 44）：「cum potius multo fuerit providendum, uti aliquis esset proventus vitae, ne cuiquam tam dira sit furandi primum, dehinc pereundi necessitas」。這句話的字面意思是：「但好得多的做法，是確保人們可以得到支持生活的某種收入，這樣就沒有人必須經歷這種可怕的事：先偷東西，然後被處死。」

2 More 1516/1978: 49.

3 Vives (1533/1943: v) 的序言引用了伊拉斯謨寫給摩爾的信（一五一八年）。Tobriner (1999: 17) 引用了威夫斯寫給克恩韋特的信（一五二五年）。

4 托馬斯．阿奎那（Thomas Aquinas）在其《神學大全》（*Summa Theologica*）中講述這段故事，本書引用的英文版為英國道明會神父（一九一二）所譯。

5 Vives 1526/2010: 95.

6 Vives 1526/2010: 67, 98. 這種訴諸「犯罪學」的說法，隨後將不時為呼籲引進最低收入保障方案的人所採用。例如傅立葉（Fourier 1803/2004: 100）便說：「我們不難證明出於野心的所有社會罪行，都是源自貧困。」不過，犯罪論最常被用來同時為對抗貧困與失業辯護。威夫斯無疑如此，而接近三個世紀之後，貧民習藝所的支持者邊沁（Jeremy Bentham）也是如此（Quinn 1994: 87引述）：「一個人如果別無選擇，只能搶劫或挨餓，他會怎麼做就很難說是不確定的。」Andrew Schotter (1985:68–80) 使用同一理由（「如果一個人餓了，而他在市場上別無方法，他可能被迫以非市場方法取得食物」），但並非替收入保障方案辯解，而是用來支持雇用補助方案（類似第二章談到的菲爾普斯方案），以納稅人承擔的代價超過犯罪減少產生的利益為限。

7 Vives 1526/2010: 72.

8 Vives 1526/2010: 73 and 75–6.

9 Vives 1526/2010: 73.

10 Vives 1526/2010: 89, 81, 76, 78.

11 Vives 1526/2010: 83–4, 87, 99.

12 紐倫堡一五二二年起，史特拉斯堡一五二三年起，萊斯尼希一五二四年起，蘇黎世、蒙斯和伊普爾一五二五年起（參見Fantazzi 2008: 96和Spicker 2010: ix–x）。

13 Spicker (2010: ix) 引述。

14 威夫斯設法確保自己看來不像革命分子。他維持自己在宗教機構中的某種角色，並表示他將另找機會寫信給主教和修道院院長（Vives 1526/2010: 74）。他也容許這種可能（Vives 1526/2010: 90）：「起初先引進最簡單的措施，一段時間之後，再一點一點地低調引進困難的措施。」在一五三三年發表的*De Communione rerum ad Germanos*

Van Parijs et al. 2000有較具體的討論。

31 Phelps 1994, 1997, 2001.

32 有關菲爾普斯反對其他類型的雇用補助的原因，可參考Phelps 1997: 108, 112, 119, 148。此外，菲爾普斯（Phelps 1997: 150–3）也討論教育和培訓補助，但基於若干原因而否定這種補助：這種方案的充分作用要一個世代之後才能實現；藉由這種方式，提高低薪勞工所得的某個金額，成本很可能遠高於直接的工資補助；如果工資改善的希望渺茫，要鼓勵弱勢者學習實際上會很困難。

33 Phelps 1997: 133.

34 Phelps 1997: 111–112, 189.

35 Phelps 1997: 163.

36 Phelps 1997: 138–142, 166.

37 Phelps 1997: 15, 173.

38 菲爾普斯（Phelps 1997: 165）在別處對明確的規範性基礎曾略有暗示：「有些人無論是否願意，會向收入低於特定水準的人發放福利；我和他們不同，因為我認為唯一真正應得的權利，是如果你願意藉由工作賺錢、履行與其他公民的社會契約，你可以得到自立和融入社會的獎勵。」他（Phelps 1997: 136）宣稱，工資補助方案的成本值得支付，因為勞工「覺得達成了自己在社會契約下的目標，覺得自己公正行事」，可以得到「自豪與自尊感」。有人基於互惠（reciprocity）原則質疑義務全免的基本收入方案，相關討論見本書第五章。

39 參見Harvey 2006, 2011, 2012, 2014；眾議員米勒（George Miller）二〇一三年的《美國在地工作法案》（Local Jobs for America Act）；以及Gregg and Layard 2009年的英國保證工作提案。批判討論也參見Handler 2004, Standing 2012, Lewis 2012和Noguchi 2012，保證工作構想的歷史回顧參見Tanghe 1989, 2014。印度的全國農村就業保障（National Rural Employment Guarantee）堪稱現實中接近保證就業方案的最大規模例子。我們並不否認，相對於沒有收入援助的情況，保證就業方案可以造就重大進步。

40 Jordan 1994.

41 例如參見Kaus 1992。英國推行《新濟貧法》（見第三章）時，也發現強迫失業者進入貧民習藝所，成本遠高於提供他們最低限度的生活所需：「貧民習藝所救濟的邊際成本，幾乎是該制度以外救濟成本的兩倍。」（Boyer 1990: 203）

42 Stern 2016: 164–5.

43 Elster 1988.

44 這種提議的例子可參考Frank 2014, Painter and Thoung 2015: 21–22和Atkinson 2015: 137–47。

45 Adret 1977, Coote, Franklin, and Simms 2010.

46 Marx 1867/1962: chapter 8.

47 一九九八年到二〇〇〇年間，法國將官方每週工時標準從三十九小時降至三十五小時，有人宣稱此舉促成就業人口顯著增加（例如Gubian et al. 2004）。我們該如何解釋這個現象？首先，法國的措施並非全面和強制性的，而是以選擇性的租稅獎勵誘使雇主奉行。當局因此可以減輕勞工週薪淨額受到的負面影響，也能壓低每小時勞動成本的漲幅；我們所講的第一個困難因此得以減輕。法國的做法形同結合縮減工時和政府補助工資，我們因此很難（甚至不可能）釐清這項政策對就業的影響主要是拜前者還是後者所賜。第二，雖然該政策似乎確實對就業有即時的正面影響，較長期影響如何則有爭議（見Gianella 2006）。重新組織生產過程以因應較高的單位勞動成本，是需要時間的。這種調整一旦發生，短期效應便可能消失。

（Piketty 2015b: 154）中的一段評論，顯示他仍未打定主意：「我當然也支持為市場收入不足的所有成年人提供基本收入。但是，我並不確信所有成年人都應該以現金的形式領取這筆收入。在社會福利慷慨的已開發國家，多數全職勞工所繳的稅，遠高於他們可能領取的基本收入。在我看來，更合理的做法是減輕他們的稅負，而不是為他們提供現金移轉支付，後一種做法必須靠加稅來支應。不過，這顯然是我們可以合理地爭論和保持不同意見的一個問題。」

21 Foucault 1979/2008: 206.

22 托賓等人（Tobin et al. 1967: 21–23）檢視兩種支付方式：「向所有家庭自動支付全額基本補助，為免其他收入被預扣稅金而要求放棄自動支付者除外」；以及「藉由申報預估收入，支付補助淨額」，而未申報者將以稅額抵減的方式領取補助。托賓等人發現，兩種方法都行得通，但他們偏好自動支付：「申報法將採取主動的負擔強加在需要補助的人身上，自動支付法則將負擔加在不想獲得自動支付的人身上。我們或許可以說，後一種人比較可能具有必要的理財素養和文書處理能力。」

23 且舉一例說明：假設某國人口一千萬，每月人均GDP為四千美元。如果每人獲發一千美元的基本收入，這項支出需要的所得稅為二五%×四千×一千萬＝一百億美元，無論該國所得分配如何。相對之下，「等效」的負所得稅方案需要的稅款，則取決於所得分配情況。例如該國若有五百萬人每月賺得二千美元，另外五百萬人每月賺得六千美元，前者將不必繳稅；他們每人每月將獲得政府支付一千－（二五%×二千）＝五百美元。後者每人每月的應納稅額則為（二五%×六千）－一千＝五百美元。五百美元乘以五百萬人，得出二十五億美元的稅款，相當於國民總收入（四千×四千萬）的六．二五%，僅為「等效」基本收入方案的四分之一。經濟學家無疑會說，這種差異是虛假的。但政治學家可能會說，這種差異至關緊要，尤其是如果媒體沒有能力或意願瞭解表面與實際成本的差異並向大眾解釋的話。

24 這是托賓（Tobin 2001）的說法：「大眾普遍懷疑純粹的負所得稅會使人不想工作，他們不想花錢在會產生這種影響的事情上。負所得稅實驗被視為證明了一件事：家庭的勞動力供給會因全民式補助而縮減。這種影響僅限於次要勞動者（一家之中經濟支柱之外的勞動力），影響不大也並不令人意外。但它對負所得稅有巨大的負面影響。勞動所得稅額抵減因此而生。」有關美國社會政策的這段歷史，也可參考Howard 1997: chapter 3, Ventry 2000和Steensland 2008: 178–179；有關勞動所得稅額抵減的發展和影響，可參考Nichols and Rothstein 2015。

25 以下數據有助讀者瞭解美國勞動所得稅額抵減方案大致涉及的金額：在二〇一六財政年度，一名成年人加一名合資格的兒童最多每月可得到約二八〇美元的補助。家庭所得達到三二七五美元時，補助便降至零（資料來源："Earned Income Tax Credits Parameters, 1975–2016," Tax Policy Center, Washington DC, January 2016）。此處略去有關納入考量的所得類別可能導致的各種複雜情況。詳見Nichols and Rothstein 2015。

26 Nichols and Rothstein 2015: 52.

27 有關勞動所得稅額抵減的這些缺點，可參考Nichols and Rothstein 2015: 29, Bhargava and Manoli 2015: 348–9, Shipler 2004: 15, Holt 2015和Stern 2016: 158。法國的就業獎勵（Prime Pour l'Emploi）面對類似難題。當局曾試行預付機制，但在二〇一〇年取消。

28 Sykes et al. 2015: 260.

29 Stern 2016: 158.

30 在愛爾蘭，政府已推行需要審查經濟狀況的最低收入方案，智庫愛爾蘭社會正義（Social Justice Ireland 2010: 25–28）明確倡導引進一種可退款的稅額抵減，僅限於「顯著參與勞動」的個人，作為邁向真正基本收入方案的一步。有關這種路線的可行性，就有人提出，並不是全新的主意。」

14　參見Friedman 1973a/1975: 30：「麥高文參議員投入競選不久，提出贈予本國每一個人一千美元的建議。這其實是一種負所得稅。」Friedman 2000說得更明確：「基本收入或公民收入不是負所得稅的替代方案。它不過是引進負所得稅的另一種方式，如果負所得稅伴隨著無豁免正所得稅的話。一千元的基本收入加上對其他收入課徵二〇%的所得稅，與以五千元為平衡點、超過或低於平衡點應用二〇%的稅率之負所得稅方案，是相同的。」

15　傅利曼（Friedman 1962: 192和更明確的1968: 111–12）以一種不同但效果相當的方式說明負所得稅。他從平衡點，也就是應稅所得為零、與政府互不相欠的收入水準說起。家庭所得若超過平衡點，差額為正應稅所得，反之為負應稅所得。在上例中，平衡點為四千美元。因此，完全沒有收入的家庭有四千美元的負應稅所得，收入二千美元的家庭有二千美元的負應稅所得，收入八千美元的家庭有四千美元的正應稅所得。如果正負應稅所得的稅率均為二五%，前兩個家庭將分別享有一千和五百美元的負所得稅，而第三個家庭則必須繳一千美元的正所得稅。這種情況與正文中利用可退款稅額抵減說明的情況完全相同，後者的好處是令基本收入與負所得稅之間的關係變得更容易懂。

16　Petersen 1997: 58.

17　需要審查經濟狀況的標準補助方案（如圖2.1所示），因此可視為負所得稅的一種限制情況。在這種標準方案中，平衡點（收入超過平衡點即不再享有補助）與最低收入相同，負所得稅率（補助隨平衡點與家庭收入的差距而增加的速率）為一〇〇%，而稅表達到最大的累退程度（一〇〇%的負所得稅率遠高於正所得稅率）。而如果負所得稅率為五〇%（如圖2.3所示），平衡點為最低收入水準的兩倍；負所得稅率若為二五%（如前述數字例子），平衡點則為最低收入水準的四倍。

18　傅利曼（Friedman 1973b/1975: 201）完全認識到這一點：「窮人必須定期獲得救助。他們當然不能等到一年結束才得到救助。負所得稅將採預付的方式，一如正所得稅採預扣方式。可以領取負所得稅補助的受雇者，補助將隨薪資發放，一如多數人領薪水時被預扣正所得稅。沒有工資收入的人將提交預估資料，每週或每月按照估計值領取補助。每年所有受益人要申報資料，據此處理多領或少領的問題。」

19　傅利曼（Friedman 1973b/1975: 201）本人強調，現行的有條件福利方案固有的這種不確定問題十分棘手，但他忽略了負所得稅方案（相對於預付給所有人的基本收入方案）其實也有同樣的問題：「福利領取者現在會猶豫是否接受一份工作，即使他可以因此提高實際所得，因為他一旦失去這份工作，可能需要多個月的時間才能恢復領取福利。負所得稅並沒有這種不利於就業的問題。」他（Friedman 1973a: 28）還說：「如果福利受益人找到工作，不再領取福利，但隨後他的工作消失了（一如許多不大重要的工作），他將需要花一段時間才能完成繁瑣的手續，恢復領取福利。這會使領取福利的人不想找工作。」

20　皮凱提（Piketty 1999: 28）討論Roger Godino (1999) 的負所得稅提案時，提到負所得稅相對於人人有份基本收入的兩個一般缺點。一個是受益人承受較大的汙名壓力，另一個是他認為更重要的不確定問題，一如法國既有的需要審查經濟狀況的最低收入方案。他因此同樣反對這兩類方案：「如果我工作幾個月後失業，然後將喪失一段時間的最低收入補助，我為什麼要冒這種風險呢？」在他介紹經濟不平等問題的著作最後一章（Piketty 2015a: 113），他說這一點是基本收入在利用既有財政手段消滅貧窮陷阱方面的一個「微妙優勢」，並提到這個「左派自由至上主義」觀點：「人人有份的移轉支付賦予我們一種比較不侵犯隱私的社會政策。」但是，他較晚出版的著作

nacimiento)，每名新生兒可得二五〇〇歐元，無論家境如何。政府希望藉此對抗人口萎縮，但受二〇〇八年的經濟危機影響，該方案於二〇一〇年廢止。但即使在西班牙的例子中，贈予金額相對於許多國家目前提供的全民育兒福利，仍顯得微不足道。例如在比利時，每名兒童平均可帶給其家庭總共超過二・五萬美元的福利（已開發國家育兒福利一覽，可參考www.oecd.org/els/family/database.htm）。

5 艾克曼與艾斯托特（Ackerman and Alstott 2006: 45）也提出了一個小氣得多的不同方案：「利害關係人如果拿著那八萬美元，在財務上頗有成就，去世時必須連本帶息償還這筆錢。」如果這筆錢理論上必須連本帶息償還（利息以安全投資可得到的收益為標準），則有責任心的受益人最明智的做法恰恰是安全地投資。在這種情況下，利害關係人得到的這筆錢其實完全不是賦予，而是一筆貸款，而它等值的月度基本收入不是三百或四百美元，而是零。比較溫和、也可能比較明智的回收方式，是不必連本帶息償還，只需要還本。在此情況下，等值的基本收入等同個人在社會的資本中所占的那一份所產生的「社會紅利」。根據前述的假設，等值的月度基本收入為一五〇美元。

6 在艾克曼與艾斯托特看來，基本賦予的部分財源應該是縮減公共支出（高等教育、房貸補助之類），而基本收入則通常不是這樣。基本收入通常是自然地結合賦稅與移轉支付制度的改革，以這種改革做為主要財源（見第六章）。

7 基本賦予看來可能比基本收入更平等，因為早逝的人（例如二十五歲便去世）收到的錢與長壽者（例如八十五歲才去世）完全相同。但這是種誤導的表象。首先，因為壽命一般無法預料，這種情況對各人壽命不一造成的「不公平」幾乎毫無影響：二十五歲去世的人可能已經將他的基本賦予轉換為一種年金，而他將無法享受到年金方案的大部分好處；更糟的情況，是他可能將這筆資金完全投資在某個標的上，而他去世時還未有成果。此外，因為女性普遍比男性長壽，等值的基本賦予如果轉換為精算過的年金，女性享有的基本收入將低於男性。

8 Ackerman and Alstott 2006: 45.

9 艾克曼與艾斯托特知道純賦予方案的這種缺點，他們的具體提案因此是基本賦予與基本收入的折衷方案。首先，未能念完高中的人必須將其基本賦予轉換為年金，也就是輟學者將得到基本收入做為安慰獎。第二，因為老年人可以得到基本養老金，這可以防止年輕人因為毀掉自己的基本賦予，老來無法享有起碼的生活水準。但是，即使基本賦予僅限於二十一歲至六十五歲者，而且可以毀掉基本賦予的人縮減至完成高中課程的八〇%的人，基本賦予所分配的自由仍很有可能非常不平等。

10 例如阿特金森（Anthony Atkinson 2015: 169–172）便支持資本賦予結合持續支付的構想。

11 Cournot 1838/1980: chapter VI.

12 Lerner 1944 and Stigler 1946.

13 Friedman 1962: chapter XII. 傅利曼（Friedman 1947: 416）長篇評論勒納的《統制經濟學》(*Economics of Control*; Lerner 1944）時，最後說「書中的建議有可觀的啟示價值，或能促使其他人從事有用和重要的開發工作」，但並未具體提到負所得稅。史蒂格勒（Stigler 1946: 365）曾簡短談到負所得稅：「有人提議將個人所得稅延伸至收入最低的那些人，對這些人應用負稅率，這建議有很大的吸引力。這種方案利用看似（相當大的）最低限度的行政機制，有望達致平等待遇。如果負稅率設定得當，我們或許可以在某種程度上保留家庭增加收入的誘因。」有人向傅利曼提起這段評論，他（Friedman 2000）的回應是：「因為我和他的關係非常緊密，我想我們確實曾討論過這問題，但我想不起我們曾這麼做。他的陳述和我後來的說法清楚顯示，這構想早貪婪、高利貸和未雨綢繆奉為神明，因為只有它們能帶領我們脫離經濟上不得不如此的窘境，走上康莊大道。」（Keynes 1930a/1972: 331）因為凱因斯未能預料到的成長極限，可能也因為凱因斯低估的二戰之後經濟成長速度，這個認真檢討的時間比他所預期的更早來到。

58 這是轉述荷蘭社會醫學教授Jan Pieter Kuiper (1976) 簡明扼要的診斷，他是歐洲最早的基本收入倡導者之一。如Juliet Schor (1993) 指出，有些美國人工作過度是因為他們賺太多了（譬如每週減少工作一小時如同損失一個新的游泳池），有些人工作過度則是因為他們賺太少了（譬如每週減少工作一小時，孩子就必須吃垃圾食物）。

59 常有人以基本收入可做為充分就業的替代品為理由，替基本收入辯護，但他們並不總是清楚區分充分就業的這兩種意思。可參考Robert Theobald 1967, Claus Offe 1992, 1996a, Fritz Scharpf 1993, James Meade 1995, Jean-Marc Ferry 1995, André Gorz 1997, Yoland Bresson 1999。有關基本收入、工資補助與縮減工作時間之間的關係，參見第二章。追求充分就業（無論是好或壞的意思）另外兩種（較差的）方法，是抵制技術變遷和禁止志願工作；基本收入提供了另一種方法。

60 富有國家減少消費不代表這些國家必須減少生產，因為全球正義可說是要求永久的跨境移轉（見第八章）。

第二章

1 我們在這裡不討論比較廣泛的「現實主義烏托邦」，例如羅爾斯（John Rawls 1971: section 42, 2001: section 41）的「財產所有的民主制」（property-owning democracy）——我們認為該制度架構與無條件基本收入並不矛盾（見第五章）。我們也不討論社會主義——以生產工具公有為定義；事實上，有些人（Roland 1986, Wright 1986）認為社會主義是基本收入永續的先決條件（有關基本收入與社會主義關係的深入討論，可參考Van Parijs 1995第六章）。

2 潘恩提議每個人二十一歲時獲得基本賦予，五十歲起可以領取養老金，以土地稅為財源（見第四章）。史基摩（1790–1832）在其著作《人的財產權》（*The Rights of Man to Property; Thomas Skidmore 1829: 218–9*）中提議，一年中死去的人擁有的所有財產之價值，應平均分配給同一年成年的所有人。賦予年輕成年人一筆財產的構想，此後不時有人提出。法國哲學家余悅（1814–1869）建議將人的資產分為兩類：靠自身努力取得的，以及承繼的。他認為人有權自由處置前一種資產，後一種則應該在當事人去世時課一〇〇％的稅，作為提供基本賦予的財源：三分之一在十四歲時支付，餘者在二十五歲時支付（Huet, 1853: 262, 271–4）。Cunliffe and Erreygers 2004對早年的基本賦予構想有很好的概述；有關基本收入vs基本賦予的深入討論，可參考Dowding et al. eds. 2003、Wright ed. 2006，以及White 2015與Wright 2015的討論。

3 Stuart White (2015: 427–428) 認為應容許基本收入某程度上可以轉換為一種「基本資本」（辦法是容許基本收入某程度上可抵押），以便結合基本賦予和基本收入的優點。Karl Widerquist (2012) 也支持結合基本賦予和基本收入。他的構想是每一位美國公民出生時獲得五萬美元的基本賦予，注入「公民資本帳戶」中。該帳戶的部分報酬可以領走，做為（部分的）基本收入，餘者則持續投資下去。隨著帳戶餘額增加，提取較大額報酬的可能性也相應增加。

4 受Julian Le Grand (2003) 啟發、當局大肆宣傳的「嬰兒債券」（baby bond），二〇〇五年由布萊爾政府在英國以「兒童信託基金」（Child Trust Fund）的名義推出，賦予每一名新生兒二五〇英鎊，最窮的三分之一家庭可額外得到二五〇英鎊。該方案二〇一一年廢止。西班牙二〇〇七年七月推出較為認真的全民生育獎勵（prestación por

的工作才能得到尊重的人在做。如果得到替代收入，有些做這種工作的人將不再工作。他們提供的服務將消失。我們不應認為這是一種損失，我們應視其為普遍文明狀態的小進步。」

46 Atkinson and Stiglitz 1980: 22.

47 Kameeta 2009: vii.

48 例如美國中年男性的實質時薪，便從一九七五年的八美元左右近乎倍增至二〇一三年的約十六美元（見http://blogs.ft.com/ftdata/2014/07/04/wages-over-the-long-run）。假設此類勞工一九七五年的邊際稅率為二五％，他們的邊際淨時薪為六美元。到二〇一三年時，即使邊際稅率提高至六二．五％，邊際淨時薪（理論上也是工作的物質誘因）也能免於衰退！

49 Cole 1949: 147.

50 Townsend 1968: 108. David Graeber (2014a) 以更刺激人的方式提出相同的論點：「我總是以監獄為例子：囚犯在那裡有飯吃，有衣服穿，有地方住，他們大可整天不做事。但是，獄方以工作機會獎勵犯人。如果你不規矩，獄方不會容許你在獄中的洗衣房工作。我想說的是，人其實想工作。沒有人希望無所事事，那是很無聊的。」在他迷人的「論烏托邦政治經濟理論的文章」中，Joseph Carens (1981) 更進一步表示：甚至針對勞動所得課徵一〇〇％的稅，也並非本質上有違經濟效率。這不過是非物質誘因成為主導力量的一種情況。

51 基本收入對促進各類企業發展的具體意義，是支持基本收入的重要經濟理由。有關自營作業者，可參考Brittan 1973, 2001和Nooteboom 1986；有關工人合作社，可參考Casassas 2016, Wright 2015: 436和Stern 2016: 190；有關勞資合夥事業（利潤分享企業），可參考Meade 1989, 1995；有關「另類創業」，可參考Obinger 2014。

52 參見Bovenberg and van der Ploeg 1995和Krause-Junk 1996。

53 Evelyn Forget (2011) 有關加拿大多芬市一九七〇年代的收入保障實驗結果的分析，常被引用來支持此一論點。但是，我們嘗試從實驗中推出結論時（見第六章），總是必須審慎分辨實驗測試的方案（多芬的實驗並非測試基本收入），以及該方案取代的情況（對某些家庭來說，原本是沒有任何收入援助的情況）。

54 自歐洲開始討論基本收入以來，保障與彈性的結合便一直是支持基本收入的核心經濟理由。參見Standing 1986, 1999, Van Parijs 1990。

55 如果一個人不再被迫出賣自己的勞動力以求生存，他就不再是商品。這正是為什麼Gøsta Esping-Andersen (1990: 47) 認為「不管理由付給公民一種社會工資」（這是他創造的說法，實際上也就是基本收入）是去商品化「非常先進的例子」。基本收入是極佳構想的一個基本理由，恰恰是它不但能促進這種意義上的去商品化，同時還能促進另一種意義上的商品化：原本被排除在就業市場以外的人，可能因此得以擺脫失業陷阱。

56 Simon Birnbaum (2012: chapter 6) 深入討論了基本收入的永續性與工作倫理的關係。他提出理由，說明永續的基本收入與貢獻社會（未必是以受薪工作的形式）的道德義務是相容和互補的；他認為在這裡，貢獻社會應該是一種道德義務，而非僅是一種可稱頌的美德。

57 Keynes 1930a/1972: 325, 328–9. 兩頁之後，凱因斯寫道：「我們將再次重視目的甚於手段，欣賞美善甚於有用。我們將尊崇那些能教我們如何充實正當度日的人，他們令人如沐春風，能從事物中獲得直接的樂趣，就像野地裡的百合花，毫不勞苦但欣欣向榮。但請注意！這一切還未到來。至少在未來一百年間，我們仍必須自欺欺人地以美為醜、以醜為美，因為醜有用而美無用。在未來一段日子裡，我們仍必須將

為一種「自我針對」的篩選手段：如果領取救濟必須通過羞辱性的考驗，只有真正需要的人會申請（參見Lang and Weiss 1990）。這種建議所仰賴的道德前提，當然和我們仰賴的不一樣。

35 參見Piketty 1999: 28。Bill Jordan (1991: 6) 指出，在需要審查經濟狀況的方案下，「因為不安全感和收入不足，加上重新領取救濟的拖延和效率問題，失業陷阱會產生強勁的作用。」實證證據可參考Delvaux and Cappi 1990和Jordan et al. 1992。

36 聲稱需要審查經濟狀況的方案製造出一種貧窮或失業陷阱，並不等同於聲稱人們絕不會接受得不償失的工作（也就是投入工作可以賺取的收入，並不多於因為投入工作而失去的救助金）。接受這種工作有時是有道理的，因為救助金一段時間之後會減少，又或者因為工作能造就不錯的前途。但這不代表經濟狀況審查不會製造出限制自由的陷阱，不會導致失業者不想投入工作。首先，有些人可以找到某些工作，但無法承擔投入這種工作涉及的費用或風險，他們因此不投入工作，而我們很難說這是「自願」失業。第二，某些低薪工作不能提高投入工作者的收入，而這往往意味著這些工作的生產力太沒希望了，導致雇主不想費心提供這種工作，即使當地並無最低工資法規阻止雇主提供這種工作。

37 也就是說，引進人人有份的基本收入方案，並不意味著最低工資法規必須廢除。我們稍後談到工會對基本收入方案的態度時，將再討論這一點（第七章）。

38 這種意義上的義務全免，不會使引進基本收入與貢獻社會的道德義務不相容。這一點很重要，本章稍後、第五章和第七章將再討論。

39 歐洲各國情況一覽參見Saraceno 2010。

40 Jordan 1973: 17.

41 打從歐洲開始討論基本收入起，基本收入的支持者有時便讚頌基本收入壓低工資的潛在作用，因為他們認為這可以促進就業。例如Cook (1979: 6–7) 便提到，這可以減緩節省勞力的技術變遷，而Ashby (1984: 17) 則提到，雇主「將不再必須支付勞工收入中維生的部分」。但是，也常有人以此做為反對基本收入的強烈理由，他們指基本收入是「補貼不願意支付足夠工資的雇主」（Workers Party 1985: 17, 34）。

42 沙利耶（Joseph Charlier 1848: 37）當年呼籲引進無條件基本收入，就已經很重視基本收入提升爛工作薪資的作用（見第四章）。

43 有關基本收入對工資的影響，Atkinson (1984: 29) 寫道：「有時會有人說，主要影響是雇主將能降低工資，但你得出什麼結論，很大程度上取決於你對勞動市場的運作做了哪些假設。例如勞動力供給減少，工資可能有上升的壓力，雖然總勞動所得仍可能減少。」第六章和第七章將再討論這問題。

44 海耶克（Hayek 1945: 522）強調以下這點是對的：「幾乎每個人相對於其他所有人都有某種優勢，因為他掌握一些獨特的資訊，或許能做有益的用途，但相關決定必須由他做出或在他的積極配合下做出，這種用途才能實現。」基本收入的作用，是賦予最弱勢者力量，使他們也能善用只有他們才掌握的寶貴在地知識。

45 傅立葉（Charles Fourier 1836: 49）早就指出，保證收入的方案（義務全免，但在傅立葉的提案中並非人人有份）將有助改善工作的素質：「一旦充足的最低收入得到保證，大眾將希望只做少量工作或完全不工作，此時必須有人能設法組織一種誘人的產業體制，確保人們雖然生活幸福但仍持續工作。」呼籲引進無條件收入保障的人，一再提到這一點。例如高伯瑞（Galbraith 1973: 1）在非常不同的二十世紀北美背景下，便這麼說：「我們也不能以某些經濟任務將不再有人承擔為理由，反對替代收入（alternative income）的概念。許多有辱人格的超低薪工作……如今是由那些沒有替代收入來源的人在做，或是一些相信便宜說法，認為自己必須做一些無用和有辱人格

26 一個方案可以僅具有這兩個「個人」特點的其中一個，例如比利時的最低收入方案對同居伴侶相對沒那麼慷慨，每人可得到的補助低於獨居者，但對同居伴侶個別支付相同的補助款。相反，伊朗二〇一〇年的「針對性補助法」（targeted subsidies law）賦予每一名伊朗公民相同的金額，但規定補助款由一家之長（通常為男性）收取（Tabatabai 2011）。

27 兒童基本收入由母親代收的假定，有兩方面的理由：針對購買行為的研究顯示，母親比父親更關心孩子的福利（例如參見Ringen 1997; Woolley 2004）；伴侶中的女性在人身和財務上通常較為脆弱，因此需要較多保護。在某些情況下，政府或許也有理由要求父母確保孩子定期做健康檢查和上學，才能享有基本收入。但是，執行此一條件要求應適度溫和：其作用應該是誘使所有家庭確保孩子能受惠於這些重要的服務，而不是剝奪最弱勢的一些家庭應可享有的福利。

28 注意，以「基本收入」為名的建議方案，並非全都符合此一條件。例如Joachim Mitschke (1985, 2004) 的Bürgergeld方案，便建議對同居伴侶每人支付低於獨居者的基本收入，而Murphy and Reed (2013: 31) 的「基本收入給付」也是這樣。

29 在多數國家，獨居者的額外補助，主要是採用同居成年人領取較低補助的方式（有時這是唯一的方式），例如在法國的積極互助收入（Revenu de Solidarité Active）方案下，同居成年人每人可得的補助為獨居成年人的七五％，瑞士社會救助（Sozialhilfe）方案是七七％，荷蘭援助金（Bijstand）方案為七二％，比利時的綜合收入（Revenu d'intégration）方案為六七%（以上均為二〇一五年的數據）。某些國家（例如法國、瑞士、英國）還採用一種方式：額外提供一筆居住補助，其金額隨家庭人數而增加，但沒有根據人數按比例增加那麼多。

30 二〇一五年四月，比利時聯邦政府決定監測瓦斯和食用水的使用情況，希望藉此偵測假裝同居以騙取社會補助的個案（"Te lage energief- actuur verraadt fraude," De Morgen, 9 April 2015）。

31 這個論點呼應了一項較具體的批評：對單親媽媽來說，家裡有個身體健全的男人，會導致她們喪失福利（參見Goodin 1982: 162）。這項批評在美國導致當局取消「需撫養兒童家庭之援助」（AFDC），於一九九六年以「貧困家庭暫時救助」取代之。如托賓（James Tobin 1966: 34）所言：「許多父親只能遺棄自己的孩子和孩子的母親，這是他們撫養孩子的唯一辦法。」

32 此處略過偶爾有人提出來支持人人有份的第四個理由：其慷慨程度在政治上比較經得起考驗（參見第七章）。

33 例如官方智庫「法國策略」（France Stratégie 2014b: 85）便指出，法國需要審查經濟狀況的最低收入方案（「積極互助收入」）請領率約為五〇％，目標則是八〇％。更多例子可參見Skocpol 1991, Atkinson 1993a, Korpi and Palme 1998, Bradshaw 2012, Warin 2012, Brady and Bostic 2015, Edin and Shaefer 2015。Brian Barry (2005: 210–11) 在他反對經濟狀況審查的有力呼籲中強調，許多理應請領這種救濟的人「是社會中教育程度最低的一群人，包括許多文盲，其比例高得可恥。他們當中有許多人勉力應付兩份工作和撫養多名小孩，很難有條件去瞭解相關救濟和填寫複雜的表格。」Anthony Atkinson (2015: 211–12) 進一步指出，程序複雜和汙名化的問題，如今愈來愈重要，因為申請手續對申請人電腦能力的要求愈來愈高，而且媒體對請領福利者有負面的報導。

34 注意，汙名化對請領率的負面影響並未受到一致的責難。例如Peter T. Bauer (1981: 20) 便表示，幫助低生產力人士的再分配手段「損害社會的前途，尤其是如果低生產力的人接受救濟不必承受恥辱，還視其為權利的話。」有時也有人建議利用汙名化做模不大的情況下，一地民眾的GNP可能明顯高於或低於當地的GDP。例如盧森堡的GNP便僅為該國GDP的三分之二。隨著全球化產生愈來愈大的影響，這種差異很可能將變得更大和更常見（參見Milanovic 2016: 237）。

16 例如美國參議員麥高文（George McGovern）建議每年提供一千美元的全民式補助（見第四章），相當於當時美國人均GDP的一六%，Charles Murray（2016）的每年一萬美元提議（見第七章），相當於人均GDP的一八%，勞工領袖史登（Andy Stern, 2016: 201）每年一萬二千美元的建議（見第七章）相當於二一·五%，而阿拉斯加的紅利（見第四章）從不曾達到阿拉斯加人均GDP的四%，二〇一六年瑞士公投（見第七章）發起人提議的金額，則接近瑞士人均GDP的四〇%。

17 根據美國統計局（Census Bureau）二〇一五年的標準和數據，貧窮線的稅前貨幣所得加權平均值，為六十五歲以下「不相關成年人」每年一二三三一美元，以及兩人家庭每年一五八七一美元（兩人均為成年人，戶主六十五歲以下，沒有必須撫養的兒童）。美國統計局以絕對標準界定貧窮，視家庭組成狀況，以四十八個不同的門檻評估負擔不起基本食物支出的美國人數目。官方最低標準並不因地區而異。有關美國基本收入的合適水準，可參考Walker (2016: 3–7) ，他支持每年一萬美元的基本收入。

18 歐盟界定「面臨陷入貧窮的風險」，是以各國計入移轉支付的稅後等值化（equivalized）所得中位數的六〇為標準。家庭成員的「等值化」所得，是以家庭總收入除以加權人數得出：第一名成年人的權重為1，而十四歲或以上每名家庭成員的權重為0.5，十四歲以下每名成員的權重為0.3。根據盧森堡所得研究中心（Luxembourg Income Study）的資料庫，美國人二〇一三年的等值化所得中位數為三一九五五美元；中位數的六〇%，換算為月收入為接近一千六百美元，顯著高於美國人均GDP的二五%。

19 例如社會學家桑內特（Richard Sennett; 2003: 140–1）討論基本收入時，便將基本收入將取代其他所有福利給付視為理所當然的事。

20 例如美國一九六四年便引進食物券計畫（二〇〇八年更名為「營養補給協助計畫」）。巴西總統魯拉二〇〇三年「零飢餓」計畫下的主要方案，也是採用這種形式，但很快便併入名為「家庭援助計畫」（Bolsa Familia）的綜合現金救濟方案中。

21 相關參考資料包括Gupta 2014（有關印度的情況），Matthews 2014（有關墨西哥的一項對照實驗），Cunha 2014，Salemi-Isfahani 2014:9（有關伊朗的現金救濟計畫），以及Hanlon et al. 2010（基於廣泛概覽提出有力的呼籲）。

22 甚至食物券也可能產生抑制當地經濟的效果，因為如果當地經濟主要是非正式的，當地商家可能不容易符合接受指定用途憑證的資格。

23 如Rutger Bregman (2016: 58) 所言：「現金的好處在於人們可以用它購買他們需要的東西，而非自詡專家的人認為他們需要的東西。」另一方面，Paul and Percival Goodman (1947/1960: 200)則主張提供實物。他們認為每一位公民都應該有權免費獲得「食物、一致的衣物、都會區以外的集體住宿、醫療和交通服務。」他們並為此提出一個基於自由的論點：「如果我們的目的是自由，超出最低需求的一切都必須嚴格排除，即使提供那些東西的成本極低，因為限制政治干預比提升生活水準更重要。」

24 有些臨時狀況可能無止境地持續下去，例如多年來，紅新月會一直為自一九七五年起便住在阿爾及利亞的撒哈拉難民（如今有超過十五萬人）提供實物式基本收入。歐盟執委會發展部門和聯合國世界糧食計畫署資助的食物、衣服和其他必需品，無條件定量分發給難民營所有居民（van Male 2003）。

25 有關現金與實物方案優劣的具體討論，請參見Myrdal 1945, Thurow 1974, 1977, Rothstein 1998, Currie and Gahvari 2008。

第四章），歷來的文獻包括Douglas (1924), Duboin (1932, 1945), Theobald (1963), Cook (1979: 4), Voedingsbond (1981: 1–4), Roberts (1982), Gerhardt and Weber (1983: 72–5), Meyer (1986)及Brittan (1988)。

7 教育的作用或許也類似：教育程度與就業機率有很強的相關性，這可能使人以為教育是達致充分就業的關鍵。但人們的平均教育程度即使大幅提高，失業風險顯然也未能相應降低。

8 Vanden Heuvel and Cohen 2014.

9 蘇普利希的儒家式說法，也能反映工會領袖史登（Andy Stern, 2016: 185）的信念：「我之所以支持無條件基本收入，是因為我認為我們必須直接處理貧窮問題的核心，也就是收入不足，而不是處理它造成的徵狀。」但是，他轉向支持無條件基本收入，其實是因為對現行的最低收入方案執行方式感到憤怒：「我看到福利制度如何羞辱窮人和懲罰失業者：站在失業者隊伍裡等幾個小時，然後必須證明自己這個月至少外出求職五次，即使外面其實沒什麼工作，實在是可怕的屈辱。」（Stern 2016: 187）既有方案的不友善特質，無疑也是傅利曼（Milton Friedman）希望另尋出路的部分原因（參見第二章）。他引述一名年輕人討論曼哈頓哈林區福利方案時對「那些倚賴福利的可憐寄生蟲」的描述：「他們的自由受政府官員嚴重干涉。沒有福利官員的許可，他們不能遷移到另一個地方。他們必須先取得採購單，才能替自己添購碗盤。他們的生活完全掌控在福利官員手上。」（Friedman 1973a: 27）

10 在BIEN最初的章程（一九八八年）中，基本收入的定義是：「無條件個別提供給所有人的一種收入，不審查經濟狀況，也不要求領取者工作。」BIEN的首爾會議（二〇一六年）略為修改了這項定義：「無條件定期個別支付的現金，不審查經濟狀況，也不要求領取者工作。」有關BIEN，參見本書第四章和www.basic income.org。

11 例如美國收入維持計畫委員會便使用「基本收入」一詞，該委員會在其一九六九年的最終報告中建議政府推行一種「基本收入支援方案」（Heineman 1969: 57）。紐澤西州的負所得稅實驗派發給參與家庭的小冊子中，也使用「基本收入」一詞（Kershaw and Fair 1976: 211–225）。參見第四章和第六章。

12 例如瑞士二〇一六年公投（參見第七章）發起人的提案，便將未成年人的基本收入設為成年人的四分之一，而Philippe Defeyt（2016）替比利時設計的基本收入具體提案，則將兒童的基本收入設為成年人的一半。但是，在現行的阿拉斯加分紅方案（第四章）和某些金額較慷慨的方案（例如Miller 1983）下，基本收入的金額是劃一的，不會因年齡而異。某些國家已實行的普遍兒童福利方案，可視為通往真正基本收入政策的重要步驟（參見第六章）。

13 即使金額不多，支付頻率仍可能成為熱烈爭論的議題。二〇〇五年，阿拉斯加州眾議院便曾討論一項法案，其目的是容許阿拉斯加州民選擇每季領取紅利，而非只能每年領取一次。這項法案遭到否決，因為有些人認為它反映某種不合理的家長作風。一名州眾議員表示：「我們必須容許那些領取紅利後亂花錢的人『承受自身不負責任行為的後果』。」（《安克拉治每日新聞報》，二〇〇五年三月三十日）

14 Stern 2016: 215.

15 這些用作例子的金額，是根據世界銀行的二〇一五年人均GDP估計值計算，資料來源為http://data.worldbank.org/indicator/NY.GDP.PCAP.CD和http://data.worldbank.org/indicator/NY.GDP.PCAP.PP.CD。無論是在這裡還是闡述具體的方案，我們均使用人均國內生產毛額（GDP），而非人均國民生產毛額（GNP，納入國民來自其他國家的淨所得）或人均國民所得（扣除政府和家庭的固定資本消耗），主要是因為人均GDP數據容易取得。在多數情況下，這種選擇並不重要。但在某些情況下，尤其是經濟規

注釋

第一章

1　Brynjolfsson and McAfee (2014) 和Frey and Osborne (2014) 提供了一些富影響力的預測。有關「第二個機器時代」即將來臨的預測，往往表達得富有戲劇性和說服力，許多人因此認為必須認真考慮基本收入這個構想。參見Santens 2014, Huff 2015, Srnicek and Williams 2015, Mason 2015 (284–286), Reich 2015 (chapters 22–23), Stern 2016 (chapter 3), Bregman 2016 (chapter 4), Walker 2016 (chapter 5), Thornhill and Atkins 2016, Wenger 2016, Reed and Lansley 2016, Reeves 2016和Murray 2016之類。

2　世上各國無論貧富，都可以在全球層面的不平等並未加劇的情況下，出現國內不平等加劇或兩極化的現象，例如中國和印度這兩個相對貧窮的大國的人均所得持續穩定成長所產生的。概要情況參見Milanovic 2016。

3　有關這許多因素和它們之間的交互作用，請參見從Wood 1994到Milanovic 2016的大量文獻。有關較少人注意的薪資反映（假定的）生產力的普遍情況變化造成的影響，請參見Frank and Cook (1995: chapter 3) 富洞察力的分析。

4　Jan Pen (1971: 48–59) 提議以身高按比例代表總收入，以一群人從矮到高出場遊行來反映所得分布。假設這場遊行歷時一小時，而你的所得屬平均水準，因此身高也屬平均水準。你觀看十八到五十九歲有工作或正在積極找工作的美國人一九八〇年和二〇一四年的兩場遊行，兩次到了最後幾分鐘，你都必須努力仰望才能看見出場的巨人，但你二〇一四年仰望的費力程度遠高於一九八〇年。在一九八〇年，你必須等到第三十四分鐘左右，才能看到身高和你一樣的人出場，而在二〇一四年，你必須再多等五分鐘。換句話說，剛好在中間時刻（第三十分鐘）出場的人身高相對於平均身高者有所萎縮。那些總收入未達到貧窮線（這裡就簡單假定二〇一四年為月收入一千美元，一九八〇年為平均月收入中的相同百分比）的人又如何？這些人太矮了：他們站著幾乎還不到你的膝蓋。這些侏儒在一九八〇年占用了遊行的頭九分鐘，在二〇一四年則多占用三分鐘。這些估計要感謝André Decoster、Kevin Spiritus和Toon Vanheukelom，資料來源包括IPUMS-CPS（現行人口調查）、INCWAGE（薪資所得）、INCBUS（非農營業所得）和INCFARM（農業所得）。收入不包括政府方案提供的所得、資本所得，以及家庭之間的收入移轉。二〇一四年貧窮線為月收入一千美元，相當於以一九九九年物價計算的年收入八五八〇美元，這是平均收入的二六・七%。用同樣的百分比套在一九八〇年的資料上。

5　英國的情況可以說明這種趨勢的極端形式：該國出現了「零工時契約」，也就是雇主要求雇員能夠全職投入工作，但事先不保證任何具體的工作時數。低收入自營作業人口大增，是此一趨勢的另一表現。在英國，二〇一〇至二〇一四年間產生的職位，四〇%屬自營作業類型。到這段時期結束時，每七名勞工便有一名為自營作業者，平均收入比二〇〇六年低二〇%（參見Roberts 2014和Cohen 2014）。Guy Standing (2011, 2014a) 記錄了這種「無保障者」（precariat）的出現，這是他呼籲趕快引進無條件基本收入的一個核心理由。

6　自動化技術損害就業，是二十世紀呼籲引進保證收入政策的人一再引用的理由（參見

Yamamori, Toru, and Yannick Vanderborght. 2014. "Income Security and the 'Right to Subsistence' in Japan." In Yannick Vanderborght and Toru Yamamori, eds., *Basic Income in Japan: Prospects for a Radical Reform in a Transforming Welfare State*, 1–11. New York: Palgrave Macmillan.

Yamashita, Junko. 2014. "The Impact of Basic Income on the Gendered Division of Paid Care Work." In Yannick Vanderborght and Toru Yamamori, eds. *Basic Income in Japan: Prospects for a Radical Reform in a Transforming Welfare State*, 117–130. New York: Palgrave Macmillan.

Yunker, James A. 1977. "The Social Dividend under Market Socialism." *Annals of Public and Cooperative Economy* 48(1): 91–133.

———. 2013. "The Basic Income Guarantee: A General Equilibrium Evaluation." *Basic Income Studies* 8(2): 203–233.

Zwolinski, Matt. 2011. "Classical Liberalism and the Basic Income." *Basic Income Studies* 6(2): 1–14.

———. 2013. "Why Did Hayek Support a Basic Income?" Libertarianism.org, December 23. http://www.libertarianism.org/columns/why-did-hayek-support-basic-income.

———. 2014. "The Pragmatic Libertarian Case for a Basic Income Guarantee." Cato Unbound blog, August 4. http://www.cato-unbound.org/2014/08/04/matt-zwolinski/pragmatic-libertarian-case-basic-income-guarantee.

Zylberman, Ariel. Forthcoming. "Bread as Freedom: Kant on the State's Duties to the Poor." In Dai Heide and Evan Tiffany, eds., *Kantian Freedom*.

———. 2011. "Why We Demand an Unconditional Basic Income: The ECSO Freedom Case." In Axel Gosseries and Yannick Vanderborght, eds., *Arguing about Justice: Essays for Philippe Van Parijs*, 387–394. Louvain-la-Neuve: Presses Universitaires de Louvain.

———. 2012. "Citizens' Capital Accounts: A Proposal." In Karl Widerquist and Michael Howard, eds., *Exporting the Alaska Model: Adapting the Permanent Fund Dividend for Reform around the World*, 183–203. New York: Palgrave Macmillan.

———. 2013. *Independence, Propertylessness and Basic Income: A Theory of Freedom as the Power to Say No.* New York: Palgrave Macmillan.

Widerquist, Karl, and Michael Howard, eds. 2012a. *Alaska's Permanent Fund Dividend: Examining Its Suitability as a Model.* New York: Palgrave Macmillan.

———. 2012b. *Exporting the Alaska Model: Adapting the Permanent Fund Dividend for Reform around the World.* New York: Palgrave Macmillan.

Widerquist, Karl, Jose A. Noguera, Yannick Vanderborght, and Jurgen De Wispelaere, eds. 2013. *Basic Income: An Anthology of Contemporary Research.* New York: Wiley-Blackwell.

Widerstrom, Klaus. 2010. "Erich Fromm and His Proposal for a Basic Income." Indybay, July 6. http://www.indybay.org/newsitems/2010/07/06/18652754.php.

Wilkinson, Richard G., and Kate Pickett. 2009. *The Spirit Level: Why More Equal Societies Almost Always Do Better.* London: Allen Lane.

Willmore, Larry. 2007. Universal Pensions for Developing Countries. *World Development* 35(1): 24–51.

Withorn, Ann. 1993/2013. "Is One Man's Ceiling Another Woman's Floor?" In Karl Widerquist et al., eds., *Basic Income: An Anthology of Contemporary Research*, 145–148. New York: Wiley-Blackwell.

Wogaman, P. 1968. *Guaranteed Annual Income: The Moral Issues.* Nashville: Abingdon Press.

Wood, Adrian. 1994. *North-South Trade, Employment and Inequality.* Oxford: Oxford University Press.

Woolf, Virginia. 1929/1977. *A Room of One's Own.* St Albans: Panther Books.

Woolley, Frances. 2004. "Why Pay Child Benefits to Mothers?" *Canadian Public Policy* 30(1): 47–69.

Workers Party. 1985. *Social Welfare for All.* Dublin: The Workers Party.

Wright, Erik O. 1986. "Why Something Like Socialism Is Necessary for the Transition to Something Like Communism." *Theory and Society* 15(5): 657–672.

———, ed. 2006. *Redesigning Distribution: Basic Income and Stakeholder Grants as Cornerstones of a More Egalitarian Capitalism.* London: Verso.

———. 2015. "Eroding Capitalism: A Comment on Stuart White's 'Basic Capital in the Egalitarian Toolkit.'" *Journal of Applied Philosophy* 32(4): 432–439.

WRR (Wetenschappelijke Raad voor het Regeringsbeleid). 1985. *Safeguarding Social Security.* The Hague: Netherlands Scientific Council for Government Policy.

Yamamori, Toru. 2014. "A Feminist Way to Unconditional Basic Income: Claimants Unions and Women's Liberation Movements in 1970s Britain." *Basic Income Studies* 9(1–2): 1–24.

Walker, Mark. 2016. *Free Money for All: A Basic Income Guarantee Solution for the Twenty-First Century.* New York: Palgrave Macmillan.

Waltenberg, Fabio. 2013. "Are Latin Americans—Brazilians in Particular—Willing to Support an Unconditional Citizen's Income?" In Ruben Lo Vuolo, ed., *Citizen's Income and Welfare Regimes in Latin America: From Cash Transfers to Rights,* 141–167. New York: Palgrave Macmillan.

Warin, Philippe. 2012. "Non-Demand for Social Rights: A New Challenge for Social Action in France." *Journal of Poverty and Social Justice* 20(1): 41–55.

Weitling, Wilhelm. 1845. *Garantien der Harmonie und Freiheit,* 2nd ed. Hamburg: Im Verlage des Verfassers.

Weitzman, Martin L. 1984. *The Share Economy: Conquering Stagflation.* Cambridge, MA: Harvard University Press.

Wenger, Albert. 2016. "World after Capital." Self-published essay. https://www.gitbook.com/book/worldaftercapital/worldaftercapital/details.

Werner, Götz. 2006. *Ein Grund für die Zukunft. Das Grundeinkommen.* Stuttgart: Verlag freies Geistesleben.

———. 2007. *Einkommen für alle.* Köln: Kiepenheuer & Witsch.

Werner, Götz, and Adrienne Goehler. 2010. *1000 € für jeden. Freiheit, Gleichheit, Grundeinkommen.* Berlin: Econ.

Werner, Götz, and Benediktus Hardorp. 2005. "Wir würden gewaltig reich warden." Der Spiegel Online, November 30.

Werner, Götz, and André Presse, eds. 2007. *Grundeinkommen und Konsumsteuer.* Karlsruhe: Universitätsverlag Karlsruhe.

Wernerus, Sabine. 2004. "Les syndicats contre l'allocation universelle? Mise en perspective des points de vue belges et québecois." Master's thesis, Université catholique de Louvain.

White, Stuart. 1996. "Reciprocity Arguments for Basic Income." Paper presented at the 6th Congress of the Basic Income European Network, Vienna, September 12–14.

———. 1997. "Liberal Equality, Exploitation, and the Case for an Unconditional Basic Income." *Political Studies* 45(2): 312–326.

———. 2003a. *The Civic Minimum.* Oxford: Clarendon Press.

———. 2003b. "Fair Reciprocity and Basic Income." In Andrew Reeve and Andrew Williams, eds., *Real Libertarianism Assessed: Political Theory after Van Parijs,* 136–160. London: Palgrave Macmillan.

———. 2015. "Basic Capital in the Egalitarian Toolkit?" *Journal of Applied Philosophy* 32(4): 417–431.

Widerquist, Karl. 1999. "Reciprocity and the Guaranteed Income." *Politics and Society* 33(3): 386–401.

———. 2005. "A Failure to Communicate: What (If Anything) Can We Learn from the Negative Income Tax Experiments." *Journal of Socioeconomics* 34(1): 49–81.

———. 2007. "International Distributive Justice." *The Blackwell's Companion to Political Philosophy*, ed. Robert E. Goodin, Philip Pettit, and Thomas Pogge, vol. 2, 638–652. Oxford: Blackwell.

———. 2009. "Political Ecology: From Autonomous Sphere to Basic Income." *Basic Income Studies* 4(2): 1–9.

———. 2011. *Linguistic Justice for Europe and for the World*. Oxford: Oxford University Press.

———. 2015a. "Epilogue: Justifying Europe." In Luuk van Middelaar and Philippe Van Parijs eds., *After the Storm: How to Save Democracy in Europe*, 247–261. Tielt: Lannoo.

———. 2015b. "Real Freedom for All Women (and Men). A Reply." *Law, Ethics and Philosophy* 3: 161–175.

Van Parijs, Philippe, Laurence Jacquet, and Claudio Salinas. 2000. "Basic Income and Its Cognates." In Robert J. van der Veen and Loek Groot, eds., *Basic Income on the Agenda*, 53–84. Amsterdam: Amsterdam University Press.

Van Parijs, Philippe, and Yannick Vanderborght. 2001. "From Euro-Stipendium to Euro-Dividend." *Journal of European Social Policy* 11(4): 342–346.

Van Rie, Tim, Ive Marx, and Jeroen Horemans. 2011. "Ghent Revisited: Unemployment Insurance and Union Membership in Belgium and the Nordic Countries." *European Journal of Industrial Relations* 17(2): 125–139.

Van Trier, Walter. 1992. "Het basisinkomen als derde weg?" *Streven* 59(9): 779–801.

———. 1995. "Everyone a King: An Investigation into the Meaning and Significance of the Debate on Basic Incomes." PhD diss., Katholieke Universiteit Leuven.

Varian, Hal. 1975/1979. "Distributive Justice, Welfare Economics and the Theory of Fairness." In F. Hahn and M. Hollis, eds., *Philosophy and Economic Theory*, 135–164. Oxford: Oxford University Press.

Varoufakis, Yanis. 2016. "The Universal Right to Capital Income." Project Syndicate, October 31. www.project-syndicate.org/commentary/basic-income-funded-by-capital-income-by-yanis-varoufakis-2016-10.

Ventry, Dennis J. 2000. "The Collision of Tax and Welfare Politics: The Political History of the Earned Income Tax Credit, 1969–99." *National Tax Journal* 53(4): 983–1026.

Vielle, Pascale, and Philippe Van Parijs. 2001. "La prime de virilité." *Le Soir*, December 1.

Vives, Jan Loys. 1533/1943. *Secours van den Aermen*. Brussels: Valero & Fils.

Vives, Johannes Ludovicus. 1526/2010. *De Subventione Pauperum. On the Relief of the Poor, or of Human Needs*. In Paul Spicker, ed., *The Origins of Modern Welfare*, 1–100. Oxford: Peter Lang.

Voedingsbond FNV. 1981. *Met z'n allen roepen in de woestijn. Een tussenrapport over het losser maken van de band tussen arbeid en inkomen*. Utrecht: Voedingsbond FNV.

Von Schmoller, Gustav. 1890. *Zur Social- und Gewerbepolitik der Gegenwart*. Leipzig: Duncker & Humblot.

Wachtel, Henry H. 1955. *Security for All and Free Enterprise: A Summary of the Social Philosophy of Josef Popper-Lynkeus*. New York: Philosophical Library.

Wagner, Adolf. 1881. *Der Staat und das Versicherungswesen*. Tübingen: Laupp.

———. 1989. *Basisinkomen. Van veenbrand naar gidsland.* Amsterdam: Politieke Partij Radikalen.

Van Ojik, Bram, and Bart Teulings. 1990. *De band tussen arbeid en inkomen: losser of vaster?* Amsterdam: Wetenschappelijk Bureau GroenLinks.

Van Parijs, Philippe. 1983. "L'allocation universelle." *Ecolo-Infos* (Namur) 16(7 February): 4–7.

———. 1985. "Marx, l'écologisme et la transition directe du capitalisme au communism." In Bernard Chavance, ed., *Marx en perspective,* 135–155. Paris: Ecole des Hautes Etudes en Sciences Sociales.

———. 1987a/2013. "A Green Case for Basic Income?" In K. Widerquist, J. A. Noguera, Y. Vanderborght, and J. De Wispelaere, eds., *Basic Income: An Anthology of Contemporary Research,* 269–274. Chichester: Wiley-Blackwell.

———. 1987b. "A Revolution in Class Theory." *Politics and Society* 15: 453–482.

———. 1988. "Rawls face aux libertariens." In Catherine Audard et al., *Individu et justice sociale. Autour de John Rawls,* 193–218. Paris: Le Seuil.

———. 1990. "The Second Marriage of Justice and Efficiency." *Journal of Social Policy* 19: 1–25.

———. 1991. "Why Surfers Should Be Fed: The Liberal Case for an Unconditional Basic Income." *Philosophy and Public Affairs* 20: 101–131.

———. 1992. "Competing Justifications of Basic Income." In Philippe van Parijs, ed., *Arguing for Basic Income: Ethical Foundations for a Radical Reform,* 3–43. London: Verso.

———. 1995. *Real Freedom for All: What (If Anything) Can Justify Capitalism?* Oxford: Oxford University Press.

———. 1997. "Reciprocity and the Justification of an Unconditional Basic Income. Reply to Stuart White." *Political Studies* 45: 327–330.

———. 1998. "James Tobin, the Demogrant and the Future of US Social Policy." *Basic Income* 29: 6–7. http://www.basic income.org/bien/pdf/BI29.pdf

———. 2001. "Real Freedom, the Market and the Family. Reply to Seven Critics." *Analyse & Kritik* 23: 106–131.

———. 2002. "Difference Principles." In Samuel Freeman, ed., *The Cambridge Companion to John Rawls,* 200–240. Cambridge: Cambridge University Press.

———, ed. 2003a. *Cultural Diversity versus Economic Solidarity.* Brussels: De Boeck Université. http://www.uclouvain.be/en-12569.html.

———. 2003b. "Hybrid Justice, Patriotism and Democracy: A Selective Reply." In Andrew Reeve and Andrew Williams, eds., *Real Libertarianism Assessed: Political Theory after Van Parijs,* 201–216. London: Palgrave Macmillan.

———. 2006. "Basic Income versus Stakeholder Grants: Some Afterthoughts on How Best to Redesign Distribution." In Erik Olin Wright, ed., *Redesigning Distribution: Basic Income and Stakeholder Grants as Cornerstones of a More Egalitarian Capitalism,* 199–208. London: Verso.

———. 2004a. "La faisabilité politique d'un revenu inconditionnel." PhD diss., Université catholique de Louvain.

———. 2004b. "Universal Basic Income in Belgium and the Netherlands: Implementation through the Back Door?" EUI Working Paper SPS No. 2004/4, European University Institute, Florence.

———. 2006. "Why Trade Unions Oppose Basic Income." *Basic Income Studies* 1(1): 1–20.

Vanderborght, Yannick, and Yuki Sekine. 2014. "A Comparative Look at the Feasibility of Basic Income in the Japanese Welfare State." In Yannick Vanderborght and Toru Yamamori, eds., *Basic Income in Japan: Prospects for a Radical Reform in a Transforming Welfare State,* 15–34. New York: Palgrave Macmillan.

Vanderborght, Yannick, and Philippe Van Parijs. 2001. "Assurance participation et revenu de participation. Deux manières d'infléchir l'état social actif." *Reflets et perspectives de la vie économique* 40: 183–196.

———. 2005. *L'Allocation universelle.* Paris: La Découverte.

Van der Veen, Robert J., and Philippe Van Parijs. 1986a. "A Capitalist Road to Communism." *Theory and Society* 15: 635–655.

———. 1986b. "Universal Grants versus Socialism. Reply to Six Critics." *Theory and Society* 15: 723–757.

———. 2006. "A Capitalist Road to Global Justice. Reply to Another Six Critics." *Basic Income Studies* 1(1): 1–15.

Van Donselaar, Gijs. 2009. *The Right to Exploit: Parasitism, Scarcity, and Basic Income.* Oxford: Oxford University Press.

———. 2015. "In Company of the Funny Sunny Surfer off Malibu." *Analyse & Kritik* 2: 305–317.

Van Hove, Hildegard et al. 2011. *Femmes et hommes en Belgique. Statistiques et indicateurs de genre,* 2e édition. Bruxelles: Institut pour l'égalité des femmes et des hommes.

Van Keirsbilck, Felipe. 2015. "Un horizon peut-être, un chemin sûrement pas." In *Allocation universelle: miroir aux alouettes,* special issue of *Ensemble!* 89: 23–24.

Van Lancker, Wim, and Natascha Van Mechelen. 2015. "Universalism under Siege? Exploring the Association between Targeting, Child Benefits and Child Poverty across 26 Countries." *Social Science Research* 5: 60–75.

Van Male, Patrick. 2003. "A Basic Income Funded by the EU?" BIEN NewsFlash 22, July.

Van Mechelen, Natascha, and Jonathan Bradshaw. 2013. "Child Poverty as a Government Priority: Child Benefit Packages for Working Families, 1992–2009." In Ive Marx and Kenneth Nelson, eds., *Minimum Income Protection in Flux,* 81–105. New York: Palgrave Macmillan.

Van Middelaar, Luuk. 2013. *The Passage to Europe: How a Continent Became a Union.* New Haven: Yale University Press.

Van Ojik, Bram. 1982. *Basisinkomen.* Amsterdam: Politieke Partij Radikalen Studiestichting.

———. 1983. "Basisinkomen en arbeidstijdverkorting." *Socialisme en Democratie* 10: 25–30.

———. 1985. *Basisinkomen. Over arbeidsethos, inkomen en emancipatie.* Amsterdam: PPR Studiestichting.

and Perspectives on the Viability of Income Guarantees, 153–175. New York: Palgrave Macmillan.
Torry, Malcolm. 2012. "The United Kingdom: Only for Children?" In Richard K. Caputo, ed., *Basic Income Guarantee and Politics: International Experiences and Perspectives on the Viability of Income Guarantees,* 235–263. New York: Palgrave Macmillan.
———. 2013. *Money for Everyone: Why We Need a Citizen's Income.* Bristol: Policy Press.
———. 2015. *101 Reasons for a Citizen's Income: Arguments for Giving Everyone Some Money.* Bristol: Policy Press.
———. 2016. *The Feasibility of Citizen's Income.* London: Palgrave Macmillan.
Townsend, Peter B. 1968. "The Difficulties of Negative Income Tax." In Townsend, *Social Services for All?* London: Fabian Society.
Tremblay, Robert. 1984. Lettre à Michel Rochon, Secrétaire de la Commission [Macdonald], Fédération québécoise anti-pauvreté, Québec, August 10.
Trudeau Foundation. 2013. *Backgrounder. Responsible Citizenship: A National Survey of Canadians.* Montreal: Trudeau Foundation.
Turgot, Anne-Robert Jacques. 1757. "Fondation." In *Encyclopédie,* tome 7, 72–77.
Unemployed Workers Movement. 1979. "The Guaranteed Minimum Income." Paper presented at the State Conference of UWU, Perth, Australia, July 28–29.
UNISON. 2016. Record of Decisions, 2016 Unison National Women's Conference, March 8, London. https://www.unison.org.uk/content/uploads/2016/03/2016-National-Womens-Conference-Decisions-Booklet.docx.
United Kingdom. 2015. "2010 to 2015 Government Policy: Welfare Reform. Appendix 1: Government Policy on Universal Credit, an Introduction." Policy paper, updated May 2015. Department for Work and Pensions, London. www.dwp.gov.uk/universal-credit.
Vallentyne, Peter. 2000. "Introduction: Left-Libertarianism—A Primer." In Peter Vallentyne and Hillel Steiner, eds., *Left-Libertarianism and Its Critics,* 1–20. Basingstoke: Palgrave Macmillan.
Vallentyne, Peter, and Hillel Steiner, eds. 2000a. *The Origins of Left-Libertarianism.* Basingstoke: Palgrave Macmillan.
———, eds. 2000b. *Left-Libertarianism and Its Critics.* Basingstoke: Palgrave Macmillan.
Van Berkel, Rik et al. 1993. *Met z'n allen zwijgen in de woestijn. Een onderzoek naar het basisinkomen binnen de Voedingsbond FNV.* University of Utrecht: Vakgroep Algemene Sociale Wetenschappen.
Vandenbroucke, Frank. 1997. "A propos de l'instauration pragmatique d'une allocation universelle." *La Revue nouvelle* 105: 161–166.
Vanden Heuvel, Katrina, and Stephen F. Cohen. 2014. "Edward Snowden: A 'Nation' Interview." *Nation*, October 20.
Vanderborght, Yannick. 2001. "La France sur la voie d'un 'revenu minimum inconditionnel'?" *Mouvements* 15–16: 157–165.
———. 2002. "Belgique: VIVANT ou l'allocation universelle pour seul programme electoral." *Multitudes* 8: 135–145.

Takamatsu, Rie, and Toshiaki Tachibanaki. 2014. "What Needs to Be Considered When Introducing a New Welfare System: Who Supports Basic Income in Japan?" In Yannick Vanderborght and Toru Yamamori, eds., *Basic Income in Japan: Prospects of a Radical Idea in a Transforming Welfare State*, 197–218. New York: Palgrave Macmillan.

Tanghe, Fernand. 1989. *Le Droit au travail entre histoire et utopie: de la répression de la mendicité à l'allocation universelle*. Florence: European University Institute.

———. 2014. "1848 and the Question of the *droit au travail*: A Historical Retrospective." In Elise Dermine and Daniel Dumont, eds., *Activation Policies for the Unemployed, the Right to Work and the Duty to Work*, 23–32. Brussels: Peter Lang.

Taylor-Gooby, Peter. 2013. "Why Do People Stigmatise the Poor at a Time of Rapidly Increasing Inequality, and What Can Be Done about It?" *Political Quarterly* 84(1): 31–42.

Theobald, Robert. 1961. *The Challenge of Abundance*. New York: Clarkson N. Potter.

———. 1963/1965. *Free Men and Free Markets*. New York: Anchor Books.

———. 1966. "The Guaranteed Income: What and Why." In John H. Bunzel, ed., *Issues of American Public Policy*, 99–108. Englewood Cliffs: Prentice-Hall.

———, ed. 1967. *The Guaranteed Income: Next Step in Socioeconomic Evolution?* New York: Doubleday.

Thornhill, John, and Ralph Atkins. 2016. "Basic Income: Money for Nothing." *Financial Times*, May 26. http://www.ft.com/intl/cms/s/0/7c7ba87e-229f-11e6-9d4d-c11776a5124d.html#axzz49pivjtkE.

Thurow, Lester C. 1974. "Cash versus In-Kind Transfers." *American Economic Review* 64(2): 190–195.

———. 1977. "Government Expenditures: Cash or In-Kind Aid?" In Gerald Dworkin, Gordon Bermant, and Peter G. Brown, eds., *Markets and Morals*, 85–106. New York: Wiley.

Tinbergen, Jan. 1956. *Economic Policy: Principles and Design*. Amsterdam: North Holland.

Tobin, James, Joseph A. Pechman, and Peter M. Mieszkowski. 1967. "Is a Negative Income Tax Practical?" *The Yale Law Journal* 77(1): 1–27.

Tobin, James. 1965. "On the Economic Status of the Negro." *Daedalus* 94: 878–898.

———. 1966. "The Case for an Income Guarantee." *The Public Interest* 4: 31–41.

———. 1968. "Raising the Incomes of the Poor." In Kermit Gordon, ed., *Agenda for the Nation*, 77–116. Washington DC: The Brookings Institution.

———. 1978. "A Proposal for International Monetary Reform." *Eastern Economic Journal* 4: 153–159.

———. 2001. "The Suplicy-Tobin Exchange." BIEN News Flash 11, September. www.basicincome.org/bien/pdf/NewsFlash3.pdf.

Tocqueville, Alexis de. 1833/1967. "Voyage en Angleterre de 1833." In Tocqueville, *Voyages en Angleterre et en Irlande*, ed. Jacob Peter Mayer, 3–120. Paris: Gallimard.

———. 1835/1997. *Memoir on Pauperism*. London: Civitas.

Tomlinson, John. 2012. "Australia: Will Basic Income Have a Second Coming?" In Richard K. Caputo, ed., *Basic Income Guarantee and Politics: International Experiences*

———. 2003. "Compatriot Solidarity and Justice among Thieves." In Andrew Reeve and Andrew Williams, eds., *Real Libertarianism Assessed: Political Theory after Van Parijs*, 161–171. Basingstoke: Palgrave Macmillan.

Stern, Andy. 2016. *Raising the Floor: How a Universal Basic Income Can Renew Our Economy and Rebuild the American Dream*. New York: Public Affairs.

Stigler, George. 1946. "The Economics of Minimum Wage Legislation." *American Economic Review* 36: 358–365.

Stiglitz, Joseph. 2012. *The Price of Inequality*. New York: Columbia University Press.

St John, Susan. 2016. "Can Older Citizens Lead the Way to a Universal Basic Income?" In Jennifer Mays, Greg Marston, and John Tomlinson, eds., *Basic Income in Australia and New Zealand: Perspectives from the Neoliberal Frontier*, 95–114. New York: Palgrave Macmillan.

St John, Susan, and Larry Willmore. 2001. "Two Legs are Better than Three: New Zealand as a Model for Old Age Pensions." *World Development* 29(8): 1291–1305.

Stoffaës, Christian. 1974. *Rapport du groupe d'étude de l'impôt négatif*. Paris: Commissariat du Plan.

Stoleru, Lionel. 1973. "Politique sociale et garantie des revenus." *Futuribles* 16: 47–68.

———. 1974a. *Vaincre la Pauvreté dans les pays riches*. Paris: Flammarion.

———. 1974b. "Coût et efficacité de l'impôt négatif." *Revue Economique* 5: 745–761.

Story, Michael. 2015. *Free Market Welfare: The Case for a Negative Income Tax*. London: Adam Smith Institute.

Sturn, Richard, and Dujmovits, Rudi. 2000. "Basic Income in Complex Worlds: Individual Freedom and Social Interdependencies." *Analyse und Kritik* 22(2): 198–222.

Summers, Lawrence H. 2016. "The Age of Secular Stagnation." *Foreign Affairs* 95(2): 2–9.

Suplicy, Eduardo M. 2006. *Renda de Cidadania. A saída é pela porta*, 4th ed. Sao Paulo: Cortez Editora.

———. 2011. "Towards an Unconditional Basic Income in Brazil?" In Axel Gosseries and Yannick Vanderborght, eds., *Arguing about Justice: Essays for Philippe Van Parijs*, 337–346. Louvain-la-Neuve: Presses Universitaires de Louvain.

Surrender, Rebecca. 2015. "South Africa: A Different Welfare and Development Paradigm?" In Reza Hasmath, ed., *Inclusive Growth, Development and Welfare Policy: A Critical Assessment*, 161–178. Oxford: Oxford University Press.

Sutter, John D. 2015. "The Argument for a Basic Income." CNN online, March 15. http://edition.cnn.com/2015/03/01/opinion/sutter-basic-income/index.html.

Sykes, Jennifer, Katrin Križ, Kathryn Edin, and Sarah Halpern-Meekin. 2015. "Dignity and Dreams: What the Earned Income Tax Credit (EITC) Means to Low-Income Families." *American Sociological Review* 80(2): 243–267.

Tabatabai, Hamid. 2011. "The Basic Income Road to Reforming Iran's Price Subsidies." *Basic Income Studies* 6(1), 1–24.

———. 2012. "From Price Subsidies to Basic Income: The Iran Model and Its Lessons." In Karl Widerquist and Michael Howard, eds., *Exporting the Alaska Model*, 17–32. New York: Palgrave Macmillan.

Soboul, Albert. 1962. *Histoire de la revolution française 1. De la Bastille à la Gironde.* Paris: Gallimard.

Social Justice Ireland. 2010. *Building a Fairer Tax System: The Working Poor and the Cost of Refundable Tax Credits.* Dublin: Social Justice Ireland.

Sombart, Werner. 1896/1905. *Sozialismus und soziale Bewegung.* Jena: Gustav Fischer, 1905. English translation: *Socialism and the Social Movement.* London: Dent & Co. and New York: Dutton & Co., 1990.

Sommer, Maximilian. 2016. *A Feasible Basic-Income Scheme for Germany: Effects on Labor Supply, Poverty, and Income Inequality.* Cham: Springer.

Spafford, Jesse. 2013. "Reconciling Basic Income and Immigration." Metamorphoses and Deformations, blog post, December 8. http://jessespafford.tumblr.com/post/69381354548/reconciling-basic-income-and-immigration.

Spence, Thomas. 1775/1982. *The Real Rights of Man.* In Spence, *The Political Works of Thomas Spence,* ed. H. T. Dickinson. Newcastle Upon Tyne: Avero.

———. 1782/1982. "A Supplement to the History of Robinson Crusoe." In Spence, *The Political Works of Thomas Spence,* ed. H. T. Dickinson. Newcastle Upon Tyne: Avero.

———. 1797/2004. "The Rights of Infants." In Spence, *The Origins of Universal Grants,* ed. John Cunliffe and Guido Erreygers, 81–91. Basingstoke: Palgrave Macmillan, 2004. Also available from http://thomas-spence-society.co.uk/4.html.

Spicker, Paul. 2010. *The Origins of Modern Welfare: Juan Luis Vives, De Subventione Pauperum, and City of Ypres, Forma Subventionis Pauperum.* Oxford: Peter Lang.

Srnicek, Nick, and Alex Williams. 2015. *Inventing the Future: Postcapitalism and a World without Work.* London: Verso.

Standing, Guy, and Michael Samson, eds. 2003. *A Basic Income Grant for South Africa.* Cape Town: University of Cape Town Press.

Standing, Guy. 1986. "Meshing Labour Flexibility with Security: An Answer to Mass Unemployment?" *International Labour Review* 125(1): 87–106.

———. 1999. *Global Labour Flexibility: Seeking Distributive Justice.* Basingstoke: Macmillan.

———. 2011. *The Precariat: The New Dangerous Class.* London: Bloomsbury.

———. 2012. "Why a Basic Income Is Necessary for a Right to Work." *Basic Income Studies* 7(2): 19–40.

———. 2014a. *A Precariat Charter: From Denizens to Citizens.* London: Bloomsbury.

———. 2014b. "Cash Transfers Can Work Better than Subsidies." *The Hindu,* December 6. www.thehindu.com/article6666913.ece.

Steensland, Brian. 2008. *The Failed Welfare Revolution: America's Struggle over Guaranteed Income Policy.* Princeton: Princeton University Press.

Steiber, Nadia, and Barbara Haas. 2012. "Advances in Explaining Women's Employment Patterns." *Socioeconomic Review* 10(2): 343–367.

Steiner, Hillel. 1992. "Three Just Taxes." In Philippe Van Parijs, ed., *Arguing for Basic Income: Ethical Foundations for a Radical Reform,* 81–92. London: Verso.

———. 1994. *An Essay on Rights.* Oxford: Blackwell.

Segal, Hugh. 2012. "Scrapping Welfare: The Case for Guaranteeing All Canadians an Income above the Poverty Line." *Literary Review of Canada* 20(10): 8–10.
Sen, Amartya. 2009. *The Idea of Justice.* Cambridge, MA: Harvard University Press.
———. 2012. "What Happened to Europe? Democracy and the Decisions of Bankers." *The New Republic,* August 2. http://www.tnr.com/article/magazine/105657/sen-europe-democracy-keynes-social-justice.
Sennett, Richard. 2003. *Respect in a World of Inequality.* New York: Norton.
Shachar, Ayelet. 2009. *The Birthright Lottery: Citizenship and Global Inequality.* Cambridge, MA: Harvard University Press.
Shapiro, Carl, and Joseph Stiglitz. 1984. "Equilibrium Unemployment as a Worker Discipline Device." *American Economic Review* 74(3): 433–444.
Shaviro, Daniel. 1997. "The Minimum Wage, the Earned Income Tax Credit, and Optimal Subsidy Policy." *The University of Chicago Law Review* 64(2): 405–481.
Sheahen, Allan. 2012. *Basic Income Guarantee: Your Right to Economic Security.* New York: Palgrave Macmillan.
Shipler, David K. 2004. *The Working Poor: Invisible in America.* New York: Vintage Books.
Shirky, Ckay. 2008. *Here Comes Everybody: The Power of Organizing without Organizations.* New York: Penguin Books.
Shulevitz, Judith. 2016. "It's Payback Time for Women." *New York Times,* January 8.
Simon, Herbert A. 1998. "Letter to BIEN on the Flat Tax and Our Common Patrimony." *Basic Income* 29: 8. http://www.basic income.org/bien/pdf/BI29.pdf.
———. 2001. "UBI and the Flat Tax." In Philippe Van Parijs et al., *What's Wrong with a Free Lunch?* 34–38. Boston: Beacon Press.
Sirugue, Christophe. 2016. *Repenser les minima sociaux—Vers une couverture socle commune.* Paris: La Documentation française.
Skidelsky, Robert, and Edward Skidelsky. 2011. *How Much Is Enough? Money and the Good Life.* London: Penguin Books.
Skidmore, Felicity. 1975. "Operational Design of the Experiment." In Joseph A. Pechman and P. Michael Timpane, eds., *Work Incentives and Income Guarantees: The New Jersey Negative Income Tax Experiment,* 25–59. Washington DC: Brookings Institution.
Skidmore, Thomas. 1829. *The Rights of Man to Property.* New York: Burt Franklin.
Skocpol, Theda. 1991. "Targeting within Universalism: Politically Viable Policies to Combat Poverty in the United States." In Christopher Jencks and Paul E. Peterson, eds., *The Urban Underclass,* 411–436. Washington DC: The Brookings Institution.
Sloman, Peter. 2016. "Beveridge's Rival: Juliet Rhys-Williams and the Campaign for Basic Income, 1942–55." *Contemporary British History* 30(2): 203–223.
Smith, Adam. 1776/1977. *The Wealth of Nations,* Harmondsworth: Penguin Books.
Smith, Jeff. 2006. "Fund Basic Income Grants Not from Income but from Outgo." *Georgist Journal* 104. www.georgistjournal.org/104-spring-2006/.
Snowden, Edward. 2014. "A Nation Interview." *The Nation,* November 17. www.thenation.com/article/186129/snowden-exile-exclusive-interview.

———. 2010. "Concepts and Practices of Social Citizenship in Europe: The Case of Poverty and Income Support for the Poor." In Jens Alber and Neil Gilbert, eds., *United in Diversity? Comparing Social Models in Europe and America,* 162–168. Oxford: Oxford University Press.

Sas, Willem, and Kevin Spiritus. 2015. "De Europese Centrale Bank kan de economie aanzwengelen met een beperkt monetair basisinkomen." *De Tijd*, April 9.

Schachtschneider, Ulrich. 2012. "Ökologisches Grundeinkommen—Ein Einstieg ist möglich." Paper presented at the 14th Congress of the Basic Income Earth Network (BIEN), Munich, September 14–16.

Scharpf, Fritz. 1993. "Von der Finanzierung der Arbeitslosigkeit zur Subventionierung niedriger Erwerbseinkommen." *Gewerkschaftliche Monatshefte* 7: 433–443.

———. 1994. "Negative Einkommensteuer—ein Programm gegen Ausgrenzung." *Die Mitbestimmung* 40(3): 27–32.

———. 1995. "Subventionierte Niedriglohn-Beschäftigung statt bezahlter Arbeitslosigkeit." *Zeitschrift für Sozialreform* 41(2): 65–82.

———. 2000. "Basic Income and Social Europe." In Robert J. van der Veen and Loek Groot, eds., *Basic Income on the Agenda,* 154–160. Amsterdam: Amsterdam University Press.

Schmähl, Winfried. 1992. "The Flat-Rate Public Pension in the German Social Policy Debate: From the Early 19th to the Late 20th Century." Arbeitspapier 6/92, Centre for Social Policy Research, Universität Bremen.

Schmid, Thomas, ed. 1984. *Befreiung von falscher Arbeit. Thesen zum garantierten Mindesteinkommen.* Berlin: Wagenbach.

Schmitt, Günther. 1980. "Vor einer Wende in der Agrarpolitik." *Agrarwitschaft* 29: 97–105.

Schmitter, Philippe, and Michael W. Bauer. 2001. "A (Modest) Proposal for Expanding Social Citizenship in the European Union." *Journal of European Social Policy* 11(1): 55–65.

Schor, Juliet B. 1993. *The Overworked American.* New York: Basic Books.

Schotter, Andrew. 1985. *Free Market Economics.* Cambridge: Cambridge University Press.

Schroeder, Wolfgang, Sascha Kristin Futh, and Bastian Jantz. 2015. "Change through Convergence? Reform Measures of European Welfare States in Comparison." Friedricht Ebert Stiftung Study, June.

Schulte-Basta, Dorotheee. 2010. *Ökonomische Nützlichkeit oder leistungsloser Selbstwert? Zur Kompatibilität von bedingungslosem Grundeinkommen und katholischer Soziallehre.* Freiberg: ZAS Verlag.

Scottish Green Party. 2014. "Citizen's Income." Green Yes, briefing note, August 10.

Scrope, George Julius Poulett. 1833. *Principles of Political Economy, deduced from the natural laws of social welfare, and applied to the present state of Britain.* London: Longman.

Scutella, Rosanna. 2004. "Moves to a Basic Income-Flat Tax System in Australia: Implications for the Distribution of Income and Supply of Labour." Melbourne Institute Working Paper No. 5/04, University of Melbourne.

Seekings, Jeremy, and Heidi Matisonn. 2013. "South Africa: The Continuing Politics of Basic Income." In Matthew C. Murray and Carole Pateman, eds., *Basic Income Worldwide: Horizons of Reform,* 128–150. New York: Palgrave Macmillan.

Roemer, John E. 1992. "The Morality and Efficiency of Market Socialism." *Ethics* 102: 448–464. Reprinted in J. E. Roemer, *Egalitarian Perspectives,* 287–302. Cambridge: Cambridge University Press, 1994.

———. 1996. *Equal Shares: Making Market Socialism Work.* London: Verso.

Roland, Gérard. 1988. "Why Socialism Needs Basic Income, Why Basic Income Needs Socialism." In Anne G. Miller, ed., *Proceedings of the First International Conference on Basic Income,* 94–105. London: BIRG.

Rosseels, David. 2009. *Implementation of a Tax on Electronic Transactions.* Université catholique de Louvain: Louvain School of Management.

Rossi, Peter H., and Katharine C. Lyall. 1976. *Reforming Public Welfare: A Critique of the Negative Income Tax Experiment.* New York: Russell Sage Foundation.

Rothbard, Murray N. 1982. *The Ethics of Liberty.* Atlantic Highlands NJ: Humanities Press.

Rothstein, Bo. 1998. *Just Institutions Matter: The Moral and Political Logic of the Universal Welfare State.* Cambridge: Cambridge University Press.

Rousseau, Jean-Jacques. 1754/1971. *Discours sur l'origine et les fondements de l'inégalité parmi les homes.* Paris: Flammarion.

———. 1762/2011. *Le Contrat social.* Paris: Le Livre de poche.

———. 1789/1996. *Les Confessions,* vol. 1. Paris: Pocket.

Russell, Bertrand. 1918/1966. *Roads to Freedom: Socialism, Anarchism and Syndicalism.* London: Unwin Books.

———. 1932/1976. "In Praise of Idleness." In Bertrand Russell, *In Praise of Idleness and Other Essays,* 11–25. London: Unwin Paperbacks.

Sala-i-Martin, Xavier, and Jeffrey Sachs. 1991. "Fiscal Federalism and Optimal Currency Areas: Evidence for Europe from the United States." NBER Working Paper no. 3855, October. http://www.nber.org/papers/w3855.

Sala-i-Martin, Xavier, and Arvind Subramanian. 2003. "Addressing the Natural Resource Curse: An Illustration from Nigeria." NBER Working Paper no. 9804, June. http://www.nber.org/papers/w9804.

Salam, Reihan. 2014. "Unconditional Basic Income? You're Kidding." Oregon Live, opinion, June 5. http://www.oregonlive.com/opinion/index.ssf/2014/06/one_great_welfare_mistake_slat.html.

Salehi-Isfahani, Djavad. 2014. "Iran's Subsidy Reform: From Promise to Disappointment." Policy Perspective no. 13, June, Economic Research Forum (ERF). http://erf.org.eg/wp-content/uploads/2015/12/PP13_2014.pdf.

Salverda, Wim. 1984. "Basisinkomen en inkomensverdeling. De financiële uitvoerbaarheid van het basisinkomen." *Tijdschrift voor Politieke Ekonomie* 8: 9–41.

Santens, Scott. 2014. "Why Should We Support the Idea of an Unconditional Basic Income: An Answer to a Growing Question of the 21st Century." Working Life blog, June 2, Medium Corporation. https://medium.com/working-life/why-should-we-support-the-idea-of-an-unconditional-basic-income-8a2680c73dd3.

Saraceno, Chiara. 1989. "Una persona, un reddito." *Politica ed Economi* 1: 27–32.

Reed, Howard, and Stewart Lansley. 2016. *Universal Basic Income: An Idea whose Time Has Come?* London: Compass.

Reeskens, Tim, and Wim van Oorschot. 2013. "Equity, Equality, or Need? A Study of Popular Preferences for Welfare Redistribution Principles across 24 European Countries." *Journal of European Public Policy* 20(8): 1174–1195.

Reeve, Andrew, and Andrew Williams, eds. 2003. *Real Libertarianism Assessed: Political Theory after Van Parijs.* Basingstoke: Palgrave Macmillan.

Reeves, Richard V. 2016. "Time to Take Basic Income Seriously." Brookings Opinion, February 23. http://www.brookings.edu/research/opinions/2016/02/23-time-to-take-basic-income-seriously-reeves.

Regnard, Albert. 1889. "Du droit à l'assistance." *La Revue socialiste* 10(September): 257–275. http://archive.org/stream/larevuesocialist10part/larevuesocialist10part_djvu.txt.

Reich, Robert. 2015. *Saving Capitalism: For the Many, Not the Few.* New York: Knopf.

Réseau Salariat. 2014. *Revenu inconditionnel ou salaire à vie?* Malzeville: Réseau Salariat.

Reynolds, Brigid, and Seán Healy, eds. 1995. *An Adequate Income Guarantee for All.* Dublin: CORI Justice Commission.

Rhys-Williams, Brandon. 1982. "The Reform of Personal Income Taxation and Income Support. Proposals for a Basic Income Guarantee." House of Commons, Sub-Committee on the Structure of Personal Income Taxation and Income Support, 420–424. London: HMSO.

Rhys-Williams, Juliet. 1943. *Something to Look Forward To: A Suggestion for a New Social Contract.* London: Macdonald.

Ricardo, David. 1817/1951. *Principles of Political Economy and Taxation.* In Piero Sraffa, ed., *The Works and Correspondence of David Ricardo,* vol. 1. Cambridge: Cambridge University Press.

Rignano, Eugenio. 1919. "A Plea for Greater Economic Democratization." *Economic Journal* 29: 302–308.

Ringen, Stein. 1997. *Citizens, Families and Reform.* Oxford: Oxford University Press.

Ritter, Gerhard A. 1904/1983. *Sozialversicherung in Deutschland und England.* München: Beck.

Roberts, Keith V. 1982. *Automation, Unemployment and the Distribution of Income.* Maastricht: European Centre for Work and Society.

Roberts, Yvonne. 2014. "Low-Paid Britain: 'People Have Had Enough. It's Soul Destroying.'" *The Observer,* August 30. http://www.theguardian.com/society/2014/aug/30/low-pay-britain-fightback-begins.

Robertson, James. 1989. *Future Wealth: A New Economics for the 21st Century.* London: Cassell.

———. 1994. *Benefits and Taxes: A Radical Strategy.* London: New Economics Foundation.

———, ed. 1998. *Sharing Our Common Heritage: Resource Taxes and Green Dividends.* Oxford: Oxford Centre for the Environment, Ethics and Society.

Robeyns, Ingrid. 2001a. "An Income of One's Own." *Gender and Development* 9: 82–89.

———. 2001b. "Will a Basic Income Do Justice to Women?" *Analyse und Kritik* 23: 88–105.

Prats, Magali. 1996. "L'allocation universelle à l'épreuve de la *Théorie de la justice*." *Documents pour l'enseignement économique et social* 106: 71–110.
Preiss, Joshua. 2015. "Milton Friedman on Freedom and the Negative Income Tax." *Basic Income Studies* 10(2): 169–191.
Quadagno, Jill. 1995. *The Color of Welfare: How Racism Undermined the War on Poverty*. New York: Oxford University Press.
Québec solidaire. 2014. *Plateforme électorale. Elections 2014*. Montréal: Québec solidaire.
Quinn, Michael. 1994. "Jeremy Bentham on the Relief of Indigence: An Exercise in Applied Philosophy." *Utilitas* 6(1): 81–96.
Raes, Koen. 1985. "Variaties op een thema. Kritiek op de loskoppeling." *Komma* 22: 21–32.
———. 1988/2013. "Basic Income and Social Power." In K. Widerquist Karl, J. A. Noguera, Y. Vanderborght, and J. De Wispelaere, eds., *Basic Income: An Anthology of Contemporary Research*, 246–254. New York: Wiley-Blackwell.
Rankin, Keith. 2016. "Basic Income as Public Equity: The New Zealand Case." In Jennifer Mays, Greg Marston, and John Tomlinson, eds., *Basic Income in Australia and New Zealand: Perspectives from the Neoliberal Frontier*, 29–51. New York: Palgrave Macmillan.
Rathke, Wade. 2001. "Falling in Love Again." In Philippe Van Parijs et al., *What's Wrong with a Free Lunch?* 39–42. Boston: Beacon Press.
Rätz, Werner, and Hardy Krampertz. 2011. *Bedingungsloses Grundeinkommen: woher, wozu und wohin?* Neu-Ulm: AG Spak.
Rätz, Werner, Dagmar Paternoga, and Werner Steinbach. 2005. *Grundeinkommen: bedingungslos*. Hamburg: VSA Verlag.
Raventos, Daniel. 1999. *El derecho a la existencia*, Barcelona: Ariel.
———. 2007. *Basic Income: The Material Conditions of Freedom*. London: Pluto Press.
Rawls, John. 1967. "Distributive Justice." In Rawls, *Collected Papers*, 130–153. Cambridge, MA: Harvard University Press.
———. 1971. *A Theory of Justice*. Cambridge, MA: Harvard University Press.
———. 1974. "Reply to Alexander and Musgrave." *Quarterly Journal of Economics* 88: 633–655. Reprinted in Rawls, *Collected Papers*, 232–253. Cambridge, MA: Harvard University Press.
———. 1988. "The Priority of Right and Ideas of the Good." *Philosophy and Public Affairs* 17: 251–276.
———. 1993. *Political Liberalism*. New York: Columbia University Press.
———. 1999. *The Law of Peoples*. Cambridge, MA: Harvard University Press.
———. 2001. *Justice as Fairness*. Cambridge, MA: Harvard University Press.
Rawls, John, and Philippe Van Parijs. 2003. "Three Letters on the Law of Peoples and the European Union." *Revue de philosophie économique* 8: 7–20.
Razin, Assaf, and Jackline Wahba. 2015. "Welfare Magnet Hypothesis, Fiscal Burden, and Immigration Skill Selectivity." *Scandinavian Journal of Economics* 117(2): 369–402.
Read, Samuel. 1829. *An Enquiry into the Natural Grounds of Right to Vendible Property or Wealth*. Edinburgh: Oliver and Boyd.

Pettit, Philip. 1999. *Republicanism: A Theory of Freedom and Government.* Oxford: Oxford University Press.

Phelps, Edmund S. 1994. "Low-Wage Employment Subsidies versus the Welfare State." *American Economic Review, Papers and Proceedings* 84(2): 54–58.

———. 1997. *Rewarding Work.* Cambridge, MA: Harvard University Press.

———. 2001. "Subsidize Wages." In Philippe Van Parijs et al., *What's Wrong with a Free Lunch?* 51–59. Boston: Beacon Press.

Pickard, Bertram. 1919. *A Reasonable Revolution. Being a Discussion of the State Bonus Scheme—A Proposal for a National Minimum Income.* London: George Allen & Unwin.

Pigou, Arthur Cecil. 1920/1932. *The Economics of Welfare.* London: MacMillan.

Piketty, Thomas. 1994. "Existence of Fair Allocations in Economies with Production." *Journal of Public Economics* 55: 391–405.

———. 1997. "La redistribution fiscale face au chômage." *Revue française d'économie* 12: 157–201.

———. 1999. "Allocation compensatrice de revenu ou revenu universel." In R. Godino et al., *Pour une réforme du RMI, Notes de la Fondation Saint Simon* 104, 21–29.

———. 2014. *Capital in the Twenty-First Century.* Cambridge, MA: Harvard University Press.

———. 2015a. *The Economics of Inequality.* Cambridge, MA: Harvard University Press.

———. 2015b. "Capital, Inequality and Justice: Reflections on *Capital in the 21st Century.*" *Basic Income Studies* 10(1): 141–156.

Piketty, Thomas, and Emmanuel Saez. 2012. "Optimal Labor Income Taxation." NBER Working Paper 18521, November, NBER, Cambridge, MA.

Pisani-Ferry, Jean, ed. 2000. *Plein emploi.* Paris: Conseil d'Analyse économique—La Documentation Française.

Pisani-Ferry, Jean, Erkki Vihriälä, and Guntram Wolff. 2013. "Options for an Euro-Area Fiscal Capacity." January, Bruegel Policy Contribution, Brussels.

Piven, Frances Fox, and Richard Cloward. 1993. *Regulating the Poor: The Functions of Public Welfare,* updated edition. New York: Vintage Books.

Pogge, Thomas. 1994. "An Egalitarian Law of Peoples." *Philosophy and Public Affairs* 23(3): 195–224.

———. 2001. "Eradicating Systemic Poverty: Brief for a Global Resources Dividend." *Journal of Human Development and Capabilities* 2(1): 59–77.

———. 2005. "Global Justice as Moral Issue: Interview with Alessandro Pinzani." *Ethic@* 4(1): 1–6.

Polanyi, Karl. 1944/1957. *The Great Transformation: The Political and Economic Origins of Our Time.* Boston: Beacon Press.

Popper, Karl. 1948/1963. "Utopia and Violence." In Popper, *Conjectures and Refutations,* 355–363. London: Routledge.

Popper-Lynkeus, Joseph. 1912. *Die allgemeine Nährpflicht als Lösung der sozialen Frage.* Dresden: Carl Reissner Verlag.

Painter, Anthony, and Chris Thoung. 2015. *Creative Citizen, Creative State: The Principled and Pragmatic Case for a Universal Basic Income.* London: Royal Society for the Encouragement of Arts.

Parker, Hermione. 1982. "Basic Income Guarantee Scheme: Synopsis." In *The Structure of Personal Income Taxation and Income Support* (House of Commons, Treasury and Civil Service Committee), 424–453. London: HMSO.

———. 1988. "Obituary: Sir Brandon Rhys-Williams." *BIRG Bulletin* 8: 21–22.

———. 1989. *Instead of the Dole: An Enquiry into the Integration of the Tax and Benefit Systems.* London: Routledge.

———. 1993. "Citizen's Income and Women." Discussion Paper no. 2, Citizens Income Study Centre, London.

Parti socialiste. 2016. "Entreprendre, travailler, s'accomplir. Les Cahiers de la Présidentielle." April, Parti socialiste, Paris. http://www.parti-socialiste.fr/wp-content/uploads/2016/04/CAHIER_n1_entreprendre_DEF2.pdf.

Pateman, Carole. 2004/2013. "Free-Riding and the Household." In Karl Widerquist, Jose A. Noguera, Yannick Vanderborght, and Jurgen De Wispelaere, eds., *Basic Income: An Anthology of Contemporary Research,* 173–177. New York: Wiley-Blackwell.

———. 2006. "Democratizing Citizenship: Some Advantages of a Basic Income." In Erik Olin Wright, ed., *Redesigning Distribution,* 101–119. London: Verso.

———. 2011. "Securing Women's Citizenship: Indifference and Other Obstacles." *Eurozine,* March 7. http://www.eurozine.com/articles/2011-03-07-pateman-en.html.

Pechman, Joseph A., and P. Michael Timpane, eds. 1975. *Work Incentives and Income Guarantees: The New Jersey Negative Income Tax Experiment.* Washington DC: Brookings Institution.

Peeters, Hans, and Axel Marx. 2006. "Lottery Games as a Tool for Empirical Basic Income Research." *Basic Income Studies* 1(2): 1–7.

Pelzer, Helmut. 1996. "Bürgergeld—Vergleich zweier Modelle." *Zeitschrift für Sozialreform* 42: 595–613.

Pen, Jan. 1971. *Income Distribution.* London: Alan Lane Penguin Press.

Peny, Christine. 2011. "Les dépôts de mendicité sous l'Ancien Régime et les débuts de l'assistance publique aux malades mentaux (1764–1790)." *Revue d'histoire de la protection sociale* 1(4): 9–23.

Permanent Fund Dividend Division. 2015. Annual report 2015, State of Alaska, Department of Revenue, Juneau.

Perrin, Guy. 1983. "L'assurance sociale—ses particularités—son rôle dans le passé, le présent et l'avenir." In Peter A. Köhler and Hans Friedrich Zacher, eds., *Beiträge zu Geschichte und aktueller Situation der Sozialversicherung,* 29–73. Berlin: Duncker & Humblot.

Petersen, Hans-Georg. 1997. "Pros and Cons of a Negative Income Tax." In Herbert Giersch, ed., *Reforming the Welfare State,* 53–82. Berlin: Springer.

Peterson, Paul E. 1995. *The Price of Federalism.* Washington DC: Brookings.

Peterson, Paul E., and Mark C. Rom. 1990. *Welfare Magnets: A New Case for National Standards.* Washington DC: Brookings Institution.

nomics, Inc., Cambridge, MA, for Citizens' Climate Lobby, Coronado CA. http://citizensclimatelobby.org/wp-content/uploads/2014/06/REMI-carbon-tax-report-62141.pdf.

Obinger, Julia. 2014. "Beyond the Paradigm of Labor: Everyday Activism and Unconditional Basic Income in Urban Japan." In Yannick Vanderborght and Toru Yamamori, eds., *Basic Income in Japan: Prospects of a Radical Idea in a Transforming Welfare State,* 141–155. New York: Palgrave Macmillan.

OECD. 2012. *OECD Economic Surveys: European Union 2012.* Paris: OECD Publishing.

Offe, Claus. 1985. "He Who Does Not Work Shall Nevertheless Eat." *Development* 2: 26–30.

———. 1992. "A Non-Productivist Design for Social Policies." In Philippe Van Parijs, ed., *Arguing for Basic Income: Ethical Foundations for a Radical Reform,* 61–78. London: Verso.

———. 1996a. "Full Employment: Asking the Wrong Question?" In Erik O. Eriksen and Jorn Loftager, eds., *The Rationality of the Welfare State,* 121–131. Oslo: Scandinavian University Press.

———. 1996b. "A Basic Income Guaranteed by the State: A Need of the Moment in Social Policy." In Offe, *Modernity and the State: East, West,* 201–221. Cambridge, MA: Polity.

Ontario. 2016. *Jobs for Today and Tomorrow. 2016 Ontario Budget: Budget Papers.* Ontario: Queen's Printer for Ontario. http://www.fin.gov.on.ca/en/budget/ontariobudgets/2016/papers_all.pdf.

Opielka, Michael, and Ilona Ostner, eds. 1987. *Umbau des Sozialstaats.* Essen: Klartext.

Opielka, Michael, and Georg Vobruba, eds. 1986. *Das garantierte Grundeinkommen. Entwicklung und Perspektiven einer Forderung.* Frankfurt: Fischer.

O'Reilly, Jacqueline. 2008. "Can a Basic Income Lead to a More Gender Equal Society?" *Basic Income Studies* 3(3): 1–7.

Orloff, Ann S. 1990/2013. "Why Basic Income Does Not Promote Gender Equality." In Karl Widerquist et al., eds., *Basic Income: An Anthology of Contemporary Research,* 149–152. New York: Wiley-Blackwell.

Ortiz, Isabel. 2015. "Social Protection for Children: Key Policy Trends and Statistics." Social Protection Policy Paper 14, December 6, International Labour Organization, Geneva. http://www.ilo.org/secsoc/information-resources/publications-and-tools/policy-papers/WCMS_366592/lang—en/index.htm.

Osterkamp, Rigmar. 2013a. "Lessons from Failure." Development and Cooperation blog post, March 5. www.dandc.eu/en/article/disappointing-basic-income-grant-project-namibia.

———. 2013b. "The Basic Income Grant Pilot Project in Namibia: A Critical Assessment." *Basic Income Studies* 8(1): 71–91.

Otsuka, Michael. 2003. *Libertarianism without Inequality.* Oxford: Oxford University Press.

Paine, Thomas. 1791/1974. "The Rights of Man." In Philip S. Foner, ed., *The Life and Major Writings of Thomas Paine,* 241–458. New York: Citadel Press.

———. 1796/1974. *Agrarian Justice.* In Philip S. Foner, ed., *The Life and Major Writings of Thomas Paine,* 605–623. New York: Citadel Press.

Murphy, Richard, and Howard Reed. 2013. "Financing the Social State: Towards a Full Employment Economy." Policy paper, April, Centre for Labour and Social Studies, London.

Murray, Charles. 2006. *In Our Hands: A Plan to Replace the Welfare State.* Washington, DC: AEI Press.

———. 2016. "A Guaranteed Income for Every American." *Wall Street Journal,* June 3. http://www.wsj.com/articles/a-guaranteed-income-for-every-american-1464969586.

Musgrave, Richard A. 1974. "Maximin, Uncertainty, and the Leisure Trade-Off." *Quarterly Journal of Economics* 88(4): 625–632.

Mylondo, Baptiste. 2010. *Un revenu pour tous! Précis d'utopie réaliste.* Paris: Utopia.

———. 2012. "Can a Basic Income Lead to Economic Degrowth?" Paper presented at the 14th Congress of the Basic Income Earth Network (BIEN), Munich, September 14–16.

Myrdal, Alva. 1945. "In Cash or In Kind." In Alva Myrdal, *Nation and Family: The Swedish Experiment in Democratic Family and Population Policy,* 133–153. London: Kegan Paul.

National Welfare Rights Organization. 1969/2003. "Proposals for a Guaranteed Adequate Income (1969)." In Gwendolyn Mink and Rickie Solinger, eds. *Welfare: A Documentary History of U.S. Policy and Politics,* 320–321. New York: New York University Press.

Nicholls, George. 1854. *A History of the English Poor Law in Connexion with the Legislation and Other Circumstances Affecting the Condition of the People,* vol. 1. London: John Murray.

Nichols, Austin, and Jesse Rothstein. 2015. "The Earned Income Tax Credit (EITC)." NBER Working Paper 21211, May. http://www.nber.org/papers/w21211.

Nixon, Richard. 1969. "Address to the Nation on Domestic Programs." August 8. Online by Gerhard Peters and John T. Woolley, *The American Presidency Project.* http://www.presidency.ucsb.edu/ws/?pid=2191.

Nobrega, Francisco. 2015. "Basic Income Alternative Reconsidered." Basic Income Earth Network blog post, June 12. http://basicincome.org/news/2015/06/basic-income-alternatives-reconsidered/.

Noguchi, Eri. 2012. "The Cost-Efficiency of a Guaranteed Jobs Program: Really? A Response to Harvey." *Basic Income Studies* 7(2): 52–65.

Nooteboom, Bart. 1986. "Basic Income as a Basis for Small Business." *International Small Business Journal* 5(3): 10–18.

Nozick, Robert. 1974. *Anarchy, State and Utopia.* Oxford: Blackwell.

———. 1989. *The Examined Life: Philosophical Meditation.* New York: Simon & Schuster.

Nyerere, Julius K. 1968. *Ujamaa: Essays on Socialism.* Oxford: Oxford University Press.

Nyland, Chris, Mingqiong Zhang, and Cherrie Jiuhua Zhu. 2014. "The Institution of Hukou-Based Social Exclusion: A Unique Institution Reshaping the Characteristics of Contemporary Urban China." *International Journal of Urban and Regional Research* 38(4): 1437–1457.

Nystrom, Scott, and Patrick Luckow. 2014. "The Economic, Climate, Fiscal, Power, and Demographic Impact of a National Fee-and-Dividend Carbon Tax." Prepared by Regional Economic Models, Inc., Washington DC, and Synapse Energy Eco-

———. 1870/1969. *Autobiography*. Oxford: Oxford University Press.
———. 1879/1987. *On Socialism*. Buffalo NY: Prometheus Books.
Miller, Anne G. 1983. "In Praise of Social Dividends." Working Paper 83.1, Department of Economics, Heriot-Watt University, Edinburgh.
———. 1988. "Basic Income and Women." In Anne G. Miller, ed., *Proceedings of the First International Conference on Basic Income*, 11–23. London: BIRG and Antwerp: BIEN.
Miller, David. 1992. "Distributive Justice: What the People Think." *Ethics* 102: 555–593.
Miller, Raymond K. 1987. "Social Credit, an Analysis of New Zealand's Perennial Third Party." PhD diss., University of Auckland.
Milner, Dennis. 1920. *Higher Production by a Bonus on National Output: A Proposal for a Minimum Income for All Varying with National Productivity*. London: George Allen & Unwin.
Milner, Mabel, and Dennis Milner. 1918. *Scheme for a State Bonus*. London: Kent, Simpkin, Marshall & Co.
Mirrlees James A. 1971. "An Exploration in the Theory of Optimum Income Taxation." *Review of Economic Studies* 38(2): 175–208.
Mitschke, Joachim. 1985. *Steuer- und Transferordnung aus einem Guß. Entwurf einer Neugestaltung der direkten Steuern und Sozialtransfers in der Bundesrepublik Deutschland*. Baden-Baden: Nomos.
———. 1997. "Höhere Niedriglöhne durch Sozialhilfe oder Bürgergeld?" *Frankfurter Allgemeine*, September 28.
———. 2004. *Erneuerung des deutschen Einkommensteuerrechts*. Köln: Otto Schmidt Verlag.
Montesquieu, Charles-Louis de Secondat, baron de. 1748. *L'Esprit des Lois*, vol. 2. Paris: Flammarion.
More, Thomas. 1516/1978. *Utopia*. Harmondsworth: Penguin.
Morini, Cristina. 1999. "Alla ricerca della libertà: donne e reddito di cittadinanza." In Andrea Fumagalli and Maurizio Lazzarotto, eds., *Tute bianche. Disoccupazione di massa e reddito di cittadinanza*, 45–54. Rome: Derive Approdi.
Moynihan, Daniel Patrick. 1973. *The Politics of a Guaranteed Income: The Nixon Administration and the Family Assistance Plan*. New York: Random House.
Muellbauer, John. 2014. "Quantitative Easing for the People." Project Syndicate blog post, November 5. https://www.project-syndicate.org/commentary/helicopter-drops-eurozone-deflation-by-john-muellbauer-2014-11?barrier=true.
Müller, Christian, and Daniel Straub. 2016. *Die Befreing der Schweiz. Über das bedingungslose Grundeinkommen*. Zürich: Limmat Verlag.
Müller, Tobias. 2004. "Evaluating the Economic Effects of Income Security Reforms in Switzerland: An Integrated Microsimulation—Computable General Equilibrium Approach." June, Department of Econometrics, University of Geneva.
Mulvale, James P., and Yannick Vanderborght. 2012. "Canada: A Guaranteed Income Framework to Address Poverty and Inequality?" In Richard K. Caputo, ed., *Basic Income Guarantee and Politics: International Experiences and Perspectives on the Viability of Income Guarantees*, 177–201. New York: Palgrave Macmillan.

McGovern, George. 1974. *An American Journey: The Presidential Speeches of George McGovern.* New York: Random House.

———. 1977. *Grassroots: The Autobiography of George McGovern.* New York: Random House.

McGovern, George, and Wassily Leontief. 1972. "George McGovern: On Taxing and Redistributing Income." *New York Review of Books,* May 4.

McKay, Ailsa. 2001. "Rethinking Work and Income Maintenance Policy: Promoting Gender Equality through a Citizens Basic Income." *Feminist Economics* 7: 93–114.

———. 2005. *The Future of Social Security Policy: Women, Work and a Citizen's Basic Income.* London: Routledge.

———. 2007. "Why a Citizens' Basic Income? A Question of Gender Equality or Gender Bias." *Work, Employment & Society* 21: 337–348.

McLuhan, Marshall. 1967. "Guaranteed Income in the Electric Age." In Robert Theobald, ed., *The Guaranteed Income: Next Step in Socioeconomic Evolution?* 194–205. New York: Doubleday.

Meade, James E. 1935/1988. "Outline of an Economic Policy for a Labour Government." In Meade, *The Collected Papers of James Meade,* ed. Susan Howsen, vol. 1: *Employment and Inflation,* ch. 4. London: Unwin Hyman.

———. 1937. *An Introduction to Economic Analysis and Policy.* Oxford: Oxford University Press.

———. 1938. *Consumers' Credits and Unemployment.* Oxford: Oxford University Press.

———. 1948. *Planning and the Price Mechanism: The Liberal-Socialist Solution.* London: Allen and Unwin.

———. 1957. "The Balance of Payments Problems of a Free Trade Area." *Economic Journal* 67(3): 379–396.

———. 1971. *The Intelligent Radical's Guide to Economic Policy.* London: Allen and Unwin.

———. 1989. *Agathotopia: The Economics of Partnership.* Aberdeen: Aberdeen University Press.

———. 1993. *Liberty, Equality and Efficiency.* London: Macmillan.

———. 1995. *Full Employment Regained?* Cambridge: Cambridge University Press.

Meade, James E., ed. 1978. *The Structure and Reform of Direct Taxation. Report of a Committee Chaired by James E. Meade.* London: George Allen & Unwin.

———. 1991. "Basic Income in the New Europe." *BIRG Bulletin* 13: 4–6.

Meyer, Niels I. 1986. "Alternative National Budget for Denmark Including a Basic Income." Paper presented at the First International Conference on Basic Income, Louvain-la-Neuve, September.

Meyer, Niels I., Kristen Helveg Petersen, and Villy Sørensen. 1978. *Oprør fra midten,* Copenhague: Gyldendal. English translation: *Revolt from the Center.* London: Marion Boyars, 1981.

Milanovic, Branco. 2016. *Global Inequality: A New Approach for the Age of Globalization.* Cambridge, MA: Harvard University Press.

Mill, John Stuart. 1848/1904. *Principles of Political Economy.* London: Longmans, Green & Co.

———. 1861. *Considerations on Representative Government.* London: Parker, Son, and Bourn.

Locke, John. 1689. *First Treatise on Government.* London: Awnsham Churchill.

———. 1697. "On the Poor Law and Working Schools." http://la.utexas.edu/users/hcleaver/330T/350kPEELockePoorEdTable.pdf.

Long, Huey P. 1934. "Share Our Wealth: Every Man a King." In Robert C. Byrd, ed., *The Senate 1789–1989: Classic Speeches 1830–1993,* vol. 3, Bicentennial Edition, 587–593. Washington DC: U.S. Senate Historical Office, 1994. Radio address transcript: http://www.senate.gov/artandhistory/history/resources/pdf/EveryManKing.pdf.

———. 1935. "Statement of the Share Our Wealth Movement (May 23, 1935)." *Congressional Record,* 74th Congress, first session, vol. 79, 8040–43.

Longman, Phillip. 1987. *Born to Pay: The New Politics of Aging in America.* Boston: Houghton Mifflin.

Lubbers, Ruud F. M. 1985. "Standpunt met betrekking tot het WRR rapport 'Waarborgen voor zekerheid.'" The Hague: Kabinet van de Minister-President, 9 oktober.

Lubbi, Greetje. 1991. "Towards a Full Basic Income." *Basic Income Research Group Bulletin* (London) 12 (February 1991): 15–16.

Luxemburg, Rosa. 1918. "Die Sozialisierung der Gesellschaft." In *Gesammelte Werke,* Berlin 1970–1975, vol. 4, 431–434. English translation: "The Socialisation of Society." www.marxists.org/archive/luxemburg/1918/12/20.

Machiavelli, Niccoló. 1517/1969. *Discorsi sopra la prima deca di Tito Livio.* Reprinted in N. Machiavelli, *Opere,* 69–342. Milano: Mursia.

Malthus, Thomas Robert. 1798/1976. *An Essay on the Principle of Population.* New York: Norton.

Marc, Alexandre. 1972. "Redécouverte du minimum vital garanti." *L'Europe en formation* 143: 19–25.

———. 1988. "Minimum social garanti, faux ou vrai?" *L'Europe en formation* 272: 13–21.

Marcuse, Herbert. 1967. *Das Ende der Utopie und das Problem der Gewalt.* Berlin: Verlag Peter von Maikowski. English translation: Herbert Marcuse Home Page, May 2005.

Martz, Linda. 1983. *Poverty and Welfare in Habsburg Spain: The Example of Toledo.* Cambridge: Cambridge University Press.

Marx, Axel, and Hans Peeters. 2004. "Win for Life: An Empirical Exploration of the Social Consequences of Introducing a Basic Income." COMPASSS working paper WP2004–29.

Marx, Karl. 1867/1962. *Das Kapital,* vol. 1. Berlin: Dietz.

———. 1875/1962. "Randglossen zum Programm der deutschen Arbeiterpartei." In Karl Marx and Friedrich Engels, *Werke,* vol. 19, 13–32. Berlin: Dietz.

Mason, Paul. 2015. *PostCapitalism: A Guide to Our Future.* London: Allen Lane.

Matoba, Akihiro. 2006. "The Brussels Democratic Association and the Communist Manifesto." In Hiroshi Uchida, ed., *Marx for the 21st Century,* 165–178. London: Routledge.

Matthews, Dylan. 2014. "Mexico Tried Giving Poor People Cash Instead of Food. It Worked." Vox, June 26. http://www.vox.com/2014/6/26/5845258/mexico-tried-giving-poor-people-cash-instead-of-food-it-worked.

Landelijk Beraad Uitkeringsgerechtigden. 1986. *Een basisinkomen van FL.1500,- per maand.* Nijmegen: LBU.

Lang, Kevin, and Andrew Weiss. 1990. "Tagging, Stigma, and Basic Income Guarantees." Paper presented at the Conference "Basic Income Guarantees: a New Welfare Strategy?" University of Wisconsin, Madison, April.

Lange, Oskar. 1937. "Mr Lerner's Note on Socialist Economics." *Review of Economic Studies* 4(2): 143–144.

Lavagne, Pierre, and Frédéric Naud. 1992. "Revenu d'existence: une solution à la crise agricole." In Gilles Gantelet and Jean-Paul Maréchal, eds., *Garantir le revenu: une des solutions a l'exclusion,* 95–106. Paris: Transversales Science Culture.

Lavinas, Lena. 2013. "Brazil: The Lost Road to Citizen's Income." In Ruben Lo Vuolo, ed. *Citizen's Income and Welfare Regimes in Latin America: From Cash Transfers to Rights,* 29–49. New York: Palgrave Macmillan.

Lechat, Benoît. 2014. *Ecolo. La démocratie comme projet 1970–1986.* Brussels: Etopia.

Le Grand, Julian. 2003. *Motivation, Agency and Public Policy.* Oxford: Oxford University Press.

Legum, Margaret. 2004. "An Economy of Our Own." SANE Views 4(8), July. The Hague: Centraal Planbureau.

Leman, Christopher. 1980. *The Collapse of Welfare Reform: Political Institutions, Policy and the Poor in Canada and the United States.* Cambridge, MA: MIT Press.

Lenkowsky, Leslie. 1986. *Politics, Economics, and Welfare Reform: The Failure of the Negative Income Tax in Britain and the United States.* New York: University Press of America.

Lerner, Abba P. 1936. "A Note on Socialist Economics." *Review of Economic Studies* 4(1): 72–76.

———. 1944. *Economics of Control: Principles of Welfare Economics.* New York: Macmillan.

Le Roux, Pieter. 2003. "Why a Universal Income Grant in South Africa Should Be Financed through VAT and Other Indirect Taxes." In Guy Standing and Michael Samson, eds., *A Basic Income Grant for South Africa,* 39–55. Cape Town: University of Cape Town Press.

Letlhokwa, George Mpedi. 2013. "Current Approaches to Social Protection in the Republic of South Africa." In James Midgley and David Piachaud, eds., *Social Protection, Economic Growth and Social Change,* 217–242. Cheltenham: Edward Elgar.

Levine, Robert A. et al. 2005. "A Retrospective on the Negative Income Tax Experiments: Looking Back at the Most Innovative Field Studies in Social Policy." In Karl Widerquist, Michael Anthony Lewis, and Steven Pressman, eds., *The Ethics and Economics of the Basic Income Guarantee,* 95–106. New York: Ashgate.

Lévi-Strauss, Claude. 1967. *Les Structures élementaires de la parenté.* Paris: Mouton.

Levy, Horacio, Christine Lietz, and Holly Sutherland. 2006. "A Basic Income for Europe's Children?" ISER Working Paper, 2006–47, Institute for Social and Economic Research, University of Essex.

Lewis, Michael. 2012. "Cost, Compensation, Freedom, and the Basic Income—Guaranteed Jobs Debate." *Basic Income Studies* 7(2): 41–51.

Klein, William A. 1977. "A Proposal for a Universal Personal Capital Account." Discussion Paper 422–77, Institute for Research on Poverty, University of Wisconsin–Madison.

Knott, John W. 1986. *Popular Opposition to the 1834 Poor Law.* London: Croom Helm.

Kobayashi, Hayato. 2014. "The Future of the Public Assistance Reform in Japan: Workfare versus Basic Income?" In Yannick Vanderborght and Toru Yamamori, eds., *Basic income in Japan: Prospects of a Radical Idea in a Transforming Welfare State,* 83–99. New York: Palgrave Macmillan.

Koistinen, Pertti, and Johanna Perkiö. 2014. "Good and Bad Times of Social Innovations: The Case of Universal Basic Income in Finland." *Basic Income Studies* 9(1–2): 25–57.

Kooistra, Pieter. 1983. *Voor.* Amsterdam: Stichting UNO-inkomen voor alle mensen.

———. 1994. *Het ideale eigenbelang, Een UNO–Marshallplan voor alle mensen.* Kampen: Kok Agora.

Kornbluh, Felicia. 2007. *The Battle for Welfare Rights: Politics and Poverty in Modern America.* Philadelphia: University of Pennsylvania Press.

Korpi, Walter, and Joakim Palme. 1998. "The Paradox of Redistribution and Strategies of Equality: Welfare State Institutions, Inequality, and Poverty in the Western Countries." *American Sociological Review* 63(5): 661–687.

Krätke, Michael. 1985. "Ist das Grundeinkommen für jedermann Weg zur Reform der sozialen Sicherheit?" In Michael Opielka and Georg Vobruba, eds., *Das Grundeinkommen.* Frankfurt: Campus.

Krause-Junk, Gerold. 1996. "Probleme einer Integration von Einkommensbesteuerung und steuerfinanzierten Sozialleistungen." *Wirtschaftsdienst* 7: 345–349.

Krebs, Angelika, ed. 2000. *Basic Income? A Symposium on Van Parijs.* Special Issue of *Analyse & Kritik* 22.

———. 2000. "Why Mothers Should Be Fed." In Angelika Krebs, ed., *Basic Income? A Symposium on Van Parijs.* Special Issue of *Analyse & Kritik* 22: 155–178.

Kropotkin, Peter. 1892/1985. *The Conquest of Bread.* London: Elephant Editions.

Krug, Leopold. 1810. *Die Armenassekuranz, das einzige Mittel zur Verbannung der Armuth aus unserer Kommune.* Berlin: Realschulbuchhandlung.

Krugman, Paul. 2011. "Boring Cruel Romantics." *New York Times,* November 20.

Kuiper, Jan Pieter. 1975. "Niet meer werken om den brode." In M. Van Gils, ed., *Werken en niet-werken in een veranderende omgeving.* Amsterdam: Swets & Zeitliger.

———. 1976. "Arbeid en Inkomen: twee plichten en twee rechten." *Sociaal Maandblad Arbeid* 9: 503–512.

———. 1977. "Samenhang verbreken tussen arbeid en levensonderhoud." *Bouw* 19: 507–515.

———. 1982. "Een samenleving met gegarandeerd inkomen." *Wending,* April, 278–283.

Kundig, Bernard. 2010. "Financement mixte d'un revenue de base en Suisse." In BIEN-Suisse, ed., *Le financement d'un revenu de base en Suisse,* 28–56. Geneva: Seismo.

Lampman, Robert J. 1965. "Approaches to the Reduction of Poverty." *American Economic Review* 55(1/2): 521–529.

———. 1992. "Basic Income and the Common Good." In Philippe Van Parijs, ed., *Arguing for Basic Income: Ethical Foundations for a Radical Reform*, 155–177. London: Verso.
———. 1996. *A Theory of Poverty and Social Exclusion*. Cambridge, MA: Polity Press.
———. 2011. "The Perils of Basic Income: Ambiguous Opportunities for the Implementation of a Utopian Proposal." *Policy & Politics* 39(1): 101–114.
Jordan, Bill, Simon James, Helen Kay, and Marcus Redley. 1992. *Trapped in Poverty? Labour-Market Decisions in Low-Income Households*. London: Routledge.
Kaldor, Nicholas. 1955. *An Expenditure Tax*. London: George Allen and Unwin.
Kalliomaa-Puha, Laura, Anna-Kaisa Tuovinen, and Olli Kangas. 2016. "The Basic Income Experiment in Finland." *Journal of Social Security Law* 23(2): 75–88.
Kameeta, Zephania. 2009. "Foreword." In *Making the Difference: The BIG in Namibia*, vi–viii. Windhoek: Namibia NGO Forum.
Kangas, Olli, and Ville-Veikko Pulkka, eds. 2016. "Ideasta kokeiluun?—Esiselvitys perustulokokeilun" [From Idea to Experiment—Preliminary Report on a Universal Basic Income]. Prime Minister's Office, March 30, Helsinki.
Kant, Immanuel. 1797/1996. *Metaphysics of Morals*. Cambridge: Cambridge University Press.
Kaus, Mickey. 1992. *The End of Equality*. New York: Basic Books.
Kearl, James R. 1977. "Do Entitlements Imply That Taxation Is Theft?" *Philosophy and Public Affairs* 7(1): 74–81.
Kelly, Paul J. 1990. *Utilitarianism and Distributive Justice: Jeremy Bentham and the Civil Law*. Oxford: Clarendon Press.
Kershaw, David, and Jerilyn Fair. 1976. *The New Jersey Income-Maintenance Experiment*, vol. 1: *Operations, Surveys, and Administration*. New York: Academic Press.
Keynes, John Maynard. 1930a/1972. "Economic Possibilities for Our Grandchildren." In *Essays in Persuasion, The Collected Writings*, vol. 9: 321–332. London: Macmillan, for the Royal Economic Society.
———. 1930b/1981. "The Question of High Wages." In *Rethinking Employment and Unemployment Policies, The Collected Writings*, vol. 20, 2–16. London: Macmillan, for the Royal Economic Society.
King, Desmond. 1995. *Actively Seeking Work? The Politics of Unemployment and Welfare Policy in the United States and Great Britain*. Chicago: University of Chicago Press.
King, John E., and John Marangos. 2006. "Two Arguments for Basic Income: Thomas Paine (1737–1809) and Thomas Spence (1750–1814)." *History of Economic Ideas* 14(1): 55–71.
King, Martin Luther. 1967. *Where Do We Go From Here: Chaos or Community*? New York: Harper & Row.
Kipping, Katja. 2016a. "Ich streite schon über 15 Jahre für ein Grundeinkommen." Spreezeitung, February 8. www.spreezeitung.de/22398/katja-kipping-ich-streite-schon-ueber-15-jahre-fuer-ein-grundeinkommen.
———. 2016b. "Grundeinkommen als Demokratiepauschale." Keynote speech at the Sixteenth Congress of the Basic Income Earth Network, Seoul, July. www.katja-kipping.de/de/article/1112.grundeinkommen-als-demokratiepauschale.html.

Ijdens, Teunis, Daniëlle de Laat-van Amelsfoort, and Marcel Quanjel. 2010. *Evaluatie van de Wet werk en inkomen kunstenaars (Wwik).* Tilburg: IVA beleidsonderzoek en advies.

Internal Revenue Service (IRS). 2015. "EITC Participation Rate by States." https://www.eitc.irs.gov/EITC-Central/Participation-Rate.

International Monetary Fund. 2011. "IMF Executive Board Concludes 2011 Article IV Consultation with Kuwait." *Public Information Notice,* 11 / 93, July 19.

Ireland. 2002. *Basic Income: A Green Paper.* Dublin: Department of the Taoiseach.

Itaba, Yoshio. 2014. "What Do People Think about Basic Income in Japan?" In Yannick Vanderborght and Toru Yamamori, eds., *Basic Income in Japan: Prospects of a Radical Idea in a Transforming Welfare State,* 171–195. New York: Palgrave Macmillan.

Jackson, William A. 1999. "Basic Income and the Right to Work: A Keynesian Approach." *Journal of Post Keynesian Economics* 21(2): 639–662.

Jacobi, Dirk, and Wolfgang Strengmann-Kuhn, eds. 2012. *Wege zum Grundeinkommen.* Berlin: Heinrich Böll Stiftung.

Jauer, J., Thomas Liebig, John P. Martin, and Patrick Puhani. 2014. "Migration as an Adjustment Mechanism in the Crisis? A Comparison of Europe and the United States." OECD Social, Employment and Migration Working Papers, no. 155, OECD, Paris.

Jenkins, Davis. 2014. "Distribution and Disruption." *Basic Income Studies* 10(2): 257–279.

Jessen, Robin, Davud Rostam-Afschar, and Viktor Steiner. 2015. *Getting the Poor to Work: Three Welfare Increasing Reforms for a Busy Germany.* Discussion Paper 2015 / 22, School of Business and Economics, Freie Universität Berlin.

Johnson, Lyndon B. 1968. "Statement by the President upon Signing the Social Security Amendments and upon Appointing a Commission to Study the Nation's Welfare Programs." January 2. Online by Gerhard Peters and John T. Woolley, *The American Presidency Project,* http://www.presidency.ucsb.edu/ws/?pid=28915.

Johnson, Warren A. 1973. "The Guaranteed Income as an Environmental Measure." In Herman E. Daly, ed., *Toward a Steady-State Economy,* 175–189. San Francisco: Freeman.

Join-Lambert, Marie-Thérèse. 1998. *Chômage: mesures d'urgence et minima sociaux. Problèmes soulevés par les mouvements de chômeurs en France.* Paris: La Documentation française.

Jongen, Egbert, Henk-Wim de Boer, and Peter Dekker. 2014. *MICSIM—A Behavioural Microsimulation Model for the Analysis of Tax-Benefit Reform in the Netherlands.* Den Haag: Centraal Planbureau.

———. 2015. *Matwerk loont, Moeders prikkelbaar. De effectiviteit van fiscal participatiebeleid.* Den Haag: Centraal Planbureau.

Jordan, Bill. 1973. *Paupers: The Making of the New Claiming Class.* London: Routledge & Kegan Paul.

———. 1976. *Freedom and the Welfare State.* London: Routledge and Kegan.

———. 1986. "Basic Incomes and the Claimants' Movement." In Anne G. Miller, ed., *Proceedings of the First International Conference on Basic Income,* 257–268. London: BIRG and Antwerp: BIEN.

———. 1987. *Rethinking Welfare.* Oxford: Blackwell.

———. 2006. "Basic Income and Migration Policy: A Moral Dilemma?" *Basic Income Studies* 1(1), article 4.
———. 2007. "A NAFTA Dividend: A Guaranteed Minimum Income for North America." *Basic Income Studies* 2(1), article 1.
———. 2012. "A Cap on Carbon and a Basic Income: A Defensible Combination in the United States?" In Karl Widerquist and Michael W. Howard, eds., *Exporting the Alaska Model,* 147–162. New York: Palgrave Macmillan.
———. 2015a. "Size of a Citizens' Dividend from Carbon Fees, Implications for Growth." BIEN News, September 14. www.basic income.org/news/2015/09/size-citizens-dividend-carbon-fees-implications-growth/.
———. 2015b. "Exploitation, Labor, and Basic Income." *Analyse & Kritik* 37(1/2): 281–303.
Howard, Michael W., and Robert Glover. 2014. "A Carrot, Not a Stick: Examining the Potential Role of Basic Income in US Immigration Policy." Paper presented at the 15th Congress of the Basic Income Earth Network (BIEN), Montreal, June.
Howard, Michael W., and Karl Widerquist, eds. 2012. *Alaska's Permanent Fund Dividend: Examining Its Suitability as a Model.* New York: Palgrave Macmillan.
Huber, Joseph. 1998. *Vollgeld. Beschäftigung, Grundsicherung und weniger Staatsquote durch eine modernisierte Geldordnung.* Berlin: Duncker & Humblot.
———. 1999. "Plain Money: A Proposal for Supplying the Nations with the Necessary Means in a Modern Monetary System." Forschungsberichte des Instituts für Soziologie 99–3, Martin-Luther-Universität Halle-Wittenberg.
Huber, Joseph, and James Robertson. 2000. *Creating New Money: A Monetary Reform for the Information Age.* London: New Economics Foundation.
Huet, François. 1853. *Le Règne social du christianisme.* Paris: Firmin Didot and Brussels: Decq.
Huff, Gerald. 2015. "Should We Be Afraid, Very Afraid? A Rebuttal of the Most Common Arguments against a Future of Technological Unemployment." Basic Income blogpost, May 25. https://medium.com/basic-income/should-we-be-afraid-very-afraid-4f7013a5137c.
Hum, Derek, and Wayne Simpson. 1991. *Income Maintenance, Work Effort, and the Canadian Mincome Experiment.* Ottawa: Economic Council of Canada.
———. 1993. "Economic Response to a Guaranteed Annual Income: Experience from Canada and the United States." *Journal of Labor Economics* 11(1): 263–296.
———. 2001. "A Guaranteed Annual Income? From Mincome to the Millenium." *Policy Options Politiques* 22(1): 78–82.
Hyafil, Jean-Eric, and Thibault Laurentjoye. 2016. *Revenu de base. Comment le financer?* Gap: Yves Michel.
IFOP. 2015. *Les Français et le libéralisme. Sondage IFOP pour l'Opinion / Génération libre / iTELE.* Paris: IFOP.
Iida, Fumio. 2014. "The Tensions between Multiculturalism and Basic Income in Japan." In Yannick Vanderborght and Toru Yamamori, eds., *Basic Income in Japan: Prospects of a Radical Idea in a Transforming Welfare State,* 157–168. New York: Palgrave Macmillan.

Healy, Seán, Michelle Murphy, and Brigid Reynolds. 2013. "Basic Income: An Instrument for Transformation in the Twenty-First Century." *Irish Journal of Sociology* 21(2): 116–130.

Healy, Seán, Michelle Murphy, Sean Ward, and Brigid Reynolds. 2012. "Basic Income—Why and How in Difficult Times: Financing a BI in Ireland." Paper presented at the BIEN Congress, Munich, September 14.

Healy, Seán, and Brigid Reynolds. 2000. "From Concept to Green Paper: Putting Basic Income on the Agenda in Ireland." In Robert-Jan van der Veen and Loek Groot, eds., *Basic Income on the Agenda,* 238–246. Amsterdam: Amsterdam University Press.

Hegel, Georg Wilhelm Friedrich. 1820/1991. *Elements of the Philosophy of Right.* Cambridge: Cambridge University Press.

Heineman, Ben, et al. 1969. *Poverty amid Plenty: The American Paradox. The Report of the President's Commission on Income Maintenance Programs.* Washington, DC: President's Commission on Income Maintenance Programs.

Hesketh, Bob. 1997. *Major Douglas and Alberta Social Credit Party.* Toronto: University of Toronto Press.

Heydorn, Oliver. 2014. *Social Credit Economics.* Ancaster: Createspace independent publishing platform.

Hildebrand, George H. 1967. *Poverty, Income Maintenance, and the Negative Income Tax.* Ithaca NY: New York State School of Industrial and Labor Relations, Cornell University.

Himmelfarb, Gertrude. 1970. "Bentham's Utopia: The National Charity Company." *Journal of British Studies* 10(1): 80–125.

———. 1997. "Introduction." In *Alexis de Tocqueville's Memoir on Pauperism,* 1–16. London: Civitas.

Hogenboom, Erik, and Raf Janssen. 1986. "Basic Income and the Claimants' Movement in the Netherlands." In Anne G. Miller, ed., *Proceedings of the First International Conference on Basic Income,* 237–255. London: BIRG and Antwerp: BIEN.

Holt, Steve. 2015. *Periodic Payment of the Earned Income Tax Revisited.* Washington DC: Brookings Institution.

Horne, Thomas A. 1988. "Welfare Rights as Property Rights." In J. Donald Moon, ed., *Responsibility, Rights and Welfare: The Theory of the Welfare State,* 107–132. Boulder: Westview Press.

Horstschräer, Julia, Markus Clauss, and Reinhold Schnabel. 2010. "An Unconditional Basic Income in the Family Context—Labor Supply and Distributional Effects." Discussion Paper No. 10–091, Zentrum für europäische Wirtschftforschung, Mannheim.

Hosang, Maik, ed. 2008. *Klimawandel und Grundeinkommen.* Munich: Andreas Mascha.

Howard, Christopher. 1997. *The Hidden Welfare State: Tax Expenditures and Social Policy in the United States.* Princeton: Princeton University Press.

Howard, Michael W. 2005. "Basic Income, Liberal Neutrality, Socialism, and Work." In Karl Widerquist, Michael Anthony Lewis, and Steven Pressman, eds., *The Ethics and Economics of the Basic Income Guarantee,* 122–137. New York: Ashgate.

Handler, Joel F. 2004. *Social Citizenship and Workfare in the United States and Western Europe: The Paradox of Inclusion.* Cambridge: Cambridge University Press.

Häni, Daniel, and Philip Kovce. 2015. *Was fehlt wenn alles da ist? Warum das bedingungslose Einkommen die richtigen Fragen stellt.* Zürich: Orell Füssli.

Hanlon, Joseph, Armando Barrientos, and David Hulme. 2010. *Just Give Money to the Poor: The Development Revolution from the Global South.* Herndon VA: Kumarian Press.

Hannan, Michael T., and Nancy Brandon Tuma. 1990. "A Reassessment of the Effect of Income Maintenance on Marital Dissolution in the Seattle-Denver Experiment." *American Journal of Sociology* 95(5): 1270–1298.

Hannan, Michael T., Nancy Brandon Tuma, and Lyle P. Groeneveld. 1977. "Income and Marital Events: Evidence from an Income-Maintenance Experiment." *American Journal of Sociology* 82(6): 1186–1211.

———. 1983. "Marital Stability." In Gary Christophersen, ed., *Final Report of the Seattle-Denver Income Maintenance Experiment,* vol. 1, 257–387. Washington DC: U.S. Dept. of Health and Human Services.

Hansen, James. 2014. "Too Little, Too Late? Oops?" June 19, Earth Institute, Columbia University. http://www.columbia.edu/~jeh1/mailings/2014/20140619_TooLittle.pdf.

Harrington, Joel F. 1999. "Escape from the Great Confinement: The Genealogy of a German Workhouse." *Journal of Modern History* 71(2): 308–345.

Harvey, Philip L. 2006. "Funding a Job Guarantee." *International Journal of Environment, Workplace and Employment* 2(1): 114–132.

———. 2011. *Back to Work: A Public Jobs Proposal for Economic Recovery.* New York: Demos.

———. 2012. "More for Less: The Job Guarantee Strategy." *Basic Income Studies* 7(2): 3–18.

———. 2014. "Securing the Right to Work and Income Security." In Elise Dermine and Daniel Dumont, eds., *Activation Policies for the Unemployed, the Right to Work and the Duty to Work,* 223–254. Brussels: Peter Lang.

Hatzfeld, Henri. 1989. *Du paupérisme à la sécurité sociale 1850–1940. Essai sur les origines de la Sécurité sociale en France.* Nancy: Presses universitaires de Nancy. (First edition Paris: Armand Colin, 1971.)

Hattersley, Charles Marshall. 1922/2004. *The Community's Credit. A Consideration of the Principle and Proposals of the Social Credit Movement.* Excerpt in J. Cunliffe and G. Erreygers, eds., *The Origins of Universal Grants,* 141–148. Basingstoke: Palgrave Macmillan.

Haveman, Robert H. 1988. "The Changed Face of Poverty: A Call for New Policies." *Focus* 11(2): 10–14.

Hayek, Friedrich A. 1944/1986. *The Road to Serfdom.* London: Routledge and Kegan Paul, ARK ed.

———. 1945. "The Use of Knowledge in Society." *American Economic Review* 35(4): 519–530.

———. 1949/1967. "The Intellectuals and Socialism." In Hayek, *Studies in Philosophy, Politics and Economics,* 178–194. London: Routledge.

———. 1979. *Law, Legislation and Liberty,* vol. 3. Chicago: University of Chicago Press.

.salon.com/2014/06/01/help_us_thomas_piketty_the_1s_sick_and_twisted_new_scheme/.

Gratianus. 1140/1990. *Decretum.* Munich: Münchener Digitalisierungszentrum. http://geschichte.digitale-sammlungen.de/decretum-gratiani.

Greenberg, David H., and Mark Shroder. 2004. *The Digest of Social Experiments.* Washington DC: Urban Institute.

Green Party. 2015a. *For the Common Good. General Election Manifesto 2015.* London: The Green Party of England and Wales.

———. 2015b. *Basic Income: A Detailed Proposal.* London: The Green Party of England and Wales.

Green Party of New Zealand. 2014. *Income Support Policy.* Wellington: Green Party of Aotearoa New Zealand.

Greffe, Xavier. 1978. *L'Impôt des pauvres. Nouvelle stratégie de politique sociale.* Paris: Dunod.

Griffith, Jeremy. 2015. "Libertarian Perspectives on Basic Income." Unfettered Equality, January 15.

Groot, Loek, and Robert J. van der Veen. 2000. "Clues and Leads in the Debate on Basic Income in the Netherlands." In Robert J. van der Veen and Loek Groot, eds., *Basic Income on the Agenda,* 197–223. Amsterdam: Amsterdam University Press.

Gubian Alain, Stéphane Jugnot, Frédéric Lerais, and Vladimir Passeron. 2004. "Les effets de la RTT sur l'emploi: des simulations ex ante aux évaluations ex post." *Economie et statistique* 376: 25–54.

Guilloteau, Laurent, and Jeanne Revel, eds. 1999. "Revenu garanti pour tous." *Vacarme* 9: 9–22.

Gupta, Uttam. 2014. "Scrap the Food Security Act." May 28. www.thehindubusinessline.com.

Haarmann, Claudia, and Dirk Haarmann, eds., 2005. "The Basic Income Grant in Namibia. Resource Book." Windhoek: Evangelical Lutheran Church in the Republic of Namibia. http://base.socioeco.org/docs/big_resource_book.pdf.

———. 2007. "From Survival to Decent Employment: Basic Income Security in Namibia." *Basic Income Studies* 2(1): 1–7.

———. 2012. "Piloting Basic Income in Namibia—Critical Reflections on the Process and Possible Lessons." Paper presented at the 14th Congress of the Basic Income Earth Network (BIEN), Munich, September 14–16.

Hacker, Jacob S. 2002. *The Divided Welfare State: The Battle over Public and Private Social Benefits in the United States.* Cambridge: Cambridge University Press.

Haddow, Rodney S. 1993. *Poverty Reform in Canada, 1958–1978: State and Class Influences on Policy Making.* Montréal and Kingston: McGill-Queen's University Press.

———. 1994. "Canadian Organized Labour and the Guaranteed Annual Income." In Andrew F. Johnson et al., eds., *Continuities and Discontinuities: The Political Economy of Social Welfare and Labour Market Policy in Canada,* 350–366. Toronto: University of Toronto Press.

Hammond, Jay. 1994. *Tales of Alaska's Bush Rat Governor.* Alaska: Epicenter Press.

Gilain, Bruno, and Philippe Van Parijs. 1996. "L'allocation universelle: un scénario de court terme et son impact distributive." *Revue belge de Sécurité Sociale* 1996–1: 5–80.

Giraldo Ramirez, Jorge. 2003. *La renta básica, más allá de la sociedad salarial.* Medellin: Ediciones Escuela Nacional Sindical.

Glaeser, Edward. 2011. *The Triumph of the City.* New York: Penguin.

Glyn, Andrew, and David Miliband, eds. 1994. *The Cost of Inequality.* London: IPPR.

Godechot, Jacques. 1970. *Les Constitutions de la France depuis 1789.* Paris: Garnier-Flammarion.

Godino, Roger. 1999. "Pour la création d'une allocation compensatrice de revenu." In Robert Castel, Roger Godino, Michel Jalmain, and Thomas Piketty, eds., *Pour une réforme du RMI, Notes de la Fondation Saint Simon* 104: 7–20.

———. 2002. "Une alternative à la prime pour l'emploi: l'allocation compensatrice de revenu. Entretien avec Nicolas Gravel." *Economie publique* 2002(2): 9–14.

Goedemé, Tim. 2013. "Minimum Income Protection for Europe's Elderly: What and How Much Has Been Guaranteed during the 2000s?" In Ive Marx and Kenneth Nelson, eds., *Minimum Income Protection in Flux,* 108–133. New York: Palgrave Macmillan.

Goedemé, Tim, and Wim Van Lancker. 2009. "A Universal Basic Pension for Europe's Elderly: Options and Pitfalls." *Basic Income Studies* 4(1): 1–26.

Goldsmith, Scott. 2005. "The Alaska Permanent Fund Dividend: An Experiment in Wealth Distribution." In Guy Standing, ed., *Promoting Income Security as a Right: Europe and North America,* 553–566. London: Anthem Press.

Goodman, Paul, and Percival Goodman. 1947/1960. *Communitas: Means of Livelihood and Ways of Life.* New York: Random House.

Gorz, André. 1980. *Adieux au Prolétariat. Au-delà du socialisme.* Paris: Le Seuil.

———. 1983. *Les Chemins du Paradis. L'agonie du capital.* Paris: Galilée.

———. 1984. "Emploi et revenu: un divorce nécessaire?" Interview with Denis Clerc. *Alternatives Economiques* 23: 15–17.

———. 1985. "L'allocation universelle: version de droite et version de gauche." *La Revue nouvelle* 81(4): 419–428.

———. 1988. *Métamorphoses du Travail. Quête du sens.* Paris: Galilée.

———. 1992. "On the Difference between Society and Community, and Why Basic Income Cannot by Itself Confer Full Membership of Either." In Philippe Van Parijs, ed., *Arguing for Basic Income: Ethical Foundations for a Radical Reform,* 178–184. London: Verso.

———. 1997. *Misères du présent, Richesse du possible.* Paris: Galilée.

Goul Andersen, Jørgen. 1996. "Marginalization, Citizenship and the Economy: The Capacities of the Universalist Welfare State in Denmark." In E. O. Eriksen and J. Loftager, eds., *The Rationality of the Welfare State,* 155–202. Oslo: Scandinavian University Press.

Graeber, David. 2014a. "Why America's Favorite Anarchist Thinks Most American Workers Are Slaves." PBS News, April 17. http://www.pbs.org/newshour/making-sense/why-americas-favorite-anarchist-thinks-most-american-workers-are-slaves/.

———. 2014b. "Spotlight on the Financial Sector Did Make Apparent Just How Bizarrely Skewed Our Economy Is in Terms of Who Gets Rewarded." Salon, June 1. http://www

Galbraith, John Kenneth. 1958. *The Affluent Society.* Boston: Houghton Mifflin.

———. 1966. "The Starvation of the Cities." *The Progressive* 30 (12). Reprinted in J. K. Galbraith, *A View from the Stands: Of People, Politics, Military Power, and the Arts.* Houghton Mifflin, 1986.

———. 1969. *The Affluent Society,* 2nd ed. London: Hamish Hamilton.

———. 1972. "The Case for George McGovern." *Saturday Review of the Society,* July 1, 23–27.

———. 1973. *Economics and the Public Purpose.* Boston: Houghton-Mifflin.

———. 1975. *Money: Whence It Came, Where It Went.* New York: Houghton Mifflin.

———. 1999a/2001. "The Unfinished Business of the Century." Lecture at the London School of Economics, June 1999. Reprinted in J. K. Galbraith, *The Essential Galbraith,* 307–314. Boston: Houghton Mifflin, 2001.

———. 1999b. "The Speculative Bubble Always Comes to an End—And Never in a Pleasant or Peaceful Way." Interview with Elizabeth Mehren, *Los Angeles Times,* December 12. http://latimesblogs.latimes.com/thedailymirror/2008/10/voices—-john.html.

Garon, Sheldon M. 1997. *Molding Japanese Minds: The State in Everyday Life.* Princeton: Princeton University Press.

Gauthier, David. 1986. *Morals by Agreement.* Oxford: Oxford University Press.

Geffroy, Laurent. 2002. *Garantir le revenu. Histoire et actualité d'une utopie concrete.* Paris: La Découverte / MAUSS.

Gelders, Bjorn. 2015. "Universal Child Benefits: The Curious Case of Mongolia." Development Pathways, June 24. http://www.developmentpathways.co.uk/resources/universal-child-benefits-the-curious-case-of-mongolia/.

Genet, Michel, and Philippe Van Parijs. 1992. "Eurogrant." *Basic Income Research Group Bulletin* 15: 4–7.

Genschel, Philipp, and Peter Schwartz. 2011. "Tax Competition: A Literature Review." *Socio-Economic Review* 9(2): 339–370.

Genschel, Philipp, and Laura Seekopf. 2016. "Winners and Losers of Tax Competition." In Peter Dietsch and Thomas Rixen, eds., *Global Tax Governance: What's Wrong with It and How to Fix It,* 56–75. Colchester: ECPR Press.

George, Henry. 1879/1953. *Progress and Poverty.* London: Hogarth Press.

———. 1881. *The Irish Land Question.* New York: D. Appleton & Company.

———. 1887/2009. "Address at the Second Public Meeting of the Anti-Poverty Society." Reprinted in Kenneth C. Wenzer, ed., *Henry George, the Transatlantic Irish, and Their Times,* 267–282. Bingley: Emerald Group Publishing.

Gerhardt, Klaus Uwe, and Arnd Weber. 1983. "Garantiertes Mindesteinkommen." *Alemantschen* 3: 69–99.

GESOP. 2015. *L'Omnibus de GESOP. Informe de resultats Juliol de 2015.* Barcelona: GESOP.

Gheaus, Anca. 2008. "Basic Income, Gender Justice and the Costs of Gender-Symmetrical Lifestyles." *Basic Income Studies* 3(3): 1–8.

Gibran, Kahlil. 1923. *The Prophet.* New York: Knopf.

———. 2004. *World Democratic Federalism: Peace and Justice Indivisible.* Basingstoke: Palgrave Macmillan.

Franzmann, Manuel, ed. 2010. *Bedingungsloses Grundeinkommen als Antwort auf die Krise der Arbeitsgesellschaft.* Weilerswist: Velbrück Wissenschaft.

Fraser, Nancy. 1997. "After the Family Wage: A Postindustrial Thought Experiment." In Fraser, *Justice Interruptus: Critical Reflections on the "Postsocialist" Condition,* 41–66. New York: Routledge.

Frazer, Hugh, and Eric Marlier. 2009. *Minimum-Income Schemes across EU Member States.* Brussels: European Commission and EU Network of National Independent Experts on Social Inclusion.

Frey, Carl Benedikt, and Michael Osborne. 2014. "Technological Change and New Work." Policy Network, May 15. http://www.policy-network.net/pno_detail.aspx?ID=4640&title=Technological-change-and-new-work.

Friedman, Milton. 1947. "Lerner on the Economics of Control." *Journal of Political Economy* 55(5): 405–416.

———. 1962. *Capitalism and Freedom.* Chicago: University of Chicago Press.

———. 1968. "The Case for the Negative Income Tax: A View from the Right." In John H. Bunzel, ed., *Issues of American Public Policy,* 111–120. Englewood Cliffs: Prentice-Hall.

———. 1972/1975. "Is Welfare a Basic Human Right?" In Milton Friedman, *There's No Such Thing as a Free Lunch,* 205–207. La Salle IL: Open Court, 1975.

———. 1973a/1975. "Playboy Interview." In Milton Friedman, *There's No Such Thing as a Free Lunch,* 1–38. La Salle IL: Open Court, 1975.

———. 1973b/1975. "Negative Income Tax." In Milton Friedman, *There's No Such Thing as a Free Lunch,* 198–201. La Salle IL: Open Court, 1975.

———. 1998. "The Government as Manager." Interview with Radio Australia, June 17. http://www.abc.net.au/money/vault/extras/extra5.htm.

———. 2000. "The Suplicy-Friedman Exchange." BIEN News Flash no. 3, May, 8–11. www.basicincome.org/bien/pdf/NewsFlash3.pdf.

Friedman, Yona. 2000. *Utopies réalisables,* 2nd ed. Paris: Editions de l'Eclat.

Friot, Bernard. 2012. *L'enjeu du salaire.* Paris: La Dispute.

Füllsack, Manfred. 2006. *Globale soziale Sicherheit: Grundeinkommen—weltweit?* Berlin: Avinus Verlag.

Fumagalli, Andrea, and Maurizio Lazzarotto, eds. 1999. *Tute bianche. Disoccupazione di massa e reddito di cittadinanza.* Rome: Derive Approdi.

Furukubo, Sakura. 2014. "Basic Income and Unpaid Care Work in Japan." In Yannick Vanderborght and Toru Yamamori, eds., *Basic Income in Japan: Prospects of a Radical Idea in a Transforming Welfare State,* 131–139. New York: Palgrave Macmillan.

Future of Work Commission. 2016. "Ten Big Ideas from Our Consultation: Snapshot of Work to Date." March, Labour Party, Wellington, New Zealand. https://d3n8a8pro7vhmx.cloudfront.net/nzlabour/pages/4237/attachments/original/1458691880/Future_of_Work_Ten_Big_Ideas_sm.pdf?1458691880.

Fitzpatrick, Tony. 1999a/2013. "Ecologism and Basic Income." In Karl Widerquist, Jose A. Noguera, Yannick Vanderborght, and Jurgen De Wispelaere, eds., *Basic Income: An Anthology of Contemporary Research,* 263–268. Chichester: Wiley-Blackwell.

———. 1999b/2013. "A Basic Income for Feminists?" In Karl Widerquist, Jose A. Noguera, Yannick Vanderborght, and Jurgen De Wispelaere, eds., *Basic Income: An Anthology of Contemporary Research,* 163–172. Chichester: Wiley-Blackwell.

———. 1999c. *Freedom and Security: An Introduction to the Basic Income Debate.* London: Macmillan.

Flomenhoft, Gary. 2013. "Applying the Alaska Model in a Resource Poor State: The Example of Vermont." In K. Widerquist and M. Howard, eds., *Exporting the Alaska Model: Adapting the Permanent Fund Dividend for Reform around the World,* 85–107. New York: Palgrave Macmillan.

Flora, Peter, ed. 1986. *Growth to Limits: The Western European Welfare States since World War II.* New York: De Gruyter.

Forget, Evelyn. 2011. "The Town with No Poverty: The Health Effects of a Canadian Guaranteed Annual Income Field Experiment." *Canadian Public Policy* 37(3): 283–305.

Foucault, Michel. 1961/2006. *History of Madness.* London: Routledge.

———. 1979/2008. *The Birth of Biopolitics, Lectures at the Collège de France 1978–79,* ed. M. Senellart. Basingstoke: Palgrave Macmillan.

Fourier, Charles. 1803/2004. "Letter to the High Judge." In John Cunliffe and Guido Erreygers, eds., *The Origins of Universal Grants,* 99–102. Basingstoke: Palgrave Macmillan.

———. 1822/1966. *Théorie de l'unité universelle,* vol. 3. Paris: Anthropos.

———. 1829. *Le nouveau monde industriel ou sociétaire ou invention du procédé d'industrie attrayante et naturelle distribuée en series passionnées.* Paris: Bossange.

———. 1836/1967. *La Fausse Industrie, morcelée, répugnante, mensongère, et l'antidote, l'industrie naturelle, combinée, attrayante, véridique, donnant quadruple produit et perfection extrême en toutes qualités.* Paris: Anthropos.

France Stratégie. 2014a. *Quelle France dans Dix Ans. Les chantiers de la décennie.* Paris: Commissariat général à la stratégie et à la prospective.

———. 2014b. *Quelle France dans Dix Ans. Repères pour 2025.* Paris: Commissariat général à la stratégie et à la prospective.

———. 2014c. *Quelle France dans Dix Ans. Réconcilier l'économique et le social.* Paris: Commissariat général à la stratégie et à la prospective.

Frank, Robert H. 2014. "Let's Try a Basic Income and Public Work." Response essay, Cato Unbound, August 11. http://www.cato-unbound.org/2014/08/11/robert-h-frank/lets-try-basic-income-public-work.

Frank, Robert H., and Philip J. Cook. 1995. *The Winner-Take-All Society: Why the Few at the Top Get So Much More Than the Rest of Us.* New York: Free Press.

Frankman, Myron J. 1998. "Planet-Wide Citizen's Income: Antidote to Global Apartheid." *Labour, Capital and Society* 31(1–2): 166–178.

European Commission. 2012. "Analysis of Options beyond 20% GHG Emission Reductions: Member State Results." Commission Staff Working Paper, Brussels, 1.2.2012, SWD (2012) 5.

———. 2014a. "Employment and Social Developments in Europe 2013." Luxembourg: Publications Office of the European Union.

———. 2014b. "National Student Fee and Support Systems in European Higher Education 2014/15." Eurydice-Facts and Figures, European Commission: Education and Training.

European Union. 2008. "European Union Public Finance," 4th ed. Luxembourg: Office for Official Publications of the European Communities.

———. 2011. "General Budget of the European Union for the Financial Year 2012: General Statement of Revenue." Brussels, June 15. http://eur-lex.europa.eu/budget/data/DB2012/EN/SEC00.pdf.

Eydoux, Anne, and Rachel Silvera. 2000. "De l'allocation universelle au salaire maternel: il n'y a qu'un pas . . . à ne pas franchir." In Thomas Coutrot and Christophe Ramaux, eds., *Le bel avenir du contrat de travail*, 41–60. Paris: Syros.

Fantazzi, Charles. 2008. "Vives and the *Emarginati*." In Charles Fantazzi, ed., *A Companion to Juan Luis Vives*, 65–111. Leiden: Brill.

Faye, Michael, and Paul Niehaus. 2016. "What If We Just Gave Poor People a Basic Income for Life? That's What We're About to Test." Slate, April 14.

Federation of Claimants Union. 1985a. *On the Dole: A Claimant Union Guide for the Unemployed*. London: Federation of Claimants Union.

———. 1985b. *Women and Social Security*. London: Federation of Claimants Union.

Feige, Edgar L. 2000. "The Automated Payment Transaction Tax: Proposing a New Tax System for the 21st Century." *Economic Policy* 31: 473–511.

Feldstein, Martin. 1992. "The Case against EMU." *The Economist*, June 13.

———. 1997. "The Political Economy of the European Economic and Monetary Union: Political Sources of an Economic Liability." *Journal of Economic Perspectives* 11(4): 23–42.

———. 2012. "The Failure of the Euro: The Little Currency That Couldn't." *Foreign Affairs* 91(1): 105–116.

Fernández-Santamaria, J. A. 1998. *The Theater of Man: J. L. Vives on Society*. Philadelphia: American Philosophical Society.

Ferrarini, Tommy, Kenneth Nelson, and Helena Höög. 2013. "From Universalism to Selectivity: Old Wine in New Bottles for Child Benefits in Europe and Other Countries." In Ive Marx and Kenneth Nelson, eds., *Minimum Income Protection in Flux*, 137–160. New York: Palgrave Macmillan.

Ferry, Jean-Marc. 1985. "Robotisation, utilité sociale, justice sociale." *Esprit* 97: 19–29.

———. 1995. *L'Allocation universelle. Pour un revenu de citoyenneté*. Paris: Cerf.

———. 2000. *La Question de l'Etat européen*. Paris: Gallimard.

———. 2014. "Pour un socle social européen." *Cahiers philosophiques* 137: 7–14.

Fichte, Johann Gottlied. 1800/2012. *The Closed Commercial State*. Translation of *Der geschlossene Handelsstaat*. New York: SUNY Press.

Dworkin, Ronald. 1981. "What Is Equality? Part II: Equality of Resources." *Philosophy and Public Affairs* 10/4: 283–345.

———. 1983. "Why Liberals Should Believe in Equality." *New York Review of Books*, February 3.

———. 2000. *Sovereign Virtue: The Theory and Practice of Equality*. Cambridge, MA: Harvard University Press.

———. 2002. "*Sovereign Virtue* Revisited." *Ethics* 113: 106–243.

———. 2004. "Ronald Dworkin Replies." In Justine Burley, ed., *Dworkin and His Critics*, 339–395. Oxford: Blackwell.

———. 2006. *Is Democracy Possible Now? Principles for a New Political Debate*. Princeton: Princeton University Press, 2006.

Dyer, Christopher. 2012. "Poverty and Its Relief in Late Medieval England." *Past and Present* 216(1): 41–78.

Easterlin, Richard A. 1974. "Does Economic Growth Improve the Human Lot? Some Empirical Evidence." In Paul A. David and Melvin W. Reder, eds., *Nations and Households in Economic Growth: Essays in Honor of Moses Abramovitz*, 89–125. New York: Academic Press.

———. 2010. *Happiness, Growth, and the Life Cycle*. Oxford: Oxford University Press.

Economiesuisse. 2012. "Bedingungsloses Grundeinkommen? Leider nein." *Dossiepolitik* 21, October 1.

Edin, Kathryn J., and H. Luke Shaefer. 2015. *$2.00 a Day: Living on Almost Nothing in America*. Boston: Houghton Mifflin Harcourt.

Einstein, Albert. 1955. "Introduction." In Henry H. Wachtel, *Security for All and Free Enterprise: A Summary of the Social Philosophy of Josef Popper-Lynkeus*, vii–viii. New York: Philosophical Library.

Elgarte, Julieta. 2008. "Basic Income and the Gender Division of Labour." *Basic Income Studies* 3(3).

Elster, Jon. 1986. "Comment on Van der Veen and Van Parijs." *Theory and Society* 15(5): 709–721.

———. 1988. "Is There (or Should There Be) a Right to Work?" In Amy Gutmann, ed., *Democracy and the Welfare State*, 53–78. Princeton: Princeton University Press.

Engels, Friedrich. 1845/2009. *The Condition of the Working-Class in England in 1844*. New York: Cosimo Classics.

———. 1880/2008. *Socialism: Utopian and Scientific*. New York: Cosimo Classics.

Engels, Wolfram, Joachim Mitschke, and Bernd Starkloff. 1973. *Staatsbürgersteuer. Vorschlag zur Reform der direkten Steuers und persönlichen Subventionen durch ein integriertes Personalsteuer- und Subventionssystem*. Wiesbaden: Karl Bräuer-Institut.

Erreygers, Guido, and John Cunliffe. 2006. "Basic Income in 1848." *Basic Income Studies* 1(2): 1–12.

Esping-Andersen, Gøsta. 1990. *The Three Worlds of Welfare Capitalism*. Princeton: Princeton University Press.

European Central Bank. 2013. "The Eurosystem Household Finance and Consumption Survey. Results from the First Wave." Statistics Paper Series no. 2, April.

De Paepe, César. 1889. "Des services publics." *La Revue socialiste* 10: 299–310. http://archive.org/stream/larevuesocialist10part/larevuesocialist10part_djvu.txt.

Deppe, Ina, and Lena Foerster. 2014. *1989–2014. 125 Jahren Rentenversicherung.* Berlin: August Dreesbach Verlag.

Desmet, Klaus, Ignacio Ortuño-Ortín, and Shlomo Weber. 2005. "Peripheral Linguistic Diversity and Redistribution." CORE Discussion Paper 2005/44, Université catholique de Louvain.

De Wispelaere, Jurgen. 2016. "The Struggle for Strategy: On the Politics of the Basic-Income Proposal." *Politics* 36(2): 131–141.

De Wispelaere, Jurgen, and Lindsay Stirton. 2007. "The Public Administration Case against Participation Income." *Social Service Review* 81(3): 523–549.

———. 2011. "The Administrative Efficiency of Basic Income." *Policy & Politics* 39(1): 115–132.

———. 2012. "A Disarmingly Simple Idea? Practical Bottlenecks in the Implementation of a Universal Basic Income." *International Social Security Review* 65(2): 103–121.

Dickens, Charles. 1838. *Oliver Twist, or the Parish Boy's Progress.* London: Richard Bentley.

Dilnot, Andrew, John A. Kay, and C. N. Morris. 1984. *The Reform of Social Security.* London: Institute of Fiscal Studies.

Dore, Ronald. 2001. "Dignity and Deprivation." In Philippe Van Parijs et al., *What's Wrong with a Free Lunch?* 80–84. Boston: Beacon Press.

Douglas, Clifford H. 1920. *Economic Democracy.* London: C. Palmer.

———. 1924. *Social Credit.* London: Eyre and Spottiswoode.

Dowding, Keith, Jurgen De Wispelaere, and Stuart White, eds. 2003. *The Ethics of Stakeholding.* Basingstoke: Palgrave Macmillan.

Duboin, Jacques. 1932. *La Grande Relève des hommes par la machine.* Paris: Fustier.

———. 1945. *Economie distributive de l'abondance.* Paris: OCIA.

———. 1998. *Le socialisme distributiste.* Paris: L'Harmattan.

Duboin, Marie-Louise. 1988. "Guaranteed Income as an Inheritance." In Anne G. Miller, ed., *Proceedings of the First International Conference on Basic Income,* 134–145. London: BIRG and Antwerp: BIEN.

Duchâtelet, Roland. 1994. "An Economic Model for Europe Based on Consumption Financing on the Tax Side and the Basic Income Principle on the Redistribution Side." Paper presented at the 5th BIEN Congress, London, September 8–10.

———. 2004. *De weg naar meer netto binnenlands geluk. Een toekomst voor alle Europeanen.* Leuven: Van Halewyck.

Dullien, Sebastian. 2014a. "The Macroeconomic Stabilisation Impact of a European Basic Unemployment Insurance Scheme." *Intereconomics* 49(4): 189–193.

———. 2014b. "Why a European Unemployment Insurance Would Help to Make EMU More Sustainable." *Social Europe,* October 3.

Dumont, Daniel. 2012. *La responsabilisation des personnes sans emploi en question.* Brussels: La Charte.

Durkheim, Emile. 1893/2007. *De la division du travail social.* Paris: P.U.F.

———, eds. 2004. *The Origins of Universal Grants: An Anthology of Historical Writings on Basic Capital and Basic Income.* Basingstoke: Palgrave Macmillan.

Currie, Janet, and Firouz Gahvari. 2008. "Transfers in Cash and In-Kind: Theory Meets the Data." *Journal of Economic Literature* 46(2): 333–383.

Dalla Costa, Mariarosa, and Selma James. 1975. *The Power of Women and the Subversion of the Community.* Bristol: Falling Wall Press.

Danaher, John. 2014. "Feminism and the Basic Income. Parts I and II." Institute for Ethics and Emerging Technologies, blog post. Part 1, July 17: http://ieet.org/index.php/IEET/more/danaher20140717; Part 2, July 19: http://ieet.org/index.php/IEET/more/danaher20140719.

Daniels, Norman. 1985. *Just Health Care.* Cambridge: Cambridge University Press.

Davala, Sarath, Renana Jhabvala, Soumya Kapoor Mehta, and Guy Standing. 2015. *Basic Income: A Transformative Policy for India.* London: Bloomsbury.

Davidson, Mark. 1995. "Liberale grondrechten en milieu. Het recht op milieugebruiksruimte als grondslag van een basisinkomen." *Milieu* 5: 246–249.

Davis, Michael. 1987. "Nozick's Argument for the Legitimacy of the Welfare State." *Ethics* 97(3): 576–594.

De Basquiat, Marc, and Gaspard Koenig. 2014. *LIBER, un revenu de liberté pour tous. Une proposition d'impôt négatif en France.* Paris: Génération Libre.

De Deken, Jeroen, and Dietrich Rueschemeyer. 1992. "Social Policy, Democratization and State Structure: Reflections on Late Nineteenth-Century Britain and Germany." In Rolf Torstendahl, ed., *State Theory and State History,* 93–117. London: Sage.

Defeyt, Philippe. 2016. *Un revenu de base pour chacun, une autonomie pour tous.* Namur: Institut pour le développement durable.

Defoe, Daniel. 1697/1999. *An Essay upon Projects,* New York: AMS Press.

———. 1704. *Giving Alms No Charity and Employing the Poor. A Grievance to the Nation.* London: Printed, and sold by the booksellers of London and Westminster.

De Jager, Nicole E. M., Johan J. Graafland, and George M. M. Gelauff. 1994. *A Negative Income Tax in a Mini Welfare State: A Simulation with MIMIC.* The Hague: Centraal Planbureau.

De Keyser, Napoleon. 1854/2004. *Het Natuer-regt, of de rechtveirdigheid tot nieuw bestuur als order der samenleving volgens de bestemming van den mensch.* Partial English translation as "Natural Law, or Justice as a New Governance for Society According to the Destiny of Man." In John Cunliffe and Guido Erreygers, eds., *The Origins of Universal Grants,* 56–72. Basingstoke: Palgrave Macmillan.

De Keyzer, Peter. 2013. *Growth Makes You Happy: An Optimist's View of Progress and the Free Market.* Tielt: Lannoo.

Dekkers, J. M., and Bart Nooteboom. 1988. *Het gedeeltelijk basisinkomen, de hervorming van de jaren negentig.* The Hague: Stichting Maatschappij en Onderneming.

Delvaux, Bernard, and Riccardo Cappi. 1990. *Les allocataires sociaux confrontés aux pièges financiers: Analyse des situations et des comportements.* Louvain: IRES.

———. 1935. *Principles of Economic Planning.* London: Macmillan.
———. 1944. *Money: Its Present and Future.* London: Cassel.
———. 1953. *A History of Socialist Thought.* London: Macmillan.
Collectif Charles Fourier. 1985. "L'allocation universelle." *La Revue Nouvelle* 81: 345–351. English translation: "The Universal Grant." *IFDA dossier* 48 (July / August): 32–37.
Colombino, Ugo. 2015. "Five Crossroads on the Way to Basic Income: An Italian Tour." *Italian Economic Journal* 1(3): 353–389.
Colombino, Ugo, Marilena Locatelli, Edlira Narazani, and Cathal O'Donoghue. 2010. "Alternative Basic Income Mechanisms: An Evaluation Exercise with a Microeconometric Model." *Basic Income Studies* 5(1): 1–31.
Colombino, Ugo, and Edlira Narazani. 2013. "Designing a Universal Income Support Mechanism for Italy: An Exploratory Tour." *Basic Income Studies* 8(1): 1–17.
Colombo, Céline, Thomas De Rocchi, Thomas Kurer, and Thomas Widmer. 2016. "Analyse der eidgenössischen Abstimmung vom 5. Juni 2016." Zürich: VOX.
Colombo, Giulia, Reinhold Schnabel, and Stefanie Schubert. 2008. "Basic Income Reform in Germany: A Microsimulation-Age Analysis." Unpublished ms. http://www.aiel.it/Old/bacheca/BRESCIA/papers/colombo.pdf.
Commission on Social Justice. 1994. *Social Justice. Strategies for National Renewal.* The Report of the Commission on Social Justice. London: Vintage.
Condorcet, Antoine Caritat Marquis de. 1795/1988. *Esquisse d'un tableau historique des progrès de l'esprit humain.* Paris: Garnier-Flammarion.
Considerant, Victor. 1845. *Exposition abrégée du système Phalanstérien de Fourier.* Paris: Librairie sociétaire.
Cook, Stephen L. 1979. "Can a Social Wage Solve Unemployment?" Working Paper 165, University of Aston Management Centre, Birmingham.
Coote, Anna, Jane Franklin, and Andrew Simms. 2010. *21 Hours: Why a Shorter Working Week Can Help Us All to Flourish in the 21st Century.* London: New Economics Foundation.
COSATU. 2010. *A Growth Path towards Full Employment: Policy Perspectives of the Congress of South African Trade Unions?* Johannesburg: COSATU.
Cournot, Antoine Augustin. 1838/1980. *Recherches sur les principes mathématiques de la théorie des richesses.* Paris: Vrin.
Crocker, Geoffrey. 2014. *The Economic Necessity of Basic Income.* Bristol: Technology Market Strategies.
CSC (Confédération des syndicats chrétiens). 2002. "Dans quelle mesure mon revenu est-il juste?" *Syndicaliste CSC* 560, January 25.
Cummine, Angela L. 2011. "Overcoming Dividend Skepticism: Why the World's Sovereign Wealth Funds Are Not Paying Basic Income Dividends." *Basic Income Studies* 6(1): 1–18.
Cunha, Jesse M. 2014. "Testing Paternalism: Cash versus In-Kind Transfers." *American Economic Journal: Applied Economics* 6(2): 195–230.
Cunliffe, John, and Guido Erreygers. 2001. "The Enigmatic Legacy of Charles Fourier: Joseph Charlier and Basic Income." *History of Political Economy* 33(3): 459–484.

Pateman, eds., *Basic Income Worldwide: Horizons of Reform*, 105–127. New York: Palgrave Macmillan.

Case, Anne, and Angus Deaton. 1998. "Large Cash Transfers to the Elderly in South Africa." *Economic Journal* 108(450): 1330–1361.

Castel, Robert. 1995. *Les métamorphoses de la question sociale. Une chronique du salariat*. Paris: Fayard.

———. 2009. *La montée des incertitudes. Travail, protection, statut de l'individu*. Paris: Le Seuil.

Castelein, Reinier. 2016. *Welzijn is de nieuwe welvaart*. Utrecht: Happy View.

Centre des Jeunes Dirigeants d'Entreprise. 2011. *Objectif Oikos. Changeons d'R. 12 propositions pour 2012*. Paris: CJD.

Charbonneau, Bernard, and Jacques Ellul. 1935/1999. "Directives pour un manifeste personnaliste," ed. Patrick Troude-Chastenet. *Revue Française d'Histoire des Idées Politiques* 9 (1999): 159–177.

Charlier, Joseph. 1848. *Solution du problème social ou constitution humanitaire. Basée sur la loi naturelle, et précédé de l'exposé des motifs*. Brussels: Chez tous les libraires du Royaume.

———. 1871. *Catéchisme populaire philosophique, politique et social*. Brussels: Vanderauwera.

———. 1894a. *La Question sociale résolue, précédée du testament philosophique d'un penseur*. Brussels: Weissenbruch.

———. 1894b. *L'Anarchie désarmée par l'équité. Corollaire à la question sociale résolue*. Brussels: Weissenbruch.

Christensen, Erik. 2000. *Borgerløn. Fortællinger om en politisk ide*. Højbjerg: Forlaget Hovedland.

Christensen, Erik, and Jørn Loftager. 2000. "Ups and Downs of Basic Income in Denmark." In Robert-Jan van der Veen and Loek Groot, eds., *Basic Income on the Agenda*, 257–267. Amsterdam: Amsterdam University Press.

City of Ypres. 1531/2010. *Forma Subventionis Pauperum*. In Paul Spicker, ed., *The Origins of Modern Welfare*, 101–140. Oxford: Peter Lang.

Clavet, Nicholas-James, Jean-Yves Duclos, and Guy Lacroix. 2013. "Fighting Poverty: Assessing the Effect of Guaranteed Minimum-Income Proposals in Québec." Discussion paper series, IZA DP No. 7283, March, Forschungsintitut für Zukunft der Arbeit/Institute for the Study of Labor, Bonn. http://ftp.iza.org/dp7283.pdf.

Clemons, Steven C. 2003. "Sharing, Alaska-Style." *New York Times*, April 9.

Clerc, Denis. 2003. "L'idée d'un revenu d'existence: une idée séduisante et . . . dangereuse." In Jean-Paul Fitoussi and Patrick Savidan, eds., *Comprendre les inégalités*, 201–207. Paris: PUF.

Cobbett, William. 1827/1977. *The Poor Man's Friend*. New York: Augustus M. Kelley.

Cohen, Nick. 2014. "Two Days, One Night—A Film That Illuminates the Despair of the Low Paid." *The Observer*, August 30.

Cole, George D. H. 1929. *The Next Ten Years in British Social and Economic Policy*. London: Macmillan.

Busilacchi, Gianluca. 2009. "Dagli rifiuti puó nascere un fiore: un reddito di base per salvare il pianeta." In BIN Italia, ed., *Reddito per tutti. Un'utopia concreta per l'era globale*, 167–176. Roma: Manifestolibri.

Caillé, Alain, ed. 1987. *Du revenu social: au-delà de l'aide, la citoyenneté?* Special issue of *Bulletin du MAUSS* (Paris) 23.

———. 1994. *Temps choisi et revenu de citoyenneté. Au-delà du salariat universel.* Caen: Démosthène.

———, ed. 1996. *Vers un revenu minimum inconditionnel? Revue du MAUSS* 7, Paris: La Découverte.

Cain, Glen G., and Douglas A. Wissoker. 1990a. "A Reanalysis of Marital Stability in the Seattle-Denver Income-Maintenance Experiment." *American Journal of Sociology* 95(5): 1235–1269.

———. 1990b. "Response to Hannan and Tuma." *American Journal of Sociology* 95(5): 1299–1314.

Callender, Rosheen. 1985. "The Economics of Basic Income: Response to Dr. Roberts' Paper." Paper presented at the Conference *Irish Future Societies*, Dublin, January 22.

———. 1986. "Basic Income in Ireland: The Debate to Date." In Anne G. Miller, ed., *Proceedings of the First International Conference on Basic Income*, 288–295. London: BIRG and Antwerp: BIEN.

Calnitsky, David. 2016. "'More Normal than Welfare': The Mincome Experiment, Stigma, and Community Experience." *Canadian Review of Sociology* 53(1): 26–71.

Calnitsky, David, and Jonathan Latner. 2015. "Basic Income in a Small Town: Understanding the Elusive Effects on Work." Paper presented at the conference The Future of Basic Income Research, European University Institute, Florence, June 26–27.

Canada. 2016. *Final Report of the House of Commons Standing Committee on Finance Regarding Its Consultations in Advance of the 2016 Budget*, March. Ottawa: House of Commons.

Caputo, Richard K. 2012. "United States of America: GAI Almost in the 1970s but Downhill Thereafter." In Richard K. Caputo, ed., *Basic Income Guarantee and Politics: International Experiences and Perspectives on the Viability of Income Guarantees*, 265–281. New York: Palgrave Macmillan.

Carens, Joseph H. 1981. *Equality, Moral Incentives and the Market: An Essay in Utopian Politico-Economic Theory*. Chicago: University of Chicago Press.

Casassas, David. 2007. "Basic Income and the Republican Ideal: Rethinking Material Independence in Contemporary Societies." *Basic Income Studies* 2(2): 1–7.

———. 2016. "Economic Sovereignty as the Democratization of Work: The Role of Basic Income." *Basic Income Studies* 11(1): 1–15.

Casassas, David, and Simon Birnbaum. 2008. "Social Republicanism and Basic Income: Building a Citizen Society." In Stuart White and Daniel Leighton, eds., *The Emerging Politics of Republican Democracy*, 75–82. London: Lawrence and Wishart.

Casassas, David, Daniel Raventós, and Julie Ward. 2012. "East Timor and Catalonia: Basic-Income Proposals for North and South." In Matthew C. Murray and Carole

Bradshaw, Jonathan. 2012. "The Case for Family Benefits." *Children and Youth Services Review* 34(3): 590–596.

Brady, David, and Amie Bostic. 2015. "Paradoxes of Social Policy: Welfare Transfers, Relative Poverty, and Redistribution Preferences." *American Sociological Review* 80(2): 268–298.

Bregman, Rutger. 2016. *Utopia for Realists. The Case for a Universal Basic Income, Open Borders and a 15-Hour Workweek.* Amsterdam: De Correspondent.

Bresson, Yoland. 1984. *L'Après-salariat. Une nouvelle approche de l'économie.* Paris: Economica.

———. 1994. *Le Partage du temps et des revenus.* Paris: Economica.

———. 1999. "Il faut libérer le travail du carcan de l'emploi." *Le Monde* (Paris), 16 mars.

———. 2000. *Le revenu d'existence ou la métamorphose de l'être social.* Paris: L'esprit frappeur.

Brinkley, Alan. 1981. "Huey Long, the Share Our Wealth Movement, and the Limits of Depression Dissidence." *Louisiana History* 22(2): 117–134.

Brittan, Samuel. 1973. *Capitalism and the Permissive Society.* London: Macmillan.

———. 1983. "Work Sharing: A Flawed, Dangerous Nostrum." *Financial Times,* October 6.

———. 1988. "The Never-Ending Quest. Postscript to the 1987–8 Edition." In Samuel Brittan, *A Restatement of Economic Liberalism,* 210–315. London: Macmillan.

———. 2001. "In Praise of Free Lunches." *Times Literary Supplement,* August 24.

Brown, Chris. 1992. "Marxism and the Transnational Migration of People." In Brian Barry and Robert E. Goodin, eds., *Free Movement: Ethical Issues in the Transnational Migration of People and of Money,* 127–144. University Park: Pennsylvania State University Press.

Brynjolfsson, Erik, and Andrew McAfee. 2014. *The Second Machine Age: Work, Progress, and Prosperity in a Time of Brilliant Technologies.* New York: W. W. Norton.

Büchele, Hervig, and Lieselotte Wohlgenannt. 1985. *Grundeinkommen ohne Arbeit. Auf dem Weg zu einer kommunikativen Gesellschaft.* Vienna: Europaverlag. Reprinted Vienna: ÖGB Verlag, 2016.

Bureau of Labor Statistics. 2015. "Women in the Labor Force: A Databook." December, BLS Report 1059.

———. 2016. "Union Members—2015." Economic News Release, January 28. http://www.bls.gov/news.release/union2.nro.htm.

Burke, Edmund. 1795. *Thoughts and Details on Scarcity Originally Presented to the Right Honourable William Pitt,* 250–280. First published in 1800. http://oll.libertyfund.org/title/659/20399.

Burns, Eveline M. 1965. "Social Security in Evolution: Towards What?" *Social Service Review* 39(2): 129–140.

Burtless, Gary. 1986. "The Work Response to a Guaranteed Income: A Survey of Experimental Evidence." In Alicia H. Munnell, ed., *Lessons from the Income Maintenance Experiments,* 22–52. Boston: Federal Reserve Bank of Boston.

———. 1990. "The Economist's Lament: Public Assistance in America." *Journal of Economic Perspectives* 4(1): 57–78.

Blais, François. 1999. "Loisir, travail et réciprocité. Une justification 'rawlsienne' de l'allocation universelle est-elle possible?" *Loisir et société* 22(2): 337–353.
———. 2002. *Ending Poverty: A Basic Income for All Canadians.* Toronto: Lorimer.
Blaschke, Ronald, Adeline Otto, and Norbert Schepers, eds. 2010. *Grundeinkommen: Geschicht, Modelle, Debatten.* Berlin: Karl Dietz Verlag.
———. 2012. *Grundeinkommen. Von der Idee zu einer europäischen politischen Bewegung.* Hamburg: VSA Verlag.
Blaschke, Ronald, Ina Praetorius, and Antje Schrupp, eds. 2016. *Das Bedingungslose Grundeinkommen. Feministische und postpatriarchale Perspektiven.* Sulzbach: Ulrike Helmer Verlag.
Block, Fred, and Margaret Somers. 2003. "In the Shadow of Speenhamland: Social Policy and the Old Poor Law." *Politics & Society* 31(2): 283–323.
Boadway, Robin, Katherine Cuff, and Kourtney Koebel. 2016. "Designing a Basic Income Guarantee for Canada." September, Department of Economics, Queen's University.
Bond, Larry. 1997. "The Odds against Basic Income." Dublin: Irish National Organisation of the Unemployed.
Bonnett, Alastair, and Keith Armstrong, eds. 2014. *Thomas Spence: The Poor Man's Revolutionary.* London: Breviary Stuff.
Borjas, George J. 1999. "Immigration and Welfare Magnets." *Journal of Labor Economics* 17(4): 607–637.
Bouchet, Muriel. 2015. "Allocation universelle à la Luxembourgeoise: un cadeau empoisonné?" IDEA Foundation blog. http://www.fondation-idea.lu/2015/08/06/allocation-universelle-a-la-luxembourgeoise-un-cadeau-empoisonne/.
Bourdieu, Pierre. 1998. "Le mouvement des chômeurs, un miracle social." In Pierre Bourdieu, *Contre-Feux 2*, 102–104. Paris: Liber.
Boutin, Christine. 2003. *Pour sortir de l'isolement, Un nouveau projet de société.* Paris: Services du Premier Ministre.
Bovenberg, Lans, and Rick van der Ploeg. 1995. "Het basisinkomen is een utopie," *Economisch-Statistische Berichten* 3995: 100–104.
Bowles, Samuel. 1985. "The Production Process in a Competitive Economy: Walrasian, Neo-Hobbesian and Marxian Models." *American Economic Review* 75(1): 16–36.
Boyce, James K., and Matthew E. Riddle. 2007. "Cap and Dividend: How to Curb Global Warming While Protecting the Incomes of American Families." Working Paper 150, November, Political Economy Research Institute, University of Massachusetts Amherst. http://citeseerx.ist.psu.edu/viewdoc/download?doi=10.1.1.587.3768&rep=rep1&type=pdf.
———. 2010. "CLEAR Economics: State Level Impacts of the Carbon Limits and Energy for America's Renewal Act on Family Incomes and Jobs." March, Political Economy Research Institute, University of Massachussets Amherst. http://www.peri.umass.edu/fileadmin/pdf/other_publication_types/green_economics/CLEAR_Economics.pdf.
Boyer, George R. 1990. *An Economic History of the English Poor Law, 1750–1850.* Cambridge: Cambridge University Press.

Barry, Brian. 1992. "Equality Yes, Basic Income No." In Philippe Van Parijs, ed., *Arguing for Basic Income: Ethical Foundations for a Radical Reform*, 128–140. London: Verso.

———. 1994. "Justice, Freedom, and Basic Income." In Horst Siebert, ed., *The Ethical Foundations of the Market Economy*, 61–89. Tübingen: J. C. B. Mohr and Ann Arbor: University of Michigan Press.

———. 1996a. "Real Freedom and Basic Income." *Journal of Political Philosophy* 4(3): 242–276.

———. 1996b. "Surfers' Saviour." *Citizen's Income Bulletin* 22: 1–4.

———. 1997. "The Attractions of Basic Income." In Jane Franklin, ed., *Equality*, 157–171. London: Institute for Public Policy Research.

———. 2000. "Universal Basic Income and the Work Ethic." *Boston Review* 25(5): 14–15.

———. 2005. *Why Social Justice Matters.* New York: Wiley.

Bauer, Michael W., and Philippe Schmitter. 2001. "Dividend, Birth-Grant or Stipendium?" *Journal of European Social Policy* 11(4): 348–352.

Bauer, Péter Tamás. 1981. *Equality, the Third World and Economic Delusion.* London: Methuen.

Bauwens, Michel, and Rogier De Langhe. 2015. "Basisinkomen is geen vangnet maar een springplank." *De Morgen* (Brussels), June 2.

Bay, Ann-Helén, and Axel W. Pedersen. 2006. "The Limits of Social Solidarity: Basic Income, Immigration and the Legitimacy of the Universal Welfare State." *Acta Sociologica* 49(4): 419–436.

Bell, Edward. 1993. "The Rise of the Lougheed Conservatives and the Demise of Social Credit in Alberta: A Reconsideration." *Canadian Journal of Political Science* 26(3): 455–475.

Bellamy, Edward. 1888/1983. *Looking Backward, 2000–1887.* Harmondsworth: Penguin.

Belorgey, Jean-Michel, ed. 2000. *Minima sociaux, revenus d'activité, précarité.* Paris: La Documentation française.

Bentham, Jeremy. 1796/2001. "Essays on the Subject of the Poor Laws, Essay I and II." In *Writings on the Poor Laws*, ed. Michael Quinn, vol. 1, 3–65. Oxford: Oxford University Press.

Bergé, Pierre. 1991. *Liberté, j'écris ton nom.* Paris: Bernard Grasset.

Bergmann, Barbara R. 2008. "Basic Income Grants or the Welfare State: Which Better Promotes Gender Equality?" *Basic Income Studies* 3(3): 1–7.

Bernard, Michel, and Michel Chartrand. 1999. *Manifeste pour un revenu de citoyenneté.* Montréal: Editions du renouveau québécois.

Berzins, Baiba. 1969. "Douglas Credit and the A.L.P." *Labour History* 17: 148–160.

Bhargava, Saurabh, and Dayanand Manoli. 2015. "Psychological Frictions and the Incomplete Take-Up of Social Benefits: Evidence from an IRS Field Experiment." *American Economic Review* 105(11): 3489–3529.

Bidadanure, Juliana. 2014. "Treating Young People as Equals: Intergenerational Justice in Theory and Practice." PhD diss., University of York.

Birnbaum, Simon. 2012. *Basic Income Reconsidered: Social Justice, Liberalism, and the Demands of Equality.* New York: Palgrave Macmillan.

———. 1995. *Public Economics in Action: The Basic Income / Flat Tax Proposal.* Oxford: Oxford University Press.
———. 1996a. *Incomes and the Welfare State.* Oxford: Oxford University Press.
———. 1996b. "The Case for a Participation Income." *Political Quarterly* 67: 67–70.
———. 1996c. "James Meade's Vision: Full Employment and Social Justice." *National Institute Economic Review,* July, 90–96.
———. 1996d. "The Distribution of Income: Evidence, Theories and Policy." *De Economist* 144(1): 1–21.
———. 1998. *Poverty in Europe.* Oxford: Blackwell.
———. 2015. *Inequality: What Can Be Done?* Cambridge, MA: Harvard University Press.
Atkinson, Anthony B., and Joseph E. Stiglitz. 1980. "Production in the Firm." In Atkinson and Stiglitz, *Lectures in Public Economics.* New York: McGraw-Hill.
Australian Government Commission of Inquiry into Poverty. 1975. "Poverty in Australia: First Main Report." Canberra: Australian Government Publishing Service.
Babeuf, Gracchus. 1796. *Analyse de la doctrine de Babeuf, tribun du peuple, proscrit par le Directoire exéctutif pour avoir dit la vérité.*
Bachelot, Louis-Marie. 2011. "Contre l'Etat nounou, pour l'allocation universelle." Nouvelles de France, May 13. http://www.ndf.fr/la-une/13-05-2011/louis-marie-bachelot-contre-letat-nounou-pour-lallocation-universelle/.
Baker, John. 2008. "All Things Considered, Should Feminists Embrace Basic Income?" *Basic Income Studies* 3(3): 1–8.
Baldwin, Peter. 1990. *The Politics of Social Solidarity: Class Bases of the European Welfare State.* Cambridge: Cambridge University Press.
Balkenende, Jan Peter. 1985. "'Waarborgen voor zekerheid' en de verzorgingsmaatschappij." *Christen Democratische Verkenningen* 10: 473–484.
Banting, Keith, and Will Kymlicka, eds. 2006. *Multiculturalism and the Welfare State: Recognition and Redistribution in Contemporary Democracies.* Oxford: Oxford University Press.
———. 2016. *The Strains of Commitment: The Political Sources of Solidarity.* Oxford: Oxford University Press.
Bardhan, Pranab. 2016. "Could a Basic Income Help Poor Countries?" Project Syndicate, June 22. www.project-syndicate.org/commentary/developing-country-basic-income-by-pranab-bardhan-2016-06.
Bargain, Olivier, Mathias Dolls, Clemens Fuest, Dirk Neumann, Andreas Peichl, Nico Pestel, and Sebastian Siegloch. 2012. "Fiscal Union in Europe? Redistributive and Stabilizing Effects of an EU Tax-Benefit System." Discussion paper series, IZA DP No. 6585, May, Forschungsinstitut zur Zukunft der Arbeit/Institute for the Study of Labor, Bonn. http://ftp.iza.org/dp6585.pdf.
Barnes, Peter. 2014. *With Liberty and Dividends for All: How to Save Our Middle Class When Jobs Don't Pay Enough.* San Francisco: Berrett-Koehler.
Barrez, Dirk. 1999. "Tien frank per dag voor iedereen." *De Morgen* (Brussels), December 22.

Anderson, Jan-Otto, and Olli Kangas. 2005. "Popular Support for Basic Income in Sweden and Finland." In Guy Standing, ed., *Promoting Income Security as a Right: Europe and North America,* 289–301. London: Anthem Press.

Andrews, Kate. 2015. "Reform Tax Credits with a Negative Income Tax, Says New Report." Press release, October 26, Adam Smith Institute, London. http://www.adamsmith.org/news/press-release-reform-tax-credits-with-a-negative-income-tax-says-new-report.

Anonymous. 1848/1963. "Project van eene Nieuwe Maetschappelijke Grondwet." In Hubert Wouters, ed., *Documenten betreffende de geschiedenis der arbeidersbeweging,* 963–966. Leuven and Paris: Nauwelaerts.

Arcarons, Jordi, Alex Boso, José Antonio Noguera, and Daniel Raventós. 2005. *Viabilitat i impacte d'una Renda Bàsica de Ciutadania per a Catalunya.* Barcelona: Fundació Bofill.

Arcarons, Jordi, Antoni Domènech, Daniel Raventós, and Lluís Torrens. 2014. "Un modelo de financiación de la Renta Básica para el conjunto del Reino de España: si, se puede y es racional." Sin Permiso, December 7. http://www.sinpermiso.info/sites/default/files/textos/rbuesp.pdf.

Arneson, Richard J. 1989. "Equality and Equal Opportunity for Welfare." *Philosophical Studies* 56(1): 77–93.

———. 1991. "A Defense of Equal Opportunity for Welfare." *Philosophical Studies* 62(2): 187–195.

Arnsperger, Christian. 2011. *L'homme économique et le sens de la vie.* Paris: Textuel.

Arnsperger, Christian, and Warren A. Johnson. 2011. "The Guaranteed Income as an Equal-Opportunity Tool in the Transition toward Sustainability." In Axel Gosseries and Yannick Vanderborght, eds., *Arguing about Justice: Essays for Philippe Van Parijs,* 61–70. Louvain-la-Neuve: Presses universitaires de Louvain.

Arrizabalaga, Jon. 1999. "Poor Relief in Counter-Reformation Castile: An Overview." In Ole Peter Grell, Andrew Cunningham, and Jon Arrizabalaga, eds., *Health Care and Poor Relief in Counter-Reformation Europe,* 151–176. London: Routledge.

Ashby, Peter. 1984. *Social Security after Beveridge—What Next?* London: National Council for Voluntary Organizations.

Atkinson, Anthony B. 1984. "The Cost of Social Dividend and Tax Credit Schemes." Working Paper 63, ESRC Programme on Taxation, Incentives and the Distribution of Income, London.

———. 1993a. "On Targeting Social Security: Theory and Western Experience with Family Benefits." STICERD Working Paper WSP/99, London School of Economics, London.

———. 1993b. "Participation Income." *Citizen's Income Bulletin* 16: 7–11.

———. 1993c. "Beveridge, the National Minimum, and Its Future in a European Context." STICERD Working Paper WSP/85, London School of Economics, London.

———. 1993d. "Comment." In Anthony Atkinson, ed., *Alternatives to Capitalism: The Economics of Partnership.* London: Macmillan and New York: St Martin's Press.

———. 2006. "Why Stakeholding?" In Erik Olin Wright, ed., *Redesigning Distribution*, 43–65. New York: Verso.

Ad Hoc Committee on the Triple Revolution. 1964. "The Triple Revolution." *International Socialist Review* 24(3): 85–89. https://www.marxists.org/history/etol/newspape/isr/vol25/no03/adhoc.html.

Adler-Karlsson, Gunnar. 1979. "The Unimportance of Full Employment." *IFDA Dossier* 2: 216–226.

———. 1981. "Probleme des Wirtschaftswachstums und der Wirtschaftsgesinnung. Utopie eines besseren Lebens." *Mitteilungsdienst der Verbraucher-Zentrale NRW* 23: 40–63.

Adret. 1977. *Travailler deux heures par jour.* Paris: Le Seuil.

Akee, Randall, William E. Copeland, Gordon Keeler, Adrian Angold, and E. Jane Costello. 2010. "Parents' Incomes and Children's Outcomes: A Quasi-Experiment Using Transfer Payments from Casino Profits." *American Economic Journal: Applied Economics* 2(1): 86–115.

Akee, Randall, Emilia Simeonova, William E. Copeland, Adrian Angold, and E. Jane Costello. 2013. "Young Adult Obesity and Household Income: Effects of Unconditional Cash Transfers." *American Economic Journal: Applied Economics* 5(2): 1–28.

Akerlof, George A. 1982. "Labor Contracts as Partial Gift Exchange." In George A. Akerlof, ed., *An Economic Theorist's Book of Tales,* 145–174. Cambridge: Cambridge University Press, 1984.

Akerlof, George A., and Janet L. Yellen. 1986. "Introduction." In George A. Akerlof and Janet L. Yellen, eds., *Efficiency Wage Models of the Labor Market,* 1–22. Cambridge: Cambridge University Press.

Alaluf, Mateo. 2014. *L'allocation universelle. Nouveau label de précarité.* Mons: Couleur Livres.

Albeda, Wim. 1984. *De Crisis van de Werkloosheid en de Verzorgingsstaat. Analyse en Perspectief.* Kampen NL: Kok.

Alesina, Alberto, Arnaud Devleeschauwer, William Easterly, Sergio Kurlat, and Romain Wacziarg. 2003. "Fractionalization." *Journal of Economic Growth* 8: 155–194.

Allen, Mike. 1997. "What Does Basic Income Offer the Long-Term Unemployed?" Dublin: Irish National Organisation of the Unemployed.

Alperovitz, Gar. 1994. "Distributing Our Technological Inheritance." *Technology Review* 97: 31–36.

Alstott, Anne. 2001. "Good for Women." In Philippe Van Parijs et al., *What's Wrong with a Free Lunch?* 75–79. Boston: Beacon Press.

Althaus, Dieter, and Hermann Binkert, eds. 2010. *Solidarisches Bürgergeld: Freiheit nachhaltig und ganzheitlich sichern.* Norderstedt: Books on Demand GmbH.

Ambrose. 1927. *S. Ambrosii* De Nabuthae: *A commentary,* trans. Martin McGuire. Washington DC: Catholic University of America.

Amenta, Edwin, Kathleen Dunleavy, and Mary Bernstein. 1994. "Stolen Thunder? Huey Long's 'Share Our Wealth,' Political Mediation, and the Second New Deal." *American Sociological Review* 59(5): 678–702.

參考書目

說明

基本收入相關文獻非常多，以下書目無法列出所有資料。以英文寫成的基本收入入門書包括Fitzpatrick (1999c)、Blais (2002)、Raventos (2007)、Sheahen (2012)、Torry (2013, 2015)。Widerquist et al. (2013) 提供了當代研究的全面選集。Cunliffe and Erreygers eds. (2004)蒐集了基本收入構想先驅的貢獻。Basic Income Studies (http://www.degruyter.com/view/j/bis) 是純粹探討基本收入的跨學科期刊。有用的網站包括：

基本收入全球網絡（BIEN）：http://www.basicincome.org
歐洲無條件基本收入（UBI-E）：http://basicincome-europe.org
美國基本收入保障網絡（USBIG）：http://www.usbig.net
英國公民收入信託：http://citizensincome.org/

Abe, Aya K. 2014. "Is There a Future for a Universal Cash Benefit in Japan? The Case of Kodomo Teate (Child Benefit)." In Yannick Vanderborght and Toru Yamamori, eds., *Basic Income in Japan: Prospects of a Radical Idea in a Transforming Welfare State,* 49–67. New York: Palgrave Macmillan.

Abrahamson, Peter, and Cecilie Wehner. 2003. "Pension Reforms in Denmark." November, Department of Sociology, University of Copenhagen. http://www.lse.ac.uk/europeanInstitute/research/hellenicObservatory/pdf/pensions_conference/AbrahamsonWehner-Pensions.pdf.

Ackerman, Bruce. 1980. *Social Justice in the Liberal State.* New Haven: Yale University Press.

Ackerman, Bruce, and Anne Alstott. 1999. *The Stakeholder Society.* New Haven: Yale University Press.

藍 書系
知識共同體 23

基本收入：建設自由社會和健全經濟的基進方案

Basic Income: A Radical Proposal for a Free Society and a Sane Economy

作者	菲利普・范・帕雷斯（Philippe Van Parijs） 楊尼克・范德波特（Yannick Vanderborght）
譯者	許瑞宋
總編輯	莊瑞琳
責任編輯	吳崢鴻、夏君佩
封面設計	盧卡斯工作室
排版	藍天圖物宣字社
社長	郭重興
發行人兼出版總監	曾大福
出版	衛城出版／遠足文化事業股份有限公司
發行	遠足文化事業股份有限公司
地址	23141 新北市新店區民權路 108-2 號九樓
電話	02-22181417
傳真	02-86671065
客服專線	0800-221029
法律顧問	華洋法律事務所 蘇文生律師
製版	瑞豐電腦製版印刷股份有限公司
初版	2017 年 12 月
初版二刷	2018 年 1 月
定價	480 元

基本收入：建設自由社會和健全經濟的基進方案 / 菲利普.范.帕雷斯（Philippe Van Parijs），楊尼克.范德波特（Yannick Vanderborght)著；許瑞宋譯. -- 初版. -- 新北市：衛城出版：遠足文化發行, 2017.12
面；　公分. --（藍書系；23）
譯自：Basic income : a radical proposal for a free society and a sane economy
ISBN 978-986-95334-7-8（平裝）

1.社會福利 2.收入 3.經濟社會學

547.13　　106022038

ACRO POLIS 衛城出版

Email acropolis@bookrep.com.tw
Blog www.acropolis.pixnet.net/blog
Facebook www.facebook.com/acropolispublish

● 親愛的讀者你好，非常感謝你購買衛城出版品。
我們非常需要你的意見，請於回函中告訴我們你對此書的意見，
我們會針對你的意見加強改進。

若不方便郵寄回函，歡迎傳真回函給我們。傳真電話—— 02-2218-8057

或是到「衛城出版 FACEBOOK」填寫回函
http://www.facebook.com/acropolispublish

● 讀者資料

你的性別是 □ 男性 □ 女性 □ 其他

你的職業是 ____________________ 你的最高學歷是 ____________________

年齡 □20歲以下 □21～30歲 □31～40歲 □41～50歲 □51～60歲 □60歲以上

若你願意留下 e-mail，我們將優先寄送____________________衛城出版相關活動訊息與優惠活動

● 購書資料

● 請問你是從哪裡得知本書出版訊息？（可複選）
□ 實體書店 □ 網路書店 □ 報紙 □ 電視 □ 網路 □ 廣播 □ 雜誌 □ 朋友介紹
□ 參加講座活動 □ 其他 __________

● 是在哪裡購買的呢？（單選）
□ 實體連鎖書店 □ 網路書店 □ 獨立書店 □ 傳統書店 □ 團購 □ 其他 __________

● 讓你燃起購買慾的主要原因是？（可複選）
□ 對此類主題感興趣 □ 參加講座後，覺得好像不賴
□ 覺得書籍設計好美，看起來好有質感！ □ 價格優惠吸引我
□ 議題好熱，好像很多人都在看，我也想知道裡面在寫什麼 □ 其實我沒有買書啦！這是送（借）的
□ 其他 __________

● 如果你覺得這本書還不錯，那它的優點是？（可複選）
□ 內容主題具參考價值 □ 文筆流暢 □ 書籍整體設計優美 □ 價格實在 □ 其他 __________

● 如果你覺得這本書讓你好失望，請務必告訴我們它的缺點（可複選）
□ 內容與想像中不符 □ 文筆不流暢 □ 印刷品質差 □ 版面設計影響閱讀 □ 價格偏高 □ 其他 __________

● 大都經由哪些管道得到書籍出版訊息？（可複選）
□ 實體書店 □ 網路書店 □ 報紙 □ 電視 □ 網路 □ 廣播 □ 親友介紹 □ 圖書館 □ 其他 ______

● 習慣購書的地方是？（可複選）
□ 實體連鎖書店 □ 網路書店 □ 獨立書店 □ 傳統書店 □ 學校團購 □ 其他 __________

● 如果你發現書中錯字或是內文有任何需要改進之處，請不吝給我們指教，我們將於再版時更正錯誤

請沿虛線剪下

廣　告　回　信
臺灣北區郵政管理局登記證
第　1　4　4　3　7　號

請直接投郵‧郵資由本公司支付

23141
新北市新店區民權路108-2號9樓

衛城出版 收

● 請沿虛線對折裝訂後寄回，謝謝！

ACRO POLIS 衛城出版

藍 書系
知識共同體

ACRO
POLIS
衛城
出版

ACRO
POLIS
衛城
出版